구약성서를 형성한 히브리 사유가 매우 역동적이라는 사실을 구약성서 예언, 특히 에스겔서를 통해서 규명하고, 이것을 하이데거의 '존재사건론' 과 연결해서 연구한다.

구약성서의 예언, 특히 에스겔의 예언활동이 문화적이고 예술적인 행위였음을 밝히고, 이것을 하이데거의 '예술론' 과 연결해서 연구한다.

구약성서의 예언이 신체를 통해서 공간 속에서 역사적으로 표현된다는 점에서 하이데거의 인간론 · 공간론과 연결해서 연구한다.

하이데거의 현대사회 비판에 근거해서 구약성서의 예언, 특히 에스겔의 예언문화를 현대의 상업적인 문화에 대한 비판적 대안문화로 제시한다.

예술 신체 공간

에스겔서를 중심으로 살펴보는
구약성서 예언 문화의 예술성과 신체성,
그리고 공간성에 대한 연구

| 이종록 지음 |

쿰란출판사

이 저서는 2010년도 정부(교육부)의 재원으로 한국연구재단의
지원을 받아 수행된 연구임(NRF-2010-812-A00084).

머리말

30년 가까이 구약성서를 연구하고 가르치면서 느낀 것은 목회자와 신학생을 비롯한 많은 사람들이 구약성서를 잘못 이해하는 경우가 많다는 것이다. 그 까닭은 우리 사유가 지나치게 헬라화되어서 구약성서가 보여주는 히브리적 사유, 사건 중심의 역동적이고 구체적이며 실제적인 모습을 제대로 알지 못하기 때문이라고 생각한다. 구약성서에 흘러넘치는 히브리적 사유를 사람들이 온몸에 전율이 느껴질 만큼 그렇게 생생하게 경험하기를 바라는 마음에서 이 책을 썼다.

이런 목적을 보다 명확하고 효과적으로 이루기 위해 하이데거 사상과 히브리 사상의 접목을 시도했는데, 철학자 하이데거를 참고하는 까닭은 사건과 역동성을 강조하는 히브리 사상이 현대 철학자 하이데거의 존재사건론 그리고 예술론과 일치하는 점이 많기 때문이다. 구약성서 가운데서 에스겔서를 통해서 히브리 사상과 하이데거 철학의 만남을 시도하려고 한다. 그것을 좀 더 자세하게 말하면 다음과 같다.

1. 구약성서를 형성한 히브리 사유가 매우 역동적이라는 사실을 구약성서 예언, 특히 에스겔서를 통해서 규명하고, 이것을 하이데거의 '존재사건론'과 연결해서 연구한다.
2. 구약성서의 예언, 특히 에스겔의 예언활동이 문화적이고 예술적인 행위였음을 밝히고, 이것을 하이데거의 '예술론'과 연결해서 연구한다.
3. 구약성서의 예언이 신체를 통해서 공간 속에서 역사적으로 표현

된다는 점에서 하이데거의 인간론·공간론과 연결해서 연구한다.

4. 하이데거의 현대사회 비판에 근거해서 구약성서의 예언, 특히 에스겔의 예언문화를 현대의 상업적인 문화에 대한 비판적 대안 문화로 제시한다.

책을 읽다 보면 이런 연구 주제들이 이 책 여기저기에서 드러날 것이다. 이 연구를 위해 지난 몇 년 동안 하이데거를 공부했지만, 하이데거를 논할 만큼 충분한 실력을 갖출 학문적인 역량도 부족하고 시간도 넉넉하지 않았다. 그러니 이 책에서 뻔히 드러나는 학문적 부족함을 양해하길 빈다. 이 책은 하이데거나 다른 철학자들에 대한 전문적인 연구서가 아니고 구약성서 예언문학, 특히 에스겔서에 나타나는 예술성, 신체성, 공간성을 규명하는 것이 주된 목적이기 때문에, 그저 이 연구에 필요한 만큼 하이데거와 다른 철학자들의 생각을 끌어왔다. 그들의 도움을 받으면서 지난 몇 년간 구약성서, 특히 에스겔서를 새롭게 읽었고, 이 책은 그러한 작업의 결실이다. 그래서 감사할 길 없는 그분들에게 먼저 감사한다. 그리고 이 책을 쓸 수 있도록 3년간 연구비를 지원해 준 한국연구재단에 감사한다. 또 이 책을 펴내느라 애쓴 출판사 여러분에게 감사한다. 무엇보다 이 책을 읽을 '수준 높은' 독자들에게 감사한다.

2014년 6월

이종록

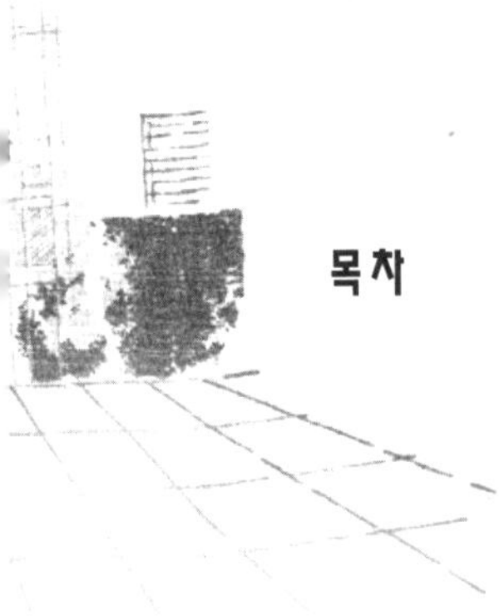

목차

예술 신체 공간

에스겔서를 중심으로 살펴보는
구약성서 예언 문화의 예술성과 신체성,
그리고 공간성에 대한 연구

1. 히브리적 사유

구약성서와 하이데거의 만남을 주선하다

구약성서학자, 즉 고대 히브리 사상을 탐구하는 연구자로서 내가 현대 철학자인 하이데거에게 관심을 기울이는 까닭은 히브리 사상과 하이데거를 연결할 수 있는 접점을 보았기 때문이다. 하이데거는 전통적인 형이상학, 존재신론을 거부하고, 존재와 존재자를 구분하며, 존재사건론[1]을 주창하는데, 성서학자인 나에게는 하이데거의 신관은 특히 인상적이다.

> "하이데거가 생각하는 신은 기도할 수 있는 신, 제물을 바쳐야 할 신, 경외하는 마음으로 무릎을 꿇을 수 있는 신, 그 앞에서 음악을 연주하고 춤을 출 수 있는 신, 그런 신이다. 형이상학의 신은 바로 이러한 신의 모습을 덮어 버린다."[2]

이렇게 전통적인 형이상학적 신을 거부하고 진정한 신을 추구했다는 점에서 하이데거는 예언자이다. 그가 시대를 규정하는 사유의 길과

---

1) "존재자의 존재를 열어 보임이란, 존재자의 비은폐성으로서의 진리의 사건이다. 그러므로 예술작품 속에서 예술작품을 통해서 열려 보여지는 영역은 곧 비은폐성, 즉 존재자의 탈은폐의 사건이다. 예술작품은, 예술작품을 통해 열려 보여진 비은폐성으로서의 진리의 영역에 유일하게 속한다"[F. -W. von Herrmann, Heideggers Philosophie der Kunst, 이기상·강태성 옮김, 《하이데거의 예술철학-예술작품의 근원에 대한 체계적 해석》(서울: 문예출판사, 1997), 204].

2) 이수정, 《하이데거-그의 물음들을 묻는다》(서울: 생각의 나무, 2010), 460.

는 전혀 다른 사유를 추구한다[3]는 점에서 하이데거는 예언자이다. 앨런 메길은 이렇게 말한다. "하지만 그는 분명히 극단의 예언자이다-니체보다 훨씬 음울하고 신탁적이며 수수께끼 같지만 아무튼 분명히 위기가 닥치고 있다는 생각만큼은 큰 차이가 없다."[4]

하이데거는 현대를 비판한다. 하이데거는 이 시대를 궁핍한 시대, 신이 부재하는 시대, 신의 부재에 대한 인식마저 사라진 시대로 규정한다. 하이데거 자신이 진리를 출현시키는 것으로서의 예술철학을 거론하는 오늘날의 시대는 지배와 제조 가능성의 시대, 기술의 시대와 자본의 시대라는 것이다. 그래서 결국 존재와 진리는 인간에게는 처리 불가능한 것(Unverfuegbarkeit)이 되었다. 그런데 이러한 일이 발생한 까닭은 무엇인가?

> "형이상학은 존재를 그 자신의 고유한 진리 속에서 사유하지 못하고 망각하였을 뿐 아니라, 사유의 근본법칙으로서의 인과율 혹은 근거율에 따라 존재자로서의 존재자 전체를 근거 짓고 정초하기 위한 최초의 근거(πρώτη ἀρχή, 제일원인)이자 궁극적 근거(ultima ratio)로서 신을 표상하여 이러한 철학의 신을 사유의 체계 속으로 끌어들여 자신의 사유체계를 완결시키려 함으로써, 결국 지성의 논리에 의해서는 그 존재의 비밀스러움이 결코 경험되지 않는 신적인 신을 사유의 영역 밖으로 추방해 버렸고, 이로 인해 신적인 신이 떠나가 버려 '신이 부재하는 시대'를 낳고 말았다."[5]

---

3) 박찬국, 《하이데거와 동양 사상의 대화 가능성과 필연성》, 한국하이데거학회 엮음, 《하이데거의 예술철학》, 하이데거 연구 제7집(서울: 철학과 현실사, 2002), 318.

4) Allan Megill, *Prophets of Extremity–Nietzsche, Heidegger, Foucault, Derrida*, 정일준·조형준 옮김, 《극단의 예언자들: 니체, 하이데거, 푸코, 데리다》(서울: 새물결, 1996), 190.

5) 신상희, 《하이데거와 신》(서울: 철학과 현실사, 2007), 151.

그런데 이러한 신 부재 문제는 철학에서뿐만 아니라 기독교 신학에서도 심각하다. 그 까닭을 나는 성서가 말하는 히브리적 신을 기독교 신학자들이 헬라적 신으로 대체해 왔기 때문이라고 생각한다. 이것을 하이데거도 예리하게 지적한다. 신 부재의 상황을 극복하려면, 헬라화된 신을 성서적 신으로 회복하는 작업이 필요한데, 그러한 연구 작업을 하이데거의 사상을 통해서 하려 한다. 사건과 역동성을 강조하는 히브리 사상이 이러한 하이데거의 사상과 일치하는 점이 많다는 판단에 근거해서, 히브리 사상과 하이데거 철학의 만남을 시도할 것이다.

1) 헬라화된 신에서 기독교적 신으로

전지전능, 무소부재, 역사주관, 영구불변. 기독교인들이 신을 생각할 때 떠올리는 사자성어들이다. 기독교인들은 자신들이 믿는 신을 그렇게 생각한다. 그런데 우리가 아는 이러한 기독교적 신은 실제로는 성서적 히브리 신이 아니고 그리스 철학을 옷 입은 신이다. 그래서 기독교 신학적인 신과 성서적인 신은 일치하지 않는다.[6] 그 까닭은 초기부터 기독교 신학이 그리스 철학을 적극적으로 수용해서 그리스 철학적 개념으로 성서를 풀이함으로써, 결국 히브리적 사유가 아닌 그리스적 사유를 성서적 사유로 제시했기 때문이다. 기독교 신학자가 아님에도 불구하고 하이데거는 이러한 사실을 예리하게 지적했다.

---

6) "형이상학적 사유에 기초한 아우구스티누스식 신 규정이 그 이후의 교부철학, 스콜라 철학을 거치면서 '신학적 신'이라고 이해될 수 있는 확고한 하나의 전통이 되었는데, 하이데거는 그러한 것을 초기 기독교의 신앙적 삶에서 생생하게 살아 있었던 '성서적 신', '신앙적 신'과 명백히 구별하고 있으며, 전자가 후자에 대해 부정적 작용을 할 수도 있다고 비판한다는 것이다"[이수정, 《하이데거-그의 물음들을 묻는다》(서울: 생각의 나무, 2010), 453f].

"하이데거의 시각에 따르면, 생동하는 역사적 체험을 갖고 있던 초대 그리스도교 신앙은 이후의 신학적 논의와 적합하지 못한 형이상학적 개념들을 통해 체계화되는 가운데 초기 그리스도교인들이 경험하였던 현사실적인 삶의 원초적인 생명력을 상실해 버리고 말았다는 것이다."[7]

하이데거는 초기 기독교, 즉 헬라 철학의 영향을 받기 이전의 기독교 신앙을 순수한 것으로 여기는데, 그러한 순수성이 헬라 철학에 의해 상실되었다고 생각하고 그것을 매우 안타깝게 여긴다.

"그리스도교 신개념이 플라톤과 아리스토텔레스의 사상에 의해서 채색되면서 초대 그리스도교인들의 현사실적인 삶의 경험으로서의 순수한 신앙이 그 빛을 상실하게 되었다는 사실과도 무관하지 않다."[8]

맥그라스 역시 이러한 점을 명확하게 지적하면서, 기독교 신학자들이 성서적이기보다는 철학적 신학자들이었다고 주장한다.[9]

그런데 헬라 철학에 경도된 전통적인 형이상학자들이 신을 초월자로 규정하는 순간, 아이러니하게도 신의 죽음이 시작된다. "왜냐하면 신의 절대적 초월성은 모든 존재사와 질적인 차이를 가져야 하며, 이런 한에 있어 신의 초월성은 한편으로 초월성 그 자체로 머물러야만

---

7) 신상희, 《하이데거와 신》, 14.
8) *Ibid.*, 21.
9) "신학은 아리스토텔레스 철학, 특히 방법론에 대한 아리스토텔레스적 통찰에 토대를 두어야 하는 것으로 이해되었다. 후기 개혁교회 저자들은 성서적이라기보다는 철학적 신학자들이었다는 것이 더 타당하다"[A. E. McGrath, *Christian Theology: An Introduction*, 김홍기·이형기·임승안·이양호 옮김, 《역사 속의 신학-그리스도교 신학 개론》(서울: 대한기독교서회, 1998, 2007), 109].

하기 때문이다."[10]

이러한 딜레마에서 벗어나기 위해 하이데거는 초대 기독교의 종교성을 다시 회복해야 한다고 주장한다.[11] 하이데거는 신과의 만남은 세계-내-존재이고, 시간-내-존재인, 그러한 단독자로서 가능하다고 말한다. 이것은 신이 실체적 존재자로 머무는 것이 아니라, 세계와 시간을 통해 현존재에게 드러난다는 사실을 의미한다.[12] 이런 점에서 하이데거는 역사성을 강조하는 히브리적 사유와 소통한다. 그리고 기독교 조직신학자들과는 달리, 신에 대한 존재증명에 관심을 갖지 않는다는 점에서도 하이데거는 히브리적 사유와 연계성을 갖는다.

이렇듯 전통적 형이상학을 거부하면서, 하이데거는 시간성과 세계성을 강조하고 사건성을 강조한다. 그래서 "전적인 새로운 신의 출현은 이해를 통해서가 아니라 신 스스로의 하나의 사건을 통해 현현하게 되는 것이며, 이러한 신에 상응하여 존재와 시간은 비로소 그 의미를 가질 수 있게 되기 때문이다. 따라서 새로운 신은 오히려 스스로 시간이 당도하도록 하고 존재의 현전성을 보내는, 그러한 사건으로 가능한 것이다."[13] 이것을 '존재사건'이라고 한다. 이기상은 "존재자 중심의 태도와 이론적 해명의 의지를 버리고 존재사건 자체에 마음의 눈을 열 때 우리는 지금까지 보지 않았고 볼 수 없었던 존재진리의 새로운 차원을 대하게 된다"라고 말한다.[14]

---

10) *Ibid.*, 321.

11) "현사실적 삶의 시간성을 살았던 초대 그리스도교의 종교성은 아우구스티누스에 의해 적극적으로 수용되기 시작한 그리스적-형이상학적 사유의 영향 아래 그 근원적인 경험이 서서히 허물어지기 시작하기 때문에, 이러한 은폐의 역사적 흐름을 비판적으로 탐구하여 현상학적으로 '해체'해야 할 사유의 필요성이 부각되어 나온다"[신상희, 《하이데거와 신》(서울: 철학과 현실사, 2007), 48f].

12) 최상욱, "하이데거 철학에 있어 신의 의미", 한국하이데거학회 편, 《하이데거의 철학세계》(서울: 철학과 현실사, 1997), 337.

13) *Ibid.*, 352f.

2) 불변적 신에서 가변적 신으로

> "하이데거뿐만 아니라 이전의 철학자인 헤겔과 니체도 헤라클레이토스의 사상이 지니고 있는 이러한 특징에 많은 관심을 보인 철학자들이다. 헤라클레이토스가 세계를 끊임없이 대립, 투쟁 그리고 갈등 속에서 존재하는 것으로 파악하지만, 이러한 대립과 갈등 속에서 일정한 법칙이 존재하며 이것을 통해서 변화가 일어난다는 점에 주목했다는 사실이 이러한 철학자들의 관심을 불러일으킨 것이다."[15]

그리스 철학에서 신은 '완전'한 존재여야 한다. 완전한 것은 불변하고 자족적이다. 그런 완전한 존재가 외부에 있는 어떤 것에 의해 영향받고 변화하는 것은 불가능하다. 그래서 신이 인간을 보고 마음 아파하고 고통당하는 것은 신의 완전성에 위배된다.

이러한 논리가 초기 단계의 그리스도교 신학에 도입되었다. 초기 그리스도교 저술가들에게 많은 존경을 받았던 헬레니즘적 유대인인 필로는 하나님의 무감각성을 강력하게 옹호한 《변화하지 않는 하나님》(*Qoud Deus immutabilis sit*)이라는 책을 썼다. 그는 하나님이 고통당한다고 말하는 성서 말씀들을 비유로 취급해야 하고, 문자적으로 다루지 말아야 한다고 주장했다. 하나님이 변화한다고 주장하는 것은 신의 완전함을 부정하는 것이다. 그는 "불변자가 변화한다고 주장하는 것보다 더 큰 불경건이 있을 수 있겠는가?"라고 말한다. 필로에게 있어서 하나님은 고통이나 수난과는 거리가 먼 분이었다. 그리고 필로에게

14) 이기상, 《하이데거의 존재사건학–존재진리의 발생사건과 인간의 응답》(서울: 서광사, 2003, 2004), 81.
15) 이서규, 《하이데거 철학》(서울: 도서출판 서광사, 2011), 38.

영향을 받은 안젤름은 하나님은 우리의 경험상 자비가 넘치는 분이지만 신의 입장에서는 그렇지 않다고 주장했다. 사랑과 자비는 하나님과 관련하여 사용될 때는 순수하게 비유적이라는 것이다.

> "당신은 우리의 경험상 진정으로 자비가 넘치십니다. 그러나 당신 자신의 입장에서는 그렇지 않습니다. 왜냐하면 당신이 불행에 빠진 우리를 볼 때, 우리는 자비의 결과를 경험하지만, 당신은 이 느낌을 경험하지 않기 때문입니다. 따라서 비참한 자를 구원하고 당신에 대해 죄지은 자를 용서하는 점에서 본다면 당신은 자비가 넘치시는 분이지만, 곤경에 대한 동정심을 발동한 것은 아니라는 점에서는 자비가 넘치시는 분이 아닙니다."[16]

자가당착도 이만저만이 아니다. 히브리 신은 그리스화(化)되면서 이처럼 우스꽝스럽게 되었다. 이런 신은 실재하지 않으며 결코 성서적 신이 아니다.[17] 그래서 이미 오래전에 루터는 십자가의 신학을 통해 그리스도의 고난과 굴욕을 말했다. 아브라함 헤셸은 파토스를 경험하시는 하나님을 말한다. 몰트만은 십자가에 달리신 하나님을, 키타모리는 하나님의 고통에 대한 신학을 말했다. 내쉬는 두 입장을 포괄하

---

16) A. E. McGrath, 《역사 속의 신학-그리스도교 신학 개론》, 327.

17) "아리스토텔레스의 순수 형상의 이론에서 나오는 일부 함축적인 의미는 분명 기독교의 신론과 화해하기 어려워 보인다. 첫째로 아리스토텔레스는 하나님이 변하고 불완전한 세계에 있는 어떤 것에 대해 생각할 수 없다고 가르쳤다. 하나님이 유일하게 관심을 가지실 수 있는 완전한 존재는 하나님 자신뿐이다. 아리스토텔레스적인 의미에서 하나님이 자기 자신이 아닌 어떤 다른 것에 대해 생각한다는 것은 자신의 완전을 감소시키는 것이다. 그 자신의 본질을 관조하는 것이 아리스토텔레스의 부동의 동자(Unmoved Mover)의 유일한 행동이라면, 그것은 성경에 묘사된 사랑의 하나님과는 너무나 동떨어진 외침(far cry)이다"[Ronald H. Nash, *The Concept of God*, 박찬호 옮김, 《현대의 철학적 신론》(서울: (주)살림출판사, 2003), 22].

는 중재안을 내놓는다.

> "하나님의 불변성에 대한 관심은 행동하시며 상호인격적인 방식으로 자신의 창조세계와 상호작용하시는 하나님에 대한 가능성을 배제해서는 안 된다. 비인격적인 불변성의 패러다임을 주장하는 하나님은 그 자신의 완전성을 명상하는 것 이외에는 어떤 것도 할 수 없는 아리스토텔레스의 부동의 동자(Unmoved Mover)로서의 하나님이다. 하나님과 피조물의 상호 인격적인 관계를 수반하는 변화는 필연적으로 불완전성에 대한 표시를 의미하지 않는다. 반대로, 인격적인 하나님이 그러한 관계를 가지실 수 없다면 오히려 완전성을 결하고 있는 것이다."[18]

그런데 이런 논리가 안젤름이 걸려든 신의 불변성이라는 덫에 빠지지 않으려는 시도라고 할 수 있지만, 신의 가변성을 신의 불변성과 동일시하는 것은 억지스럽다. 차라리 신의 완전성이라는 개념 자체를 포기하는 것이 나을 것으로 보인다.

그리고 신의 가변성은 과정신학에서 말하는 것[19]과 비슷할 수 있지만, 신적 행위의 가변성이지 신적 존재의 가변성은 아니라는 점에서 차이를 보인다.[20] 그런데 이러한 신적 가변성은 삶의 가변성에서

18) Ronald H. Nash, 《현대의 철학적 신론》, 153.

19) "양극적인 하나님은 끊임없는 변화의 과정에 연루되어 있다. 존재하는 모든 것은 계속적인 과정의 상태로 존재하며, 다른 실재들과의 상호작용을 통해 끊임없이 다른 어떤 것이 된다. 하나님은 시간적 존재들에게 영구성을 부여하는 반면, 시간적인 존재들은 하나님에게 유동성을 나누어 준다. 하나님의 다양성의 원천은 세계이며, 세계의 동일성의 원천은 하나님이다"(Ronald H. Nash, 《현대의 철학적 신론》, 36).

20) 내쉬는 과정신학도 헬라 철학에 근거한다고 비판한다. "과정신학도 동일하게 고대 헬라 철학에 빚을 지고 있다는 것 또한 마찬가지로 사실이다. 과정신학도 단지 하나의 다른 헬라 전통을 탁월한 것으로 고양시키고 있는 것이다. 토

비롯한다.

"적어도 니체에 의하면 삶은 끊임없는 변화와 생성의 세계이기에, 그것을 고정된 틀인 이데아에 담는 것이야말로 바로 삶에 대한 부정이며, 이런 한에서 플라톤적 진리의 본질은 엄밀히 말해 삶을 거세하여 가능해진 오류에 불과하다는 것이다. 반면에 예술은 끊임없이 변하는 감성적 세계를 도식화시키지 않고, 있는 그대로 상황과 시각에 따라 표현하는 것이기에, 예술이야말로 바로 삶을 삶의 모습대로 표현하는 진리일 수 있다는 것이다. 따라서 니체에 이르면 예술은 더 이상 감성적 아름다움을 표현 혹은 재현하는 데 그치는 것이 아니라 오히려 진리를 다루는 학문으로 변하게 되는 것이다. 즉, 이제 예술의 관심과 목표는 더 이상 단순한 아름다움의 전달이 아니라 존재 일반을 다루는 존재론적 진리로 나타나게 되는 것이며, 바로 이 점이-비록 하이데거의 니체 비판에도 불구하고-하이데거의 예술론에 끼친 니체의 지대한 영향이라고 볼 수 있다."[21]

3) 이해 가능한 신에서 불가해한 신으로

"사건으로서의 존재는 밝힘과 은닉이 상호 교차하는 동적 사건이다. 더욱이 사건으로서의 존재조차 감춤과 위장이라는 이중적 방식으로 은닉된다. 이로써 인간은 사건으로서의 존재를 망각한다."[22]

마스주의적 유신론과 과정신학 사이의 투쟁은 경쟁적인 헬라 철학의 학파들 사이의 투쟁의 재연 내지는 부활이다. 한 학파는 존재(being)를 강조하고 다른 한 학파는 되어 감(becoming)의 우위를 강조한다"(Ronald H. Nash, 《현대의 철학적 신론》, 39).

21) 최상욱, 《하이데거에게서의 예술의 본질》, 251.

기독교 신학은 신에 관한 모든 것을 다 아는 듯 자신만만하게 논리적이고 체계적으로 매끈하게 정리하지만 성서를 읽어 보면, 실제로 하나님은 불가해한 분이고 체계적으로 정리할 수 없는 분이다.[23] 구약성서 에스겔서 1장을 보면, 에스겔은 신적인 모습을 매우 상세하게 묘사한다. 에스겔이 묘사하는 것을 읽으면서 독자들은 사람 비슷한 느낌을 갖는다. 하지만 그렇다고 해도 에스겔이 묘사하는 것이 실제 사람일 리는 없다. 이러한 모호함은 대상 자체와 그것에 대한 묘사의 불일치에서 온다. 그가 본 것과 본 것에 대한 묘사는 어느 정도 겹치기는 하겠지만 정확하게 일치하지 않고, 상당히 불일치한다는 것이다. 이런 불일치에 대해 시몬느 베이유는 이렇게 말한다.

> "하느님이 있다. 하느님이 없다. 문제는 어디에 있는가? 내가 하느님이 있다고 아주 확신하는 것은 내 사랑이 환상이 아니라는 의미에서다. 내가 하느님이 없다고 확신하는 것은 그 말을 사용할 때 상상할 수 있는 것에 견줄 만한 것이 아무것도 없다는 의미에서이다."[24]

대상과 대상에 대한 묘사를 일치하는 것으로 보려는 사람들에게는 매우 도전적으로 보일 수 있기에 시몬느 베이유가 하는 말을 조심스럽

---

22) 이선일, "환경철학과 하이데거의 존재사유," 한국하이데거학회 편, 《하이데거와 자연, 환경, 생명》(서울: 철학과현실사, 2000), 124.

23) "신은 '아직 규정될 수 없었고 아직 규정되지 않은 것'이 아니라 '본질적으로 도무지 무규정적인 것 그 자체'라는 것이다"[이수정, 《하이데거-그의 물음들을 묻는다》(서울: 생각의 나무, 2010), 451].

24) Simone Weil, *Wating of God* (New York: Harper & Row, 1973), 32. Sallie McFague, *Metaphorical Theology-Models of God in Religious Language*, 정애성 옮김, 《은유신학-종교언어와 하느님 모델》(서울: 다산글방, 2001), 15에서 재인용.

게 읽어야 하는데, 이것을 샐리 맥페이그는 이렇게 푼다.

> "종교인으로서 베이유는 하느님을 향한 자신의 사랑이 환상이 아니라고 확신하면서, 동시에 신에 대한 자신의 어떠한 개념도 하느님과 같지 않다고 확신하고 있다. 베이유의 이 말은 종교적 세계에 깊이 심취한 사람들의 위대한 전통에 자리 잡고 있는데, 특히 체험과 예배에서는 확신을 갖지만 하느님의 실재를 표현하는 적당한 언어에 대해서는 확신하지 않는 모든 종교적 신비주의자들의 말이다. 히포의 대주교 어거스틴은 하느님을 가장 잘 말하는 사람일지라도 '벙어리'에 불과하므로, 우리가 고작 할 수 있는 일이란 떠듬거리며 부적합한 말을 하거나 침묵하는 것이라고 말한다."[25]

우리는 이 사실을 인정해야 한다. 우리가 어떤 것을 보았을 때 그것을 제대로, 있는 그대로 묘사할 수 없다는 사실을 인정해야 한다. 특히 신적인 대상을 경험하고 그 경험을 묘사할 때는 인간적인 것들을 사용해서 묘사해야 하기 때문에 그 불일치는 더욱 크다는 사실을 명심해야 한다.

만약 신적 대상을 인간적인 어휘들로 묘사한 것과 일치시킨다면, 그것은 우상일 수밖에 없다. 하나님이 모세에게 하나님 형상을 만들지 말라고 하신 것은 바로 이런 이유에서였을 것이다. 이스라엘 백성들이 하나님을 경험할 수는 있지만, 그러나 그들이 경험한 하나님을 묘사하려고 할 때는 이미 그것은 하나님이 아니기 때문이다.[26]

---

25) *Ibid.*

26) "신에 대한 인간들의 어설픈 규정 시도를 경계하고, 인간들의 규정 저편에 있다는 그 무규정성 자체가 신의 중요한 특성의 하나라는 사실을 일깨워 주는 지적일 수 있다는 것이다"[이수정, 《하이데거-그의 물음들을 묻는다》(서울: 생각의 나무, 2010), 451]

이러한 혼란스러움은 지극히 당연한 것이다. 그 까닭은 무엇보다 하나님이 우리 인간 언어로 다 표현해낼 수 있는 그런 분이 아니기 때문이다.

> "리쾨르는 '하나님의 이름'(Naming God)이란 글에서 '인류가 실제로 이름을 지어 형용할 수 없는 존재이다. 즉 우리 인간의 언어에 좌우되어 결정할 수 있는 존재가 아니다'라고 말했다. 유대인이나 기독교인의 신비주의자들은 '표현할 수 없는 하나님의 초월성, 신의 신성한 무한성'을 알아차렸다……하나님이 거룩하다는 것은 하나님이 이 세상의 모든 현상들을 초월한다는 의미이다. 하나님은 인간의 개념화에 사로잡히거나 인간의 이익을 채우기 위해 동원되어서는 안 된다. 하나님은 '파악하기 어려운 임재'이시다."[27]

이렇게 버나드 앤더슨은 사무엘 테리엔이 말하는 불가해한 임재, 즉 파악하기 어려운 임재를 강조한다. 하나님은 우리 인간으로서는 다 이해할 수 없는 분이라는 것이다. 그분은 우리에게 자신을 알려주시고 이름도 알려 주시지만, 그렇다고 그것들로 하나님에 대한 모든 것을 알 수 있는 것은 아니다. 하나님은 여전히 알 수 없는 분이다. 그렇기에 하나님이시다. 우리는 하나님에 대해서 교리적으로 깔끔하게 정리해 놓고, 하나님에 대해서 다 아는 것처럼 생각하기도 하지만 결코 그렇지 않다는 것이다.

> "구약에서는 신앙이란 인생이 불확실하고 불안정한 가운데 하나님께 대한 꾸준한 신뢰를 의미한다……신앙을 이렇게 역동적이고

---

27) Bernard W. Anderson, *Contours of Old Testament Theology*, 최종진 옮김, 《구약신학》(서울: 한들출판사, 2001), 100f.

상대적인 의미에서 이해할 때, 성서신학자의 과제는 교리들을 구성하고 조직하는 것과는 다른 것이다. 성서신학자들은 비유하자면 '딱딱한 껍질을 부수는' 어려운 과제에 종사한다. 다시 말해, 그들은 나중에 딱딱한 껍질을 깨어 그 속에 있는 모든 애매함과 유혹과 투쟁들에도 불구하고 신앙의 생생한 경험으로 가기를 추구하는 것이다. 이런 과제는 신학자들로 하여금 신앙이 종교적 상상력의 언어인 시와 이야기와 상징주의 유형들로 표현되는 다양한 방법들을 고려하도록 요구한다."[28]

"어떤 경우이든 결과적으로 드러나는 것은, 구약의 주요등장인물이신 하나님, 즉 이해하기 어렵지만 그러나 주도적으로 다스리시는 그분은 어떠한 선입견적인 카테고리들로도 이해할 수 없다는 인식뿐이다. 구약의 하나님은 기독교 교의신학이 기대하는 바들에 쉽게 들어맞지 않으며, 또한 어떠한 헬라 전통의 철학적인 카테고리들에도 쉽게 들어맞지 않는다. 결과적으로, 우리가 갖고 있는 대부분의 카테고리들은 하나님이란 주제를 규명하는 데 도움이 되지 않으며, 그렇기에 우리는 한 번에 한 본문씩, 한 번에 하나씩 자세히 구체적으로 그렇게 우리의 탐구를 진행시켜 나갈 수밖에 없다. 이러한 인내의 연구를 통해 끝에 드러날 그분은, 여전히 가늠키 어려우며 상당할 정도로 놀라움을 주시는 분이다."[29]

이렇듯 하나님은 우리가 논리적으로 추론해서 말할 수 있는 분도 아니고, 깔끔하게 정리해서 이야기할 수 있는 분도 아니다. 그분은 우리가 거의 이해할 수 없는 분이고, 어떤 형태라고 말할 수 없게 울퉁불

---

28) *Ibid.*, 24.

29) Walter Brueggemann, *Theology of the Old Testament–Testimony, Dispute, Advocacy*, 류호준·류호영 공역, 《구약신학》(서울: (사)기독교문서선교회, 2003), 201.

통한 분이다. 그렇기에 하나님은 언더스탠더블(understanable)이 아니고, 언언더스탠더블(un-understandable)이다. 신묘막측(神妙莫測)이라는 말이 어울린다. 그분은 우리의 이해 속으로 들어오시지만, 금방 우리의 이해를 벗어나는 신비로운 분이다. 그래서 그분은 하나님이시다. 마치 모래를 꽉 움켜쥐면 손에 잡히는 듯하지만, 더욱 세게 쥐면 쥘수록 모래는 다 빠져나가고 마침내 꽉 움켜쥔 빈손만 남듯, 하나님은 그렇게 우리의 이해를 빠져나간다. 에스겔이 말하는 그 불명료함, 자신이 본 것을 세밀하게 묘사하면 할수록 더욱더 불명료해지는 그 모순은 바로 이러한 이유에서이다.

4) 형이상학적 신에서 사건으로서의 신으로

> "하이데거의 후기 사유에서는 '사건'이라는 개념이 핵심 낱말로서 부각된다. 하이데거가 그 낱말로써 표현하고자 한 바는 한마디로, '그때그때마다의 역사적 세기에 인간 현존재에게 자기를 보내고 있는 존재파견(역운)의 사건'인 것이다."[30]

하이데거는 존재를 사건으로 사유하는데,[31] 성서적 신은 '존재'(存在)하기보다 '역사'(役事)하는 신이고, 사건을 통해서 사람들에게 자신을 알리시는 분이다.

---

30) 이기상, 《하이데거의 존재사건학》, 65.

31) "전향(Kehre) 이후 하이데거는 존재를 사건(Freignis)으로서 사유한다. 존재는 존재자가 아닌 것, 즉 무(無)다. 이러한 무(無)는 결코 공허한 무(無)가 아니다. 오히려 존재자가 인간에게 열리는 사건이다. 존재는 사건으로서 사유된다. 인간은 사건으로서의 존재 안에 이미 들어서 있다"(이선일, "환경철학과 하이데거의 존재사유," 123).

"신이 '현전한다'라는 말은, 신이 그의 현전(존재)의 개방성 안으로 들어선다는 것을 뜻한다. 신의 현전은 비은폐성의 사건에 속한다. 신이 그의 현전의 개방성 안으로 들어섬으로써만, 신은 그가 무엇인 바 그것과 어떻게 존재하는 바 그것으로 존재하게 된다. 신은 신전의 개방성 안에서 그가 무엇인 바 그것과 어떻게 존재하는 바 그것으로서 개방된다. 신전 역시 그것이 그거의 개방성 안으로 들어섬으로써만 신전으로서 개방된다. 신전은 오로지 신전 안에서 신이 개방됨으로써만 개방된다."[32]

그래서 그리스적인 존재신론적인 형이상학으로는 성서적 신을 규명할 수 없고, 하이데거가 주장하는 존재사건론을 통해서 규명해야 할 것이다.

종교적 경험을 말할 때 많이 쓰는 용어가 '초월'이다. 종교에서 초월(超越)은 인간이 자신의 세계를 넘어서 신의 세계로 들어가는 것을 의미한다. 인간은 자신이 사는 세계를 넘어서서 신의 세계로 들어가는 것을 당연하게 생각한다. 인간이 초월해야 하기 때문이다. 그런데 성서를 읽으면서 강하게 느끼는 것은 인간은 결코 초월할 수 없다는 사실이다. 인간은 자신이 사는 세상을 결코 뛰어넘을 수 없다. 인간은 자신이 사는 공간을 결코 벗어날 수 없다. 그러니 인간은 어디로든 초월할 수 없다.

이렇듯 인간이 초월해서 신의 세계로 들어갈 수 없다면, 인간이 신을 어떻게 만날 수 있을까? 방법은 한 가지뿐이다. 인간이 초월하지 못하기 때문에 신이 초월할 수밖에 없다. 신이 인간세계로 넘어올 수밖에 없는 것이다. 그래서 초월은 인간이 아니라 신이 하는 것이다.

---

32) F. -W. von Herrmann, 《하이데거의 예술철학-예술작품의 근원에 대한 체계적 해석》, 206.

하나님이 세상을 만드신 것부터가 바로 이 세상으로의 초월이다. 그리고 하나님은 이스라엘 역사 속에 들어오신다. 그래서 신이 인간과 함께 거하신다. 인간들과 더불어 사신다. 그러니 구약시대 이스라엘의 역사는 하나님이 행하신 초월의 역사이다.[33]

그리고 가장 확실한 신의 초월은 바로 성육(成肉) 사건이다. 신이 인간으로 태어난다. 신이 온전한 인간으로 태어나서 인간들과 함께 산다. 인간이 신의 세계로 초월하는 것이 아니라, 신이 인간 세상 속으로 초월해서 들어온다. 하나님은 이 세상을 자신이 태어나고 살고 죽고 묻히는 공간으로 선택하셨다.

그런데 하나님이 이 세상에 인간으로 태어나셨다는 것은 무엇을 의미하는가? 그것은 하나님이 신이기를 포기하는 것이다. 성육 사건을 통해서 예수는 자신이 신이기를 포기했다. 이러한 개념은 하이데거가 말하는 초월개념과 통한다.

> "존재와 존재구조는 모든 존재자를 넘어서 있으며, 한 존재자가 가지는 존재하는 모든 가능한 규정성을 넘어서 있다. 존재는 단적으로 초월이다. 현존재의 존재의 초월은, 그 안에 가장 근본적인 개별화의 가능성과 필연성이 놓여 있는 한 하나의 탁월한 초월이다. 존재를 초월로써 열어 밝히는 일은 모두 초월론적 인식이다. 현상학적 진리(존재의 열어 밝혀져 있음)는 초월론적 진리이다."[34]

그렇기 때문에 그리스 철학적 개념으로는 성서적 신을 제대로 설명

---

33) 이러한 초월 개념은 레비나스적이다. 여기에 대해서는 A. T. Peperzak, *Ethics as First Philosophy–The Significance of Emmanuel Levinas for Philosophy*, Literature and Religion (New York: Routledge, 1995)을 보라.

34) Martin Heidegger, *Zein und Zeit*, 이기상 옮김, 《존재와 시간》(서울: 까치글방, 2007), 61f.

할 수 없고, 오히려 왜곡시킬 뿐만 아니라 그러한 왜곡을 통해 우스꽝스런 모습으로 변형시켰다.

그리고 성서적 신을 잘 설명할 수 있는 개념은 '시뮬라크르'이다. 시뮬라크르(Simulacre)[35]는 쟝 보드리야르가 말하는 것처럼 '허상', '가짜'라는 의미도 갖지만, 여기서는 들뢰즈가 사용하는 사건으로서의 시뮬라크르, 즉 어떤 시공간에서 발생하고 사라졌지만 여전히 의미를 갖는 사건을 가리킨다. 발생했다가 사라졌지만 여전히 의미를 갖는 사건으로서의 시뮬라크르 형이상학은 그리스적 사유, 즉 정태적이고 불변하는 이데아, 본질을 추구하는 플라톤적 형이상학과 정반대 입장에 서 있다. 그런데 사건으로서의 시뮬라크르는 동사문장을 사용함으로써 사건을 강조하고, 하나님을 역사 속에서 일하시는 분으로 제시하는 구약성서적 사고와 일치한다는 점에서 의미를 갖는다.[36]

우리는 지금까지 하이데거의 탈 형이상학적 신론에 주목하면서, 하이데거 사상이 히브리 사상과 상당히 많은 부분에서 접점을 갖는다

---

35) 시뮬라크르에 대한 장 보드리야르의 견해에 대해서는 Jean Beaudrillard, *Simulacres et Simulation*, 하태환 옮김, 《시뮬라시옹-포스트모던 사회문화론》(서울: 민음사, 1992)을 보라. 이 책은 영화 〈메트릭스〉 1편에도 등장한다. 그리고 들뢰즈의 견해에 대해서는 이정우, 《시뮬라크르의 시대-들뢰즈와 사건의 철학》(서울: 기획출판 거름, 1999); 이진경, 《노마디즘1-천의 고원을 넘나드는 유쾌한 철학적 유목》(서울: (주)휴머니스트 출판그룹, 2002, 2007), 《노마디즘2-천의 고원을 넘나드는 유쾌한 철학적 유목》(서울: (주)휴머니스트 출판그룹, 2002, 2007)을 보라.

36) 구약성경을 언어학적인 측면에서 동사문장을 중심으로 하는 증언행위로 규정하고 신학을 전개하는 것에 대해서는 Walter Brueggemann, *Theology of the Old Testament-Testimony, Dispute, Advocacy*, 류호준·류호영 옮김, 《구약신학-증언, 논쟁, 옹호》(서울: (사)기독교문서선교회, 2003)를 보라. 역동적인 히브리적 사유와 정태적인 그리스적 사유의 대비에 대해서는 Thorleif Boman, *Das hebräische Denken im vergeich mit dem griechischen*, 허혁 옮김, 《히브리적 思惟와 그리스적 思惟의 比較》(왜관: 분도출판사, 1975, 1982); Anders Nygren, *Agape and Eros-The Christian Idea of Love*, 고구경 옮김, 《아가페와 에로스》(서울: 크리스챤 다이제스트, 1998)를 보라.

는 사실을 살펴보았는데, 하이데거가 신에 대해서 말하는 것을 신상희가 정리한 것으로 글을 맺으려 한다.

> "스스로를 은닉하면서도 스스로를 탈은폐하는 존재의 진리의 멀고도 가까운 본생영역은 모든 존재자의 존재 의미를 참답게 열어 주는 가장 심원한 시원이 되며, 이러한 시원에서 존재의 진리를 파수하면서 터다지는 터-있음에게 말없이 눈짓하며 스쳐 지나가는 신을 하이데거는 '마지막 신'이라고 부른다."[37]

---

37) 신상희, 《시간과 존재의 빛-하이데거의 시간 이해와 생기사유》(서울: 한길사, 2000), 366.

■ 참고문헌

신상희, 《시간과 존재의 빛 - 하이데거의 시간 이해와 생기사유》, 서울: 한길사, 2000.

———, 《하이데거와 신》, 서울: 철학과 현실사, 2007.

이기상, 《하이데거의 존재사건학 - 존재진리의 발생사건과 인간의 응답》, 서울: 서광사, 2004.

이서규, 《하이데거 철학》, 서울: 도서출판 서광사, 2011.

이선일, "환경철학과 하이데거의 존재사유," 한국하이데거학회 편, 《하이데거와 자연, 환경, 생명》, 서울: 철학과 현실사, 2000, 107-138.

이수정, 《하이데거-그의 물음들을 묻는다》, 서울: 생각의 나무, 2010.

이정우, 《시뮬라크르의 시대 - 들뢰즈와 사건의 철학》, 서울: 기획출판 거름, 1999.

이진경, 《노마디즘1 - 천의 고원을 넘나드는 유쾌한 철학적 유목》, 서울: (주)휴머니스트 출판그룹, 2007.

———, 《노마디즘2 - 천의 고원을 넘나드는 유쾌한 철학적 유목》, 서울: (주)휴머니스트 출판그룹, 2007.

최상욱, "하이데거 철학에 있어 신의 의미," 한국하이데거학회 편, 《하이데거의 철학세계》, 서울: 철학과현실사, 1997, 244-274.

Anderson, Bernard W., *Contours of Old Testament Theology*, 최종진 옮김, 《구약신학》, 서울: 한들출판사, 2001.

Beaudrillard, J., *Simulacres et Simulation*, 하태환 옮김, 《시뮬라시옹-포스트모던 사회문화론》, 서울: 민음사, 1992.

Boman, T., *Das hebräische Denken im vergeich mit dem griechischen*, 허혁 옮김, 《히브리적 思惟와 그리스적 思惟의 比較》, 왜관: 분도출판사, 1982.

Brueggemann, W., *Theology of the Old Testament-Testimony*, Dispute, Advocacy, 류호준·류호영 공역, 《구약신학 - 증언, 논쟁, 옹호》, 서울: (사)기독교문서선교회, 2003.

Heidegger, M., Zein und Zeit, 이기상 옮김, 《존재와 시간》, 서울: 까치글방, 2007.
McFague, S., *Metaphorical Theology-Models of God in Religious Language*, 정애성 옮김, 《은유신학 - 종교언어와 하느님 모델》, 서울: 다산글방, 2001.
McGrath, A. E., *Christian Theology: An Introduction*, 김홍기 · 이형기 · 임승안 · 이양호 옮김, 《역사 속의 신학-그리스도교 신학 개론》, 서울: 대한기독교서회, 2007.
Nash, Ronald H., *The Concept of God*, 박찬호 옮김, 《현대의 철학적 신론》, 서울: (주)살림출판사, 2003.
Nygren, A., *Agape and Eros-The Christian Idea of Love*, 고구경 옮김, 《아가페와 에로스》, 서울: 크리스챤 다이제스트, 1998.
Peperzak, A. T., *Ethics as First Philosophy-The Significance of Emmanuel Levinas for Philosophy*, Literature and Religion, New York: Routledge, 1995.
von Herrmann, F. -W., *Heideggers Philosophie der Kunst*, 이기상 · 강태성 옮김, 《하이데거의 예술철학 - 예술작품의 근원에 대한 체계적 해석》, 서울: 문예출판사, 1997.

2. 예술 · 신체 · 공간

"그의 예술철학은 인간의 존재론적 사건에 대한 이야기며, 진리와 세계 드러남의 사건에서 이해되는 철학이다."[1)]

하이데거 사상과 히브리 사상을 연결하려는 시도를 함에 있어서 중요한 세 가지 개념은 예술, 신체 그리고 공간인데, 이 세 가지 개념들이 가장 잘 나타나는 책이 바로 에스겔서이다. 그래서 앞으로 에스겔서를 통해 예술, 신체 그리고 공간에 대한 히브리적 사유와 하이데거 사상이 어떻게 연결되는지를 살필 것이다.

1) 예언과 예술

"예술작품은, 자신의 독자적 방식으로 존재자의 존재를 개시한다. 작품 가운데서 개시, 즉 탈은폐(脫隱蔽, Entbergen) 존재자의 진리가 생성된다. 다시 말해 예술작품 가운데서 존재자의 진리가 정립된다. 예술은 진리의 작품 가운데로의 자기정립이다."[2)]

---

1) 한국하이데거학회 엮음, 《하이데거의 예술철학》, 하이데거 연구 제7집(서울: 철학과 현실사, 2002), 9.
2) Martin Heidegger, "*Der Ursprung des Kunstwerkes*," 오병남·민형원 공역, "예술작품의 근원에 대하여,"《예술작품의 근원》(서울: 도서출판 경문사, 1990), 106.

하이데거는 예술을 대단히 중요하게 생각하는데, 그 까닭은 예술이 진리를 드러내 세우기 때문이다.[3] 이러한 생각은 예술과 종교를 연관 짓게 해준다.

게르두스 반 데르 레우후는 종교와 예술이 동일한 것은 아니지만, 이 둘이 구별하기 어려울 정도로 밀접한 관계를 갖는다고 말한다.[4] 종교와 예술은 인류 역사에서 서서히 분리되면서 각자 고유한 길을 가지만, 그럼에도 불구하고 종교는 여전히 예술과 밀접한 관련을 맺고 있다.

구약성서의 예언 역시 그 시대의 문화였고 예술이었다. 에스겔은 예언이 문화이며 예술이라는 것을 분명하게 보여준 사람이다. 그가 직접적인 선포가 아닌 공연을 통해서 예언을 했다는 점에서, 그는 예언을 문화 콘텐츠화(化)한 것으로 보인다. 그는 예언을 가공해서 놀라운 예술작품으로 만들었다. 이러한 작업은 하이데거가 말하는 '테크네'에 해당한다.[5] 하이데거는 이렇게 말한다.

"'테크네'는 '알레테우에인'의 한 방식이다. 그것은 스스로 자신

3) "하이데거가 예술에 주목하고 그것을 논하는 까닭은 예술작품 속에 존재자의 진리가 자신을 정립하기 때문이다. 존재자의 진리, 존재자의 존재는 잘 알려져 있듯 하이데거가 평생에 걸쳐 추구한 최고의 철학적 주제였으며, 이것이야말로 철학 자체의 근본주제라는 것이 그의 생각이었다. 하이데거 철학-존재사유-현상학, 아니 철학 그 자체의 존립기반이기도 한 이 존재 내지 진리가 예술작품에서 자신을 드러낸다는 그의 해명이 타당하다면, 그로서는 이 예술에 주목하지 않을 수 없다"[이수정, 《하이데거-그의 물음들을 묻는다》(서울: 생각의 나무, 2010), 354].

4) 게르두스 반 데르 레우후, 윤이흠 역, 《종교와 예술-성과 미의 경계에 대한 현상학적 이해》(서울: 설화당, 1988, 1994), 117.

5) "'테크네'는 수공적인 행위와 능력만이 아니라 고차적인 예술과 미술도 지칭하는 이름이다. 그것은 밖으로 끌어내어 앞에 내어놓음, 즉 '포이에시스'에 속한다. 그것은 시적인 어떤 것이다"[Martin Heidegger, *Die Technik und die Kehre*, 이기상 옮김, 《기술과 전향》(서울: 서광사, 1993), 35].

을 밖으로 끌어내어 앞에 내어놓지 못해서 아직 앞에 놓여 있지 않은 것, 그래서 금방 저렇게 모양새를 바꾸어 버릴 수 있는 그런 것을 탈은폐한다……따라서 '테크네'에서 결정적인 것은 결코 만드는 행위나 조작하는 행위 또는 수단의 사용에 있는 것이 아니고 위에서 말한 탈은폐에 있다. 제조로서가 아니라 바로 이러한 탈은폐로서 '테크네'는 일종의 밖으로 끌어내어 앞에 내어 놓음이다."[6]

에스겔은 2600여 년 전 사람임에도 불구하고 디지털 시대를 사는 우리가 충분히 공감할 수 있을 만큼 디지털적이다. 그는 비유라는 영상언어를 통해서 이미지를 생산해내고 행위예언을 통해서 아방가르드적인 행위예술, 즉 퍼포먼스를 하는 전위 예술가였다. 그리고 요즘 디지털로 구현하는 원격현전과 시뮬레이션의 원조(元祖)이며, 그것들을 통해서 이스라엘의 현재를 적나라하게 보여주고, 또 이스라엘의 미래를 명확하게 제시했다. 에스겔은 예술로서의 예언을 통해 거짓으로 가득 찬 당시대에 진실을 드러내고, 진리 가운데 이스라엘을 정립하려고 한다.

이러한 예언, 즉 예술로서의 예언은 형이상학적인 신학을 거부하는 결정적인 근거이다.[7] 진정한 예술은 존재를 탈은폐(脫隱蔽: Entbergen)하고, 일상을 넘은 놀라움을 경험하게 함으로써[8] 진리의 작품 가운데

---

6) Martin Heidegger, 《기술과 전향》, 37.

7) "예술은 형이상학의 무능력이 폭로되는 형이상학의 아킬레스건이다. 그래서 형이상학 비판자들은 대개 비판의 화살을 형이상학의 아킬레스건인 예술론·미학에 맞춘다. 대표적인 사람으로는 이미 18세기에 형이상학을 비판한 칸트로부터 니체, 하이데거, 아도르노, 데리다, 들뢰즈 등이 여기에 속한다"[김동규, 《하이데거의 사이-예술론》(서울: 도서출판 그린비, 2009), 30].

8) "예술의 존재 의미는 일상을 넘는 놀라움을 경험하는 데 있는 것이며, 공포스러운 것에 대한 감지 능력이야말로 예술적 경험의 최고 형식으로 파악되는 것이다"[최상욱, 《하이데거에게서의 예술의 본질》, 한국하이데거학회 엮음, 《하이데거의 예술철학》, 하이데거 연구 제7집(서울: 철학과 현실사, 2002), 254].

로 자신을 정립하게 한다.[9] 하이데거는 이렇게 말한다.

"예술은 진리를 도약하게 한다. 예술은 창작적 보호로서, 작품 가운데서 존재자의 진리가 도약하도록 한다. 어떤 존재자를 도약하게 하는 것, 건립적 도약을 통하여 어떤 존재자를 그것의 본질이 유래하는 곳으로부터 존재 가운데로 가져오는 것을 원초적 도약으로서의 근원이라는 단어가 의미하고 있다. 예술작품의 근원인 창작자와 보호자의 근원, 바꿔 말하면 한 민족의 역사적 현존의 근원이 예술이다. 왜냐하면 예술이라는 것은 그 본질에 있어서 근원이기 때문이다. 진리가 존재적으로 되는, 즉 역사적으로 되는 하나의 훌륭한 방식이기 때문이다."[10]

2) 예언과 신체

예언자들에 관한 역사적 사실들을 밝히는 예언서 서문들은, 예언자들의 실존뿐만 아니고 지극히 당연한 말이기는 해도, 에스겔을 비롯한 고대 이스라엘의 예언자들이 우리처럼 '신체'(身體)를 지닌 인간(人間)이었음을 말한다. 인간은 정신이나 혼으로 존재하는 것이 아니고 그것들을 발생시키고 또 포함하는 통합적인 몸으로 존재하고 또 그래야 하기에, 인간은 당연히 신체를 지녀야만 한다. 그렇기에 우리는 신체 없이 정신으로만 존재하는 인간을 상상할 수 없다. 인간은 신체와 정신의 통합체가 아니고 온전히 몸으로만 존재한다.[11]

---

9) "예술의 본질은 존재자의 진리의 작품 가운데로의 자기정립(das Sich-ins-Werk-Setzen-der Wahrheit des Seienden)이다"(Martin Heidegger, "예술작품의 근원에 대하여," 《예술작품의 근원》, 106).

10) Martin Heidegger, "예술작품의 근원에 대하여," 《예술작품의 근원》, 149f.

11) "오늘날 또다시 영혼의 발생생리학적인 병행의 장이 된 것은 결코 단순한 뇌수

그리고 에스겔이 공연을 통해서 예언을 했다는 것은 그가 자신의 신체로 예언했음을 보여준다. 그가 보여준 행위예언은 퍼포먼스였다. 그리고 그는 신적 경험을 인간 신체에 대비해서 표현한다.

이렇듯 인간의 몸은 문화와 예술의 주요한 대상이다.[12] 그리고 인간의 몸은 그가 어디에 있느냐[13]라는 공간성으로 나타난다. 이것은 종교제의에서도 명확하게 나타난다. 그래서 정진홍은 이렇게 말한다.

> "종교가 어떻게 '있는가' 하는 데 관심을 기울이면서 몸이 새롭게 유념해야 할 주제로 떠오르는 것은 우리가 확인하고 또 경험하는 한, 종교는 일정한 몸짓을 틀 잡아 그것을 통하여 자신을 표출한다고 읽혀지는 제의(祭儀)를 가지고 있기 때문입니다."[14]

그런데 현대에 들어와서 몸으로서의 인간을 재발견하게 하는 데 결정적으로 기여한 사람은 하이데거이다.[15] 이런 점에서 하이데거는

가 아니라 '신체 전체'임이 입증되었다. 데카르트가 가정한 것과 같은, 영혼 실체와 신체적 실체의 그러한 방식의 외면적 결합이란 이제는 더 이상 진지한 논의의 대상이 될 수 없다. 오늘날 신체와 영혼(몸과 마음)의 문제를 다루고 있는 철학자, 의학자, 자연연구가들은 점점 더욱 하나의 근본적인 견해로 일치되어 가고 있다. 다시 말해서 '동일한 생명'이 그것의 내면적 존재에서는 '심적인' 형태형성으로, 그리고 타자에 대한 존재에서는 '신체적' 형태형성으로 나타난다는 것이다"[Max Scheller, *Die Stellung des Menschen im Kosmos*, 진교훈 옮김, 《우주에서 인간의 지위》(서울: 아카넷, 2001), 121–122].

12) "문화연구에서는 인간의 몸을 문화적 대상으로 진지하게 고려한다"[Elaine Baldwin 외, *Introducing Cultural Studies*, 조애리 외 옮김, 《문화코드 어떻게 읽을 것인가–문화연구의 이론과 실제》(서울: 도서출판 한울, 2008, 2009), 125].

13) "현대 도시에서 당신이 '누구'인지는 적어도 최초의 목적에서는 당신이 '어디에' 있는지와 밀접하게 관련되어 있다. 현대 도시에서 공간적 범주가 금방 보고 인식될 수 있는 외양적인 범주의 자리를 대신한 것은 시각 현상과 무관하지 않다"(Elaine Baldwin 외, 331).

14) 정진홍, 《종교문화의 논리》(서울: 서울대학교출판부, 2000, 2004), 82.

15) "'나'는 육체에서 해방된 사유로서의 주체도 아니고 순수의식으로서의 초월론적(선험적) 자아도 아닌, 육체를 지닌 존재로서 지금 여기 살고 있는 구체적이

구약성서의 인간관 그리고 예술로서의 예언행위와 연관을 갖는다.

> "신체성은 나 자신이 실존하는 존재자로 존재하는 그 본질적인 방식에 관여한다. 우리는 신체성이라는 터 있음의 현상에 직면하기 이전에, 자신의 관계 속에서 터 있음으로 규정된 인간이 그의 관계 속에서 존재하는 인간으로 존재할 수 있기 위해, 그 자신은 존재자가 아닌 존재자를 필요로 한다고 말해야만 했다. 이때 그 자신이 다른 존재자 가운데서 하나의 존재자로 존재하는 그 방식이 본질적으로 그가 신체적으로 실존하면서 그의 신체성을 실현해 나가는 방식들이라면, 터 있음으로 규정된 신체성은 그가 만나는 세계 내부적인 존재자를, 즉 그가 만나는 '세계'를 필요로 하는 것이다. 터 있음으로 이해된 인간이 그가 만나는 존재자에게로 향해져-있음은, 즉 이러한 필요성으로-이러한 필요성 속에서 인간은 터 있음에-적합한 존재자로서 실존할 수 있기 위해 세계 내부적인 존재자를 필요로 하는 데-인간이 향해져-있음은, 터 있음에-적합한 신체성 없이는, 즉 터 있음에-적합한 신체 없이는 사유될 수 없는 것이다."[16)]

여기서 보듯 신체성은 다자인(Dasein), 즉 '거기에 터 닦고 있음'으로서의 인간, 다른 사람과 사물과의 관계성 다시 말해 유의미성으로의 세계성을 주장하는 하이데거에게 있어서 중요한 개념일 수밖에 없다. 그러나 하이데거가 직접적으로 인간의 신체성을 언급한 것은 아니다.[17)]

고 개별적인 바로 '나'인 것이다. 나는 바로 나의 육체(신체)이다. 육체의 발견은 하이데거의 실존철학이 이룩해 놓은 공로의 하나이다"[이기상, 《존재와 시간-인간은 죽음을 향한 존재》(서울: (주)살림출판사, 2006), 35f].

16) F. -W. von Herrmann, *Interpretationen zu "Sein und Zeit": Subjekt und Dasein*, 신상희 옮김, 《하이데거의 존재와 시간을 찾아서》(서울: 한길사, 1997), 189.

그럼에도 불구하고 하이데거 사상에서 신체성의 기원을 찾아내는 것은 그리 어렵지 않다. 폰 헤르만은 이러한 점을 명쾌하게 언급한다.

"왜냐하면 나의 관계들에서, 특히 나의 교섭방식에서, 나는 신체적인 방식으로 실존하기 때문이다. 따라서 내가 나의 행동관계 속에서 하나의 존재자로 존재하면서 이렇게 실존하는 존재자로서 다른 존재자와 관계하는 방식을 본질적으로 완성하는 것은 신체성(Leiblichkeit)인 것이다. 하이데거는 터 있음의 신체성을 의도적으로 존재와 시간에서는 주제적인 문제로 다루지 않았다. 터 있음의 존재론적인 분석론은 존재-일반의 의미에 관한 기초존재론적인 근본물음에 기여한다. 이러한 의도를 실행하기 위해 터 있음의 구조로서의 신체성은 주제적인 분석에서 간과될 수밖에 없었다. 그러나 이러한 신체성은 많은 분석의 과정에서-예를 들면 행동관계 및 도구 그리고 세계를 분석하는 과정에서, 또 터 있음과 함께-있음(Mitsein)의 공간성을 분석하는 과정에서, 그리고 처해-있음의 분석 및 마지막으로 우리가 지금 행하고 있는 이 기초존재론적인 언어분석의 과정에서도-비주제적인 방식으로나마 주시되고 있다."18)

이렇게 하이데거가 암시한 신체성은 그의 뒤를 이은 메를로-퐁티에

---

17) "인간이 무엇보다도 사연 가득한 '세상' 속에서 희로애락을 겪어가는 '삶의 존재'이며, 그 '삶의 구조'가 어떤 것인가 하는 정작 가장 '인간적'인 인간의 모습에 대해서 그는 사실상 거의 눈길을 주지 않았다. 예컨대 행복과 불행, 성공과 실패, 희망과 절망, 사랑과 미움, 일과 놀이, 성장과 노쇠, 부귀와 빈천, 소유와 상실, 옳음과 그름, 지배와 예속 등 이러한 삶의 문제들이 '인간'과 결코 무관할 수 없음을 생각할 때, 이것이 결여된 인간론은 결국 공허하고 현학적이라는 비판에 부딪칠 수 있다"[이수정, 《하이데거-그의 물음들을 묻는다》(서울: 생각의 나무, 2010), 404].

18) F.-W. von Herrmann, 《하이데거의 존재와 시간을 찾아서》, 188.

의해서 명확하게 드러났으며, 푸코와 들뢰즈로 이어졌다.[19]

3) 예언과 공간

> "현존재는 존재자들과의 관계 속에서 존재한다. 현존재는 물을 마시고 태양의 빛을 쬐며 집에서 거주하고 부모의 보살핌과 선생의 지도를 받고 친구들과 사귀면서 산다. 다른 인간들을 비롯한 존재자들과의 관계는 우리의 삶에 필연적으로 속해 있으며, 우리는 존재자들과의 관계에서 완전히 벗어난 진공상태에서 살 수 없다. 하이데거는 현존재의 이러한 존재 방식을 세계-내-존재 In-der-Welt-Sein라고 말하고 있다."[20]

인간을 '거기 터 닦고 있음' 그리고 '세계-내-존재'로 규정하는 하이데거에게 '터'와 '세계'[21]는 매우 중요한 의미를 갖는다.

---

19) "메를로-퐁티는 이 점을 보았고, 신체의 현상학 및 신체가 세계를 우리에게 열어 밝힘에 있어서 중심적 역할을 수행하도록 하는 방식에 관한 현상학을 발전시켜 나갈 필요성이 있음을 이해했다. 《지각의 현상학》에서 메를로-퐁티는 '운동 지향성'의 개념을 발전시켰는데, 이는 우리의 운동 기량들이 우리 주위의 세계를 이해하는 방식을 뜻한다. 실제로, 메를로-퐁티는 《존재와 시간》 제1편의 기획 일반을 하이데거가 소홀히 한 어떤 중요한 방향에서 추구했다. 이러한 추구 없이는 하이데거의 현상학은 심각한 정도로 불완전한 것이 되고 말 것이다"[W. Blattner, *Heidegger's Being and Time*, 한상연 옮김, 《하이데거의 〈존재와 시간〉 입문》(파주: 도서출판 서광사, 2012), 302].

20) 박찬국, 《현대 철학의 거장들》(서울: 이학사, 2012), 173.

21) "현존재는 세계-내-존재로서 운명적으로 그리고 실존적으로 세계 속에서 살아가야만 한다. 이러한 세계는 돌과 나무와 같은 존재자들의 전체적인 집합이 아니라 현존재의 실존이 구체적으로 수행되는 통일적인 현상인 것이다. 이런 점에서 세계는 현존재가 자신의 삶 속에서 드러내야 할 의미들의 지평인 것이며, 삶 자체인 것이다. 현존재는 존재와 관계하는 한 결코 세계를 벗어나거나 세계로부터 격리되어서는 안 된다. 세계는 현존재가 다른 현존재 그리고 다양한 존재자들과 의사소통을 하는 곳이며, 그들과의 만남을 가능하게 하는 지평인 것이다"[이서규, 《하이데거 철학》(서울: 도서출판 서광사, 2011), 115f].

> "이렇게 만물이 하나로 어우러져 공존하고 공생하는 전일적인 상호관계의 역동적인 지반으로서의 땅은 또한 자기 안에 지하의 모든 광물과 미세한 생명들을 포괄하고 있을 뿐 아니라 자기 자신으로부터 산출된 지상의 모든 동식물들에게 알맞은 거처를 아낌없이 마련해 주고 건립하면서 보살펴 주는 그 깊이를 헤아릴 수 없는 무한한 자비의 은닉된 지반으로서 사유되고 있다."[22]

고대 이스라엘 백성들의 삶을 다양하게 기록하는 구약성서가 구체적인 삶을 건립하는 자리로서 공간에 대해 언급하는 것은 당연한데, 그 가운데서 에스겔서는 매우 독특한 공간이해를 보여준다. 무엇보다 에스겔은 자신의 신학을 공간화한다. 이것은 에스겔이 소명체험(1장)과 역사를 이미지화하는 것(16장, 23장)에서 명확하게 나타난다. 에스겔은 야훼의 탈주와 회귀, 그리고 재탈주와 재회귀를 통해 '원격현전'(8-11장)과 '시뮬레이션'(40-48장)으로 정의할 수 있는 새롭고 독특한 신체적 · 공간적 경험을 하는데, 이것은 현대의 디지털적 공간이해와 이어진다는 점에서 공간개념을 다양하게 확장하는 것을 알 수 있다.

에스겔은 다른 사람들과 함께 바벨론으로 강제 이주당하고, 낯선 곳에 거주하면서 공간에 대한 새로운 체험을 했을 것이다. 이런 공간체험이 에스겔로 하여금 공간에 대한 깊은 성찰을 하게 했을 것이고, 이를 통해 에스겔은 매우 독특한 공간개념, 사건으로서의 공간개념을 만들어냈을 것이 분명한데,[23] 이것은 그의 소명체험에 대한 묘사에서부터 에스겔서 전체에 걸쳐 명확하게 드러난다. 그래서 구약성서의

22) 신상희, 《하이데거와 신》(서울: 철학과 현실사, 2007), 179f.
23) "공간은 세계를 근거로 해서만 비로소 발견될 수 있을 뿐이다. 공간은 현존재 자신의 공간성에 근거해서 구성되는 것이며, 그렇기 때문에 공간 전체가 세계를 의미하지 않는다"(이서규, 《하이데거 천하》, 100).

공간론을 정립하기 위해서는 다른 어느 책보다 에스겔서를 다루어야 한다.

그런데 구약성서, 특히 에스겔서의 공간론, 즉 사건으로서의 공간론은 하이데거가 말하는 발현 또는 생기하는 공간론과 맞닿는다. 하이데거는 전통적인 존재론적 공간개념을 버리고, 실존론적인 차원에서 공간을 다룬다.[24] 하이데거는 이렇게 말한다.

> "'세계성'은 일종의 존재론적 개념이며 세계-내-존재의 한 구성적 계기의 구조를 의미한다. 그런데 우리는 세계-내-존재를 현존재의 실존론적 규정으로 알고 있다. 그렇다면 세계성도 그 자체로 하나의 실존범주이다. 우리가 존재론적으로 '세계'에 대해서 물을 때 우리는 결코 현존재분석론의 주체적 장을 떠나는 것이 아니다. '세계'는 존재론적으로 현존재가 본질적으로 그것이 아닌 그 존재자의 규정이 아니고, 오히려 현존재 자체의 한 성격이다."[25]

그래서 그는 수학적 · 물리학적 공간이 아닌 역사적이고 구체적인 공간, 인간이 경험하고 인식하고 해석하는 현실적인 공간을 강조한다.[26] 하이데거는 현존재가 자신의 고유한 방식으로 이러한 공간에 놓여 있다고 보고, 이러한 고유한 방식을 '상황'이라고 부른다.[27] 이것

---

24) 강학순, 《하이데거에 있어서 실존론적 공간해석의 현대적 의의》, 하이데거 연구 14집(2006), 17.

25) Martin Heidegger, *Zein und Zeit*, 이기상 옮김, 《존재와 시간》(서울: 까치글방, 2007), 95.

26) 앞의 논문, 35. "하이데거의 공간에 대한 실존론적 해석은 오늘날의 탈세계적, 탈인간적, 탈역사적인 공간개념을 현상학적으로 해체하고, 공간과 세계의 친화적 관련성, 공간과 인간의 친화적 관련성, 공간과 역사의 의미론적 관련성을 그의 현존재의 분석론을 통해 존재론적-실존론적으로 밝혀낸다"(35f).

27) 하제원, "하이데거 기초 존재론에서의 공간개념," 하이데거 연구 15집(2007), 667.

이 '상황의 공간성'이다.[28] 즉 공간의 사건성 또는 사건으로서의 공간성을 말하는 것이다. 그리고 하이데거가 말하는 실존론적인 공간론에서 사방 개념이 매우 중요하다.

> "이러한 존재를 후기 하이데거는 대지(Erde)와 하늘(Himmel), 죽을 자(Die Sterblichen)로서의 인간과 신적인 것들(Die Götttlichen) 사이의 내밀한 관계망으로서 구체적으로 사유하고자 한다. 그러한 관계망을 그는 '사방'(四方, das Geviert)이라고 부르고 있다. 그리스인들이 퓌시스라고 부르는 것을 그는 사방으로서 사유하고 있는 것이다."[29]

이러한 사방 개념은 이 네 가지가 함께 세계를 형성한다는 점에서 신학적으로도 접근 가능하다고 생각한다. 신적인 신[30]은 분명히 예배받으시기에 합당한 분이지만,[31] 그렇다고 해서 모든 것을 제 마음대로 하는 상위 존재자는 아니다.[32] 그리고 존재자의 근원인 존재는 더더

---

28) 앞의 논문, 668. 강학순은 이것을 '존재사건론적'이라고 부른다.

29) 이수정·박찬국, 《하이데거-그의 생애와 사상》(서울: 서울대학교출판부, 2004), 302f.

30) "신적인 신이란 존재이탈과 존재망각으로 물든 탈-생기의 허무주의적 시대에 어둠 속을 헤매며 방황하는 인간에게 성스러운 빛을 눈짓으로 선사해 줌으로써 그를 그 자신의 고유한 본질의 처소 속으로 초대하여 인간의 시원적 본질을 되찾도록 구원해 주는 구원자로서의 신이다"[신상희, 《하이데거와 신》(서울: 철학과 현실사, 2007), 154f].

31) "하이데거가 생각하는 신은 기도할 수 있는 신, 제물을 바쳐야 할 신, 경외하는 마음으로 무릎을 꿇을 수 있는 신, 그 앞에서 음악을 연주하고 춤을 출 수 있는 신, 그런 신이다. 형이상학의 신은 바로 이러한 신의 모습을 덮어 버린다" (이수정, 《하이데거-그의 물음들을 묻는다》, 469).

32) "하이데거에게는 존재 전체 내에서의 위계질서란 존재하지 않는다. 모든 사물은 세계를 모아들이는 것으로서 존재하고, 세계는 각 사물에게 그것에게 고유한 본질을 선사하는 것으로서 존재한다. 이러한 세계에서는 존재자들 사이의 위계란 존재하지 않으며, 사방으로서의 세계에 대해서도 사물은 세계의 구체

욱 아니다. 하이데거에게 있어 신은 존재자들을 발현케 하는 존재가 아니고 특수한 존재자이다.

4) 예언과 대안

> "전통 형이상학과 현대의 과학기술문명에서는 존재자 전체를 자신의 지배하에 두려는 권력에의 의지가 작용하고 있다. 서구의 역사란 이러한 지배에의 의지가 노골화되어 가고, 인간이 존재자 전체를 지배하는 주체로서의 성격을 갈수록 강화해 가는 과정이다. 현대의 과학기술문명은 서구의 전통 형이상학이 갖는 이러한 근본경향을 극단적으로 밀고 나갔으며, 그 결과 니힐리즘의 지배를 낳았다. 그것은 형이상학이 본래 목표하는 고향의 건립에 실패한 것이다."[33]

이렇듯 하이데거는 현대 과학기술에 대해서 상당히 염려하는 자세를 견지하는데, 그 까닭은 "현대의 기술을 속속들이 지배하고 있는 탈은폐는 도발적 요청이라는 의미의 닦아세움의 성격을 띠고 있"[34]기 때문이다. 그래서 "현대 기술의 본질은 인간을 현실적인 것이 언제 어디서나 다소 눈에 띌 정도로 부품으로 되어 버리는 그러한 탈은폐의 길로 보낸다."[35] 이 과정에서 드러나는 가장 심각한 문제는 본질적인 것을 상실했다는 것이다. 하이데거는 이렇게 말한다.

적인 현존을 가능케 하는 것으로서 세계와 동등한 지위를 갖는 것으로 이해되는 것이다"(이수정·박찬국, 《하이데거-그의 생애와 사상》, 306).

33) 이수정·박찬국, 《하이데거-그의 생애와 사상》, 53.

34) Martin Heidegger, 《기술과 전향》, 43.

35) *Ibid.*, 65.

"어떤 방식으로 탈은폐의 역운이 전개되든 존재하는 모든 것이 제각기 그때마다 그 안에서 스스로를 내보이는 그 비은폐성은, 인간이 비은폐된 것을 잘못 보고 잘못 해석할 수 있는 그러한 위험을 내포하고 있다. 현존하는 모든 것이 전부 원인-결과의 맥락의 빛 안에서 표현되는 곳에서는, 신마저도 표상 작용에게는 그 모든 성스러움과 지고함과 그 자신의 간격의 신비스러움을 상실해 버릴 것이다."[36]

우리는 먼저 이 사실을 깨달아야 한다.[37] 우리는 문화의 시대 더 정확하게 말하면 문화산업시대를 사는데, 이 문화산업은 거대자본 그리고 첨단과학기술과 결합하면서 엄청난 부를 창출하는 슈퍼자본주의의 특징을 보인다. 그럼에도 불구하고 문화는 누구도 비판할 수 없는 성역으로, 그리고 막대한 부를 창출하는 부의 원천으로 무조건적으로 높임을 받는다는 점에서 더욱 심각한 문제를 드러낸다.

이 책은 우리 시대 문화산업주의에 대한 비판과 대안으로 구약성서 예언에 대한 연구를 하는 데 목적을 둔다. 예언은 고대 이스라엘에서 중요한 문화였으며, 특히 에스겔은 신체를 통한 퍼포먼스를 통해 예언을 함으로써, 에스겔에게 예언은 신체를 통해서 공간 속에서 연출되는 전위적인 예술행위였다는 점에서 현대 문화산업에 대한 대안제시의 가능성을 보인다.

에스겔은 독특한 예언활동을 통해서 이스라엘의 현재를 보여주고,

---

36) *Ibid.*, 71.

37) "섬광의 번뜩임이 일어나게 될 때에야 비로소 기술의 본질이 스스로를 닦달로서 비출 것이고, 우리는 어떻게 해서 부품의 주문 요청 속에서 세계로서의 존재의 진리가 거부된 채 남아 있는지를 인식하며, 주문 요청의 방식을 따르는 단순한 원함과 행위 모두가 진리의 등한시를 고집하고 있다는 것을 감지하게 된다"(Martin Heidegger, 《기술과 전향》, 127).

이스라엘의 미래를 제시했다. 범죄와 그로 인한 심판을 말하고, 하나님이 이루실 새 이스라엘 모습을 보여주었다. 즉, 앞으로 이루어질 하나님 나라를 현재 상황에 대한 대안으로 제시한 것이다. 이런 점에서도 하이데거는 에스겔과 상통한다.

> "과학기술과 예술이 존재자의 진리를 드러내는 두 가지 상이한 방식들로서 이렇게 대극적인 입장에 있는 만큼, 현대의 기술문명이 부딪히고 있는 위기의 극복을 하이데거는 예술에서 찾았다. 현대의 위기는 예술에서 열리는 존재자 전체와 진리에 대한 외경을 망각한 채, 존재자 전체를 과학기술적으로 지배할 수 있는 대상으로 간주하면서 그것을 무분별하게 황폐화하는 데서 비롯되는 것이다. 따라서 하이데거에게 예술은 그가 다루는 여러 가지 주제들 중의 하나에 불과한 것이 아니라 그의 사상에서 결정적인 의미를 갖는다."[38]

앞에서 살펴본 대로 하이데거는 현대를 비판한다. 하이데거 자신이 진리를 출현시키는 것으로서의 예술철학을 거론하는 오늘날의 시대는 지배와 제조 가능성의 시대, 기술의 시대와 자본의 시대라는 것이다. 하이데거는 이 시대를 궁핍한 시대, 신이 부재하는 시대, 신의 부재에 대한 인식마저 사라진 시대로 규정한다. 존재와 진리는 인간에게는 처리 불가능한 것(unverfuegbarkeit)이다. 인간은 관념론적인 전통에서 이해하듯이 존재의 주인(헤겔)이 아니라 존재의 소리에 귀기울이는 존재의 목자(하이데거)로 이해된다.[39]

---

38) 이수정 · 박찬국, 《하이데거-그의 생애와 사상》, 317.

39) 신승환, 《진리 이해의 지평으로서의 예술》, 한국하이데거학회 엮음, 《하이데거의 예술철학》, 하이데거 연구 제7집(서울: 철학과 현실사, 2002), 302.

■ 참고문헌

강학순, 《하이데거에 있어서 실존론적 공간해석의 현대적 의의》, 하이데거 연구 14집(2006).

김동규, 《하이데거의 사이 - 예술론》, 서울: 도서출판 그린비, 2009.

박찬국, 《현대 철학의 거장들》, 서울: 이학사, 2012.

신상희, 《하이데거와 신》, 서울: 철학과 현실사, 2007.

신승환, 《진리 이해의 지평으로서의 예술》, 한국하이데거학회 엮음, 《하이데거의 예술철학》, 하이데거 연구 제7집, 서울: 철학과 현실사, 2002.

이기상, 《존재와 시간 - 인간은 죽음을 향한 존재》, 서울: (주)살림출판사, 2006.

이서규, 《하이데거 철학》, 서울: 도서출판 서광사, 2011.

이수정, 《하이데거-그의 물음들을 묻는다》, 서울: 생각의 나무, 2010.

이수정 · 박찬국, 《하이데거 - 그의 생애와 사상》, 서울: 서울대학교출판부, 2004.

정진홍, 《종교문화의 논리》, 서울: 서울대학교출판부, 2000, 2004.

최상욱, 《하이데거에게서의 예술의 본질》, 한국하이데거학회 엮음, 《하이데거의 예술철학》, 하이데거 연구 제7집, 서울: 철학과 현실사, 2002.

하제원, 《하이데거 기초 존재론에서의 공간개념》, 하이데거 연구 15집, 2007.

Baldwin, E. 외, *Introducing Cultural Studies*, 조애리 외 옮김, 《문화코드 어떻게 읽을 것인가 - 문화연구의 이론과 실제》, 서울: 도서출판 한울, 2009.

Blattner, W., *Heidegger's Being and Time*, 한상연 옮김, 《하이데거의 〈존재와 시간〉 입문》, 파주: 도서출판 서광사, 2012.

Heidegger, M., "*Der Ursprung des Kunstwerkes*", 오병남·민형원 공역, "예술작품의 근원에 대하여", 《예술작품의 근원》, 서울: 도서출판 경문사, 1990.

———, *Die Technik und die Kehre*, 이기상 옮김, 《기술과 전향》, 서울 : 서광사, 1993.

———, *Zein und Zeit*, 이기상 옮김, 《존재와 시간》, 서울: 까치글방, 2007.

Leeuw. Gerardus van der., 윤이흠 역, 《종교와 예술 - 성과 미의 경계에 대한 현상학적 이해》, 서울: 설화당, 1994.
Scheller, M., *Die Stellung des Menschen im Kosmos*, 진교훈 옮김, 《우주에서 인간의 지위》, 서울: 아카넷, 2001.
von Herrmann, F.-W., *Interpretationen zu "Sein und Zeit": Subjekt und Dasein*, 신상희 옮김, 《하이데거의 존재와 시간을 찾아서》, 서울: 한길사, 1997.

3. 예언과 문화

1) 시작 글

> “전통 형이상학과 현대의 과학기술문명에서는 존재자 전체를 자신의 지배하에 두려는 권력에의 의지가 작용하고 있다. 서구의 역사란 이러한 지배에의 의지가 노골화되어 가고, 인간이 존재자 전체를 지배하는 주체로서의 성격을 갈수록 강화해 가는 과정이다. 현대의 과학기술문명은 서구의 전통 형이상학이 갖는 이러한 근본경향을 극단적으로 밀고 나갔으며, 그 결과 니힐리즘의 지배를 낳았다. 그것은 형이상학이 본래 목표하는 고향의 건립에 실패한 것이다.”[1]

하이데거는 전통적 형이상학에 근거하는 현대 과학문명과 거기서 발생하는 문화에 대해서 매우 비판적이었고 비관적이었는데, 여기서는 고대 이스라엘의 예언문화가 현대 과학, 특히 디지털 기술 그리고 거기서 파생되는 문화와 어떤 관련을 갖는지를 살피려 한다.

고대 이스라엘의 여러 예언자들 가운데 에스겔은 매우 독특한 예언문화를 형성했는데 그것은 이미지(image), 원격현전(telepresence) 그리고 시뮬레이션(simulation)이라는 말로 정리할 수 있을 것이다. 지금부터 2600여 년 전에 에스겔이 행한 예언활동은 매우 고대적인 것이지

---

1) 이수정·박찬국, 《하이데거-그의 생애와 사상》(서울: 서울대학교출판부, 2004), 53.

만, 현대 문화를 형성하는 데 지대한 역할을 하는 디지털적인 측면도 갖는다는 사실에 주목해야 한다. 이런 점에서 에스겔서는 디지털 시대를 성서적으로 이해하는 데 적합하다.

그런데 문화의 시대에서 한 가지 염두에 두어야 할 것은 우리가 문화를 외면적인 것에 치중해서 살피고 또 문화를 쉽고 가벼운 것으로 여기는 경향이 있는데 이것은 잘못이라는 것이다. 결코 그렇지 않다. 디지털이 이 시대 문화를 형성하는 데 지대한 영향력을 갖고 있다고 해서 디지털의 기술적이고 상업적인 측면만 이야기해서는 안 된다. 오히려 디지털이 일반 문화는 물론이고 종교와도 밀접한 연관을 갖기 때문에, 종교적인 입장에서는 디지털이 갖는 본질적인 정신성을 더 깊이 다루어야 한다.

그리고 경박하리만큼 쉽고 감성적인 것을 문화로 보려는 생각도 버려야 한다. 인간의 삶을 형성하는 문화는 가벼울 때도 있지만 그렇지 않을 때가 더 많기 때문이다. 그렇기에 문화의 외적인 측면만을 이야기할 것이 아니고, 그런 외적인 것들을 통해서 궁극적으로 무엇을 이루어내려고 하는지를 더 중시해야 한다.

그렇기에 '디지털의 원조'라고 할 수 있는 에스겔을 통해서 디지털적 개념들을 살펴보는 것은 이 시대에 매우 필요한 작업이라 할 수 있겠다.

2) 이미지(Image)

"쿠텐베르크 이후 형성된 문자 중심의 문명이 종말을 고하는가? 20세기의 황혼녘을 현란하게 수놓는 영상 이미지는 오늘의 문화의 내면을 탈문자화시키고 있다. 영상 이미지의 '디오니소스 축제'는 생태계의 위기, 노동의 종말, 정신의 곤핍, 인간성의 상실 등 인류 장래의 어두운 전망과 대조를 이룬다. 이미지의 대폭발과 정신문화의 폐허화라는 현대 문명의 야누스적 모습은 새로운 밀레니엄과 함께 등장하고 있다. 매체 역사적 관점에서 볼 때, 이미지의 시대에서 활자의 시대로, 다시 문자의 시대에서 이미지의 시대로 순환하는 듯하다. 미디어 환경의 급격한 변화는 단순한 영상과 문자의 일차원적 관점이 아니라, 인간 존재 방식과 사유 형태를 재구성하고 지식의 패러다임을 갱신한다는 점에서 중대한 의의를 지닌다고 하겠다."[2]

우리 시대가 이미지 시대인 것은 분명하다. 물론 이미지는 디지털적인 성격만을 갖는 것은 아니다. 그러나 디지털 기술을 통해서, 즉 이매지니어들이 컴퓨터 그래픽(CG)으로 만들어내는 이미지들은 과거 이미지들과는 전혀 다른 양상을 보여준다. 요즘 영화들, 특히 막대한 자본을 통해서 엄청난 이윤을 창출하는 영화들은 컴퓨터 그래픽이 아니었다면 제작이 불가능했을 것이다. 이렇듯 이미지가 디지털로 인해 새로운 차원을 갖는다는 점에서 이미지를 디지털적인 것으로 규정한다.

> "미디어 환경의 급격한 변화는 단순한 영상과 문자의 일차원적 관점이 아니라, 인간 존재 방식과 사유 형태를 재구성하고 지식의 패러다임을 갱신한다는 점에서 중대한 의의를 지닌다고 하겠다."[3]

이미지는 '인간이 존재하는 양태'에 관한 것으로 정의할 수 있다.

---

2) 김우창·성완경 외, 《이미지는 어떻게 살고 있는가》(서울: 생각의 나무, 1999), 13f.
3) *Ibid.*, 13f.

디지털 시대 이전에도 그랬지만, 디지털 시대에는 특히 모든 것이 이미지로 존재하기 때문이다.[4] 그래서 '나는 너에게 무엇으로 존재하는가?'에 대한 대답은 '나는 너에게 이미지로 존재한다'이다. 이것을 좀 더 자세하게 풀어 보면, 사람은 무엇이든지 이미지로 인식한다. 아버지는 나에게 이미지로 인식되고 다른 존재들도 마찬가지다. 신(神)도 우리에게는 이미지로 존재하고, 성서 인물들도 이미지로 존재한다. 우리는 경험하는 모든 것들을 이미지화해서 기억한다. 시각적인 것뿐만 아니고 청각적인 것들도 모두 이미지화해서 뇌를 비롯한 우리 신체에 저장한다. 이처럼 인간들은 그들이 직접 또는 간접적으로 경험하는 모든 것들을 이미지화해서 수용하고, 이미지로 사고하고, 이미지로 커뮤니케이션한다. 어쩌면 "모든 것은 이미지로만 존재한다"고 말해도 과장은 아닐 것이다.[5] 그러다 보니 이미지 방식에 따라

---

4) 소쉬르는 "언어기호가 결합시키는 것은 사물과 한 명칭이 아니라 하나의 개념과 하나의 청각 영상이다", "어느 일정한 개념이 뇌 속에서 대응하는 청각 영상을 불러일으킨다"라고 말한다[김방한, 《소쉬르-현대 언어학의 원류》(서울: 민음사, 1998), 71]. 그래서 피에르 레비는 "인간을 물질적 환경, 기호와 이미지로부터 분리하는 것이 불가능하다. 인간은 기호와 이미지를 통해 삶과 세계에 의미를 부여하기 때문이다"라고 말한다[Pierre Levy, *Cyberculture*, 김동윤·조준형 옮김, 《사이버문화: 유럽의회보고서-뉴테크놀로지와 문화협력 그리고 커뮤니케이션》(서울: 문화출판사, 2000), 39].

5) "사이버스페이스 문화는 그 구성적 특성의 차원에서 볼 때, '로고중심주의'(logocentrism)로부터 '도상중심주의'(iconocentrism)에로 진환되고 있는 문화라는 것을 알게 된다"[송재룡, "사이버스페이스의 확산과 대학 교육의 상업화", 구자순 편저, 《인터넷과 사회현실》(서울: 한양대학교 출판부, 2000), 236]. 우리가 갖는 어떤 관점들은 실상은 그 어떤 것에 관한 이미지를 갖는 것이다. 예를 들면 '여성관'(女性觀)은 여성에 대한 이미지이고, 세계관은 세계에 대한 이미지이다. 대다수 사람들, 특히 남성들은 여성에 대해서 그릇된 이미지, 즉 사회적으로 왜곡된 이미지를 갖고 있다. 남성들은 대체로 그릇된 여성관을 갖고 그 관점에 따라서 여성들을 인식하고 여성들을 대한다. 여기에 대해서는 Susanna Walters, *Material Girls: Making Sense of Feminist Cultural Theory*, 김현미·김주현·신정원·윤지영 옮김, 《이미지와 현실 사이의 여성들-여성주의 문화이론을 향해》(서울: 도서출판 또 하나의 문화, 1999)를 보라.

서 인간의 존재방식도 달라질 수밖에 없다. 앞으로 화상통신이 발달하면 우리는 거리를 초월해서 언제 어디에서나 이미지로 존재할 것이고, 이곳에 있으면서 동시에 수천 킬로미터 떨어진 상대방 앞에 존재할 수 있다.[6)]

그렇기에 우리가 일반적으로 생각하듯이 이미지는 결코 허상이 아니며, 육체성을 상실한 싸늘한 것이 아니다. 이미지가 난무하는 사이버스페이스를 탐닉하는 사람들 가운데, 인간의 몸을 거추장스러운 것으로 생각하고 혐오하기까지 하며 사이보그를 염원하며 사이버스페이스가 인간의 몸을 탈피한 곳으로 생각하는 사람들이 있지만, 그곳도 여전히 인간의 몸이 확장된 곳일 뿐이다. 물론 인간의 몸이 몸 그대로 존재하는 공간과는 다른 곳이기는 해도, 인간의 몸과 연결되어 있다는 것은 부인할 수 없고, 그래서 사이버스페이스도 인간성, 즉 몸을 부인할 수 없다. 디지털 시대 사이버 공간에서도 인간은 여전히 몸으로 존재한다는 것을 기억해야 한다. 아무리 세상이 발달해도, 인간은 몸으로 존재하며, 몸으로 사유하고 몸으로 관계하고, 몸으로 살아야 하기 때문이다.

가장 아름다운 이미지는 인간의 몸 자체이다. 인간이 몸으로 엮어내는 모습이 가장 아름다운 이미지다. 로빈 윌리엄스가 주연한 "바이센테니얼맨"은 로봇이 인간의 몸을 입고, 그래서 인간으로 죽기를 소망하고 그 소원을 이루는 것을 보여줌으로써, 과학이 발달된 시대에도 여전히 인간의 몸이 얼마나 소중한 것인지를 알려 준다. 그런데 가장 추악한 이미지도 인간의 몸으로 표현할 수 있다. 인간이 인간을 억압하고 착취하고 고문하는 장면, 그리고 성적으로 음란한 포르노 장면이

6) 이렇게 인간이 이곳과 저곳에 동시에 존재할 수 있는 것을 '원격현전'(tele-presence)이라고 한다.

야말로 인간이 보여줄 수 있는 최악의 이미지인 것이다. 이런 이미지들은 사이버스페이스에서도 그대로 드러날 수 있다. 사이버스페이스는 인간 현실의 연장이기 때문이다.[7)]

사이버스페이스 상에 있는 이미지는 컴퓨터를 작동하는 실제 인간과 이어지기 때문에, 결국 어떤 형식으로든 인간과 인간의 만남이 이루어진다. 앞으로도 사이버 공간은 인간들이 탈육(脫肉)해서 허상으로만 존재하는 곳이 아니고, 여전히 인간성과 육체성을 가지고 접촉하는 공간으로 남을 것이다.[8)] 그렇기에 이미지는 결코 인간성을 상실하지 않으며, 어떤 경우에도 인간성을 상실하면 안 된다. 디지털 시대를 사는 인간은 과거에 존재했던 인간들과 다른 종족들이 아님을 기억해야 한다. 우리는 디지털 시대에도 여전히 인간성을 지닌 이미지로 존재(해야)할 것이다. 지금보다 과학이 더 발달해서 사이보그들이나 안드로이드 같은 합성인간[9)]들이 출현한다고 해도, 그때에도 여전히 인간들은 몸을 갖고 모든 것들을 몸으로 경험하고 몸으로 표현하면서 살아갈 것이다. 디지털로 구현하는 이미지는 허상이 아니고, 바로 이런 인간성을 갖는 실재이다.

에스겔서는 이런 이미지 시대에 잘 어울리는데, 에스겔서는 그 어느 곳에서도 보기 어려운 강력한 영상으로 시작한다. 에스겔서 1장에 '모양'과 '형상'이라는 말이 여러 번 나오는데, 이것이 바로 이미지이다. 에스겔이 본 것을 본문에 나오는 말로 하면 "하나님의 이상"(마르오

---

7) 여기에 대해서는 이종록, 《성서로 읽는 디지털 시대의 몸 이야기》(서울: 책세상, 2004)를 보라.

8) ed. David Porter, *Internet Culture*, (New York: Routledge Inc., 1997), xii–xiii.

9) 안드로이드라는 합성인간에 대해서는 리들리 스코트(Ridley Scott) 감독이 1982년에 발표한 "블레이드 러너"(Blade Runner)가 대표적인데, 원작은 Philip K. Dick, *Do Androides Dream of Electric Sheep?*, (New York: Ballantine Books, 1968)이다.

트 엘로힘)이다. 이 말은 에스겔서 핵심이라고 할 수 있는 환상장면들, 즉 1장(1절), 8-11장(8장 3절), 40-48장(40장 2절)에 나온다. 그렇기에 이 말은 에스겔서를 특징짓는 매우 중요한 말이다. 에스겔서는 마르오트 엘로힘을 중심으로 엮어진다고 할 수 있다.

마르오트 엘로힘에서 알 수 있듯이, 에스겔서 1장은 에스겔이 본 하나님의 모습을 묘사하는데, 그래서 그 묘사들은 당연히 시각적 이미지들이어서 이미지와 관련된 단어들을 많이 반복한다. 에스겔서 1장에 많이 나오는 단어들은 모양 또는 형상[(마르에), 형상(데무트)], 그리고 불(에쉬), 두르다(사바브)이다. 에스겔서 1장은 이 네 단어들이 주축을 이루면서 문장을 엮는다.

세밀한 이미지 묘사로 시작한 에스겔서는 1장에서 마지막 장인 48장까지 다양한 이미지들로 이야기를 엮어 나간다. 에스겔은 애곡과 애가가 가득 적혀 있는 두루마리를 보는데, 이것은 하나님 말씀이 이미지로 나타난 것을 보여준다. 이런 이미지는 에스겔이 그 두루마리를 먹는 것에서 절정에 이른다. 두루마리를 읽지 않고 먹었다는 것은 이제부터 에스겔 자신이 바로 메시지가 되는 것을 의미하며, 이미지 자체가 바로 '언어'임을 보여준다.

> "그렇기 때문에 자연 언어에 의한 기술을 하지 않고 영상 이미지만으로도 충분히 사유와 이해의 통로가 마련된다면, 또 표현하고 의사소통하는 것이 가능해진다면, 영상 이미지는 자연 언어에 못지않은 기능을 해내고 있는 또 하나의 언어라고 볼 수 있다. 기존의 영화 이미지뿐만 아니라 컴퓨터에 의해 생산된 영상 이미지인 디지털 이미지는 자연 언어보다 더 광범위하게 사용되고 있다. 자연 언어가 서로 듣고 말해지는 또 읽어지는 언어라면 영상 언어는 보여지는 언어인데, '백문이 불여일견'(百聞而 不如一見)이라는 말처

럼 영상 언어가 어떤 언어보다 더 강력한 언어로 기능하고 있는 현실도 인정해야 할 것이다."[10]

에스겔이 본 환상들도 강력한 이미지들이고, 메시지를 선포할 때 그가 보여주는 몸 예언, 즉 그가 관객들 앞에서 행하는 퍼포먼스도 이미지이다. 그리고 그가 말로 들려주는 메시지도 비유라는 그림언어를 사용하고 있다는 점에서 영상적이다.[11] 에스겔은 끊임없이 이미지를 보고, 이미지를 만들어내고, 그것을 통해서 하나님과 의사소통을 하고, 사람들과도 의사소통을 했다. 이런 점에서 그는 디지털적이다.

"우리의 현실경험이 이성적 토대를 기초로 해서 이루어졌다면, 사이버 공간은 보여지는 이미지로서 만들어진다. 이미지는 바로 직관과 통찰로서 사고하고, 또 이것의 자유로운 변형과 확장을 가능케 하는데, 사이버 공간이 바로 이미지에 의해 표현되고 의사소통이 되는 주요한 장이다. 사이버 공간이 지금처럼 우리의 일상생활 공간에서 급속히 확장하고 있는 상황에서 이미지는 조금씩 현실의 행동과 생활양식을 재구성할 수 있다. 그리고 이것은 이미지로 표현하고 이미지로 통하며 이미지로 사고하는 지식정보사회의 대표적인 인간형이 등장함으로써 더욱 촉진될 것이다."[12]

에스겔은 이스라엘이 지은 죄도 이미지화하고,[13] 이스라엘의 역사

---

10) 정대현·서정신·김혜숙, "인문학으로서의 영상문화학", 《이미지는 어떻게 살고 있는가》, 109.

11) 에스겔이 사용한 비유와 몸 예인에 대해서는 이종록, 《이 뼈들이 능히 살겠느냐》(서울: 한국성서학연구소, 2000), 81-109, "제3장 비유로 말하는 자여: 내가 경고한다"를 보라.

12) 김정탁, 《굿바이 구텐베르크》(서울: 중앙일보새천년, 2000), 191f.

13) 에스겔서 16장과 23장이 대표석이다. 에스겔은 이스라엘의 범죄(의 역사)를

도 이미지화한다.[14] 죄를 단순하게 나열하는 것에서 벗어나 그것을 완벽한 이야기로 엮어낸다. 그리고 역사를 서술하는 수준에서 벗어나 역사를 서사화하고 이미지화한다. 그래서 이야기로서의 역사, 이미지로서의 역사를 제시한다. 이렇듯 에스겔은 이미지를 끊임없이 생산해내는 '디제라티'[15]였다.

3) 원격현전(遠隔現前) - '여기에 또 저기에'

> "인간이 오감(五感)으로 느낄 수 있는 감각적인 가상환경의 형태는 공상과학 소설가들이 오랫동안 즐겨 사용해 오던 소재였다. '텔레프레젠스'(telepresence)라는 가상환경은 여러 감각 감지장치를 사용하여 자신이 먼 곳에 있는 것 같은 느낌을 주어서, 그곳에서 여러 작업을 수행할 수 있게 하는 기술이다."[16]

에스겔은 바벨론, 더 정확하게는 니푸르 근처에 있었다. 그런데 그는 800마일 가량 떨어진 곳에서도 유다 상황을 잘 알고 있었고, 유다에 대한 심판예언을 계속했다. 놀라운 사실은 에스겔이 예루살렘을 다녀왔다는 것이다. 그는 하나님의 손에 붙들려 공중을 날아 예루살렘으로 간다(겔 8:1-3). 에스겔은 예루살렘 성전으로 들어가서 그곳을 샅샅이 살핀다. 에스겔은 도보로 120일 정도 걸리는 거리[17]를 뛰어넘어서

음녀로 이미지화해서 보여준다.

14) 에스겔서 18장이 대표적이다. 에스겔서 16장과 23장도 죄를 이미지화하면서, 동시에 이스라엘 역사를 이미지화한다.

15) 디제라티(digerati)는 디지털(digital)+지식인(literati)의 조합어로, 디지털 시대의 지식인을 가리킨다.

16) Scott S. Fisher, 《가상환경: 개인용 시뮬레이션과 텔레프레젠스》, Sandra K. Helsel, Judith Paris Roth, *Virtual Reality: Theory, Practice and Promise*, 노용덕 옮김, 《가상현실과 사이버스페이스》, 170.

곧바로 예루살렘으로 날아간다. 에스겔은 요즘 개념으로 신체적 공간 이동, 즉 '원격현전'(telepresence)을 한 것이다. 에스겔은 바벨론의 자기 집에 앉아 있으면서 예루살렘에도 있는 것이다. 그는 여기 있으면서 또 그곳에 있는 것이다. 그는 동시에 두 곳에 실재한다.[18] 이것이 원격현전이며, 오늘날에는 디지털 기술로 원격현전을 구현한다.

디지털은 의사소통에서 인간을 시간으로부터 해방시켰다. 예전에는 서로 의사소통하려면 사람들이 직접 대면해야 했다. 즉, 대면을 위해서는 동시성(同時性)과 동소성(同所性)을 확보해야 했던 것이다.

그러던 것이 전보가 등장함으로써 인간들은 그 거리를 빛의 속도로 좁힐 수 있었고, 전화기를 통해 인간들은 거리에 상관없이 대화를 나눌 수 있었다. 이 전화기를 통해 인간들은 입과 귀를 엄청나게 확장시켰다. 그러면서 음성에 관한 한 거리를 없애 버렸고, 전화선이 놓인 곳이라면 어느 곳에나 자기 목소리를 보낼 수 있고, 다른 사람 목소리도 생생하게 들을 수 있게 되었다. 이런 점에서 전화는 원격현전의 첫 번째 매체이다.[19]

그러나 사람들이 전화기로 대화를 나누기 위해서는 두 사람이 같은 시간에 전화기를 들고 있어야 하기 때문에 동시성을 극복하지 못했고,[20] 또 목소리 이외에는 상대방에게 자기 모습을 보여줄 수 없는

---

17) Barry J. Beitzel, "*Travel and Communication(OT World)*", *ABD* 6, 647.

18) "가상현실을 어떠한 입장에서 보든 가상현실이 추구하는 목표는, 정도의 차이는 있겠지만 이용자로 하여금 원격현전(telepresence)을 경험하도록 하는 것이다. 원래 현전(presence)은 '어떤 환경 속에서 느끼는 실재감(sense of being)'을 뜻하는데, 이런 점에서 원격현전은 '커뮤니케이션 매체에 의해 어떤 환경 속에 실재하고 있음을 경험하게 되는 것', 즉 환경에 대한 매개된 지각(mediated perception)이라 할 수 있다"[이재현, 《인터넷과 사이버 사회》(서울: 커뮤니케이션북스, 2000), 118].

19) Pierre Levy, *Cyberculture*, 120.

20) 이런 점에서 전화는 글이 가진 비동시성의 장점을 갖지 못했다. 이 문제를 해

한계를 지녔다. 그런데 이러한 문제들을 디지털이 해결해 주었다. 이것에 대해 김동윤과 조준형은 이렇게 말한다.

> "이제 한걸음 더 나아가 디지털 테크놀로지는 인간에게 '신의 손과 발'을 부여하였고, 인간은 신처럼 세계 어느 곳에든지 동시에(ubiquitous) 존재하게 되었다. 우리는 이제 세계를 바라보는 창이자 개인용 운송 수단인 PC를 '타고' 마치 고속도로와 같은 인터넷 통신망을 따라 이곳저곳을 항해하면서 난생 처음 보는 친구들과 만나 토론도 하고, 데이트도 하고(대화방), 오락도 즐기고(온라인 게임), 쇼핑도 할 수 있게 되었다.
>
> 일상의 거리에서 이루어지는 일들이 그대로 온라인상에서 재현되고 있다."[21]

맥루한은 인류가 지금까지 이루어 온 기술발전과정을 신체확장의 과정이라고 보는데,[22] 인간의 신체를 무한으로 확장함으로써 디지털은 인간이 시간과 장소에 얽매이지 않고 서로 의사소통을 할 수 있도록 해준다. 우리는 글과 음성을 언제 어느 곳에서든지 보내고 싶은 사람에게 보낼 수 있다. 그리고 멀티미디어를 통해서 음성뿐만 아니라 화상도 보낼 수 있게 되었다. 멀리 떨어져 있어도 서로 얼굴을 보면서 대화를 나누는 시대가 된 것이다. 이제는 거리감 없이 서로를 온전히 대면할 수 있게 되었다. 이처럼 디지털은 인간의 의사소통에서 시간장

결하기 위해 녹음기를 부착한 전화기를 만들었지만, 그럼에도 불구하고 전화기는 여전히 인간 사이의 커뮤니케이션을 제대로 감당하기에는 근본적으로 많은 한계를 갖고 있다.

21) Pierre Levy, *Cyberculture*, 10.

22) Marshall McLuhan, *Understanding Media: The Extension of Man* (1965), 박정규 옮김, 《미디어의 이해—인간의 확장》(서울: 커뮤니케이션북스, 1997, 1999), 23.

애와 장소장애를 해결했다. 디지털은 우리를 여기에 있으면서 동시에 거기에 있을 수 있게 해주었다.23) 그러면서 디지털 시대는 존재함에 대한 개념정의를 새롭게 한다.24)

> "그리고 이 현존재는 '소통'을 통해서 구성된다. 멀리 떨어져 있다고 해서 내가 그 앞에 존재하지 않는 것은 아니다. 내가 그와 대화를 통해 혹은 바라봄을 통해 소통할 때 서먹서먹함은 사라지고 친밀해지며, 그는 내 앞에 '나'는 그 앞에 존재하는 것이다. 그러나 반대로 내가 그와 같은 공간에 있다고 해도 그와 소통하지 않는다면 '나'는 그 앞에 존재하지 않는다. 이런 현상은 우리가 도심을 걸을 때 많이 느낄 수 있다. 수많은 사람이 내 옆을 지나가도 내가 그를 의식하지 않는다면, 그에게 일별을 던지지 않는다면 '나'는 그 앞에 존재하지 않는 것이다. 극단적으로 말해서, 그때 내가 나의 어머니에 대해 생각하고 있었다면 나의 현존재는 어머니 앞에 있었다고 할 수 있다."25)

이런 존재개념은 디지털 시대가 아니어도 인간들이 원래부터 갖고

---

23) "웹은 시공간의 제한을 넘어 현존재로 하여금 타자와 '서로-어울려-함께-존재할-수-있기-위한' 새로운 가능성을 제한하며 '타자와 함께 존재하기'의 새로운 방식이라 할 수 있다"[김주환, "월드 와이드 웹의 존재론," 한국영상문화학회, 《영상문화 1》(서울: 생각의 나무, 2000), 132].

24) "'세계와 함께 있는 것'(being together with the world)은 '안에 있음'(in-Sein; being-in)에 기초한다. 하나의 실존범주(existenzial; existential)로서 세계와 '함께 있음'(being with; Mitsein)은 결코 객관적 사물이 물리적으로 같이 있다는 것을 의미하지는 않는다. 현존재가 '세계'라고 불리는 존재와 함께 있다는 것은 결코 물리적으로 근접해 있다는 것을 의미하지는 않는다"[M. Heidegger, *Being and Time*, 51. 김주환, "월드 와이드 웹의 존재론", 한국영상문화학회, 《영상문화 1》, 130에서 재인용].

25) 최혜실, 《모든 견고한 것들은 하이퍼텍스트 속으로 사라진다》(서울: (주)생각의 나무, 2000), 17.

있었는데, 디지털은 인간의 만남이 결코 물리적인 근접에 의해서만 이루어지는 것이 아니며, 현실적인 만남이나 컴퓨터를 통한 만남이나 그것이 인간들을 대면케 한다는 점에서 동일하다는 것을 깨닫게 한다.[26] 인간은 인터페이스를 통해서 원격현전한다. 인간과 기계의 공유공간이라고 할 수 있는 인터페이스는 동시에 우리를 세계와 연결시켜 주는 현실적 공간인 것이다. 우리는 컴퓨터 모니터를 통해 소식을 듣고, 정보를 획득하고, 생활을 계획하고, 다른 사람들과 대화를 나누고[27] 원격현전한다.

그런데 디지털 시대에서 우리는 눈과 입 그리고 귀로만 원격현전을 체험하지 않는다. 이제는 팔과 다리도 확장해서 보다 더 강력하게 원격현전할 수 있게 되었다. 집에 있는 형광등을 비롯한 가전제품을 멀리서 켤 수도 있고 끌 수도 있다. 눈에 보이지는 않지만, 사람들은 이제 가제트처럼 긴 팔을 갖고 있는 것이다. 디지털은 이처럼 인간의 신체를 거의 무한으로 확장케 한다.[28]

그리고 앞으로 이루어질 총체적인 원격현전은 과거에는 불가능했던 일들을 가능케 할 것이다. 위급한 환자를 치료하기 위해서는 그를 치료할 수 있는 병원으로 데리고 가야 했는데, 앞으로는 굳이 그렇게 할 필요가 없다.[29] 원격현전의 마지막 단계에서 우리는 어느 곳에 있든지 거리가 아무리 멀더라도 상대방을 바로 가까이에 있는 것처럼

26) *Ibid.*, 86.
27) 이진우, "멀티미디어 정보시대의 정신과 육체-사이보그의 인간학은 과연 가능한가," 한국영상문화학회, 《영상문화 1》, 29.
28) 서정신, 《디지털 시대의 자아탐구-기억, 의미, 정보 그리고 고깃덩어리》, 한국영상문화학회, 《영상문화 1》, 86. Marshall McLuhan, *Understanding Media: The Extension of Man*, 18.
29) Nicholas Negroponte, *Being Digital*, 백욱인 옮김, 《디지털이다》(서울: 커뮤니케이션북스, 1996), 157.

대할 수 있을 것이고, 한 곳에 머물면서도 전 세계 곳곳을 누빌 수 있을 것이다.[30]

이렇듯 인간의 현전, 특히 원격현전은 디지털이 이룩한 놀라운 업적인데, 롬바드와 디튼(Lombard & Ditton)은 현전의 개념을 여섯 가지로 유형화한다.[31]

첫째는, 사교적 풍부성(social richness)으로서의 현전이다.

둘째는, 현실감(reality)으로서의 현전이다.

셋째는, 이전(transportation)으로서의 현전이다.

넷째는, 몰입(immersion)으로서의 현전이다.

다섯째는, 매체 내 사회적 행위자(social actor within medium)의 현전이다.

마지막으로 여섯째는, 매체가 사회적 행위자(medium as social actor)가 되는 경우이다.

앞으로 컴퓨터 시스템이 첨단으로 발달하면 컴퓨터는 점점 작아질 것이고, 그리고 아주 작아져서 보이지 않을 정도가 될 것이다. 그래서 어느 곳에나 컴퓨터가 있는 세상이 될 것이다.[32] 컴퓨터는 점점 건물

---

30) William J. Mitchell, *City of Bits: Space, Place, and the Intobahn*, 이희재 옮김, 《비트의 도시》(서울: 김영사, 1999, 2000), 33.

31) 이재현, 《인터넷과 사이버 사회》, 119-121. 원문은 Matthew Lombard & Teresa Ditton, "At the Heart of It All: The Concept of Telepresence," *Journal of Computer-Mediated Communication*, 3:2을 보라. 그리고 http: //www. ascusc.org/ jcms/ vol3/ issue2/ lombard. html에도 원문이 실려 있다.

32) "컴퓨터의 인간-기계-접촉 공간인 인터페이스는 따라서 일단은 기계와 기계언어에 매우 가까이 있다. 그 다음에 사용자 환경과 프로그램들의 논리적 심층의 관계는 점점 더 단호하게 '편리한 환경'을 위해 그 추이가 움직인다. 다시 말해서, 진보적인 사용자 편리성은 컴퓨터를 눈에 보이지 않도록 하는 것

의 구조 안으로 편입되고 건물 자체는 컴퓨터로 변할 것이다.[33] 모든 곳에 컴퓨터가 편재함으로써 인간은 이제 어디에나 존재할 것이다.[34]

4) 시뮬레이션(Simulation) - '없음의 있음'

"시뮬레이션은 사이버 문화가 가져온 새로운 인지 방식 가운데 중심을 차지한다. 한마디로 시뮬레이션이란, 개인적 상상력을 키우고 (지적 능력의 증가) 모델이 아무리 복잡하다 하더라도 공통되는 정신 모델을 집단적으로 공유 협의하고, 세련화하는 [공동의 지적 자산(CI)의 증가를 도모하는] 모종의 지적 기술이다."[35]

인간들은 3차원적인 시공간에 존재하면서 동시에 사이버스페이스 (cyber space)[36]라는 다층(多層) 다열(多列)의 시공간에 존재한다. 이 사이버스페이스는 인간이 가상적으로 존재하던 다양한 시공간들을 현실화시킨 것이다(virtual reality). 이 사이버스페이스는 시간적으로는 과거와 현재, 미래가 공존하는 곳이며, 이곳과 저곳 그리고 그 너머의 공간

이다. 그리고 바로 이것이 의미하는 바가 '도처에 편재하는 컴퓨팅'이라는 콘셉트이다. 즉 컴퓨터가 보이지 않게 된다. 그리고 도처에 편재한다. 컴퓨터가 도처에 편재함으로써 사라지게 된다는 것이 미래의 커뮤니케이션적 상황에 가장 중요한 특징이다"[Norbert Bolz, *Am Ende der Guttenberg-Galaxis: Die Neuen Kommunikations- verh ltnisse*, 12].

33) William J. Mitchell, *City of Bits*, 231.

34) 여기에 대해서는 다음 책들을 보라. 이기준 외, 《공학기술 복합시대-공학과 의 새로운 만남》(서울: 생각의 나무, 2003); 이장욱·이홍주, 《유비쿼터스 혁명 -당신의 라이프 스타일과 비즈니스 환경을 바꾼다》(서울: 이코북, 2004); Richard Hunter, *World without Secrets: Business, Crime, and Privacy in the Age of Ubiquitous Computing*, 윤정로·최장욱 옮김, 《유비쿼터스-공유와 감시의 두 얼굴》(서울: (주)북21, 2003, 2004).

35) Pierre Levy, *Cyberculture*, 230.

36) 이 용어는 윌리엄 깁슨이 《뉴로맨서》라는 소설에서 처음 사용한 말이다.

이 공존하는 곳이다. 사이버스페이스는 지금 현실적으로 시공간 속에 없는 것이 존재하는 곳이다.

없는 것의 실재, 즉 시뮬라크르(simulacre)를 가능케 하는 것이 바로 '시뮬레이션'이다.[37] 신학을 하는 우리에게도 모든 것은 시뮬라크르로 존재하며, 그래서 우리가 하는 신학작업들은 바로 시뮬라크르를 만들어내는 시뮬레이션이다. 인간역사에서 의미 있는 일들은 모두가 시뮬라크르로 존재한다. 그리고 우리가 믿는 하나님도 우리에게는 결국 이미지로 존재하며, 그분의 임재는 시뮬라크르로 나타난다. 하나님은 과학적인 관점으로 보면 이 물질세계에는 존재하지 않으면서도 존재하는 분, 즉 없는 것의 실재함이다. 그렇기 때문에 그분의 나타나심은 시뮬라크르이다.

이렇듯 시뮬레이션은 '지금 이곳에 없는 것이 실재하는 것'인데, 인간의 삶을 보면 인간의 삶 자체가 시뮬레이션이라고 할 수 있다. 인간들은 현재 존재하지 않는 과거뿐만 아니라 여태 존재한 적이 없는 미래라는 가상공간을 설정하고 그 세계를 이미 경험하면서 살기 때문이다. 인간들이 미래를 생각하고 또 밝은 미래를 꿈꾸면서 그 꿈에 의해서 현실의 어려움을 이겨내면서 살아가는 것이 바로 시뮬레이션이다. 그렇기 때문에 시뮬레이션은 가상공간에서 펼쳐지는 컴퓨터 게임에만 한정시킬 수 없다. 인간의 모든 삶이 시뮬레이션임을 기억해야 한다. 그리고 신앙적으로 시뮬레이션은 '지금 이곳에 없는 것을 실재하는 것으로 미리 경험하는 것', 즉 '믿음'이다.

그리고 시뮬레이션은 우리 시선을 물질의 전면에 두게 한다. 예전

---

37) 시뮬라크르와 시뮬레이션에 관해서는, Jean Baudrillard, *Simulacres et Simulation*, 하태환 옮김, 《시뮬라시옹-포스트모던 사회문화론》(서울: 민음사, 1992)을 보라.

에는 '하나님은 역사의 배후에 계신다'는 말을 많이 했다. 물질세계(physics)의 배후를 규명하는 작업을 형이상학(形而上學, Metaphysics)이라고 한다. 전통적인 신학도 형이상학적인 작업이다. 그런데 디지털 시대는 물질세계의 배후를 규명하는 것이 아니고, 물질세계의 전면을 규명하는 것으로 바뀌고 있다. 물질계 뒷면에 무엇이 있는 것이 아니고, 물질계 앞에 무엇이 존재한다는 것이다. 예를 들어 보자. 우리가 컴퓨터로 글을 쓸 때 우리는 글을 쓰는 것이 아니고 키보드 자판을 누른다. 그것은 각기 0과 1이 조합된 디지털 코드를 형성한다. 컴퓨터 안에는 글자가 없다. 그런데 그 코드가 모니터에서는 글자로 뜨는 것이다. 이 글자는 존재하지 않는 것이 존재하는 것이다. 존재하지 않으면서 존재하는 것들이 과거에는 배후에 있었는데, 이제는 전면에 있는 것이다. 이것을 신앙적으로 말하면, 하나님은 우리의 배후에 계시는 것이 아니고, 우리가 살아가는 삶의 전면에 나타나시는 분이다. 그래서 하나님은 더 이상 우리 뒤가 아닌 우리 앞에 계신다. 이런 점에서 디지털 시대는 전통적인 형이상학을 넘어선다.

그런데 다음 본문을 읽어 보면, 시뮬레이션의 원조가 바로 에스겔이라는 사실을 알게 될 것이다.

겔 40:1-4 우리가 사로잡힌 지 이십오 년이요 성이 함락된 후 십사년 정월 십일 곧 그날에 여호와의 권능이 내게 임하여 나를 데리고 이스라엘 땅으로 가시되 하나님의 이상 중에 나를 데리고 그 땅에 이르러 나를 극히 높은 산 위에 내려놓으시는데 거기서 남으로 향하여 성읍 형상 같은 것이 있더라 나를 데리시고 거기 이르시니 모양이 놋같이 빛난 사람 하나가 손에 삼줄과 척량하는 장대를 가지고 문에 서서 있더니 그 사람이 내게 이르되 인자야 내가 네게 보이는 그것을 눈으로 보고 귀로 들으며 네 마음으로 생각할지어다 내가 이것을 네게 보이려고

이리로 데리고 왔나니 너는 본 것을 다 이스라엘 족속에게 고할지어다 하더라

본문을 보면, 에스겔은 어떤 '가상공간'에 들어온 것으로 보인다. 에스겔이 하나님의 손에 붙잡혀서 간 곳은 이스라엘 땅이지만, 그곳은 실재하는 이스라엘 땅이 아니고 가상적인 공간이다. 그곳에 높은 산이 있고 그 산 남쪽으로 성읍처럼 생긴 것이 보였다. 에스겔은 그곳까지 가는데, 거기에 어떤 사람이 삼줄과 장대를 들고 그 도시를 측량하기 위해 서 있었다. 그 사람도 현실공간에 실재하는 사람이 아니다. 그렇기 때문에 본문은 가상공간에서의 시뮬레이션을 이야기하는 것이다.

앞에서 말한 대로, 시뮬레이션(simulation)은 시뮬라크르(simulacre)를 만들어내는 작업이다. 시뮬라크르는 '없음의 있음'이고, 시뮬레이션은 이 '없음의 있음'을 가능케 해주는 것이다. 현재 에스겔이 보는 것은 실제로는 존재하지 않는 것이다. 그래서 에스겔은 실제로는 존재하지 않으면서도 더 실재하는 것,[38] 즉 시뮬라크르를 보는 것이다. 그리고 이렇게 하는 것이 바로 시뮬레이션이다.

---

38) "보드리야르는 현대 사회에서 실재하는 모든 것은 실재를 모사하는 기호들로 대체되며, 이러한 기호나 이미지들의 모사물일 뿐인 시뮬라크르들이 실재보다 더욱 실재적인 것이 된다고 본다. 그에 따르면 우리가 경험하는 세계는 실체가 존재하지 않는 시뮬라크르들의 세계이며, 또한 시뮬라크르들이 자신의 비실재성을 은폐하기 위해 다른 시뮬라크르들을 재생산하는 구조로 이루어진 세계다"[정기도, 《나, 아바타 그리고 가상세계》(서울: 책세상, 2000), 44-45]; "시뮬레이션의 테크놀로지는 실재와 상상의 차이를 근본적으로 의심한다. 시뮬레이션은 존재하지 않는 것을 긍정하는 어떤 추상적 명령문 체계의 토대 위에서, 컨퓨터에 입각한 데치너 조작의 한계치이다 그러면 어떤 것이 연습이고 어떤 것이 실제 상황인가? 새로운 미디어적 조건 아래서는 어떤 게임 명령의 기술적 적용과 어떤 실재적 명령의 기술적 적용 사이에 아무런 차이도 없다"[Norbert Bolz, Am Ende der Guttenberg-Galaxis: Die Neuen Kommunikations- verh ltnisse, 150].

5) 에스겔이 보여주는 하나님 나라

에스겔이 영상언어를 사용하고, 에스겔서에 디지털적인 요소들이 나타난다는 것은 현대 문화를 이야기할 때 중요한 점들이긴 하지만, 그런 것들은 문화에서 외적인 요소들이다. 더 중요한 것은 에스겔이 과연 그것들을 통해서 무엇을 말하려고 했느냐는 것이다. 앞에서도 말했지만, 요즘 우리는 문화를 경박하리만치 가볍고 쉬운 것으로 생각하는 경향이 있지만, 인간의 삶을 형성하는 문화라는 것이 결코 가볍거나 쉬운 것만은 아니다. 에스겔이 독특한 예언활동을 통해서 이루어내고 그리고 앞으로 이루어내려고 하는 문화는 하나님 나라 문화이다. 그렇기에 그것은 매우 진지하고 무겁기까지 하다.

(1) 에스겔이 보여주는 이스라엘의 현재

에스겔이 영상언어와 디지털적인 요소들을 통해서 보여주는 것은 당시 이스라엘 사회가 얼마나 부패하고 타락했느냐는 것이다.

겔 8:1-6 제육년 유월 오일에 나는 집에 앉았고 유다 장로들은 내 앞에 앉았는데 주 여호와의 권능이 거기서 내게 임하기로 내가 보니 불 같은 형상이 있어 그 허리 이하 모양은 불 같고 허리 이상은 광채가 나서 단쇠 같은데 그가 손 같은 것을 펴서 내 머리털 한 모숨을 잡으며 주의 신이 나를 들어 천지 사이로 올리시고 하나님의 이상 가운데 나를 이끌어 예루살렘으로 가서 안뜰로 들어가는 북향한 문에 이르시니 거기는 투기의 우상 곧 투기를 격발케 하는 우상의 자리가 있는 곳이라……그가 내게 이르시되 인자야 이제 너는 눈을 들어 북편을 바라보라 하시기로 내가 눈을 들어 북편을 바라보니 제단 문 어귀 북편에 그 투기의 우상이 있더라 그가 또 내게 이르시되 인자야 이스라엘 족속의 행하는 일을 보느냐 그들이 여기서 크게 가증한 일을 행하여 나로 내 성소를 멀리 떠나게 하느니라 너는 다시 다른 큰 가증한 일을 보리라 하시더라

원격현전을 통해서 예루살렘으로 간 에스겔은 예루살렘 성전을 밖에서만 보지 않고 안으로 들어간다. 그런데 에스겔은 성전 안으로 들어갈 때 전혀 예상치 못한 방식으로 들어간다.

겔 8:7–16 그가 나를 이끌고 뜰 문에 이르시기로 내가 본즉 담에 구멍이 있더라 그가 내게 이르시되 인자야 너는 이 담을 헐라 하시기로 내가 그 담을 허니 한 문이 있더라 또 내게 이르시되 들어가서 그들이 거기서 행하는 가증하고 악한 일을 보라 하시기로 내가 들어가 보니 각양 곤충과 가증한 짐승과 이스라엘 족속의 모든 우상을 그 사면 벽에 그렸고 이스라엘 족속의 장로 중 칠십 인이 그 앞에 섰으며 사반의 아들 야아사냐도 그 가운데 섰고 각기 손에 향로를 들었는데 향연이 구름같이 오르더라 또 내게 이르시되 인자야 이스라엘 족속의 장로들이 각각 그 우상의 방 안 어두운 가운데서 행하는 것을 네가 보았느냐 그들이 이르기를 여호와께서 우리를 보지 아니하시며 이 땅을 버리셨다 하느니라 또 내게 이르시되 너는 다시 그들의 행하는 바 다른 큰 가증한 일을 보리라 하시더라 그가 또 나를 데리고 여호와의 전으로 들어가는 북문에 이르시기로 보니 거기 여인들이 앉아 담무스를 위하여 애곡하더라 그가 또 내게 이르시되 인자야 네가 그것을 보았느냐 너는 또 이보다 더 큰 가증한 일을 보리라 하시더라 그가 또 나를 데리고 여호와의 전 안뜰에 들어가시기로 보니 여호와의 전문 앞 현관과 제단 사이에서 약 이십오 인이 여호와의 전을 등지고 낯을 동으로 향하여 동방 태양에 경배하더라

여기서 보는 대로, 에스겔이 성전 안으로 들어갈 때 우리가 전혀 예상치 못한 방식으로 들어갔다는 것도 특이하지만, 더욱 중요한 것은

에스겔이 거기서 보는 것들이다. 에스겔은 이스라엘이 죄를 짓는 것을 목격한다. 영상언어와 디지털적인 모습들을 통해서 에스겔이 보여주려는 것은 이스라엘이 얼마나 심각하게 죄를 저질렀으며, 그것으로 인해서 얼마나 끔찍한 심판을 초래하는가 하는 것이다.

겔 8:17–18 또 내게 이르시되 인자야 네가 보았느냐 유다 족속이 여기서 행한 가증한 일을 적다 하겠느냐 그들이 강포로 이 땅에 채우고 또다시 내 노를 격동하고 심지어 나뭇가지를 그 코에 두었느니라 그러므로 나도 분노로 갚아 아껴 보지 아니하고 긍휼을 베풀지도 아니하리니 그들이 큰 소리로 내 귀에 부르짖을지라도 내가 듣지 아니하리라

(2) 에스겔이 보여주는 이스라엘의 미래

에스겔은 이스라엘의 현재만을 보여주지는 않는다. 에스겔이 궁극적으로 보여주려는 것은 하나님이 이루시는 나라, '여호와 삼마'이다. 비록 지금은 여호와께서 여기에 계시지 않지만 에스겔이 꿈꾸는 그 나라가 '거기에는 계실 것'이다. 하나님이 떠난 이가봇의 현장에서 에스겔은 하나님이 계시는 나라를 꿈꾼다. 현재 이스라엘의 모든 문화는 이가봇의 문화이지만 나중에는 '여호와 삼마'의 문화를 만들어 갈 것이다. 이것을 보여주기 위해 에스겔은 일부러 영상언어와 디지털적인 요소를 사용한 것이다.

무엇보다 에스겔은 범죄하고 타락해서 어려움에 처한 이스라엘이 새로워질 것임을 보여주었다. 당시 바벨론에 사는 유다인들은 그들이 과연 새로운 이스라엘을 건설할 수 있을 것인지 의심하고 있었다. 유다인들이 그렇게 생각하는 것은 선조들이 범한 죄를 후손들이 받는다고 생각했기 때문이다. 그래서 이스라엘에는 '아버지가 신 포도를

먹으면 아들의 이가 시다'는 속담이 있었다(겔 18:2). 당시에 사람들이 이런 생각에 깊이 빠져 있었음을 알 수 있다.

과거, 현재, 미래를 막론하고 이스라엘 사람들은 시대를 초월하는 같은 운명공동체라는 생각을 갖고 있었다. 이것이 때로는 그들에게 희망을 주기도 했지만 죄로 인해서 심판 받은 상황에서는 이런 사상이 그들에게 벗어 버릴 수 없는 운명처럼 다가와서 그들이 극복해내기 어려운 짐이 되기도 했다. 그래서 어떻게 과거에 선조들이 범한 죄짐을 벗어 버리고 새롭게 시작할 수 있을 것인지가 중요한 문제였다. 그렇기 때문에 바벨론의 유다인들을 중심으로 새로운 시대를 열려는 에스겔로서는 이 신학을 바꾸어 놓아야 할 필요가 있었다. 그의 새로운 신학은 14장 12-23절과 18장, 33장 10-20절에 나온다. 14장 20절은 의인이 있다고 해도 의인의 의로움으로 인해서 그 시대가 구원받을 수 없다는 것을 말하는데, 이러한 사상은 33장 10-20절에 더 자세히 나온다. 의인이 의롭게 살다가 죄를 범하면 그는 과거의 의로움과는 관계없이 심판을 받을 것이며, 악인이 범죄하다가 회개하고 의롭게 살면 과거의 죄와는 관계없이 구원을 받을 것이라고 말한다.

이런 사상은 18장에서 명확하게 나타난다. 여기서는 구체적인 사례를 열거한다. 할아버지 세대와 아버지 세대 그리고 아들 세대로 구분을 해서 이야기를 한다. 어떤 사람이 의롭게 살았으면 그는 그의 의로 인해서 구원을 받고, 그의 자식이 아버지와 달리 죄를 지으면 아버지의 의와는 관계없이 심판을 받는다. 그리고 그의 자식이 아버지와는 달리 의롭게 살면 아버지 대의 죄와는 관계없이 구원을 받는다. 하나님은 이런 말씀을 하시면서, 자신은 악인이 심판 받고 죽는 것을 결코 원치 않고, 악인이 회개하고 살길을 찾는 것을 원하신다는 사실을 강조한다(겔 18:30-32).

그런데 이 구절들에서 에스겔이 개인적인 차원의 이야기를 하는 것처럼 보이지만, 여기서 에스겔이 말하고자 하는 바는 결코 개인적인 차원이 아니다. 그는 개인의 심판과 구원을 말하지 않는다. 에스겔은 이스라엘 공동체의 심판과 구원을 선포하는 예언자였다. 에스겔이 이 구절들에서 말하고자 하는 것은, 어느 시대든지 새로운 결단을 하면, 그들은 과거의 운명에서 벗어나서 새로운 공동체를 만들어 나갈 수 있다는 것이다.

그리고 에스겔이 염원하는 새로운 공동체는 성전을 중심으로 모든 사람들이 율법을 지키면서 정해진 규칙에 따라서 사는 그런 공동체, 그런 세상이었다. 에스겔은 하나님의 뜻을 어기고 죄를 범하는 문화에서 벗어나 하나님의 뜻을 따름으로써 형성되는 문화를 원했다. 이런 바람은 에스겔서 40-48장에서 강력한 이미지와 시뮬레이션으로 나타난다. 에스겔이 중요하게 생각하는 모든 것들이 하나님이 원하시는 기준에 따라서 이루어지는 것이다. 에스겔은 일종의 시뮬레이션을 통해서 하나님이 보여주시는 미래의 이스라엘을 경험한다. 그런데 여기서 우리 눈길을 끄는 것은 자를 손에 든 사람이다. 그 사람은 미래의 성전, 미래의 도시를 세세히 측량한다. 이것은 상징적인 의미를 갖는다. 옛 이스라엘과는 달리 새로운 이스라엘은 하나님 뜻을 정확하게 따르는 공동체여야 한다는 것이다.

에스겔서 40장 1절에는 '포로로 잡혀온 지 이십오 년 되던 해'라고 연대가 기록되어 있는데, 이때는 주전 573년이다. 이때는 예루살렘이 함락된 지도 14년이 지났고, 바벨론에 포로공동체가 세워진 지도 25년이나 되었기 때문에, 바벨론의 유대인 공동체가 이미 확고히 자리를 잡고, 귀환 이후의 미래를 대비하는 계획을 세우기 시작하던 때로 볼 수 있을 것이다.

에스겔서 40-48장 내용을 살펴보면, 먼저 40-43장에서 에스겔은 8-11장에서처럼 이스라엘(아마 예루살렘)로 영계여행을 한다. 그리고 43장까지에는 이 건축물의 규모를 측량하는 이야기가 나오고, 그 치수들이 기록되어 있다. 건축물들 가운데서 성전이 새로운 이스라엘의 중심이 된다. 이런 점으로 보아, 에스겔은 성전이 중심이 되는 그런 세상을 염원했던 것으로 보인다.

45장 1-8절을 보면, 하나님은 이스라엘의 제사장, 레위인, 모든 이스라엘 사람들, 왕의 영토를 따로 설정해 주신다. 제사장과 레위인의 영토는 48장 8-22절에도 언급되어 있다. 하나님은 이렇게 땅을 분배해 주심으로써 이스라엘 사람들이 평안히 살 수 있도록 해주신다. 왕의 영토에 대한 규정은 46장 16-18절에도 기록되어 있는데, 이렇게 영토를 나누고 확정하는 이유는 백성 가운데서 아무도 자신의 재산을 잃고 멀리 흩어져 다니는 일이 없게 하기 위해서다(겔 46:18c). 그리고 '이스라엘의 통치자들에 대한 규정'이 45장 9-17절에 나오는데, 그들은 모든 악을 그치고 공평과 공의를 실행해야 하며(겔 45:9), 특히 정확한 도량형을 사용해야 한다. 그리고 왕은 모든 절기에 제물을 공급할 책임을 져야 한다(겔 45:17). 이렇게 사회의 지도층이 거할 곳과 그들이 해야 할 역할을 분담함으로써, 권력이 한 곳에 집중되지 않도록 제도적인 장치를 했다.

45장 18절-46장 15절은 절기(유월절, 초막절, 안식일과 월삭, 매일 드리는 제사)에 대한 규례를 기록한다. 월력체계는 그 사회를 이끌어 가는 중요한 장치이다. 이스라엘은 월력에 따라서 하나님이 원하시는 대로 하나님을 섬겨야 한다. 그리고 47장 1-12절은 요한계시록 22장과 같은 내용을 기록한다. 성전의 문지방 밑에서 물이 솟아 나와서 깊은 강이 되고, 바다로 흘러 들어가서 죽은 것을 살려낸다. 또 그 강물이 흘러가는 곳에 모든 것이 풍요로워지는 그런 모습을 그린다. 우리는 여기서도 이스라엘이 염원하는 새로운 나라, 모든 것이 풍요롭고 사람들이 건강하게 사는 미래의 이스라엘 모습을 짐작할 수 있다.

47장 13절-48장 29절은 땅의 분배를 언급하는데, 하나님은 이스라엘 백성뿐만 아니라 이방인들에게도 땅을 분배하라고 명령하신다(겔 47:22-23). 그리고 48장 30-34절에는 성문의 이름들이 나오는데, 성문 이름도 하나님이 부르시는 대로 불러야 한다.

48장 35절에 '여호와 삼마'라는 이름이 나오는데, 이 말이 의미하듯 결국 에스겔이 바라고 하나님이 보여주시는 새로운 이스라엘은 '여호와가 계시는 나라', 즉 하나님 나라인 것이다. 이것이 바로 에스겔이 보여주는 미래의 이스라엘 모습이다.

6) 마침 글

우리는 지금까지 에스겔서에서 이미지와 원격현전 그리고 시뮬레이션이라는 디지털 개념들을 찾아보면서, 에스겔이 얼마나 디지털적 인지를 확인했다. 에스겔은 2600여 년 전 사람임에도 불구하고 디지털 시대를 사는 우리가 충분히 공감할 수 있을 만큼 디지털적이다. 그는 비유라는 영상언어와 강력한 환상을 통해서 다른 사람들과는 비교할 수 없는 독특한 이미지들을 생산해내고 행위예언을 통해서 행위예술, 즉 퍼포먼스를 하는 전위 예술가였다. 그리고 에스겔은 요즘 디지털로 구현하는 원격현전과 시뮬레이션의 원조(元祖)인데, 이러한 개념들이 전통적인 형이상학을 넘어서게 한다는 점에서 의미를 갖는다.

그리고 에스겔이 이러한 디지털적인 요소들을 통해서 보여주는 것은 사회 비판, 즉 당시 부패하고 타락한 이스라엘 사회 모습이라는 점에서 의미를 갖는다. 즉 이스라엘이 얼마나 심각하게 죄를 저질렀으며, 그것으로 인해서 얼마나 끔찍한 심판을 초래하였는지를 극명하게 보여준다.

하지만 에스겔은 이스라엘의 현재만을 보여주고 비판하지는 않는다. 에스겔이 궁극적으로 보여주려는 것은 하나님이 이루시는 나라 '여호와 삼마'이다. 비록 지금은 여호와께서 여기에 계시지 않지만 에스겔이 꿈꾸는 그 나라 '거기에는 계실 것'[39]이다. 하나님이 떠난 이가봇[40]의 현장에서 에스겔은 하나님이 계시는 나라를 꿈꾼다. 현재 이스라엘의 모든 문화는 이가봇의 문화이지만, 나중에는 '여호와 삼마'의 문화를 만들어 갈 것이다. 에스겔은 이것을 보여주기 위해 이미지 언어를 사용하고, 예루살렘으로 원격현전하며, 없음을 실재화하는 시뮬레이션을 행한 것이다.

에스겔서는 고대적인 책이지만 종교와 디지털을 묶으면서, 우리로 디지털 시대의 정신성을 종교적으로 이해하게 하며, 앞으로 첨단 디지털 기술들을 통해서 어떤 (종교)문화를 만들 것인지를 생각하게 한다. 이런 점에서 에스겔은 진정한 '디지털의 원조'라고 불릴 만하다.

39) 이것이 히브리어로 '여호와 삼마'이다.
40) 히브리어로 '영광이 떠났다', 즉 '하나님이 역사하지 않는다'는 의미를 지닌 말로, 이스라엘이 재난당하는 상황을 기리킨다.

■ 참고문헌

김방한, 《소쉬르 - 현대 언어학의 원류》, 서울: 민음사, 1998.

김우창 · 성완경 외, 《이미지는 어떻게 살고 있는가》, 서울: 생각의 나무, 1999.

김정탁, 《굿바이 구텐베르크》, 서울: 중앙일보새천년, 2000.

김주환, "월드 와이드 웹의 존재론", 한국영상문화학회, 《영상문화 1》, 서울: 생각의 나무, 2000.

서정신, "디지털시대의 자아탐구-기억, 의미, 정보, 그리고 고깃덩어리," 한국영상문화학회, 《영상문화1》.

송재룡, "사이버스페이스의 확산과 대학 교육의 상업화", 구자순 편저, 《인터넷과 사회현실》, 서울: 한양대학교 출판부, 2000.

이기준 외, 《공학기술 복합시대 - 공학과의 새로운 만남》, 서울: 생각의 나무, 2003.

이수정 · 박찬국, 《하이데거 - 그의 생애와 사상》, 서울: 서울대학교출판부, 2004.

이장욱 · 이홍주, 《유비쿼터스 혁명-당신의 라이프 스타일과 비즈니스 환경을 바꾼다》, 서울: 이코북, 2004.

이재현, 《인터넷과 사이버 사회》, 서울: 커뮤니케이션북스, 2000.

이종록, 《디지털 에스겔》, 서울: 한국장로교출판사, 2001.

———, 《성서로 읽는 디지털 시대의 몸 이야기》, 서울: 책세상, 2004.

———, 《이 뼈들이 능히 살겠느냐》, 서울: 한국성서학연구소, 2000.

이진우, "멀티미디어 정보시대의 정신과 육체 - 사이보그의 인간학은 과연 가능한가", 한국영상문화학회, 《영상문화 1》.

정기도, 《나, 아바타 그리고 가상세계》, 서울: 책세상, 2000.

정대현 · 서정신 · 김혜숙, 《인문학으로서의 영상문화학》, 김우창 · 성완경 외, 《이미지는 어떻게 살고 있는가》, 서울: 생각의 나무, 1999.

최혜실, 《모든 견고한 것들은 하이퍼텍스트 속으로 사라진다》, 서울: (주)생각의 나무, 2000.

Baudrillard, J., *Simulacres et Simulation*, 하태환 옮김, 《시뮬라시옹 - 포스트모던

사회문화론》, 서울: 민음사, 1992.

Beitzel, B. J., "*Travel and Communication(OT World)*", ABD VI.

Bolz, N., *Am Ende der Guttenberg-Galaxis: Die Neuen Kommunikations-erhältnisse*, 윤종석 옮김, 《구텐베르크-은하계의 끝에서: 새로운 커뮤니케이션 상황들》, 서울: 문학과지성사, 2000.

Philip K. Dick, *Do Androides Dream of Electric Sheep?* New York: Ballantine Books, 1968.

Fisher, S. S., 《가상환경: 개인용 시뮬레이션과 텔레프레젠스》, Sandra K. Helsel, Judith Paris Roth, *Virtual Reality: Theory, Practice and Promise*, 노용덕 옮김, 《가상현실과 사이버스페이스》, 서울: 세종대학교출판부, 1994.

Heidegger, M., Zein und Zeit, 이기상 옮김, 《존재와 시간》, 서울: 까치글방, 2007.

Hunter, R., *World without Secrets: Business, Crime, and Privacy in the Age of Ubiquitous Computing*, 윤정로 · 최장욱 옮김, 《유비쿼터스-공유와 감시의 두 얼굴》, 서울: (주)북21, 2003, 2004.

Levy, P., *Cyberculture*, 김동윤 · 조준형 옮김, 《사이버문화: 유럽의회 보고서-뉴테크놀로지와 문화협력 그리고 커뮤니케이션》, 서울: 문화출판사, 2000.

McLuhan, M., *Understanding Media: The Extension of Man(1965)*, 박정규 옮김, 《미디어의 이해-인간의 확장》, 서울: 커뮤니케이션북스, 1997, 1999.

Mitchell, W. J., *City of Bits: Space, Place, and the Infobahn*, 이희재 옮김, 《비트의 도시》, 서울: 김영사, 1999, 2000.

Negroponte, N., Being Digital, 백욱인 옮김, 《디지털이다》, 서울: 커뮤니케이션북스, 1996.

Porter, D. ed., *Internet Culture*, New York: Routledge Inc., 1997.

Walters, S., *Material Girls: Making Sense of Feminist Cultural Theory*, 김현미 · 김주현 · 신정원 · 윤지영 옮김, 《이미지와 현실 사이의 여성들-여성주의 문화이론을 향해》, 서울: 도서출판 또 하나의 문화, 1999.

http: //www. ascusc.org/ jcms/ vol3/ issue2/ lombard. html

4. 예언과 이미지

1) 시작 글

에스겔은 탁월한 상상력과 문학성으로 당시 독특한 예언문화를 형성했다. 지금부터 2600여 년 전. 바벨론 땅까지 끌려온 유다인들, 그들이 살아가는 땅 델아빕, 홍수로 폐허가 되었다는 그 이름만큼이나 척박한 삶의 자리에서 살아갈 수밖에 없는 포로들, 그런데 '그들 가운데' 탁월한 영적 상상력을 가진 한 사람이 있었다. 그는 메마른 그 시대를 놀라운 영적 상상력으로 꽃피웠고, 그 시대를 상징하는 표징으로 살았다. 그 사람 자체가 메시지였다. 그는 바로 에스겔이다.

'신적 환상 묘사하기'를 보여주는 에스겔서 1장을 읽는 것은 언제나 놀라운 경험이다. 본문을 이미 여러 번 읽었지만 그 놀라움은 여전하다. 에스겔서 1장은 다른 예언서 본문들에 비해 매우 독특하고, 그만큼 낯설고 모호하다.[1] 그런 낯설음은 사물과 상황에 대한 저자의 섬세

1) 유명한 청교도 학자인 윌리엄 그린힐은 에스겔서가 '경이와 모호함 그리고 난해함으로 가득한 책'이라고 말했다[W. Greenhill, *An Exposition of the Prophet Ezekiel*, 3rd ed. (London: Henry G. Bohn, 1846), 6. Daniel I. Block, *The Book of Ezekiel Chapters 1–24*. NICOT. (Grand Rapids, Michigan: William B. Eerdmans Publishing Company, 1997), 89에서 재인용]. 에스겔서 1장에 나오는 것과 비슷한 환상이 에스겔서 10장과 이사야서 6장에 나온다. 에스겔서는 이런 환상을 '마르오트 엘로힘'이라고 칭한다는 점에서 독특하다. 이것은 앞으로 설명할 것이다.

한 묘사를 통해서 독자로 하여금 이미지로 재현해내게 하는 것들이 너무도 충격적이기 때문에 발생한다. 이렇듯 에스겔서 1장이 보여주는 신적 환상 묘사는 익숙한 어휘들을 사용하지만, 그것이 묘사하는 것은 너무도 낯설고 섬뜩하다.[2)] 그래서 그 그림을 언어로 그려내는 에스겔 자신도 끔찍했겠지만, 본문을 읽는 독자는 더욱 기괴한 느낌을 받는다. 그리고 이러한 낯설음과 괴이함은 에스겔서 1장이 묘사하는 것을 모호하게 만듦으로써, 에스겔이 목격한 것이 정말 무엇인지 알 수 없게 하고, 결국 독자도 자신이 읽은 것이 무엇인지를 의문하게 한다.[3)]

이 글에서는 낯설음과 모호함을 자아내는 이런 기괴함이 어디에서 비롯하는지를 에스겔이 사용하는 어휘들을 살피는 작업을 통해서 밝

2) 물론 에스겔이 묘사하는 것들을 구약성서와 고대 근동의 문헌들에서 찾아볼 수 있지만[Leslie C. Allen, *Ezekiel 1-19*. WBC. (Dallas, Texas: Word Books, Publisher, 1994), 27-30을 보라. 그리고 Ralph W. Klein, *Ezekiel – The Prophet and his Message*, 박호용 옮김, 《에스겔-에언자와 그의 메시지》(서울: 성지출판사, 1999), 39-46을 보라], 그렇다고 해서 그 묘사가 독자들에게 주는 낯설음과 모호함이 사라지는 것은 아니다(Block, 95). 에스겔이 환상을 이해하고 묘사하는 데 구약성서와 고대 근동 문헌이 도움을 주었을 수도 있지만, 그렇다고 해서 그것들이 에스겔이 본 것이 무엇이었는지를 밝혀 주는 것은 아니다.

3) 쿡은 에스겔서 1장, 특히 4-28절에서 드러나는 모호함이 설명첨가(4, 20, 21, 23, 24, 25절)와 빈번한 반복 그리고 본문손상 등에 의한 것이라고 생각한다[G. A. Cooke, *A Critical and Exegetical Commentary on the Book of Ezekiel*, ICC. (Edinburgh: T & T Clark, 1936, 1970), 9]. 그리고 블록은 현재 독자들이 느끼는 이런 낯설음이 시대적인 차이로 인해서 발생하는 것으로 생각한다(Block, *op. cit.*, 95f). 그러나 실제로는 묘사 불가능한 것을 묘사하는 데서 오는 필연적인 결과라는 사실을 이 논문에서 밝히고자 한다. 사무엘 테리엔은 이것을 신의 불가해성이라고 말한다[Samuel Terrien, *The Elusive Presence-Toward a New Biblical Theology* (San Francisco: Harper & Row, Publishers, 1978), xxvii]. 할스는 에스겔서가 보여주는 이런 모호함은 이해불가능한 것에 대한 경험을 에스겔이 받은 인상 중심으로 기술하면서 발생하는 것이라고 말한다[R. M. Hals, *Ezekiel*. FOTL. v. xix. (Grand Rapids, Michigan: William B. Eerdmans Publishing Company, 1989), 16; R. E. Clements, *Ezekiel*, Westminster Bible Companion (Louisville: Westminster John Knox Press, 1996), 11f].

히려고 한다.

2) 이미지 – 신묘막측

매우 역동적이고 드라마틱한 에스겔의 신적 경험은 신의 임재와 출현 사건이라는 점에서 하이데거가 말하는 '발현'(ereignis)이라는 개념으로 설명할 수 있을 것이다.

> "발현이란 '~을', '그 고유한 상태(das Eigene), 그 자신 본연의 상태, 그 본래적인 모습에로', '알 수 없는 근저로부터', '허용하고, 가져오고, 부여하고, 보내주고, 건네주고, 그렇도록 하고, 바치고, 양도하고', '규정하고', '밝히면서 견지하고', '부재를 거기에서 떠나게 하는' 것, 그렇게 해서 '그 자신에 즉해 스스로를 내보이며' 그것이 인간에까지 이르러 인간에게 관여해 오는 것, 이것이다."[4)]

신은 자신(의 본질과 뜻)을 에스겔에게 드러내는 사건을 통해서 존재를 탈은폐했고, 이것을 에스겔은 시적인 언어로 표현했다. 이런 점에서 에스겔은 하이데거적 개념으로서의 존재를 드러내는 시인이다.[5)]

---

4) 이수정·박찬국, 《하이데거-그의 생애와 사상》(서울: 서울대학교출판부, 2004), 376f.

5) "하이데거가 생각하는 시인이란 세계라는 집(haus)의 친근한 벗(freund), 즉 지인(hausfreund)이다. 지인이란 '세계라는 집을 인간들이 거주하도록 하기 위해 언어화하는 자'이다. 언어화한다는 것은 '이전에는 이야기되지 않은 것, 결코 말해지지 않은 것을 처음으로 말 속에 끌어들이고 그리고 지금껏 감추어져 있었던 것을 발언함으로써 나타나게 한다'는 것이다. 그는 언어를 통해 세계와 인간을 매개한다"[이수정, 《하이데거-그의 물음들을 묻는다》(서울: 생각의 나무, 2010), 292].

"하이데거는 이렇게 정적으로부터 발해지는 존재의 언어를 인간의 언어를 통해서 구체화하는 것이 예술이라고 생각하고 있다. 예술이란 사물들을 세계 안에 존재하게 함으로써 그 자체의 고유한 본질에 있어서 현존하게 하는 한편, 세계를 사물 안에 모아들이게 함으로써 세계를 그 자체로서 현존하게 한다. 그것은 단적으로 말해서 사물과 세계가 각각 자신의 고유한 본질에 있어서 현존케 하면서도 서로 내밀한 관계에 존재하게 되는 본연적 사건으로서의 발현이 일어나는 장이다. 더 나아가 하이데거는 세계와 사물 그리고 인간 사이의 내밀한 관계 전체를 발현이라고 규정짓는다."[6]

에스겔서 1장을 읽으면서 강하게 느끼는 것은 묘사의 섬세함이다.[7] 에스겔은 자신이 본 것을 세밀화를 그리듯 자세하게 묘사한다. 에스겔이 본 것은 본문에 나오는 말로 하면, '하나님의 이상'(마르오트 엘로힘)[8]이다. 이 말은 에스겔서 핵심이라고 할 수 있는 환상장면들, 즉 1장(1절), 8-11장(8장 3절), 40-48장(40장 2절)에 나온다.[9] 그렇기에 이 말은

6) 이수정 · 박찬국, 《하이데거-그의 생애와 사상》(서울: 서울대학교출판부, 2004), 328f.

7) 에스겔 기자는 구약성서의 그 누구보다 자신이 본 것을 상세하게 기록했다(Cooke, *op. cit.*, 9). 에스겔만큼 환상을 선호하는 예언자는 없다. 요한계시록을 쓴 사도 요한이 에스겔과 견줄 만하다[Douglas Stuart, *Ezekiel*. The Communicator's Commentary (Dallas, Texas: Word Books, Publisher, 1989), 28; Clements, 11].

8) '마르오트 엘로힘'을 직역하면, '하나님의 환상들'(visions of God)이다. 그러나 블록은 여기서 '엘로힘'이 고유명사라기보다는 일반적인 '신성'(神性, divinity)을 의미하고, '마르오트'도 '일반화의 복수'이기 때문에, '신적 환상'(divine vision)으로 번역해야 한다고 말한다. 그리고 그는 에스겔이 '하나님의 환상'이라고 하려면, '마르오트 아도나이 야훼'라고 해야 한다고 말한다. '신적 환상'은 신적인 도움이 없이는 인간이 볼 수 없는 초자연적 환상을 의미한다[Block, 84f; Moshe Greenberg, *Ezekiel 1-20*, AB. (Garden City, New York: Doubleday & Company, 1983), 41].

9) Allen, 22. '마르오트 엘로힘'은 세 부분을 연결해 준다[Thomas Renz, *The Rhetorical Function of the Book of Ezekiel*, SVT. v. lxxvi (Leiden: Brill, 1999), 63].

에스겔서를 특징짓는 매우 중요한 말이다. 에스겔서는 '마르오트 엘로힘'을 중심으로 엮어진다고 할 수 있을 것이다.[10)]

에스겔서 1장은 에스겔이 본 하나님의 모습을 묘사하는데, 그래서 그 묘사들은 당연히 시각적 이미지들이어서, 에스겔 1장은 이미지와 관련된 단어들을 많이 반복한다. 에스겔서 1장에 많이 나오는 단어들은 모양(마르에) 또는 형상(데무트), 불(에쉬), 두르다(사바브)이다. 에스겔서 1장은 이 네 단어들이 주축을 이루면서 문장을 엮는다. 이 네 단어를 엮으면, '불 모양 같은 것들이 사방에 둘러 있다'이다.

여기서 알 수 있듯이 본문은 매우 시각적이다. '소리'(콜)는 24절과 28절에 나온다.[11)] 이 두 절을 제외하고는 모두 시각적이다. 그래서 본문에서 눈이 중요한 역할을 한다. 에스겔은 여러 가지를 본다. 그리고 그것들을 세밀히 관찰하고 자신의 독특한 언어로 묘사한다. 소명을 체험하는 순간을 이토록 자세하게 묘사하는 것도 쉬운 일이 아니었을 것이다. 그가 본 것을 어쩌면 이렇게도 차분하게 관찰하고 상세하게 묘사할 수 있단 말인가.

그런데 에스겔이 본 것이 과연 무엇이었을까? 그리고 에스겔은 그것을 어떻게 묘사하는가? 에스겔은 자신이 본 것들을 묘사하면서 '마르에'와 '데무트'라는 단어를 사용하고 있는데, 먼저 나오는 단어는 '마르에'이다. 우리가 살펴본 대로 에스겔이 본 것은 '마르오트 엘로힘'이었다.

'마르오트'는 '마르에'의 복수형인데, 개역성경은 '마르에'와 '마르오트' 그리고 '데무트'를 이상, 형상으로 번역한다. 그러니 에스겔은

10) H. van Dyke Parunak, "*The Literary Architecture of Ezekiel's Mar'ôt 'ĕlōhîm*," *JBL* 99/1(1980), 61.

11) Block, *op. cit.*, 103.

'마르오트 엘로힘', 즉 하나님 형상, 하나님 모습을 본 것이다. 그런데 '마르에'와 '데무트'는 그 사물이 어떤 모습을 하고 있는지를 가리키는 단어이다. 그래서 이 단어들은 어떤 사물을 정확하게 지칭하는 것이 아니고, 어떤 것이 무엇과 비슷하게 생겼다고 알려 주는 것이다.[12] 에스겔이 이 단어들을 사용하는 까닭은 그가 보는 것들이 처음 보는 것들이어서 그것들이 무엇인지 정확하게 알 수 없었기 때문이다. 그것들을 무엇이라고 명명해야 할지도 모를 일이었다. 그래서 진짜 '불'이었다면 그냥 '불'이라고 하면 될 것을, 굳이 '불 모양'이라고 표현하는 것이다. 그것은 불과 완전히 일치하는 것은 아니다.

이렇듯 모양과 형상으로 번역하는 '마르에'와 '데무트'는 비유적인 단어들이다. 어떤 것과 비슷한 것, 어떤 모습이라는 의미를 갖는다. 그러니 에스겔은 처음 보는 것들을 있는 그대로 묘사할 수 없고, 그것을 자신이 아는 무엇인가에 빗대어서 이야기할 수밖에 없었다는 것이다.[13] 그렇기 때문에 실제로 본 것과 그것을 묘사한 것은 일치하지 않는다. 예를 들어 우리는 성령 강림을 비둘기나 바람, 불로 표현하는데 그렇다고 성령이 비둘기나 바람이나 불은 결코 아니다.

행 2:1-3 오순절 날이 이미 이르매 저희가 다 같이 한곳에 모였더니 홀연히 하늘로부터 급하고 강한 바람 같은 소리가 있어 저희 앉은 온 집에 가득하며 불의 혀같이 갈라지는 것이 저희에게 보여 각 사람 위에 임하여 있더니

---

12) William H. Brownlee, *Ezekiel 1-19*, WBC. 28 (Waco, Texas: Word Books, Publisher, 1986), 11.

13) Allen, 26. 에스겔이 무엇을 본 것은 분명하지만 본 대로 묘사할 수는 없었기 때문에, 에스겔은 그가 본 것을 자신이 아는 것들에 비유하는 것으로 만족해야 했다(Block, *op. cit.*, 104). 그래서 에스겔은 '~같다'는 말을 15번이나 사용한다(Cooke, *op. cit.*, 11).

그들이 성령 강림을 경험하고 그것을 바람과 불로 묘사했지만, 그러나 바람과 불이 성령일 리는 없다. 그들이 경험한 것이 어떠했는지는 알 수 없지만, 그것을 우리가 쉽게 알 수 있는 것으로 굳이 표현하자면 바람이나 불 같았다는 것이다. 그렇기 때문에 우리는 급하고 강한 바람소리나 날름거리는 화염을 생각하면서 성령이 어떻게 임했는지를 짐작할 수는 있어도, 성령이 임하시는 장면을 있는 그대로 묘사할 수는 없다는 사실을 알아야 한다.

이처럼 그발 강가에 나타난 것은 에스겔이 묘사하는 것에 의하면, 독자들로 하여금 사람 비슷한 느낌을 갖게 하지만, 그렇다고 그것이 실제 사람일 리는 없다.[14] 에스겔은 그것들이 마치 팔도 있고 다리도 있고 허리도 있는 것처럼 묘사하지만, 그것이 정말로 팔과 다리, 허리인지는 알 수 없다. 그리고 최소한 우리 인간들의 팔이나 다리, 허리가 아닌 것만은 분명하다. 에스겔이 팔 같은 것, 허리 같은 것이라고 말하기 때문에, 그것은 결코 팔이나 허리일 수 없는 것이다.[15] 이러한 모호함은 대상 자체와 그것에 대한 묘사의 불일치에서 온다. 다시 말하면, 에스겔이 무엇을 본 것은 확실하지만, 그것이 에스겔이 묘사한 그대로일 리 없다는 것이다. 그가 본 것과 본 것에 대한 묘사는 어느 정도 겹치기는 하겠지만 정확하게 일치하지 않고, 상당히 불일치한다는 것

14) 5절은 그 금속성 물체를 '사람의 형상', 즉 사람 모양이라고 하는데, 날개를 달고(6절), 발바닥은 송아지 발바닥 같다(7절)고 함으로써, 그것이 결코 사람이나 사람 모양일 수 없음을 우리에게 보여준다. 이렇듯 에스겔서 1장은 에스겔이 본 것을 사람 모양이라고 하면서 또한 사람 모양이 아니고 짐승 모양이라고 말하는 모순으로 인해 그 모호함을 더하게 한다. 이러한 모호함은 쿡이 말하는 대로(Cooke, *ibid.*, 12.) 문법적인 문제에서만 비롯하는 것이 아니다.

15) 테리엔은 에스겔서에 나타나는 신인동형론적 또는 수형신적(zoomorphic) 묘사들이 자칫 오해를 일으킬 위험성을 갖는 인간적인 차원의 묘사일 뿐이며, 자세한 묘사에도 불구하고 신은 여전히 인간의 이해를 넘어선다는 점을 강조한다(Terrien, *op. cit.*, 258f).

이다. 이런 불일치에 대해서 시몬느 베이유가 말하는 것을 들어보자.

> "하느님이 있다. 하느님이 없다. 문제는 어디에 있는가? 내가 하느님이 있다고 아주 확신하는 것은 내 사랑이 환상이 아니라는 의미에서다. 내가 하느님이 없다고 확신하는 것은 그 말을 사용할 때 상상할 수 있는 것에 견줄 만한 것이 아무것도 없다는 의미에서 이다."[16]

대상과 대상에 대한 묘사를 일치하는 것으로 보려는 사람들에게는 매우 도전적으로 보일 수 있는 이 구절을 조심스럽게 읽어야 하는데, 이 구절을 샐리 맥페이그는 이렇게 푼다.

> "종교인으로서 베이유는 하느님을 향한 자신의 사랑이 환상이 아니라고 확신하면서, 동시에 신에 대한 자신의 어떠한 개념도 하느님과 같지 않다고 확신하고 있다. 베이유의 이 말은 종교적 세계에 깊이 심취한 사람들의 위대한 전통에 자리 잡고 있는데, 특히 체험과 예배에서는 확신을 갖지만 하느님의 실재를 표현하는 적당한 언어에 대해서는 확신하지 않는 모든 종교적 신비주의자들의 말이다. 히포의 대주교 어거스틴은 하느님을 가장 잘 말하는 사람일지라도 '벙어리'에 불과하므로, 우리가 고작 할 수 있는 일이란 떠듬거리며 부적합한 말을 하거나 침묵하는 것이라고 말한다."[17]

---

16) Simone Weil, *Wating of God* (New York: Harper & Row, 1973), 32. Sallie McFague, *Metaphorical Theology-Models of God in Religious Language*, 정애성 옮김, 《은유신학-종교언어와 하느님 모델》(서울: 다산글방, 2001), 15 에서 재인용.

17) *Ibid.*

우리는 이 사실을 인정해야 한다. 우리가 어떤 것을 보았을 때 그것을 제대로, 있는 그대로 묘사할 수 없다는 사실을 인정해야 한다.[18] 특히 신적인 대상을 경험하고 그 경험을 묘사할 때는 인간적인 것들을 사용해서 묘사해야 하기 때문에 그 불일치는 더욱 크다는 사실을 명심해야 한다.

> "존재를 둘러싼 신비, 즉 인간의 모든 사상과 언어에 내포된 부적합성을 알지 못하면, 우리는 하나님을 인간 언어와 쉽게 동일화하게 된다."[19]

만약 신적 대상을 인간적인 어휘들로 묘사한 것과 일치시킨다면, 그것은 우상일 수밖에 없다. 하나님이 모세에게 하나님 형상을 만들지 말라고 하신 것은 바로 이런 이유에서였을 것이다. 이스라엘 백성들이 하나님을 경험할 수는 있지만, 그러나 그들이 경험한 하나님을 묘사하려고 할 때는 이미 그것은 하나님이 아니기 때문이다.

그래서 우리는 에스겔이 본 것이 무엇인지 알 수 없다. 이런 불명료함은 '데무트'와 '마르에'를 동시에 사용하는 데서도 나타난다.

---

18) 신적 경험은 오감을 벗어난 것을 오감으로 느끼는 것이기 때문에, 어떤 사람이 신적 경험을 할 때, 그가 신성을 경험한 것은 분명하지만 그가 경험한 것과 그가 묘사하는 것은 질적으로 다르다. 그래서 누구도 신적 경험을 공유할 수 없다. 그저 그가 묘사한 것을 읽을 뿐이다[Peter C. Craigie, *Ezekiel* (Philadelphia: The Westminster Press, 1983), 10f]. 아이히로트도 에스겔이 경험한 것과 그가 당시의 문헌들에서 확인할 수 있는 표현들로 자신의 신적 경험을 묘사한 것을 구분해야 한다고 말한다. 즉 에스겔의 신적 경험 자체는 문헌적 또는 문학적 산물이 결코 아니라는 것이다[Walther Eichrodt, *Der Prophet Hesekiel*, tr. Cosslett Quin, *Ezekiel*, OTL. (London: SCM Press Ltd., 1970), 54ff].

19) *Ibid.*, 17.

마르에헨 데무트 아담(5절).
마르에 데무트 케보드 야훼(28절).

이것들을 번역하면 '그것들의 모습은 사람 같다' 그리고 '야훼의 영광 같은 모습'인데, 이렇게 '마르에'와 '데무트'를 동시에 사용함으로써 그것이 무엇인지 더욱 흐릿하게 만들어 버린다. 그리고 13절을 보면 '생물들의 데무트는 불붙은 숯불들 같은 또는 횃불 같은 마르에이다'라고 하는데, 여기서도 '데무트'와 '마르에'를 함께 사용한다. 그러니까 그 생물들은 숯불처럼 보이는 모습을 하고 있었다는 것이다. 여기서 '데무트'는 생물들의 모습을 가리키고, '마르에'는 그것이 무엇처럼 보이는가를 말한다. 생물들의 외모는 숯불처럼 보인다는 것이다. 여기서도 의문은 왜 숯불들이라고 하지 않고 숯불들 같다고 했으며, 횃불이 아니고 횃불 같다고 했느냐는 것이다. '데무트'와 '마르에'를 엄격하게 나누기는 어렵지만 13절을 읽어 보면, '데무트' 사물의 겉모습을 가리키고 '마르에'가 거기서 느끼는 인상을 가리키는 것처럼 보이는데, 이런 사실은 16절에서도 확인할 수 있다. '바퀴의 모습(마르에)과 구조가 눈 같고(전치사 케), 넷은 하나의 형태(데무트)를 이룬다.'

그리고 '데무트'를 사용하지 않고 '마르에'를 두 번 사용한 경우도 있다. 40장 3절은 '마르에후 케마르에 네호쉐트'('그 모습이 놋 모습과 같다')라고 해서 '데무트'가 들어갈 자리에 '마르에'를 사용했다.

이처럼 우리가 보는 대로 '마르에'와 '데무트'는 '무엇이 어떤 사물과 비슷하다' 또는 '그것처럼 보인다'는 의미를 갖는데, 어떤 경우에는 '~같다'라는 의미의 전치사 '케'가 지칭하는 사물에 붙기도 한다.

데무트 하하이요트 마르에헴 케가할레 에쉬(생물의 모양은 숯불……같은데-13절).

'마르에'와 '데무트'가 '무엇과 같은 모습'이라는 의미를 갖기 때문에, 전치사 '케'를 사물에 붙이는 것이 불필요해 보이지만 그럼에도 불구하고 이렇게 전치사를 사용했다. 그리고 사물뿐만 아니라 13절, 16절, 27절처럼 '마르에'나 '데무트'에도 전치사 '케'를 붙이는 경우도 있다. 그러면 '~ 같은 모습'이 아니고 '~ 모습 같은'이 된다.

케마르에 할랍피딤(횃불 모양 같은데-13절).

여기서 보는 것처럼, 에스겔서 1장은 사물을 표현할 때 '어떤 것 같은 모양'이라는 표현과 '어떤 모양 같은 것'이라는 표현을 사용하는 것이다. 비슷한 의미로 보이지만 그래도 어감은 다르다. 그리고 에스겔서 1장을 보면, 에스겔이 보는 것을 묘사하면서 '마르에'나 '데무트'를 사용하기도 하고, 사용하지 않은 채 표현하기도 한다. 그렇게 함으로써 그것들이 에스겔이 묘사하는 그대로 존재하는지 아니면 그렇게 보인다는 것인지를 알 수 없게 만든다.

에스겔서 1장은 이런 점에서 매우 모호하다. 그리고 '마르에'와 '데무트'에 '~와 같은'(like)이라는 의미를 갖는 전치사 '케'를 붙여서 더욱 혼란스럽게 한다. 이런 점들은 에스겔이 자기 앞에 나타난 것을 보면서 매우 혼란스러웠음을 알려준다.

이런 혼란스러움은 '~ 같은 것'이 실제로 '~일 수도 있다'는 점에서 더욱 심각해진다. 천사가 숯불을 꺼내는 장면(10장 2절, 6-7절)을 보면, 숯불 모양만이 아니고 실제로 숯불이었음을 알려 준다.[20)]

---

20) 여기에 대해 그린버그는 1장 13절이 훼손되었다고 보고 이 구절을 수정하려고 한다. 그는 원래 '가운데'(베노트)인데, 이것을 '모양'(데무트)으로 잘못 필사했다고 주장한다(Greenberg, *op. cit.*, 46). 그런데 그렇다면 다른 것들은 '~모양'이라고 하면서 왜 불은 그렇게 하지 않았는지 의문이다.

겔 10:2, 6-7 하나님이 가는 베옷 입은 사람에게 일러 가라사대 너는 그룹 밑 바퀴 사이로 들어가서 그 속에서 숯불을 두 손에 가득히 움켜 가지고 성읍 위에 흩으라 하시매 그가 내 목전에 들어가더라……하나님이 가는 베옷 입은 자에게 명하시기를 바퀴 사이 곧 그룹들 사이에서 불을 취하라 하셨으므로 그가 들어가 바퀴 옆에 서매 한 그룹이 그룹들 사이에서 손을 내밀어 그 그룹들 사이에 있는 불을 취하여 가는 베옷 입은 자의 손에 주매 그가 받아 가지고 나가는데

여기서 보는 대로, 그 숯불은 숯불 모양만이 아니고 실제로 숯불이다. 그리고 손모양이 아니고 실제로 손을 내밀어서 숯불을 건네준다. 그래서 우리는 더욱 혼란스럽다. 실제로 불이 아닌 불 같은 모양이라고 하면서 또 실제로 불이라고 말하기 때문이다. 그렇다고 그것을 전적으로 숯불 자체라고 말하기도 어렵다. 그렇기에 그것은 숯불 같은 것이면서 동시에 숯불이고, 손 같은 것이면서 동시에 손이다. 이러면 그것을 보는 에스겔도 자신이 정확하게 무엇을 보았는지 알 수 없었을 것이다.

그런데 이런 혼란스러움은 지극히 당연한 것이다. 하나님 체험이 혼란스럽지 않다면 그것이 이상한 일이다. 하나님은 우리 인간 언어로 다 표현해낼 수 있는 분이 아니다.

"리쾨르는 '하나님의 이름'(Naming God)이란 글에서 '인류가 실제로 이름을 지어 형용할 수 없는 존재이다. 즉 우리 인간의 언어에 좌우되어 결정할 수 있는 존재가 아니다'라고 말했다. 유대인이나 기독교인의 신비주의자들은 '표현할 수 없는 하나님의 초월성, 신의 신성한 무한성'을 알아차렸다……하나님이 거룩하다는 것은 하나님이 이 세상의 모든 현상들을 초월한다는 의미이다. 하나님은 인간의 개념화에 사로잡히거나 인간의 이익을 채우기 위해 동원되

어서는 안 된다. 하나님은 '파악하기 어려운 임재'이시다."[21]

버나드 앤더슨은 사무엘 테리엔이 말하는 불가해한 임재, 즉 파악하기 어려운 임재를 강조한다. 하나님은 우리 인간으로서는 다 이해할 수 없는 분이라는 것이다. 그분은 우리에게 자신을 알려 주시고 이름도 알려 주시지만, 그렇다고 그것들로 하나님에 대한 모든 것을 알 수 있는 것은 아니다. 만약 우리가 하나님에 대해서 다 안다면 하나님은 하나님일 수 없다. 우리에게 다 알려져서 더 이상의 신비가 없기 때문이다. 그러나 하나님은 여전히 알 수 없는 분이다. 그렇기에 하나님이시다. 우리는 하나님에 대해서 교리적으로 깔끔하게 정리해 놓고, 마치 하나님에 대해서 다 아는 것처럼 생각하기도 하지만 결코 그렇지 않다는 것이다.

"구약에서는 신앙이란 인생이 불확실하고 불안정한 가운데 하나님께 대한 꾸준한 신뢰를 의미한다……신앙을 이렇게 역동적이고 상대적인 의미에서 이해할 때, 성서신학자의 과제는 교리들을 구성하고 조직하는 것과는 다른 것이다. 성서신학자들은 비유하자면 '딱딱한 껍질을 부수는' 어려운 과제에 종사한다. 다시 말해 그들은 나중에 딱딱한 껍질을 깨어 그 속에 있는 모든 애매함과 유혹과 투쟁들에도 불구하고 신앙의 생생한 경험으로 가기를 추구하는 것이다.

이런 과제는 신학자들로 하여금 신앙이 종교적 상상력의 언어인 시와 이야기와 상징주의 유형들로 표현되는 다양한 방법을 고려하도록 요구한다."[22]

---

21) Bernard W. Anderson, *Contours of Old Testament Theology*, 최종진 옮김, 《구약신학》(서울: 한들출판사, 2001), 100f.

"어떤 경우이든 결과적으로 드러나는 것은 구약의 주요 등장인물이신 하나님, 즉 이해하기 어렵지만 그러나 주도적으로 다스리시는 그분은 어떠한 선입견적인 카테고리들로도 이해할 수 없다는 인식뿐이다. 구약의 하나님은 기독교 교의신학이 기대하는 바들에 쉽게 들어맞지 않으며, 또한 어떠한 헬라 전통의 철학적인 카테고리들에도 쉽게 들어맞지 않는다. 결과적으로, 우리가 갖고 있는 대부분의 카테고리들은 하나님이란 주제를 규명하는 데 도움이 되지 않으며, 그렇기에 우리는 한 번에 한 본문씩 한 번에 하나씩 자세히 구체적으로 그렇게 우리의 탐구를 진행시켜 나갈 수밖에 없다. 이러한 인내의 연구를 통해 끝에 드러날 그분은, 여전히 가늠키 어려우며 상당할 정도로 놀라움을 주시는 분이다."[23]

그렇기 때문에 하나님은 우리가 논리적으로 추론해서 말할 수 있는 분도 아니고, 깔끔하게 정리해서 이야기할 수 있는 분도 아니다. 그분은 우리가 거의 이해할 수 없는 분이고, 어떤 형태라고 말할 수 없게 울퉁불퉁한 분이다. 그렇기에 하나님은 언더스탠더블이 아니고, 언언더스탠더블이다. 신묘막측(神妙莫測)이라는 말이 어울린다. 그분은 우리의 이해 속으로 들어오시지만, 금방 우리의 이해를 벗어나는 신비로운 분이다. 그래서 그분은 하나님이시다. 마치 모래를 꽉 움켜쥐면 손에 잡히는 듯하지만 더욱 세게 쥐면 쥘수록 모래는 다 빠져나가고 마침내 꽉 움켜쥔 빈손만 남듯, 하나님은 그렇게 우리의 이해를 빠져나간다. 에스겔이 말하는 그 불명료함, 자신이 본 것을 세밀하게 묘사하면 할수록 더욱더 불명료해지는 그 모순[24]은 바로 이러한 이유에서이다.

---

22) *Ibid.*, 24.
23) Walter Brueggemann, *Theology of the Old Testament–Testimony, Dispute, Advocacy*, 류호준·류호영 공역, 《구약신학》(서울: (사)기독교문서선교회, 2003), 201.
24) Michael Lieb, *The Visionary Mode–Biblical Prophecy, Hermeneutics, and*

3) 바람 - 평지풍파

이제는 에스겔이 도대체 무엇을 보았는지 그가 묘사한 것들을 하나씩 살펴보기로 하자. 에스겔이 먼저 본 것은 하늘이 열렸다는 것이다(니프테후 핫샤마임).[25] 하늘이 열렸다는 것은 지금까지는 하늘이 닫혀 있었음을 의미한다. 이 개천(開天)의 역사. 무엇인가 새로운 일이 일어날 듯하다. 그런데 그발 강가에서 에스겔이 목격한 개천의 순간은 결코 감격스럽지 않다. 오히려 섬뜩하다.[26] 그렇기 때문에 우리는 하늘이 열렸다는 것에 마냥 감동해 있을 수가 없다. 어쩌면 하늘이 닫혀 있는 편이 더 나을지도 모르겠다.

하늘이 열리면서 에스겔은 하나님의 이상, 즉 하나님 모습을 보았는데, 그것이 무엇인지를 4절부터 상세하게 묘사한다. 첫 번째가 바람이다.[27] 열린 북쪽 하늘[28]에서부터 바람이 불어온다. 그 바람은 보통 바람이 아니다. 엄청나게 강한 북풍이다.[29] 그야말로 '북풍한설'(北風

Cultural Change (Ithaca: Cornell University Press, 1991), 38.

25) '하늘이 열렸다'는 표현은 구약성서에서 여기에만 나온다. Walther Zimmerli, *Ezekiel 1*, tr. R. E. Clements, *Ezekiel 1–A Commentary on the Book of the Prophet Ezekiel, Chapters 1–24* (Philadelphia: Fortress Press, 1979), 116.

26) Allen, *op. cit.*, 25.

27) 하나님이 바람과 천둥 가운데서 나타나시는 것은 구약성서에서 매우 전형적이고 고대적인 신현현 장면이다(출 19f; 삿 5:4f; 시 18:10–12, 68:8f; 신 33:2; 삼하 5:24)(Zimmerli, *op. cit.*, 119).

28) '북쪽'은 시편 48편 3절처럼 하나님이 계시는 거처를 상징적으로 표현한다(Zimmerli, *ibid.*, 120). 이런 신화적인 설명을 거부하는 사람들도 있다(Block, *op. cit.*, 92).

29) 알렌은 에스겔서 1장이 폭풍 환상과 보좌 환상이 교차하는 구조를 갖는다고 말한다(Allen, *op. cit.*, 15).

폭풍	3b–4		13–14			26–28a
보좌		5–12		15–21	22–25	

寒雪)을 연상케 하는 바람이다. 북쪽에서 세차게 불어오는 그 바람은 히브리어로 '세아라'이다. 그런데 '세아라'는 결코 단순한 바람이 아니다. 이것을 알아보기 위해 먼저 남성명사 '사아르'가 어떻게 사용되었는지 살펴보자.

렘 23:19, 30:23 보라 나 여호와의 노가 발하여 폭풍(사아라트)과 회리바람(사아르)처럼 악인의 머리를 칠 것이라

렘 25:32 나 만군의 여호와가 말하노라 보라 재앙이 나서 나라에서 나라에 미칠 것이며 대풍(사아르 가돌)이 땅 끝에서 일어날 것이라

암 1:14 내가 랍바 성에 불을 놓아 그 궁궐들을 사르되 전쟁의 날에 외침과 회리바람 날에 폭풍(사아르)으로 할 것이며

욘 1:4 여호와께서 대풍을 바다 위에 내리시매 바다 가운데 폭풍(사아르 가돌)이 대작하여 배가 거의 깨어지게 된지라

욘 1:12 그가 대답하되 나를 들어 바다에 던지라 그리하면 바다가 너희를 위하여 잔잔하리라 너희가 이 큰 폭풍(핫사아르 핫가돌)을 만난 것이 나의 연고인 줄을 내가 아노라

시 55:8 내가 피난처에 속히 가서 폭풍과 광풍(밋사아르)을 피하리라 하였도다

시 83:15 주의 광풍(사아레카)으로 저희를 쫓으시며 주의 폭풍으로 저희를 두렵게 하소서

여기서 보는 것처럼 개역성경은 사아르를 대풍, 폭풍, 광풍으로 빈역했는데, 재앙을 일으키고 배를 부서뜨리는 대단히 파괴적인 바람이며 하나님의 심판을 대행한다. 그리고 여성명사 세아라도 강력한 바람을 의미한다.

왕하 2:1(cf. 2:11) 여호와께서 회리바람(세아라)으로 엘리야를 하늘에 올리고자 하실 때에 엘리야가 엘리사로 더불어 길갈에서 나가더니

욥 38:1, 40:6 때에 여호와께서 폭풍(세아라) 가운데로서 욥에게 말씀하여 가라사대

사 40:24 그들은 겨우 심기웠고 겨우 뿌리웠고 그 줄기가 겨우 땅에 뿌리를 박자 곧 하나님의 부심을 받고 말라 회리바람(세아라)에 불려가는 초개 같도다

사 41:16 네가 그들을 까부른즉 바람이 그것을 날리겠고 회리바람(세아라)이 그것을 흩어 버릴 것이로되 너는 여호와로 인하여 즐거워하겠고 이스라엘의 거룩한 자로 인하여 자랑하리라

여기서 보는 것처럼 개역성경은 '세아라'를 주로 '회리바람'으로 번역했는데, 회리바람은 《오즈의 마법사》를 떠올리게 하는 강력한 바람이다. 실제로 '세아라'가 엘리야를 하늘로 끌어올리지 않았는가. 그런데 '세아라'에 바람을 의미하는 '루아흐'를 결합하면, 더욱 강력한 바람을 의미할 것이다. '루아흐 세아라'는 에스겔 1장 4절, 시편 107편 25절, 148편 8절 그리고 에스겔 13장 11절, 13절에 나온다.

시 107:25 여호와께서 명하신즉 광풍(루아흐 세아라)이 일어나서 바다 물결을 일으키는도다

시 148:8 불과 우박과 눈과 안개와 그 말씀을 좇는 광풍(루아흐 세아라)이며

겔 13:11 그러므로 너는 회칠하는 자에게 이르기를 그것이 무너지리라 폭우가 내리며 큰 우박덩이가 떨어지며 폭풍(루아흐 세아로트)이 열파하리니

겔 13:13 그러므로 나 주 여호와가 말하노라 내가 분노하여 폭풍(루아흐 세아로트)으로 열파하고 내가 진노하여 폭우를 내리고 분노하여 큰 우박덩이로 훼멸하리라

여기서 보는 대로 '루아흐 세아라'는 광풍이나 폭풍이다. 모든 것을 다 휩쓸고 가버리는 막강한 바람이고, 모든 것을 파괴해 버리는 바람이다. 이런 강력한 파멸의 바람이 북쪽에서 불어오는 것이다. 4절 앞

부분을 풀어 보면 이렇다.

"내가 보니, 야, 정말로 세찬 바람이 북쪽에서 불어온다."

지금까지 굳게 닫혀 있던 하늘이 열리더니 무슨 좋은 일이라도 일어날 줄 알았는데 무지막지한 회리바람이 불어오는 것이다. 지금 에스겔은 유프라테스 강물을 끌어들이는 운하인 그발 강가에 서 있다. 그러니 에스겔이 서 있는 그곳은 농사를 짓는 평지였을 것이다. 그 장면을 한번 상상해 보자. 갑자기 하늘이 온통 새카맣게 변하고 주변에 있는 물건들이 바람에 날아오르고 눈코 뜰 새 없이 먼지가 인다. 그발 강도 풍랑이 거세게 일었을 것이다. 독자들이야 글을 읽고 속으로 상상하기 때문에 그 심각함을 크게 느끼지 못하는 것이 당연하지만, 직접 그것을 목격한 에스겔에게는 대단히 무시무시한 장면이었을 것이다. 거세게 불어오는 바람에 에스겔은 몸도 제대로 가누지 못했을 것이다. 이것을 사자성어로 표현하면 평지풍파(平地風波)인 셈이다. 캄캄해진 세상, 온 세상을 휩쓸고 갈 것처럼 미친 듯이 불어대는 바람, 에스겔은 강가에서 그 바람을 맞으며 눈도 뜰 수 없을 정도로 불어치는 바람을 맞으면서, 예리한 눈으로 자기 앞에서 일어나는 심상찮은 일들을 지켜본다. 우리라면 엄두도 못낼 일인데, 에스겔은 얼마나 대담하고 또 놀라울 정도로 집요한 사람인가.

그런데 바람으로 끝나지 않는다. 이런 강력한 파괴의 바람을 타고 무엇인가가 달려온다. 아니 그것이 달려오면서 강력한 바람이 일었는지도 모를 일이다. 에스겔은 저 북쪽 하늘에서 무엇인가가 짙은 구름을 몰고 엄청난 소리를 내면서 빠르게 달려 내려오는 것을 보았다. 에스겔은 눈을 똑바로 뜨고 그것을 지켜보았다.

4) 불 – 전광석화

엄청난 바람소리를 내면서 온천지를 뒤흔들며 달려오는 것, 그것은 과연 무엇이었을까? 에스겔은 짙은 구름(아난 가돌)을 본다. 짙은 구름은 온통 새카만 구름을 의미할 것이다. 그리고 불(에쉬)이 타오르고(불꽃이 피었다 사그라졌다 하는 모습) 그 주변에 불빛이 번쩍이는 것을 보는데, 그것은 한가운데서 무엇인가 알 수 없는 것이 번쩍이기 때문이다. '무엇인가 알 수 없는 것'은 히브리어로 '하쉬말'인데, 이것은 구약성서에서 아주 희귀한 단어이다.[30] 이것이 무엇인지는 정확히 알 수 없지만[31] 빛나는 금속을 가리키는 것으로 보인다. 어쨌든 에스겔은 짙은 구름 속에서 불이 피어올랐다 약해졌다 하면서 불빛이 번쩍번쩍하는 것을 본 것인데, 이것은 전기 스파이크를 연상케 한다.

얼핏 생각하기에 매우 신기한 것처럼 보이지만, 에스겔이 이것을 보았을 때는 신기하다는 생각보다는 온몸이 오싹해지는 무서움을 느꼈을 것이다. 한번 생각해 보라. 엄청난 바람소리와 함께 땅 위에 있는 모든 것을 다 날려 버리려는 듯 바람이 불고, 시커먼 구름이 빠른 속도로 밀려오는데, 그 속에서는 불이 번쩍번쩍하는 것이다. 대단히 위협적이었을 것이다.

---

30) '하쉬말'은 에스겔서 1장 4절, 27절과 8장 2절에 나온다. 그래서 이것이 정확히 무엇을 가리키는지 알기 어렵다[Michael Lieb, *Children of Ezekiel–Aliens, Ufos, the Crisis of Race, and the Advent of End Time* (Durham: Duke University Press, 1998), 12]. 현대 히브리어에서 '하쉬말'은 '전기'를 의미한다 [Lieb, *op. cit.*, 13].

31) '하쉬말'은 외래어였을 것으로 보이는데(Cooke, *op. cit.*, 10), 이 단어에 대한 여러 가지 견해는 Zimmerli, *op. cit.*, 122f를 보라. 블록은 '하쉬말'이 하팍스 레고메나(Hapax Legomena)이고, 그것이 무엇인지 정확하게 알 수 없다는 사실에서 이 단어가 환상이 갖는 신비스러움을 더해 준다고 말한다(Block, *op. cit.*, 93).

그런데 에스겔이 본 것은 구름이지만, 구름보다 더 인상적인 것은 불이다. 에스겔 1장에 많이 나오는 단어는 불이다. 그리고 많은 단어들이 불과 연관이 있다. 이것은 에스겔이 본 것이 분명히 불이었음을 더욱 강조한다. 불과 관련된 단어들이 이토록 다양하게 사용된 곳은 거의 없을 것이다. 다른 곳에서는 찾아보기 어려운 어휘들을 사용하면서, 에스겔은 그 불을 정말 섬세하게 묘사하는 것이다. 마치 가스통 바슐라르가 촛불을 관찰하면서 촛불의 미학을 말하듯이, 에스겔은 '불의 미학'을 말하려는 것인지도 모르겠다. 하지만 에스겔이 말하는 것은 결코 아름다운 '불의 미학'만은 아니다.

처음에는 '불'에 마르에나 데무트가 붙지 않는다. 그렇다면 에스겔은 진짜 불을 본 것일까? 그런데 27절에서는 '마르에'에 전치사 '케'를 붙여서 '케마르에-에쉬'라고 표현한다. 이것은 '불 모양 같은'이라는 의미이다. 그렇다면 에스겔이 본 것이 무엇인지 다시 흐릿해져 버린다.[32] 진짜 불인가 아니면 불 같은 모양인가?

우리는 이 장면에서 호렙 산 떨기나무를 떠올린다. 이것은 모세가 호렙 산에서 불붙은 떨기나무를 보는 것과 같다. 그런데 떨기나무에 불이 붙었지만 떨기나무는 타지 않았다. 모세가 본 것은 무엇이었을까? 그것은 불과 같은 어떤 것은 아니었을까? 에스겔도 불을 본 것은 아니다. 불과 같은 무엇인가를 보았다.

모세가 호렙 산에서 불을 통해 하나님을 만나듯이, 에스겔도 그발 강가에서 불을 통해 하나님을 만난다. 그리고 호렙 산에서 하나님은 모세에게 신을 벗으라고 말씀하시는데, 그발 강가에서 하나님은 에스겔의 발을 일으켜 세우신다.

32) 특히 13-14절에서 에스겔은 자신이 본 것을 표현할 적합한 말을 찾지 못했던 것으로 보인다(Block, *ibid.*, 98).

그런데 에스겔이 불을 보았다는 것은 하나님의 이상, 즉 하나님의 모습을 불로 경험했다는 것이다. 우리는 에스겔이 무엇을 보았는지 정확하게는 알지 못한다. 그렇지만 에스겔이 묘사하는 것을 통해서 그가 무엇을 경험했는지는 알 수 있다. 에스겔은 자신이 보는 그 희한한 것들을 자신이 아는 말로 표현한다. 그러는 과정에서 에스겔의 주관이 개입될 것이다. 그런데 자신이 본 것을 에스겔이 불로 묘사하는 이유는 무엇일까? '불' 하면 우리는 대개 '심판'을 연상한다. 앞에서 본 바람도 그렇지만, 불 역시 하나님의 분노 그리고 온 세상에 임한 심판을 상징하는 것이라고 생각한다. 실제로 에스겔이 보는 것들은 모두 심판과 관련이 있다. 에스겔이 보는 심판은 끔찍한 살육이다. 특히 그가 본 그룹[33]이나 바퀴들은 살인기계를 연상케 한다. 그것들 넷이 사면에 사람과 짐승 얼굴들을 달고, 방향을 틀지도 않은 채 일사분란하게 사방으로 자유롭게 이동하는 모습을 보면서[34] 에스겔은 매우 섬뜩했을 것이다. 사람 모양이라고는 하지만, 그것들이 어찌 사람들이었겠는가? 에스겔은 독자들이 로보캅을 떠올릴 만큼, 그것들을 차가운 금속성으로 묘사한다.[35] 불로 벌겋게 달궈진 모습이라고 해도,

33) 에스겔서 1장에 등장하는 생물을 에스겔서 10장에서는 '그룹'이라고 하는데, 생물과 그룹이 별로 닮지 않았다[David Halperin, *The Faces of the Chariot – Early Jewish Responses to Ezekiel's Vision* (Tübingen: J.C.B Mohr(Paul Siebeck), 1988, 41]는 점에서, 에스겔이 본 것이 과연 무엇이었는지 더욱 불분명해진다.

34) 에스겔서 기자는 '생물'을 묘사하는 데 10절, 바퀴를 묘사하는 데 7절, 궁창을 묘사하는 데 4절, 보좌에 앉은 인물을 묘사하는 데 3절을 할애한다. 실제로는 보좌에 앉은 인물, 즉 인자 같은 이에게 초점을 맞추어야 할 텐데, 생물과 바퀴에 관심을 집중하는 것을 알 수 있다(Hals, *op. cit.*, 14).

35) 그래서 독자들은 금속으로 만든 로봇이나 사이보그를 생각하기 쉬울 텐데, 에스겔서 1장은 '생물' 즉 '생명체'라고 한다. 이런 점에서도 독자들은 에스겔서 1장을 읽으면서, 본문이 묘사하는 것이 무엇인지 알 수 없는 낯설음과 모호함에 빠질 수밖에 없다.

터미네이터처럼 차갑게 느껴지는 것은 어쩔 수 없다. 한참 동안 생물들을 묘사하던 에스겔은 그것들이 숯불과 횃불처럼 생겼다고 하고, 불이 피어올랐다 내렸다 하면서 번개처럼 번쩍거리는데, 그 생물들이 빠르게 움직인다고 말한다.[36] 지금까지 살펴본 대로 하면 그것들이 움직이는 것은 전광석화(電光石火)다.

이런 것들이 열린 하늘로부터 세찬 바람과 함께 에스겔이 있는 곳으로 쏟아져 들어온다. 그렇기에 그것들은 에일리언(alien)들이고, 영화에 나오는 모습 이상으로 무시무시한 형상이었을 것이다. 하지만 에스겔은 여전히 그것들을 자세하게 관찰한다. 온몸이 두려움으로 얼어붙는 상황에서(18절, 22절), 그는 두 눈으로, 아니 온몸으로 그것들을 보고 느낀다. 그리고 그것을 우리에게 상세하게 묘사한다.

(1) 노가흐

에스겔은 불(같은 것)을 보았다. 그러니 그가 묘사하는 것은 불에 관한 것들이다. 그는 불빛을 본다. 불빛을 가리키는 단어들이 에스겔서 1장에 여러 번 나온다. 제일 먼저 나오는 것이 노가흐이다. 이것은 밝은 빛을 의미한다. 이 단어는 에스겔서 1장 4, 13, 27, 28절에 나오고, 10장 4절에도 나온다.

겔 10:4 여호와의 영광이 그룹에서 올라 성전 문지방에 임하니 구름이 성전에 가득하며 여호와의 영화로운 광채가 뜰에 가득하였고

삼하 22:9-13 그 코에서 연기가 오르고 입에서 불이 나와 사름이여 그 불에 숯이 피었도다 저가 또 하늘을 드리우고 강림하시니 그 발 아래는

---

36) 에스겔서 1장은 '생물'들이 빠르게 움직인다는 것과 그것들이 빛을 발한다는 것을 강조한다(Hals, *op. cit.*).

어둑캄캄하도다 그룹을 타고 날으심이여 바람 날개 위에 나타나셨도
다 저가 흑암 곧 모인 물과 공중의 빽빽한 구름으로 둘린 장막을 삼으
심이여 그 앞에 있는 광채로 인하여 숯불이 피었도다

시 18:13 여호와께서 하늘에서 뇌성을 발하시고 지존하신 자가 음성을 내시며
우박과 숯불이 내리도다

사 45-6 여호와께서 그 거하시는 온 시온 산과 모든 집회 위에 낮이면 구름과
연기, 밤이면 화염의 빛을 만드시고 그 모든 영광 위에 천막을 덮으실
것이며 또 천막이 있어서 낮에는 더위를 피하는 그늘을 지으며 또
풍우를 피하여 숨는 곳이 되리라

사 60:3 열방은 네 빛으로, 열왕은 비취는 네 광명으로 나아오리라

사 60:19 다시는 낮에 해가 네 빛이 되지 아니하며 달도 네게 빛을 비취지
않을 것이요 오직 여호와가 네게 영영한 빛이 되며 네 하나님이 네
영광이 되리니

암 5:20 여호와의 날이 어찌 어두워서 빛이 없음이 아니며 캄캄하여 빛남이
없음이 아니냐

노가흐는 번쩍번쩍 빛나는 것이다. 단순히 빛이 나는 게 아니고 번쩍거리는 것이다. 매우 밝은 빛이 번쩍인다. 빛이 일정하게 비취는 것이 아니라 번쩍이면서 비췬다. 돌아가면서 사방을 비취는 탐조등과 같은 것이었을까? 비상상황에서 불을 번쩍이며 숨가쁘게 내달리는 구급차를 연상하는 것은 지나친 것일까?

(2) 나차츠

불과 관련해서 두 번째로 나오는 단어는 나차츠이다. 이 단어는 그렇게 많이 쓰이는 단어는 아닌데, 히브리어 칼 동사 분사형으로는 에스겔서 1장 7절에 한 번 나온다. 이것도 역시 빛이 번쩍이는 것을 의미한다. 그리고 히브리어 히트포엘 동사 분사형은 스가랴 9장 16절

에 한번 나온다.

슥 9:16 이날에 그들의 하나님 여호와께서 그들을 자기 백성의 양 떼같이 구원 하시리니 그들이 면류관의 보석같이 여호와의 땅에 빛나리로다

(3) 가할/랍피드

불과 관련해서 숯불(가할)이라는 단어도 나온다. 숯불은 에스겔 10장에 더 자세하게 나온다.

겔 10:2 하나님이 가는 베옷 입은 사람에게 일러 가라사대 너는 그룹 밑 바퀴 사이로 들어가서 그 속에서 숯불을 두 손에 가득히 움켜 가지고 성읍 위에 흩으라 하시매 그가 내 목전에 들어가더라

그런데 그다음에 보면 횃불(랍피드)도 나온다. 이것은 사사기 7장 16, 20절, 15장 4-5절, 이사야 62장 1절, 에스겔 1장 13절, 나훔 2장 5절, 욥기 41장 11절에 나온다. 사사기 7장에서 횃불은 기드온이 미디안 사람들을 물리칠 때 사용했다. 그리고 15장 4-5절에서는 삼손이 여우꼬리에 횃불을 단 이야기이다. 욥기는 악어를 묘사하면서, 입에서 횃불이 나온다고 말한다.

욥 41:18-21 그것이 재채기를 한즉 광채가 발하고 그 눈은 새벽 눈꺼풀이 열림 같으며 그 입에서는 횃불이 나오고 불똥이 뛰어나며 그 콧구멍에서는 연기가 나오니 마치 솥이 끓는 것과 갈대의 타는 것 같구나 그 숨이 능히 숯불을 피우니 불꽃이 그 입에서 나오며

악어 입에서 횃불은커녕 성냥불도 나올 일이 없기 때문에, 이것은

악어의 공격적이고 파괴적인 힘을 불 이미지로 표현한 것이다. 그런데 재미있는 것은 악어를 묘사하는 데 사용한 어휘들이 에스겔서 1장 환상장면과 유사하다는 것이다. 욥기 41장에서 악어를 불로 묘사한 이유는 무엇일까? 랍피드가 나오는 문장들을 살펴보자.

나 2:4 그 병거는 거리에 미치게 달리며 대로에서 이리저리 빨리 가니 그 모양이 횃불 같고 빠르기 번개 같도다

사 62:1 나는 시온의 공의가 빛같이, 예루살렘의 구원이 횃불같이 나타나도록 시온을 위하여 잠잠하지 아니하며 예루살렘을 위하여 쉬지 아니할 것인즉

나훔서 2장 4절은 횃불과 번개로서 병거를 표현한다. 앞에서 말한 대로 전광석화(電光石火)라는 말이 어울린다. 이 횃불이 바로 빛을 내는 것이었는지도 모르겠다. 어쨌든 그것은 매우 밝은 빛을 번쩍이면서 에스겔을 향해서 엄청난 속도로 달려오고 있었을 것이다.

(4) 바라크/바자크

그리고 천둥 번개를 의미하는 바라크는 출애굽기 19장 16절, 에스겔 21장 15, 20절에 나온다. 그리고 나훔 3장 3절, 하박국 3장 11절, 스가랴 9장 14절, 욥기 20장 25절에 나온다.

출 19:16 제삼일 아침에 우레와 번개와 빽빽한 구름이 산 위에 있고 나팔소리가 심히 크니 진중 모든 백성이 다 떨더라

욥 20:25 몸에서 그 살을 빼어낸즉 번쩍번쩍하는 촉이 그 쓸개에서 나오고 큰 두려움이 그에게 임하느니라

겔 21:15 내가 그들로 낙담하여 많이 엎드러지게 하려고 그 모든 성문을 향하여

번쩍번쩍하는 칼을 베풀었도다 오호라 그 칼이 번개 같고 살육을 위하여 날카로웠도다

나 3:3 충돌하는 기병, 번쩍이는 칼, 번개 같은 창, 살육당한 떼, 큰 무더기 주검, 무수한 시체여, 사람이 그 시체에 걸려 넘어지니

합 3:11 주의 날으는 살의 빛과 주의 번쩍이는 창의 광채로 인하여 해와 달이 그 처소에 멈추었나이다

슥 9:14 여호와께서 그 위에 나타나서 그 살을 번개같이 쏘아 내실 것이며 주 여호와께서 나팔을 불리시며 남방 회리바람을 타고 행하실 것이라

이처럼 바라크는 여러 가지 상황에서 사용되었지만, 여기서 보는 대로 공포 분위기를 만들어낸다는 점에서 일치한다. 그리고 바라크는 출애굽기 19장을 제외하고는 무자비한 살육을 묘사한다. 날카로운 창칼이 무서운 속도로 춤추듯 빛을 번쩍이면서 수많은 사람들을 도륙하는 장면을 연상케 한다. 마치 관우의 청룡언월도가 바람을 가르는 것을 보는 듯하다. 바람을 가르는 그 소리는 또 얼마나 모골을 송연하게 하는가. 번쩍이는 창칼로 인해서 해와 달이 빛을 잃을 정도이다. 나훔 3장 3절은 처참한 전투장면을 얼마나 간결하면서도 현장감있게 묘사하는가. 바라크가 이러한 상황에서 사용되었다는 것은 앞으로 엄청난 살육이 벌어질 것을 예고한다. 에스겔은 그것이 번개 치듯 스파크를 일으키는 것을 보고 있다.

에스겔은 바자크도 사용했는데 빛이 번쩍이는 것을 의미하는 바자크는 에스겔서 1장 14절에 한 번 나온다.[37] 의미나 형태가 바라크와 비슷해서 탈굼이나 불가타는 바자크를 바라크로 수정한다.

지금까지 우리는 에스겔서 1장에서 불과 관련된 여러 단어들을 살

37) Greenberg, *op. cit.*, 46.

펴보았는데, 에스겔은 이 단어들을 네 생물들과 바퀴를 묘사하는 데에만 사용하지 않는다. 에스겔은 22절에 궁창 모습을 말하고, 26절부터 그것을 묘사한다. 궁창 위에 있는 보좌 형상 위에 사람 모습을 한 형상이 있는데, 그 형상에 대한 묘사가 4절에서 14절까지에 나오는 네 생물에 대한 묘사와 비슷하다. 우선 사람 모습이라는 점에서 같고 불 모양이라는 점에서도 같다. 다시 말하면 사용하는 어휘가 같다는 것이다.

13 또 생물의 모양은 숯불(가할)과 횃불(랍피드) 모양 같은데
27 그 속과 주위가 불(에쉬) 같고 그 허리 이하의 모양도 불(에쉬) 같아서
4 그 불 가운데 단 쇠(하쉬말) 같은 것이 나타나 보이고
27 그 허리 이상의 모양은 단 쇠(하쉬말) 같아서

13 그 불이 그 생물 사이에서 오르락내리락하며 그 불은 광채(노가흐)가 있고 그 가운데서는 번개(바라크)가 나며
27 사면으로 광채(노가흐)가 나며
28 그 사면 광채(노가흐)의 모양은 비오는 날 구름에 있는 무지개 같으니

이렇게 보면 에스겔서 1장은 온통 불과 광채, 즉 타오르는 불과 번쩍거림으로 충만하다. 그러나 그것들이 결코 실제 불이 아니라는 점에서 에스겔의 신적 환상 묘사는 결국 그것이 무엇을 나타내는지 알 수 없게 만드는 낯설음과 모호함 속으로 깊이 빠져든다.[38]

이러한 낯설음과 모호함은 하이데거가 말하는 세계와 대지의 투쟁으로 설명할 수 있는데, "세계는 끊임없이 열어젖혀지기를 요구하고 대지는 계속해서 자신을 닫아걸기 때문에 둘 사이의 관계는 불가분의

38) Block, *op. cit.*, 98.

관계이기는 하지만 영원한 대립의 관계이기도 하다.”[39]

> “사건으로서의 존재는 밝힘과 은닉이 상호 교차하는 동적 사건이다. 더욱이 사건으로서의 존재조차 감춤과 위장이라는 이중적 방식으로 은닉된다. 이로써 인간은 사건으로서의 존재를 망각한다.”[40]

5) 마침 글

우리는 지금까지 에스겔서 1장을 통해서 에스겔이 신적 환상 묘사를 어떻게 했는지 살펴보았다. 에스겔서 1장은 구약성서 어느 곳에서도 찾아보기 어려울 정도로 섬세한 신적 환상 묘사를 한다. 에스겔은 자신의 하나님 체험을 매우 상세하고 정교하게 묘사한다. 더 이상 자세한 언급이 불필요할 만큼 그렇게 세부적으로 꼼꼼하게 묘사한다.

그런데 에스겔의 신적 환상 묘사는 에스겔이 경험한 것을 그대로 묘사하지 못하고, 전혀 관계없는 것들을 통해서 에스겔이 목격한 것을 유추하게 하기 때문에, 에스겔이 하는 체험 묘사가 자세하면 자세할수록 그것이 도대체 무엇인지 알 수 없게 만드는 아이러니를 발생케 한다.

그리고 에스겔의 신적 환상 묘사는 독자들이 잘 아는 어휘들을 사용함에도 불구하고, 그것들이 종합적으로 드러내 주는 것은 도무지 상상하기 어려운 괴이한 것이어서, 익숙한 언어를 사용하면 할수록 에스겔

---

39) 김동훈, 《하이데거 예술철학》, 미학대계간행회, 《미학의 문제와 방법》 미학대계 제2권(서울: 서울대학교출판문화원, 2012), 589, 577-593.
40) 이선일, 《환경철학과 하이데거의 존재사유》, 한국하이데거학회 편, 《하이데거와 자연, 환경, 생명》(서울: 철학과 현실사, 2000), 124.

이 그려내는 것이 낯설어지는 아이러니를 발생케 한다.

이러한 낯설음과 모호함은 왜 발생하는가? 그것은 궁극적으로 하나님이 형체를 갖지 않고 포착할 수 없는 분이시기 때문이다. 그래서 에스겔의 신적 환상 묘사는 정교할수록 모호해지고, 친숙한 언어를 사용할수록 낯설어지는 결과를 낳는다. 이것이 에스겔서 1장에 나타나는 에스겔의 신적 환상 묘사가 우리에게 들려주는 결론이다.

■ 참고문헌

김동훈, 《하이데거 예술철학》, 미학대계간행회, 《미학의 문제와 방법》, 미학대계 제2권, 서울: 서울대학교출판문화원, 2012.

이선일, 《환경철학과 하이데거의 존재사유》, 한국하이데거학회 편, 《하이데거와 자연, 환경, 생명》, 서울: 철학과 현실사, 2000.

이수정, 《하이데거-그의 물음들을 묻는다》 서울: 생각의 나무, 2010.

이수정 · 박찬국, 《하이데거-그의 생애와 사상》, 서울: 서울대학교출판부, 2004.

Allen, L. C., *Ezekiel 1-19*. WBC. Dallas, Texas: Word Books, Publisher, 1994.

Anderson, B. W., *Contours of Old Testament Theology*, 최종진 옮김, 《구약신학》, 서울: 한들출판사, 2001.

Block, D. I., *The Book of Ezekiel Chapters 1-24*. NICOT., Grand Rapids, Michigan: William B. Eerdmans Publishing Company, 1997.

Brownlee, W. H., *Ezekiel 1-19*, WBC. 28, Waco, Texas: Word Books, Publisher, 1986.

Brueggemann, W., *Theology of the Old Testament-Testimony*, Dispute, Advocacy, 류호준 · 류호영 공역, 《구약신학》, 서울: (사)기독교문서선교회, 2003.

Clements, R. E., *Ezekiel*, Westminster Bible Companion, Louisville: Westminster John Knox Press, 1996.

Cooke, G. A., *A Critical and Exegetical Commentary on the Book of Ezekiel*, ICC., Edinburgh: T & T Clark, 1936, 1970.

Eichrodt, W., *Der Prophet Hesekiel*, tr. Cosslett Quin, *Ezekiel*, OTL., London: SCM Press Ltd., 1970.

Greenberg, M., *Ezekiel 1-20*, AB., Garden City, New York: Doubleday & Company, 1983.

Greenhill, W., *An Exposition of the Prophet Ezekiel*, 3rd ed. London: Henry G. Bohn, 1846.

Halperin, D., *The Faces of the Chariot - Early Jewish Responses to Ezekiel's Vision*, Tübingen: J.C.B Mohr(Paul Siebeck), 1988.

Hals, R. M., *Ezekiel. FOTL., v. xix*, Grand Rapids, Michigan: William B. Eerdmans Publishing Company, 1989.

Klein, R. W., *Ezekiel-The Prophet and his Message*, 박호용 옮김, 《에스겔 - 에언자와 그의 메시지》, 서울: 성지출판사, 1999.

Lieb, M., *The Visionary Mode-Biblical Prophecy*, Hermeneutics, and Cultural Change, Ithaca: Cornell University Press, 1991.

———, *Children of Ezekiel-Aliens*, Ufos, the Crisis of Race, and the Advent of End Time, Durham: Duke University Press, 1998.

McFague, S., *Metaphorical Theology-Models of God in Religious Language*, 정애성 옮김, 《은유신학 - 종교언어와 하느님 모델》, 서울: 다산글방, 2001.

Parunak, H. van Dyke, "*The Literary Architecture of Ezekiel's Mar'ôt*", JBL 99/1(1980), 61-74.

Renz, T., *The Rhetorical Function of the Book of Ezekiel*, SVT. v. lxxvi, Leiden: Brill, 1999.

Stuart, D., *Ezekiel*. The Communicator's Commentary, Dallas, Texas: Word Books, Publisher, 1989.

Terrien, S., *The Elusive Presence - Toward a New Biblical Theology*, San Francisco: Harper & Row, Publishers, 1978.

Weil, S., *Wating of God*, New York: Harper & Row, 1973.

Zimmerli, W., *Ezekiel* 1, tr. R. E. Clements. *Ezekiel 1 - A Commentary on the Book of the Prophet Ezekiel*, Chapters 1-24, Philadelphia: Fortress Press, 1979.

5. 예언과 공연

1) 시작 글

> "예술은 진리를 도약하게 한다. 예술은 창작적 보호로서 작품 가운데서 존재자의 진리가 도약하도록 한다. 어떤 존재자를 도약하게 하는 것, 건립적 도약을 통하여 어떤 존재자를 그것의 본질이 유래하는 곳으로부터 존재 가운데로 가져오는 것을 원초적 도약으로서의 근원이라는 단어가 의미하고 있다. 예술작품의 근원인 창작자와 보호자의 근원, 즉 바꿔 말하면 한 민족의 역사적 현존의 근원이 예술이다. 왜냐하면 예술이라는 것은 그 본질에 있어서 근원이기 때문이다. 진리가 존재적으로 되는, 즉 역사적으로 되는 하나의 훌륭한 방식이기 때문이다."[1)]

원래 '예술은 진리를 도약하게' 해야 한다. 예술을 통해서 진리가 드러나게 해야 하고, 그렇게 하는 것이 진정한 의미의 문화이다. 이런 점에서 예술은 삶과 문화의 근원이다. 그런데 예술을 포함하는 문화적 활동은 이 시대를 규정하는 매우 중요한 어휘이지만, 우리 사는 세상은 거대자본, 첨단의 과학기술과 결합하여 무한한 부가가치를 창출하는 황금알이 아닌 다이아몬드 알을 낳는 거대한 타조들로 가득한 농장

---

1) Martin Heidegger, "*Der Ursprung des Kunstwerkes*", 오병남·민형원 공역, "예술작품의 근원에 대하여," 《예술작품의 근원》(서울: 도서출판 경문사, 1990), 149f.

이 되고 말았다.

> "이런 예술이 이제는 더 이상 존재 진리의 장소로서가 아니라 개인적 주관의 감정, 체험, 향유의 문제가 되거나, 그것을 확대 재생산하며 소비시키는 '문화산업'의 상품으로 전락하는 상황까지 이르게 된 것이다."2)

이런 문화(산업) 시대에, 수천 년 전에 기록된 성서라는 골동품을 읽는 것은 비문화적이고 비경제적인 행위로 여겨진다. 그러나 우리가 문화를 이 시대의 키워드로 삼는다고 해서 이전까지 문화가 없었던 것이 아님을 기억해야 한다. 지금만이 '문화시대'가 아니라 모든 시대가 문화의 시대이며, 이 시대는 '문화산업(産業)시대' 즉 문화로 자본을 만들어내는 시대이다.

그렇기에 고대 이스라엘 사람들이 그들의 지난한 삶 속에서 만들어내고, 그 이후로 수많은 사람들이 전수해 온 성서는 당연히 문화적 산물이며, 성서를 기록하고 그것을 읽고 풀이하는 것 역시 문화이다. 그리고 성서는 예술과 밀접한 관계를 갖는다. 게르두스 반 데르 레우후(Gerardus van der Leeuw)는 종교와 예술이 동일한 것은 아니지만, 이 둘이 구별하기 어려울 정도로 밀접한 관계를 갖는다고 말한다.

> "순수하고 위대한 예술이 원칙적으로 종교예술이라는 것은 완전한 사실이다. 아름다움의 순수하고 고상한 표현은 동시에 신성함의 표현이 된다."3)

---

2) 김동규, 《하이데거의 사이-예술론》(서울: 도서출판 그린비, 2009), 54f.
3) Gerardus van der Leeuw, 윤이흠 역, 《종교와 예술-성과 미의 경계에 대한 현상학적 이해》(서울: 설화당, 1988, 1994), 117.

종교와 예술은 인류 역사에서 서서히 분리되면서 각자 고유한 길을 가지만, 그럼에도 불구하고 종교는 여전히 예술과 밀접한 관련을 맺는다. 이러한 점에 근거해서, 에스겔서 12장 1-16절을 중심으로 '공연으로서의 예언'을 규명하는 것이 이 논문에서 하려는 작업이다. 이 연구를 위해 문화론과 예술론, 특히 퍼포먼스[4] 이론을 참고할 것이다.

먼저 에스겔서 12장 1-16절[5]을 읽으면서 본문이 무엇을 말하는지를 살핀 다음, 본문에 나타나는 예언과 공연의 관계양상을 몇 가지 요소를 통해서 살펴보려 한다.

2) 본문 연구

이제 본문을 살피려 하는데, 본문은 개역개정본을 사용하고, 각 구절에 대한 설명은 각주로 처리하겠다.

I

겔 12:1-7 또 여호와의 말씀이 내게 임하여 이르시되 인자야 네가 반역하는 족속 중에 거주하는도다[6] 그들은 볼 눈이 있어도 보지 아니하고 들을

---

4) '퍼포먼스'는 예술뿐만 아니라 문학 그리고 사회과학에서 최근에 가장 광범위하게 쓰이는 용어이나[Marvin Carlson, *Performance–A Critical Introduction* (New York: Routledge, 1996, 2004), 1]. 예언자들의 상징 행위를 퍼포먼스로 규정하는 것에 대해서는, 김의선, "퍼포먼스 이론에 비추어 본 예언자의 상징행위"(에스겔서를 중심으로), 미간행 석사학위논문(협성대학교 일반대학원 신학과 구약학 전공, 2005)을 보라. 이 논문은 예언자의 상징 행위를 퍼포먼스 이론으로 연구하려고 시도했다는 점에서 의미를 갖는다.

5) 이 본문은 에스겔서에서 가장 분명한 예언적 드라마이다[W. D. Stacy, *Prophetic Drama in the Old Testament* (London: Epworth Press, 1990), 193]. 이 본문에 대한 국내의 연구에 대해서는 여한구, 《이스라엘 예언자들의 상징 행위》(서울: 도서출판 기쁜날, 2001), 136–141을 보라. 이 책은 이스라엘 예언자들의 상징 행위에 대해 국내에서 이루어진 종합적이고 체계적인 연구라는 점에서 의미를 갖는다.

귀가 있어도 듣지 아니하나니 그들은 반역하는 족속임이라 인자야 너는 포로의 행장을 꾸리고[7] 낮에 그들의 목전에서 끌려가라 네가 네 처소를 다른 곳으로 옮기는 것을 그들이 보면 비록 반역하는 족속이라도 혹 생각이 있으리라[8] 너는 낮에 그들의 목전에서 네 포로의 행장을 밖에 내놓기를 끌려가는 포로의 행장같이 하고 저물 때에 너는 그들의 목전에서 밖으로 나가기를 포로 되어 가는 자같이 하라[9] 너는 그들의 목전에서 성벽을 뚫고[10] 그리로 따라 옮기되 캄캄할 때에[11] 그들의 목전에서 어깨에 메고 나가며[12] 얼굴을 가리고[13] 땅을 보지 말지어다 이는 내가 너를 세워 이스라엘 족속에게 징조[14]가 되게 함이라 하시기로 내가 그 명령대로 행하여 낮에 나의 행장을 끌려가는 포로의 행장같이 내놓고 저물 때에 내 손으로 성벽을 뚫고 캄캄할 때에 행장을 내다가 그들의 목전에서 어깨에 메고 나가니라

---

6) 히브리어 어순으로는 '반역하는 족속 중에 네가 거한다'이다. 에스겔이 '반역하는 사람들 가운데' 거주한다는 것을 강조하는 것이다.
7) 유다 사람들이 바벨론에 강제 이주당할 때 그들이 생활에 필요한 짐들을 가져간 것을 의미한다. 그런 짐을 다시 꾸리라는 것이다.
8) 이 구절을 직역하면 이렇다. '그리고 너는 네 거처에서 다른 곳으로 끌려가라. 그러면 그들이 볼 것이다. 그들은 참으로 반역하는 백성들이다.'
9) 이 구절을 직역하면 이렇다. '너는 저녁에 그들이 보는 앞에서 포로들이 나가는 것처럼 나가라.'
10) 히브리어로 '키르'인데, 대체로 집 벽을 가리키고, 성벽은 대체로 '호마'라고 한다.
11) 히브리어로 '알라타'인데, 이곳과 창세기 15장 17절에만 나온다. 알라타는 일몰 직후를 가리킨다. 본문에 나오는 시간 순서는 요맘(낮)-에레브(일몰)-알라타(해거름)이다.
12) 이 구절을 직역하면 이렇다. '그들이 보는 앞에서 어깨 위에 짊어지고 해거름에 나가라.'
13) 얼굴을 가린다는 것은 두 가지 의미를 갖는다. 하나는 비통함(삼하 15:30, 19:5; 에 6:12)이고, 다른 하나는 수치(렘 14:3, 4; 에 7:8; 미 3:7)이다.
14) 히브리어로 '모페트'(겔 24:24, 27)인데, 4장 3절에서는 '오트'를 사용한다. '오트'와 '모페트' 그리고 '마샬'에 대해서는 W. D. Stacy, *Prophetic Drama in the Old Testament*, 14-22를 보라.

II

겔 12:8-16 이튿날 아침에[15] 여호와의 말씀이 또[16] 내게 임하여 이르시되 인자야 이스라엘 족속 곧 그 반역하는 족속이 네게 묻기를 무엇을 하느냐 하지 아니하더냐 너는 그들에게 말하기를 주 여호와의 말씀에[17] 이것은 예루살렘 왕[18]과 그 가운데에 있는 이스라엘 온 족속에 대한 묵시[19]라 하셨다 하고 또 말하기를 나는 너희 징조[20]라 내가 행한 대로 그들도 포로로 사로잡혀 가리라 무리가 성벽을 뚫고 행장을 그리로 가지고 나가고 그중에 왕[21]은 어두울 때에 어깨에 행장을 메고 나가며[22] 눈으로 땅을 보지 아니하려고 자기 얼굴을 가리리라 하라 내가 또 내 그물을 그의 위에 치고 내 올무에 걸리게 하여[23] 그를 끌고 갈대아 땅 바벨론[24]에 이르리니 그가 거기에서 죽으려니와 그 땅[25]을 보지 못하리라[26] 내가 그 호위하는 자와 부대들을 다 사방으로 흩고 또 그 뒤를 따라 칼을 빼리라 내가 그들을 이방인 가운데로 흩으며 여러 나라 가운데에 헤친 후에야 내가 여호와인 줄을 그들이 알리라 그러나 내가 그중 몇 사람을 남겨 칼과 기근과 전염병에서 벗어나게 하여 그들이 이르는 이방인 가운데에서 자기의 모든 가증

---

15) 히브리어 본문은 그냥 '아침에'이다. 번역자가 의역(意譯)을 한 것이다.
16) 히브리어 본문에는 '또'에 해당하는 단어가 없다. 번역자가 의역을 한 것이다.
17) 직역하면 '주 야훼가 이렇게 말씀하셨다'이다.
18) 히브리어로는 '멜렉'이 아니고 '나시'인데 나시는 방백을 가리킨다.
19) 히브리어로 '맛사'이다. 맛사가 나오는 구절('한나시 함맛사 핫제 비루샬라임')을 직역하면 이렇다. '그 방백이 예루살렘에서 이 맛사이다.'
20) 히브리어로 '모페트'인데 6절에도 나왔다.
21) 히브리어로 '나시', 즉 방백이다. 이것은 바벨론에 의해서 왕위에 오른 시드기야가 더 이상 왕이 아니고 바벨론의 봉신에 불과하다는 것을 보여준다[Paul M. Joyce, *Ezekiel–A Commentary* (New York: T&T Clark, 2007), 118].
22) 직역하면 이렇다. '그리고 그들과 함께하는 그 방백은 해거름에 어깨에 짊어지고 벽으로 나가는데, 그들이 벽을 파고 거기로 나갈 것이다.'
23) 사냥하는 장면을 연상케 한다.
24) '바벨론'(히브리어는 '바벨')이라는 말은 에스겔서에서는 여기에 처음 나온다.
25) 여기서 "그 땅"이 어디를 가리키는지 분명치 않다.
26) 이 구절을 직역하면 이렇다. '그가 그곳을 보지 못할 것이고 그가 거기서 죽을 것이다.'

한 일을 자백하게 하리니 내가 여호와인 줄을 그들이 알리라

이제 본문이 어떻게 이루어졌는지 살펴보기로 하자. 이미 I과 II로 표시해 놓았지만 본문은 두 부분, 즉 1-7절과 8-16절로 나뉜다. 1-7절에서는 하나님이 에스겔에게 행위예언을 지시하시고(1-6절), 하나님이 일러주신 대로 에스겔이 행위예언을 한다(7절). 8-16절에서는, 하나님이 에스겔에게 행위예언의 의미를 관객들에게 설명할 것을 지시하시는데, 1-7절과 다른 점은 하나님이 지시하신 대로 에스겔이 행한 것을 언급하지 않는다는 것이다. 하나님이 에스겔에게 무엇을 하라고 지시하신 다음, 에스겔이 그대로 했다는 것을 언급하는 구절이 에스겔서에 그리 많지 않다는 점에서 에스겔서 12장 1-7절은 의미가 크다. 하나님이 지시하신 대로 에스겔이 행했다고 밝히는 곳은 마른 뼈 골짜기 환상을 이야기하는 37장 7-10절이다.

에스겔서 37장 1-14절은 1-10절과 11-14절로 나뉘는데, 1-6절은 하나님이 에스겔에게 명령하시고(1-6절) 에스겔은 그대로 행한다(7-10절). 그리고 하나님은 에스겔에게 그 의미를 백성들에게 설명하게 하신다(11-14절). 이런 점에서 에스겔서 37장 1-14절은 12장 1-16절과 가장 비슷하다. 에스겔서 37장 15-28절도 약간 비슷한 형태를 보이는데, 15-17절은 하나님이 에스겔에게 행위예언을 지시하시고, 18-28절은 예언의 의미를 백성들에게 설명할 것을 지시하시는 것은 본문과 같다. 그런데 에스겔이 하나님이 지시하신 대로 했다는 언급을 하지 않는 점에서 본문과 다르다. 그리고 4-5장에서 에스겔은 네 개의 행위예언에 대해 기록하는데, 이 예언들은 예루살렘이 포위당하고 함락당할 것을 명확하게 보여주지만, 하나님이 에스겔에게 무슨 행동을 하라고 지시하신 것만 기록하고, 에스겔이 그대로 행했다는 것은 언급하지

않는다. 에스겔서는 대체로 이런 방식을 따른다.

하지만 본문은 에스겔이 행한 그 이전의 예언들에 대한 기록들과는 달리 전통적인 방식을 따른다.[27] 본문은 전통적인 예언양식을 따라서, "여호와의 말씀이 내게 임하여 이르시되"로 시작한다. 그리고 본문은 에스겔이 하나님으로부터 지시를 받고 그것을 실행하는 과정을 상세하게 기록한다.

3) 공연으로서의 예언

에스겔은 예언자이다. 에스겔이 할 일은 하나님이 하시는 말씀을 듣고 그것을 사람들에게 알리는 것이다. 그래서 에스겔은 대언자(代言子), 즉 '대신 말하는 사람'이다. 이런 점에서 예언행위는 무엇보다 '말'을 중요하게 여길 것이다. 그런데 본문은 예언이 꼭 그런 것만이 아님을 보여준다.[28] 에스겔은 말보다는 행위를 통해서 하나님 뜻을 사람들에게 알리기 때문이다. 이처럼 예언자들이 다양한 행동을 통해서 예언하는 것을 '기호행위'(sign-act) 또는 '상징행위'(symbol-act) 그리고 '예언적 상징 또는 드라마'(prophetic symbolism, drama)라고 하는데, 상징예언이라는 것은 에스겔 자신이 그가 전하려는 메시지 자체라는 점에서, 즉 에스겔이 하나님 말씀의 상징이라는 점에서 비롯한 말이다. 여기서 에스겔과 그의 예언의 독특성이 드러난다. 그런데 근본적으로 예술작품은 '알레고리'(allegory)이고 '상징'(symbol)이다.

"작품은 순수한 사물과는 다른 어떤 것을 말하고, 사물 그 자체

27) Steven S. Tuell, *Ezekiel*, New International Biblical Commentary (Peabody: Hendrickson Publishers, Inc., 2009), 68f.
28) 여한구, 19.

이상의 어떤 것을 드러낸다. 그 자체와 다른 어떤 것을 의미한다는 점에서 모든 예술작품은 알레고리이다. 만들어진 사물인 예술작품은 이 사물과 함께 다른 것을 우리에게 가져다준다. '함께 가져오는 것'을 그리스어로 심발레인(symballein)이라고 한다. 결국 모든 작품은 상징이다."[29]

이렇듯 예술 자체가 원래 상징이기 때문에, 에스겔이 하는 예언행위를 '상징예언'이라고 하면 에스겔의 예언이 갖는 독특성을 제대로 부각시키지 못하는 것으로 보인다. 에스겔이 어떤 신체적 행위를 통해서 예언한다는 점에서, 앞에서 언급한 대로 상징예언이라는 용어보다는 '행위예언'이라는 용어가 더 적합해 보인다. 구약성서에서 행위예언에 해당하는 것은 40회 이상 나온다.[30]

에스겔이 하는 행위예언은 그 당시의 삶의 모습을 사람들에게 설명하려는 시도이다. 터너는 모든 유형의 문화적 공연은 삶에 대한 설명이자 해석이라고 말한다.

"어떤 의미에서 모든 유형의 문화적 공연(cultural performance), 즉 제의 의식, 카니발, 연극, 시 등을 포함한 모든 유형의 문화적 공연은, 딜타이가 가끔 주장한 바와 같이 삶 그 자체에 대한 설명이자 해석이다. 사회-문화적 삶의 깊은 곳에 있기 때문에 일상적인 관찰과 합리화로는 근접하기 어렵고 정규적으로는 막히고 억제되는 것들이 이 공연 과정 자체를 통해서 외부로 이끌려 나오게 되는 것이다."[31]

---

29) 박정자, 《빈센트의 구두-하이데거, 사르트르, 푸코, 데리다의 그림으로 철학 읽기》(서울: 도서출판 기파랑, 2005, 2006), 118.

30) W. D. Stacy, *Prophetic Drama in the Old Testament* (London: Epworth Press, 1990), 3.

공연은 우리 삶에서 이런 기능을 한다. 공연을 통해서 삶을 조망하고, 공연을 통해서 삶을 설명하고 해석한다. 그래서 공연을 비롯한 예술행위는 삶을 조망하고 통찰하며 풀이하는 우리의 삶이다.

그리고 공연을 비롯한 모든 예술은 사람들 사이에 소통을 목적으로 한다.

> "예술은 인간이 세계와 정서적으로 소통하고자 하는 일종의 커뮤니케이션이다. 위대한 예술가는 인간과 삶 그리고 세계에 대한 체험을 감동적이면서도 명확하고 설득력 있게 표현할 수 있는 사람이다."[32]

에스겔도 자신의 독특한 행위예언을 통해서 당시 사람들과 소통하고자 했다. 그리고 에스겔이 이런 행위예언을 많은 사람들 앞에서 행한다는 점에서 에스겔이 하는 예언행위는 분명히 '공연'의 성격을 갖는다. 물론 이 공연은 일상적인 삶과 분리된 특정한 공간에서 행하는 전통적인 방식이 아니라, 일상적인 삶 속에서 이루어지는 행위예술이라는 점에서 더욱 현대적인 의미를 갖는다.[33] 그리고 그것이 매우 전위적이라는 점에서 '퍼포먼스'의 성격을 갖는다. 본문에서 에스겔은 한 가지 행위예언을 열여섯 절에 걸쳐서 기록한다. 이런 점에서 본문은 행위예언에 대한 다른 어떤 본문보다 예언의 공연적인 성격을

---

31) Victor Turner, *From Ritual to Theatre: The Human Seriousness of Play*, 이기우·김익두 옮김, 《제의에서 연극으로-인간이 지니는 놀이의 진지성》(서울: 현대미학사, 1996), 21.

32) 이주영, 《예술론 특강》(서울: 미술문화, 2007, 2009), 15.

33) 여기에 대해서는, ed. Richard Schechner and Mady Schuman, *Ritual, Play, and Performance-Readings in the Social Sciences/Theatre* (New York: The Seabury Press, 1976), 79를 보라.

더 분명하게 보여준다.

4) 전위예술

우화를 지어내는 놀라운 능력을 가졌다는 점에서 '유다의 이솝'이라고 불릴 만한 에스겔은 다른 예언자들보다 행위예언, 즉 다른 사람들에게 들려주려는 메시지를 행위를 통해 전달하는 일에 천부적이라는 점에서[34] 아방가르드(avant-garde, '전위예술가')처럼 보인다. 노명우는 아방가르드를 이렇게 정의한다.

> "아방가르드의 핵심은 새로움이 아니다. 아방가르드는 '새로움'과 '저항'의 결합이다. 새로움이라는 범주와 저항이라는 범주가 겹쳐지는 유일한 장소는 아방가르드뿐이다. 대중문화는 새로움을 내세우지만 주류 대중문화에는 저항이 없다. 아방가르드는 비판 정신의 은유이며, 아방가르드의 참된 정신은 '긍정성'으로 변화한 예술에 대한 저항이다."[35]

아방가르드는 원래 '척후병', 즉 전위부대를 가리키는 군대 용어인데,[36] 나는 아방가르드의 특성이 '새로움과 저항'이라는 구절을 읽으면서, 예언자들이야말로 진정한 '아방가르드'라는 생각을 했다. 노명우도 그렇게 말한다.

---

34) 행위예언은 다른 어느 예언자들보다 에스겔의 사역에서 중요한 역할을 한다. J. Lindblom, *Prophecy in Ancient Israel* (Philadelphia: Fortress Press, 1962, 1976), 170f.

35) 노명우, 《아방가르드》(서울: 책세상, 2008), 117f.

36) 박상선, 《아방가르드와 숭고: 리오타르의 철학》(원주: 도서출판 흙과 생기, 2005), 14.

"아방가르드는 적군의 상황을 알아보기 위해 목숨을 걸고 적진으로 가장 먼저 뛰어드는 선발대이다. 그렇기에 아방가르드는 적이 앞으로 어떻게 움직일지 파악할 수 있어야 한다. 단지 지금의 상황만 판단할 수 있는 척후병이라면, 그는 척후병에게 요구되는 자질을 충분히 갖추었다고 할 수 없다. 척후병의 능력은 얼마나 먼 미래의 동향을 예측하고 예견할 수 있는지에 달려 있다. 이런 점에서 척후병 아방가르드는 예언자이다."[37]

이런 점에서 고대 이스라엘의 모든 예언자들도 아방가르드라고 할 수 있지만, 특히 에스겔은 고대 이스라엘의 예언자들 가운데서 아방가르드 성향을 가장 강하게 드러낸다. 이것은 하나님이 에스겔을 아방가르드의 의미와 상통하는 '파수꾼'으로 부르셨다는 점에서, 그리고 에스겔이 자신의 신체[38]로 독특한 퍼포먼스(performance)를 하는 전위예술가적인 모습을 보인다는 점에서 그렇다.[39]

37) 노명우, 《아방가르드》, 11.

38) 퍼포먼스는 "기본적으로는 단순한 행위자의 스텝, 운동, 자세, 몸짓이다. 그러므로 전위적인 퍼포먼스라는 장르에서 '바로 눈앞에서 일어나는 일'의 목적은, 퍼포먼스하는 신체를 그 자체로서(그리고 그 공간화된 여러 관계를) 세상에 드러내는 것이다"[David M. Levin, "퍼포먼스가 실현하는 것", 심우성 편역, 《신체의 미학》(서울: 현대미학사, 1997), 87]. "모더니즘의 공연예술이 바로 눈앞에서 일어나게 하는 것은 신체의 진실이다. 이 진실에 관해 기술적 재현적 예술작품은 웅변으로 말할 수 있을지라도, 유무를 말하게 할 수 없는 힘으로 실현하여 보여줄 수 없다. 왜냐하면 이 진실은 신체에서 생기기 때문이다. 미적 표현을 행하고 의미를 부여하고 또한 받아들이는 것은 신체 자신의 능력이다"(91).

39) 버나드 랭은 에스겔을 거리 언극(street theater)을 하는 창조적인 공연가(creative performer)로 생각한다. Bernhard Lang, "Street theater, Raising the Dead and the Zoroastrian Connection in Ezekiel's Prophecy," ed. J. Lust, *Ezekiel and His Book-Textual and Literary Criticism and their Interpretation* (Leuven: Leuven University Press, 1986), 297-316을 보라.

5) 작가/감독 - 하나님

앞에서 살펴본 대로, 본문에서 하나님은 에스겔에게 행위예언을 지시하시는데, 하나님이 에스겔에게 행위예언을 지시하시고 에스겔이 그대로 행하는 것은 그것이 성격상 '공연'(公演)임을 보여준다. 하나님이 처음에 에스겔에게 하시는 말씀은 간단하다.

> "너는 포로의 행장을 꾸리고 낮에 그들의 목전에서 끌려가라."

에스겔에게 포로로 분장하고 사람들이 보는 앞에서 포로처럼 끌려가라는 것이다. 에스겔이 포로처럼 끌려가는 장면을 연출하기 위해서는 대본이 필요하고 배우들도 필요하다. 그리고 하나님은 에스겔에게 사람들이 보는 앞에서 연기(演技)하라고 여러 차례 지시하시는데, 이것 역시 에스겔이 하는 행위가 공연(公演, public performance)임을 가리킨다. 공연은 사람들이 보지 않으면 의미가 없기 때문이다.

본문을 보면, 연극대본을 하나님이 쓰신다. 그리고 연출도 하나님이 하신다. 에스겔은 하나님이 지시하시는 대로 행동을 한다. 그는 공연배우이다. 3-6절은 하나님이 연극대본을 구상하는 과정을 생생하게 보여준다. 3-6절을 다시 읽어 보자.

> 겔 12:3-6 인자야 너는 포로의 행장을 꾸리고 낮에 그들의 목전에서 끌려가라 네가 네 처소를 다른 곳으로 옮기는 것을 그들이 보면 비록 반역하는 족속이라도 혹 생각이 있으리라 너는 낮에 그들의 목전에서 네 포로의 행장을 밖에 내놓기를 끌려가는 포로의 행장같이 하고 저물 때에 너는 그들의 목전에서 밖으로 나가기를 포로 되어 가는 자같이 하라 너는 그들의 목전에서 성벽을 뚫고 그리로 따라 옮기되 캄캄할 때[40]에

그들의 목전에서 어깨에 메고 나가며 얼굴을 가리고 땅을 보지 말지어다 이는 내가 너를 세워 이스라엘 족속에게 징조가 되게 함이라

3절에서 하나님은 에스겔에게 포로의 행장을 꾸리고 끌려가는 장면을 모두 낮에 하라고 하신다. 그런데 4절에서는 낮에 포로의 행장을 꾸려서 내어놓고, 저물 때에 포로로 끌려가는 모습을 보여주라고 하신다. 3절과 4절은 같은 말을 하는데 시간대가 다르다. 그리고 5절은 벽을 뚫고 포로의 행장을 옮기라고 하는데, 해 지고 어두워지는 때 어깨에 메고 나가라고 하신다. 3절에서는 낮에 하라고 하고, 4절에서는 낮과 저물 때이고, 6절에서는 어두워질 때라고 한다. 여기서 보는 대로 3-6절은 동일한 행위를 모두 세 차례(3절, 4절, 5-6절)에 걸쳐 수정하고 보완하면서, 공연을 위한 대본을 작성하는 생동적인 과정을 보여준다.

첫 번째 대본 : 인자야 너는 포로의 행장을 꾸리고 낮에 그들의 목전에서 끌려가라(3절)

첫 번째 수정본 : 너는 낮에 그들의 목전에서 네 포로의 행장을 밖에 내놓기를 끌려가는 포로의 행장같이 하고 저물 때에 너는 그들의 목전에서 밖으로 나가기를 포로 되어 가는 자같이 하라(4절)

두 번째 수정본 : 너는 그들의 목전에서 성벽을 뚫고 그리로 따라 옮기되 캄캄할 때에 그들의 목전에서 어깨에 메고 나가며 얼굴을 가리고 땅을 보지 말지어다(5-6절)

하나님은 이렇게 복잡한 과정을 거쳐서 대본을 완성해 가시는데, 본문은 완성된 대본을 보여주는 대신 대본작성 과정을 이렇게 생생하

40) 히브리어로 알라타인데, 해가 진 다음 캄캄해지기까지를 가리키며 재난과 종국이 다가옴을 의미한다[Kelvin G. Friebel, *Jeremiah's and Ezekiel's Sign-Acts*, JSOTS 284 (Sheffield: Sheffield Academic Press, 1999), 275].

게 기술함으로써 에스겔이 하는 공연이 상당히 즉흥적이었으며, 순발력과 적응력을 요구하는 생생한 퍼포먼스였음을 보여준다. 하나님이 일러 주신 것을 에스겔이 어떻게 이해하고 연기했는지는 7절을 보면 알 수 있다.

> 7 내가 그 명령대로 행하여
> '낮에' 나의 행장을 끌려가는 포로의 행장같이 내놓고
> '저물 때에' 내 손으로 성벽을 뚫고
> '캄캄할 때에' 행장을 내다가 그들의 목전에서 어깨에 메고 나가니라

7절은 에스겔이 하나님이 명령하신 대로 행했다고 말하는데, 얼굴을 가리고 땅을 보지 않는 것은 언급하지 않는다. 이것은 3-6절에서 하나님이 말씀하신 것들 가운데 주요한 것들을 에스겔이 순차적으로 연기(演技)하기 위해 시간대에 따라서 정리했기 때문이고, 실제로 에스겔은 하나님이 일러 주신 것들을 다 연기했을 것이다.[41)]

그리고 하나님은 대본을 만드셨을 뿐만 아니라 연출도 하신다. 하나님은 에스겔에게 낮에 포로로 끌려가는 사람들의 짐을 챙겨 놓고 저녁때에 포로처럼 끌려가는 모습을 연출하라고 지시하신다. 여기서 보는 대로 하나님은 에스겔에게 연기를 구체적으로 지시하신다. 밖으로 나가는데, 그냥 나가는 것이 아니고 벽을 뚫고 나가야 하고 밤에 나가야 한다. 그리고 짐을 어깨에 메고 얼굴을 가리고 땅을 보지 말고 나가야 한다. 하나님은 에스겔에게 얼굴 표정과 동작 하나하나를 세밀하게 일러 주신다. 하나님은 아주 꼼꼼하고 섬세한 연출가이다. 하나님은 공연의 연출자로서 배우인 에스겔의 행동을 통제하신다. 에스겔

---

41) Kelvin G. Friebel, *Jeremiah's and Ezekiel's Sign-Acts*, 262.

은 하나님이 일러 주신 대로 무언극을 해야 했고, 하나님이 말을 하도록 허용하실 때에만 말할 수 있었다. 그리고 하나님은 관객들이 어떤 반응을 보일 것인지를 미리 예측하시고 거기에 어떻게 반응할 것인지를, 즉 어떤 대사를 할 것인지를 에스겔에게 상세하게 일러 주신다. 이렇게 본문에서 하나님은 공연을 위한 대본작가와 연출가로서의 모습을 보여주신다.

6) 배우 - 에스겔

이 공연에 등장하는 중심인물의 역할을 맡은 배우는 에스겔이다. 에스겔은 포로 역할을 하도록 지시받는데, 12-13절을 보면 에스겔은 포로들 중에서도 방백의 역할을 하는 것으로 보인다.

겔 12:12–13 무리가 성벽을 뚫고 행장을 그리로 가지고 나가고 그중에 왕[42]은 어두울 때에 어깨에 행장을 메고 나가며 눈으로 땅을 보지 아니하려고 자기 얼굴을 가리리라 하라 내가 또 내 그물을 그의 위에 치고 내 올무에 걸리게 하여 그를 끌고 갈대아 땅 바벨론에 이르리니 그가 거기에서 죽으려니와 그 땅을 보지 못하리라

이 공연은 모두 이틀 동안 이루어지는데, 첫날에는 에스겔이 포로 역할을 하고, 다음날에는 청중들과 이야기를 나눈다. 첫날에는 무언극을 하고, 둘째 날에는 거기에 대해서 관객들과 대화를 나누는 것이다. 자신이 한 연극이 무엇을 의미하는지 사람들이 물으면, 에스겔은 그들에게 공연의 의미를 알려 주어야 한다. 그런데 둘째 날 역시 공연

42) 본문연구에서 살펴본 대로 '왕'으로 번역한 히브리어는 멜렉이 아니고 '나시'인데 나시는 방백을 가리킨다.

의 일부라는 것은 하나님이 에스겔이 그들에게 무엇을 말해야 하는지를 상세하게 일러 주시는 것에서 드러난다. 에스겔은 관객들과 자유로운 대화를 나누는 것이 아니고, 연출가인 하나님이 일러 주는 대로 '대사'(臺詞)를 하는 것이다.

7절을 보면, 에스겔이 하는 연기는 세 장면이다. 첫째는 낮에 포로의 행장을 차린다. 그리고 저물 때에는 성벽을 뚫는 연기를 한다. 셋째는 어두워지기 시작할 때에 포로의 행구를 성 밖으로 내다가 어깨에 메고 나간다.

먼저, 하나님은 에스겔에게 포로의 행장을 꾸리라고 말씀하신다. 1-7절에는 "포로의 행장"이라는 용어가 여러 번 나온다. 에스겔이 포로의 행장에 대해서 자세한 설명을 하지 않는 것으로 보아, 당시 사람들은 그것이 무엇인지 다 알았던 모양이다. 예레미야서 46장 19절도 포로들의 행장에 대해 언급한다.[43] 그런데 에스겔은 그냥 짐을 꾸리는 시늉만 한 것이 아니고, 실제로 포로들이 챙기는 짐을 꾸린 것으로 보인다. 이것은 에스겔이 하는 행위가 그냥 연기가 아니고 실제 행위임을 보여준다. 이런 점에서 에스겔이 하는 공연은 현실 상황과 분리된 가상적 공간으로서의 무대에서 행하는 연기가 아니고, 현실 상황 속에서 행하는 실제 행위로서의 공연이다. 즉 구체적인 삶으로서의 공연인 셈이다.

그런데 본문을 읽을 때 난해한 것은 에스겔이 손으로 파는 벽이 어느 벽이냐는 것이다. 개역성경이 '성벽'으로 번역한 것은 히브리어로 '키르'인데, 이것은 대체로 '집 벽'을 가리키고 성벽은 '호마'이다(겔 26:4, 9, 27:11, 38:11). 그래서 에스겔은 성벽을 뚫은 것이 아니고, 자신이

---

43) "애굽에 사는 딸이여 너는 너를 위하여 포로의 짐을 꾸리라 놉이 황무하며 불에 타서 주민이 없을 것임이라."

거주하는 집 벽을 뚫은 것으로 보인다.

에스겔이 벽을 뚫었다는 것은 그가 하는 공연의 구성이 결코 단순하지 않음을 보여준다. 에스겔이 포로의 역할만을 한다면, 그는 짐을 꾸려서 성벽 무너진 곳으로 나가는 장면을 보여주어야 하는데, 왜 벽을 뚫는 행동을 해야 하느냐는 것이다. 프리벨은 에스겔이 일인극을 하듯 혼자서 여러 가지 역할을 한다고 생각하는데,[44] 여기서는 예루살렘 성벽을 무너뜨린 바벨론 병사의 역할을 에스겔이 하는 것으로 보았다. 그러니까 에스겔이 벽을 뚫는 것은 바벨론 병사들이 하는 행동을 연기하는 것이다.[45] 우리가 아는 대로, 예루살렘 사람들이 성벽을 허문 것이 아니고 바벨론 병사들이 성벽을 허물었기 때문이다(렘 39:2).

그리고 12절에서 말하는 것, 즉 방백이 포로들의 짐을 짊어지고 나가는 것과 그가 얼굴을 가리고 그 땅을 보지 않는 것은 잘 어울리지 않는다. 12절과 13절을 다시 살펴보자.

> 12 그중에 왕은 어두울 때에 어깨에 행장을 메고 나가며 눈으로 땅을 보지 아니하려고 자기 얼굴을 가리리라 하라
> 13 내가 또 내 그물을 그의 위에 치고 내 올무에 걸리게 하여 그를 끌고 갈대아 땅 바벨론에 이르리니 그가 거기에서 죽으려니와 그 땅을 보지 못하리라

12절은 방백이 예루살렘을 떠나면서 그 땅을 보지 않기 위해 얼굴을 가리는 것으로 보이게 한다. 그리고 13절은 바벨론 땅에 끌려가지만 그 땅을 보지 않을 것이고, 거기서 죽을 것이라고 말한다. 3-6절에서 우리는 하나님이 대본을 수정하시는 것을 보았는데, 12절도 13절에서

44) Kelvin G. Friebel, *Jeremiah's and Ezekiel's Sign-Acts*, 272f.
45) *Ibid.*, 263, 272.

조금 더 정교하게 다듬은 것으로 본다면, 여기서 "그 땅"은 바벨론 땅을 가리키는 것으로 보인다.

그렇지만 전날 무언극에서는 하나님이 에스겔로 하여금 그냥 얼굴을 가리고 나가게 하심으로써 "그 땅"이 정확히 어디를 가리키는 것인지를 모호하게 만든다. 그래서 "그 땅"은 이스라엘일 수도 있고 바벨론일 수도 있고 두 곳을 다 가리킬 수도 있다.

그리고 포로의 행장과 관련해서 '맛사'라는 단어도 본문의 다층적인 측면을 드러내는데, 그 까닭은 맛사가 여러 가지 의미를 갖기 때문이다.

> 10 너는 그들에게 말하기를 주 여호와의 말씀에 이것은 예루살렘 왕과 그 가운데에 있는 이스라엘 온 족속에 대한 묵시(맛사)라 하셨다 하고
> 12 무리가 성벽을 뚫고 행장을 그리로 가지고 나가고 그중에 왕은 어두울 때에 어깨에 행장을 메고 나가며 눈으로 땅을 보지 아니하려고 자기 얼굴을 가리리라 하라

상당수 주석가들과 한글개역개정본은 10절에 나오는 맛사를 '묵시'(默示)로 번역하는데, 에스겔이 맛사를 '묵시'의 의미로 사용하는 경우가 거의 없다는 점에서 블록은 맛사를 '짐' 로 이해하고, 예레미야서 23장 33절에 근거해서 시드기야와 예루살렘 사람들이 바로 '짐'이라고 생각한다. 12절에서는 시드기야가 어깨에 짊어지는데, 이것은 그가 짐(맛사), 즉 포로의 행장을 메고 나가는 것으로 이야기한다. 그러니까 10절에서는 시드기야와 예루살렘 사람들을 짐으로 비유하고, 12절에서는 그와 백성들이 실제로 짐, 즉 포로의 행장을 짊어진 것으로 말한다. 이렇게 맛사는 비유로 또는 실제 짐을 가리킴으로 다층적인 모습을 보여준다.

하나님은 에스겔을 이스라엘 족속의 징조가 되게 하신다. 여기서 징조는 히브리어로 '모페트'이다. 에스겔은 이스라엘 사람들을 위한 모페트이다. 이것은 에스겔이라는 배우가 연기를 통해서 메시지를 전달하는 것만이 아니고, 에스겔 자체가 메시지임을 보여준다.[46] 그렇기 때문에 에스겔은 '말'로 예언하지 않고, 온몸으로 예언행위를 함으로써 하나님 뜻을 전하는 것이다. 이런 점에서 에스겔은 완벽한 포퍼먼서(performancer)이다.

7) 관객 또는 공연(共演)

에스겔은 공연하는 예언자이고 그 자신이 메시지인 '모페트'이다. 그런데 문제는 그것을 보는 사람들이 누구냐는 것이다. 공연은 관객들이 있어야 한다. 본문을 읽다 보면 '그들의 목전'이라는 말이 여러 번 나온다. 이것은 히브리어로 '레에네헴'인데 '그들의 눈앞에서'[47]라는 의미이다. 3-7절을 보라.

겔 12:3-7 인자야 너는 포로의 행장을 꾸리고 낮에 그들의 목전에서 끌려가라 네가 네 처소를 다른 곳으로 옮기는 것을 그들이 보면 비록 반역하는 족속이라도 혹 생각이 있으리라 너는 낮에 그들의 목전에서 네 포로의 행장을 밖에 내놓기를 끌려가는 포로의 행장같이 하고 저물 때에 너는 그들의 목전에서 밖으로 나가기를 포로 되어 가는 자같이 하라 너는

---

46) Daniel I. Block, *The Book of Ezekiel Chapters 1–24*. NICOT. (Grand Rapids: William B. Eerdmans Publishing Co., 1997), 371.

47) 퍼포먼스에서 '눈앞에서'는 큰 의미를 갖는다. "요컨대 '바로 눈앞에서 일어나는 일'은 퍼포먼스를 구체화하고 눈앞에 정립하는 것이지만, 그것은 퍼포먼스의 본질을 세상에 드러내는 한 형태라 하겠다"[Richard Schechner, "Restoration of Behavior," 이기우·김익두·김월덕 편역, 《퍼포먼스 이론 I》(서울: 현대미학사, 2001), 87].

그들의 목전에서 성벽을 뚫고 그리로 따라 옮기되 캄캄할 때에 그들의 목전에서 어깨에 메고 나가며 얼굴을 가리고 땅을 보지 말지어다 이는 내가 너를 세워 이스라엘 족속에게 징조가 되게 함이라 하시기로 내가 그 명령대로 행하여 낮에 나의 행장을 끌려가는 포로의 행장같이 내놓고 저물 때에 내 손으로 성벽을 뚫고 캄캄할 때에 행장을 내다가 그들의 목전에서 어깨에 메고 나가니라

여기서 '그들의 목전에서'를 일부러 여러 차례 반복해서 언급하는 까닭은 그것이 중요하기 때문이다. 이 구절은 하나님이 에스겔에게 반드시 백성들이 보는 앞에서 공연을 하라고 지시하셨음을 독자들로 하여금 확인케 한다. 하나님은 심지어 날이 어두워지고 캄캄해지는 때에 행장을 메고 나가는 것까지도 백성들이 보는 앞에서 하라고 에스겔에게 지시하신다. 이것은 에스겔이 하는 행위가 철저히 관객들을 고려하는 공연임을 더욱 명확하게 보여준다.

그런데 에스겔이 하는 공연을 볼 관객들에 대해서 하나님은 이렇게 말씀하신다.

겔 12:2 그들은 볼 눈이 있어도 보지 아니하고 들을 귀가 있어도 듣지 아니하나니 그들은 반역하는 족속임이라

이 구절은 성서독자들에게 익숙하다. 예레미야서 5장 21절, 로마서 11장 8절, 신명기 29장 4절, 이사야서 6장 9-10절, 마가복음 8장 18절에도 나오는데, 사람들이 영적으로 보고 듣지 못하는 것을 의미한다.

에스겔이 대하는 관객들을 본문은 여러 차례 '반역하는 족속'(2절-2회, 3절, 9절)이라고 반복해서 부른다. 하나님은 그들이 볼 눈은 있지만 보지 아니하고, 들을 귀는 있지만 듣지 않는다고 말씀하신다. 그리

고 그 까닭은 그들이 반역하는 족속들이기 때문이라고 말씀하신다. 이런 점에서 그들은 누가 보아도 최악의 관객들이다.

그런데 이들은 누구인가? 현재 바벨론에서 에스겔과 함께 거주하는 사람들인가 아니면 유다에 거주하는 사람들인가? '거주하는도다'는 히브리어로 능동분사형인 '요세브'이기 때문에, 현재 에스겔과 함께 거주하는 사람들을 가리킨다. 즉 바벨론에서 에스겔과 함께 거주하는 사람들을 '반역하는 족속'이라고 하는 것이다. 그런데 그들은 볼 눈을 갖고 있어도 보지 못하고, 들을 귀를 갖고 있는데도 듣지 못하는 사람들이다.

이렇게 보면 내용이 그리 복잡한 것 같지 않지만, 그들이 과연 누구인가? 다시 말하면 에스겔이 행동으로 하나님 뜻을 전달하려는 대상이 누구냐는 것은 여전히 오리무중이다. 10절은 "주 여호와의 말씀에 이것은 예루살렘 왕과 그 가운데에 있는 이스라엘 온 족속에 대한 묵시라 하셨다"고 말하기 때문에, 에스겔이 하는 예언은 바벨론에 거주하는 유대인들이 아니라 본국에 거주하는 사람들을 대상으로 한다. 이것은 에스겔이 행위예언을 하는 동안에는 드러나지 않고, 그다음 날 그들이 에스겔에게 질문하고 에스겔이 대답하는 과정에서 밝혀진다. 그렇다면 에스겔이 하는 행위예언은 그와 함께 거주하는 사람들, 그러니까 이미 포로의 행장을 하고 바벨론에 끌려온 사람들에게는 어떤 의미를 갖는가? 스테이시는 예루살렘이 처한 위기를 에스겔이 바벨론으로 가져가서 그곳에 있는 사람들로 하여금 앞으로 다가올 사건에 동참케 하려 했다고 말한다.[48]

그리고 그들이 비록 좋은 관객은 아니지만, 그들은 에스겔이 하는 공연에 관심을 기울인다. 그들은 관객으로서 관람만 하는 것이 아니

48) W. D. Stacy, *Prophetic Drama in the Old Testament*, 194.

고, 의도하지 않은 것이긴 하지만 자신들도 연기자로서 그 공연에 참여한다. 이것은 그들이 에스겔에게 "무엇을 하느냐?"라고 묻는 것에서 명확히 드러난다. 이 질문에 대답할 말을 하나님은 에스겔에게 일러 주신다. 하나님은 에스겔이 관객과 대화를 하게 하신다.

그런데 이렇게 함으로써 놀라운 전환이 일어난다. 공연자와 관객을 구분하는 경계선이 사라지는 것이다. 무엇보다 에스겔이 하는 행위가 바로 그들과 직접적으로 관련된 것이라는 점에서 그들은 결코 방관적이거나 객관적으로 공연을 관람할 수 있는 사람들이 아니다. 에스겔이 하는 행위를 지켜보던 사람들은 관객이 아니고 에스겔과 함께 공연을 하는 사람들이다. 그들은 매우 적극적으로 공연(公演)에 참여해서 에스겔과 함께 공연(共演)한다.[49] 그리고 그들이 한 공동체를 이루며 사는 사람들이고-물론 그들이 적대적인 모습을 보이긴 하지만-그들과 관련된 문제를 집단적 대화라는 공연형식을 통해 표현한다는 점에서 매우 첨단의 예술기법과 상통한다.[50]

그런데 그들이 에스겔의 공연에 참여할 수밖에 없는 까닭은 에스겔이 하는 행위가 바로 그들이 바벨론에 끌려오면서 했던 것이기 때문이다. 그들은 바벨론에 강제 이주당할 때 에스겔처럼 그런 행장을 차리고 그 먼 길을 걸어왔던 것이다. 그렇기 때문에 그 사람들은 에스겔이 하는 행동에 관심을 기울일 수밖에 없었다. 그들이 보기에 에스겔은 그들이 겪었던 고통스러운 장면을 재현(再現)하는 것이다.[51] 그러나

---

49) 연기자와 관객의 구분이 사라진 것에 대해서는, ed. Claire Bishop, *Participation*. Documents of Contemporary Art (Cambridge: The MIT Press, 2006)를 보라. 이것을 부리오는 '관계적 미학'이라고 한다[Nicolas Bourriaud, *Esth tique relationnelle*, tr. Simon Pleasance & Fronza Woods, *Relational Aesthetics* (Les presses du réel, 2002)].

50) 여기에 대해서는, Grant H. Kester, *Conversation Pieces–Community+Communication in Modern Art* (Berkeley: University of California Press, 2004)를 보라.

이것이 결코 단순한 재현(에서 그치는 것)이 아니고 앞으로 일어날 사건의 실제 상황이라는 점에서 문제는 더욱 심각해진다.

8) 목적

에스겔은 그와 함께 거주하는 사람들을 일깨우기 위해서 행위예언을 하는 것으로 보인다. 에스겔은 행위예언을 통해서 동시대 사람들에게 그들이 알지 못하는 진실을 이야기하려고 한다. 에스겔은 당시 사람들이 지각하지 못하는 현실의 실체를 행위예언을 통해서 보여주려고 한다. 에스겔은 사실을 알려 주는 방법으로 행위예언을 택한 것이다. 이런 점에서 에스겔의 행위예언, 즉 공연으로서의 예언은 하이데거가 말하는 예술의 기능과 일치하는 모습을 보인다. 하이데거는 예술에 대해서 부정적인 형이상학을 거부하는데, 그는 다른 무엇보다도 예술이 진실을 드러내는 데 효과적이라고 확신한다.

> "예술작품에서 발생하고 있는 존재자의 진리의 사건은 탈은폐와 은닉이 존재 자체의 한 일어남으로 발생하기에 가능한 것이다. 그러한 탈은폐와 은닉의 원초투쟁이 작품에서 피어오름과 감쌈(간직함) 사이의 긴장으로, 세계의 스스로를 엶과 대지의 스스로를 닫아 버림 사이의 싸움으로 형태 속에 정립되는 것이다. 그러한 긴장의 팽팽한 긴장감과 이러한 투쟁의 상호대립성이 곧 작품의 존재이며, 그것이 한 예술작품의 형태수준을 결정하고 광채를 생겨나게 하여 이러한 광채를 통해 예술작품은 모든 것을 두루 비춘다. 작품이란 그 본질상 세계와 대지 사이의 피어오름과 감쌈 사이의 투쟁이다."[52]

---

51) Steven S. Tuell, *Ezekiel*, 69.

그리고 하이데거에 의하면, 인간들은 일상성 속에 사로잡혀 살지만 새로운 결단을 통해서 새로운 삶을 추구한다.[53] 하이데거는 이것을 '존재사건'이라고 한다.

> "하이데거에 있어 존재사건은 끊임없이 사람들의 결단에 의해 새롭게 해석되면서 새로운 의미지평으로 다가오는 새로움의 세계라고 할 수 있다. 단순히 반복되는 것이 아니라, 언제나 새로운 지평 가운데서 새롭게 열려지는 사건이 바로 존재사건이며 동시에 예술의 사건이다."[54]

존재사건은 에스겔의 공연을 통해서도 발생하는데, 그렇기에 에스겔이 보여주는 행위예언으로서의 공연은 결코 재현이 아니다.[55] 에스

---

52) 이기상, 《존재진리의 발생사건에서 본 기술과 예술》, 한국하이데거학회 편, 《하이데거의 철학세계》(서울: 철학과 현실사, 1997), 140(131-181).

53) "이 현존재는 때로는 비본래성의 삶 속에서 살 수도 있고, 때로는 본래성의 삶을 살 수도 있는 가능성 가운데 있는 존재이다. 그래서 일상성의 잡담에 빠져서 살 때도 있고, 때로는 새로운 결단을 통해 지금까지와는 전혀 다른 삶을 살아갈 수도 있는 존재가 바로 현존재이다. 이러한 현존재는 언제나 미래에 자신을 내던지면서 사는 존재이다. 그냥 현재에 매몰되어서 어떠한 미래도 과거의 기억도 없이 사는 존재가 아니라 관심과 기대를 가지고 살아가는 존재가 바로 본래적인 현존재의 모습이다. 이 현존재는 자신이 알고 있는 기존의 언어를 넘어서 새롭게 결단하며 새로운 주체로 살아간다"[서동은, 《하이데거와 가다머의 예술 이해》(서울: 누멘, 2009), 113f].

54) *Ibid.*, 49.

55) 쉐크너는 퍼포먼스를 행위의 재현과 반복으로 본다. "상징적이고 재귀적인 행위란 사회적·종교적·미학적·의학적·교육적 과정을 극장 안으로 끌어들여 고정시키는 것이다. 퍼포먼스란 것은 처음에는 아무것도 의미하지 않는다. 그것은 두 번째부터 여러 번에 걸쳐 무엇인가를 의미하기 시작한다. 퍼포먼스는 '거듭 행위되는 행위'(twice-behaved behavior)이다"(Richard Schechner, "Restoration of Behavior," 19). 쉐크너는 퍼포먼스를 극장 안에서 공연하는 것에 국한하는데, 이것은 퍼포먼스를 지나치게 협의적으로 정의한 것이다. 그런데 퍼포먼스는 이보다 넓은 영역을 가리킨다. "'공연'(performance)이란 넓게는 '인간에 의해 공적으로 조직된 일련의 유의미한 사회적 신체 행위들'을

겔이 행하는 것은 앞으로 일어날 일이기 때문이다.[56] 그런데 그것은 과거에 일어난 일을 재현하는 것이 아니고 아직 일어나지 않은 일, 앞으로 반드시 발생할 사건을 보여주는 것이다.[57] 그렇기 때문에 오히려 나중에 일어나는 사건이 에스겔이 보여준 예언행위의 재현이다.

앞으로 그들에게 일어날 일, 즉 그들이 앞으로 겪을 일은 매우 비극적이다. 이런 점에서 에스겔이 그의 적대적인 관객들과 공연(共演)한 그 공연(公演)의 내용은 정말로 섬뜩한 것이다. 섬뜩함은 익숙지 않은 것, 우리를 지극히 불편하게 하는 것에 대한 경험이다. 예술행위는 사람들로 하여금 낯설음을 경험하게 하는 기능을 할 때, 예술로서의 본질적인 의미를 갖는다. 그래서 하이데거는 예술의 존재의미는 사람들에게 일상성을 넘어서는 놀라움을 경험하게 하는 것이라고 말한다. 김동규는 하이데거의 말을 이렇게 정리한다.

> "하이데거에게 작품존재는 언제나 '섬뜩한 것'(das Ungeheuere)이다. 사람들은 '우선은 대개' 낯익은 존재자, 익숙한 질서만을 본다. 그런데 작품에서 일상의 고정관념을 깨뜨리는 새로운 사건이 일어난다. 그래서 고정관념에 사로잡힌 사람들 편에서 보면,

---

통틀어 지칭할 수 있으며, 일반적으로는 '인간의 신체 행위들 중에서 일정한 공적인 시간과 공간 속에서 청관중을 상대로 하여 의식적·의노적으로 행해지는 신체 행위'를 가리키는 용어로 규정할 수 있다. 가장 좁게는 '공연예술들, 곧 음악·무용·연극·이벤트들'을 가리키는 용어로 사용할 수 있다"[이기우·김익두·김월덕 편역, 《퍼포먼스 이론 II》(서울: 현대미학사, 2004), 254].

56) 이런 점에서 에스겔이 하는 행위예언을 고대사회에서 행하던 마술로 보는 사람들도 있지만 근본적으로 다르다(J. Lindblom, *Prophecy in Ancient Israel*, 172).

57) "퍼포먼스는 결코 미리 만들어진 것의 재생산이 아니라 항상 진짜 의미에서 생산적이라 하겠다"(David M. Levin, 《퍼포먼스가 실현하는 것》, 89). "퍼포먼스는 진실한 무엇인가를 만든다. 그것은 하나의 진실을 창조하여 바로 눈앞에서 일이 일어나게 하는 것이다"(91).

작품은 우선 '섬뜩한 것'의 '충격'으로 다가온다."[58]

예술이 섬뜩한 것이라고 하는 하이데거의 생각은 에스겔서를 읽는 데 매우 유용하다. 최상욱은 하이데거의 말을 이렇게 정리한다.

"예술의 존재 의미는 일상을 넘는 놀라움을 경험하는 데 있는 것이며, 공포스러운 것에 대한 감지 능력이야말로 예술적 경험의 최고 형식으로 파악되는 것이다."[59]

낯선 것에서 느끼는 섬뜩함과 공포스러움, 예술은 궁극적으로 이것을 의도한다. 그렇기 때문에 예술을 통해서 섬뜩함과 공포를 느끼는 것은 최고의 예술적 경험인 것이다.

그런데 당시 사람들은 과연 에스겔이 하는 공연을 보면서, 또 거기에 가담하면서 그 공연이 의도하는 예술적인 반응, 즉 낯선 것에 대한 놀라움이나 앞으로 닥칠 재난에 대한 섬뜩함을 느꼈을까? 에스겔은 느꼈겠지만 다른 사람들은 느끼지 못한 것으로 보인다. 그들은 에스겔이 하는 행위예술을 보고, 자신들도 거기에 가담하면서도 정작 예술적 경험을 하지 못한다. 이 얼마나 안타까운 일인가!

그리고 하나님이 에스겔로 하여금 그런 공연을 하도록 지시하신 까닭은 "내가 여호와인 줄을 그들이 알리라"는 '인지양식'(認知樣式)에서 명확하게 드러난다. 이 구절은 15절과 16절에 한 번씩 나온다. 그런데 15절과 16절의 상황이 다르다. 15절은 이스라엘이 흩어진 다음에야 하나님을 알게 될 것이라고 말한다. 심판의 상황에서 하나님을 알게

58) 김동규, 《하이데거의 사이-예술론》, 111.
59) 최상욱, 《하이데거에게서의 예술의 본질》, 한국하이데거학회 엮음, 《하이데거의 예술철학》, 하이데거 연구 제7집(서울: 철학과현실사, 2002), 254.

될 것이라는 말이다. 그리고 16절은 심판의 와중에서 살아남은 사람들이 이방인들 가운데서 자신들이 저지른 모든 가증한 행위들을 자백할 텐데, 그때에 그들이 하나님을 알게 될 것이라고 말한다. 15절은 이스라엘 백성들이 바벨론에 강제 이주당한 직후의 상황을 반영하고, 16절은 바벨론에서 거주한 지 어느 정도 시간이 흐른 상황을 반영하는 것으로 보인다.[60]

9) 마침 글

에스겔서 12장 1-16절을 통해서, 공연이라는 예술형식으로 하나님 말씀을 전하는 행위예언에 대해서 살펴보았다. 하나님은 완악한 이스라엘 백성들로 하여금 하나님이 누구인지를 분명히 알게 하기 위해서 에스겔로 하여금 그들에게 예언(豫言)하게 하시는데, 특이한 점은 공연을 통해서 예언하게 한다는 것이다.

그래서 에스겔은 그들에게 하나님 말씀을 들려주고 그들을 변화시키기 위해 그들을 공연에 참여케 해서 그들과 공연(共演)한다. 그런 방식을 택한 까닭은 에스겔이 공연하는 내용이 바로 그들 자신들의 현실적인 문제였기 때문이다. 그리고 여기서 우리가 기억해야 할 것은 에스겔이 공연을 하지만, 그것은 결코 재현이 아니고 앞으로 일어날 사건에 대한 선포이기에, 그 사건은 반드시 일어난다는 것이다.

이런 점에서 에스겔은 아방가르드, 즉 전위예술가이다. 그는 공연을 통한 예언으로 당시대 사람들에게 새로움을 보여줌으로써[61] 그

60) 본문의 기록과 후대의 첨가에 대해서는 Walter Zimmerli, *Ezekiel 1*, tr. Ronald E. Clements, *Ezekiel 1–A Commentary on the Book of the Prophet Ezekiel, Chapters 1–24* (Philadelphia: Fortress Press, 1979), 267f와 269를 보라.

시대정신에 강력하게 저항했다. 이렇듯 에스겔은 하나님이 일러 주신 대로 하나님 말씀을 행위예언이라는 공연을 통해서 선포함으로써, 예언과 공연이 밀접한 관련을 갖는다는 사실을 보여주었다.

무엇보다 에스겔은 신체적 공연이라는 행위예언을 통해 관객들로 하여금 진실을 대면하게 하고, 그들로 하여금 결단을 촉구하는데, 그들이 심판을 당하고 이방에 흩어진 다음에 하나님을 아는 새로운 삶을 살 것이라는 하나님 말씀을 전한다.

이렇듯 예술은 사람들에게 새로운 경험을 제공하고, 인간들은 구체적인 존재경험을 통해 인간이 된다.[62] 그렇기에 에스겔과 그 시대 사람들이 행한 공연은 우리가 사는 이 시대에도 의미를 갖는다.

> "만일, 작품 가운데서 존재자가 무엇이며 어떻게 존재하고 있는가에 대한 해명이 이루어지고 있다면, 작품에 입각해서 작품의 내부에는 진리의 일어남(Geschehen der Wahrheit)이 존재하고 있는 것이다.
>
> 예술작품 가운데 존재자의 진리가 자신을 정립하고 있다. 정립이란 이 경우 설립되는 것을 말한다. 어떤 존재자가, 즉 한 켤레의 촌 아낙네의 구두가 자신의 존재의 빛 가운데로 들어선 것이다. 존재자의 존재가 지속적인 자신의 밝힘 가운데로 나선다. 만일, 사태가 진정 이렇다고 하면, 예술의 본질은 존재자의 진리의 작품

---

61) 버나드 랭은 에스겔서 37장을 통해서, 에스겔이 이스라엘의 전통에 얽매이지 않고 조로아스터적인 요소를 창의적으로 받아들여서 새로운 모습을 보여주었다고 말한다[Bernhard Lang, "Street theater, Raising the Dead and the Zoroastrian Connection in Ezekiel's Prophecy," 298].

62) "언제나 매순간의 결단 속에서 자신의 존재를 드러내는 그러한 현존재이다. '예술작품의 근원'의 용어로 말하면 예술 혹은 예술작품을 통해 예술가가 되는 것처럼 그렇게 인간은 구체적인 존재경험을 통해 인간이 된다"(서동은, 《하이데거와 가다머의 예술 이해》, 97).

가운데에로의 자기정립(das Sich-ins-We가-Setzen-der Wahrheit des Seienden)이다."[63]

63) Martin Heidegger, "*Der Ursprung des Kunstwerkes*", 오병남·민형원 공역, "예술작품의 근원에 대하여," 《예술작품의 근원》(서울: 도서출판 경문사, 1990), 102.

■ 참고문헌

김동규, 《하이데거의 사이-예술론》, 서울: 도서출판 그린비, 2009.

김의선, 《퍼포먼스 이론에 비추어 본 예언자의 상징행위》(에스겔서를 중심으로), 미간행석사학위논문, 협성대학교 일반대학원 신학과 구약학 전공, 2005.

노명우, 《아방가르드》, 서울: 책세상, 2008.

박상선, 《아방가르드와 숭고: 리오타르의 철학》, 원주: 도서출판 흙과 생기, 2005.

박정자, 《빈센트의 구두 - 하이데거, 사르트르, 푸코, 데리다의 그림으로 철학 읽기》, 서울: 도서출판 기파랑, 2005, 2006.

서동은, 《하이데거와 가다머의 예술 이해》, 서울: 누멘, 2009.

여한구, 《이스라엘 예언자들의 상징 행위》, 서울: 도서출판 기쁜날, 2001.

이기상, 《존재진리의 발생사건에서 본 기술과 예술》, 한국하이데거학회 편, 《하이데거의 철학세계》, 서울: 철학과 현실사, 1997.

이기우 · 김익두 · 김월덕 편역, 《퍼포먼스 이론 II》, 서울: 현대미학사, 2004.

최상욱, 《하이데거에게서의 예술의 본질》, 한국하이데거학회 엮음, 《하이데거의 예술철학》, 하이데거 연구 제7집, 서울: 철학과현실사, 2002.

Bishop C. ed., *Participation*, Documents of Contemporalry Art., Cambridge: The MIT Press, 2006.

Block Daniel I., *The Book of Ezekiel Chapters 1-24.* NICOT., Grand Rapids: William B. Eerdmans Publishing Co., 1997.

Bourriaud N., *Esthétique relationnelle*, tr. Simon Pleasance & Fronza Woods, Relational Aesthetics, Les presses du réel, 2002.

Carlson M., *Performance-A Critical Introduction*, New York: Routledge, 1996, 2004.

Kelvin G., Friebel, *Jeremiah's and Ezekiel's Sign-Acts*, JSOTS 284., Sheffield: Sheffield Academic Press, 1999.

Heidegger M., "*Der Ursprung des Kunstwerkes*", 오병남·민형원 공역, "예술작품의 근원에 대하여", 《예술작품의 근원》, 서울: 도서출판 경문사, 1990.

Joyce Paul M., *Ezekiel-A Commentary*, New York: T & T Clark, 2007.

Kester Grant H., *Conversation Pieces-Community+Communication in Modern Art*, Berkeley: University of California Press, 2004.

Lang Bernhard, "Street theater. Raising the Dead and the Zoroastrian Connection in Ezekiel' s Prophecy," ed. J. Lust, *Ezekiel and His Book-Textual and Literary Criticism and their Interpretation*, Leuven: Leuven University Press, 1986.

Leeuw Gerardus van der., 윤이흠 역, 《종교와 예술-성과 미의 경계에 대한 현상학적 이해》, 서울: 설화당, 1988, 1994.

Levin David M., 《퍼포먼스가 실현하는 것》, 심우성 편역, 《신체의 미학》, 서울: 현대미학사, 1997.

Lindblom J., *Prophecy in Ancient Israel*, Philadelphia: Fortress Press, 1962, 1976.

Schechner Richard, "*Restoration of Behavior*", 이기우 · 김익두 · 김월덕 편역, 《퍼포먼스 이론 I》, 서울: 현대미학사, 2001.

Richard Schechner and Mady Schuman ed., *Ritual. Play. and Performance- Readings in the Social Sciences/Theatre*, New York: The Seabury Press, 1976.

Stacy W. D., *Prophetic Drama in the Old Testament*, London: Epworth Press, 1990.

Tuell Steven S., *Ezekiel*, New International Biblical Commentary, Peabody: Hendrickson Publishers Inc., 2009.

Turner Victor, *From Ritual to Theatre: The Human Seriousness of Play*, 이기우 · 김익두 옮김, 《제의에서 연극으로-인간이 지니는 놀이의 진지성》, 서울: 현내미힉사, 1996.

Zimmerli Walter, *Ezekiel 1*, tr. Ronald E. Clements, *Ezekiel 1-A Commentary on the Book of the Prophet Ezekiel. Chapters 1-24.*, Philadelphia: Fortress Press. 1979.

6. 예언과 공포극

1) 시작 글

"적어도 니체에 의하면 삶은 끊임없는 변화와 생성의 세계이기에, 그것을 고정된 틀인 이데아에 담는 것이야말로 바로 삶에 대한 부정이며, 이런 면에서 플라톤적 진리의 본질은 엄밀히 말해 삶을 거세하여 가능해진 오류에 불과하다는 것이다. 반면에 예술은 끊임없이 변하는 감성적 세계를 도식화시키지 않고, 있는 그대로 상황과 시각에 따라 표현하는 것이기에, 예술이야말로 바로 삶을 삶의 모습대로 표현하는 진리일 수 있다는 것이다. 따라서 니체에 이르면 예술은 더 이상 감성적 아름다움을 표현 혹은 재현하는 데 그치는 것이 아니라 오히려 진리를 다루는 학문으로 변하게 되는 것이다. 즉 예술의 관심과 목표는 더 이상 단순한 아름다움의 전달이 아니라, 존재 일반을 다루는 존재론적 진리로 나타나게 되는 것이며, 바로 이 점이-비록 하이데거의 니체 비판에도 불구하고-하이데거의 예술론에 끼친 니체의 지대한 영향이라고 볼 수 있다."1)

이 글을 보면서 떠오르는 생각은, 이러한 삶의 이해와 예술에 대한

---

1) 최상욱, 《하이데거에게서의 예술의 본질》, 한국하이데거학회 엮음, 《하이데거의 예술철학》, 하이데거 연구 제7집(서울: 철학과현실사, 2002), 251(244-274).

이해가 구약성서에 나타나는 히브리적 사유와 매우 상통하다는 것과 이러한 이해를 통해서 구약성서 예언서, 특히 신 체험에 관한 본문을 읽으면 어떨까 하는 것이었다. 신을 경험한다는 것은 과연 무엇일까? 그리고 그것은 구체적으로 어떤 경험일까? 구약성서를 보면, 고대 이스라엘의 예언자들은 신을 만나는 경험을 한 후에 예언활동을 시작한다. 예언자들은 신적 경험을 통해서 신이 자신을 예언자로 부르셨음을 깨닫는다. 그래서 예언자들이 신을 만나는 것은 그들과 이스라엘의 삶에서 매우 중요한 의미를 갖는다.

예언서들은 예언자들의 신 경험에 대한 기록을 대체로 맨 앞부분, 즉 서두에 배치하는데 그것을 꼼꼼하게 읽어 보면 예언자들의 신(神) 경험(經驗)이 매우 다양하다는 것을 알 수 있다. 다른 예언자들도 그랬겠지만, 에스겔도 신 경험을 통해서 자신이 예언자로 부름 받았다는 것을 깨닫는다.

그런데 예언자들이 하는 신 체험은 예언자들에게 짐을 지우는 일이기도 한다. 그 까닭은 예언자들의 신 체험이 결코 마음 편한 일이 아니기 때문이다. 에스겔서를 보면, 에스겔은 놀라운 신적 환상을 보는데 그는 그것을 결코 신기로워하거나 흥미로워하지 않는다. 오히려 그는 두려워한다. 에스겔이 두려워한 까닭은 그가 경험하는 신적 환상 자체가 무섭기 때문이다.[2)]

그런데 그 무시무시한 신적 환상 경험이 공연 형식을 통해 이루어지기 때문에 그것을 '공포극'(恐怖劇)이라고 이름 붙일 만하다. 이 논문은 에스겔서 1장 15-21절을 중심으로 신적 환상 경험에서 발생하는 두려움에 대한 연구를 목적으로 한다. 이 연구를 위해 하이데거를 비롯한

---

2) 신 경험은 경이롭고 공포스럽다[Steven Tuell, *Ezekiel*, NIBC, (Peabody: Hendrickson Publishers, Inc., 2009), 12.]

철학자들의 예술론을 참고할 것이다.

2) 본문 읽기

먼저 우리가 연구하려는 본문을 읽어 보자. 개역개정판을 읽으면서, 일반적인 설명은 각주에서 하기로 하고, 논의가 필요한 부분은 따로 다루겠다.

겔 1:15-21 내가 그 생물들을 보니 그 생물들 곁에 있는 땅 위에는 바퀴[3])가 있는데[4]) 그 네 얼굴을 따라 하나씩 있고 그 바퀴의 모양과 그 구조는 황옥같이 보이는데[5]) 그 넷은 똑같은 모양을 가지고 있으며 그들의 모양과 구조는 바퀴 안에 바퀴가 있는 것 같으며[6]) 그들이 갈 때에는

---

3) 바퀴는 이동성의 상징이다[Paul M. Joyce, *Ezekiel–A Commentary* (New York: T & T Clark, 2007), 71].

4) 24절과 25절은 "그 생물이 설 때에 그 날개를 내렸더라"고 하는데, 땅 위에 바퀴가 있다는 것은 생물이 서 있다는 것을 의미한다[Moshe Greenberg, *Ezekiel 1–20*. AB. (Garden City, New York: Doubleday & Company, Inc., 1983), 46]. 19절과 21절도 "땅에서 들릴 때에"라고 함으로써, 생물이 땅 위에 머물렀음을 알려 준다. 알렌은 '생물+바퀴'가 하늘을 날기도 하고 땅 위를 달리기도 했다고 생각한다[Leslie C. Allen, *Ezekiel 1–19*. WBC. (Dallas, Texas: Word Books, Publisher, 1994), 33]. 그런데 생물들과 바퀴들이 일사분란하게 움직이는 것은 사실이지만 그렇다고 그것들이 하나로 연결된 것은 아니기 때문에, 하늘을 날 때는 생물의 날개를, 땅 위를 움직일 때는 바퀴를 사용했다는 것은 받아들이기 어렵다.

5) 히브리어로 '케엔'이다. '케엔' 형태(전치사 '케'+명사 '엔')는 구약성서에 모두 아홉 번 나오는데, 민수기와 다니엘서에 각각 한 번씩 나오고, 에스겔서에 일곱 번 나오는데, 에스겔서 1장에 다섯 번 나온다. 에스겔서 1장은 어떤 모습을 묘사할 때 '마르에'와 '데무트' 외에 '엔'을 사용한다.

6) 바퀴 안에 바퀴가 있는 모양이 어떤 형태인지 알기 어려운데, 그린버그는 이 구절을 이렇게 번역한다. "their appearance and their design were as if one wheel were inside the other wheel." 하지만 이렇게 번역해도 네 개의 바퀴가 각각 다른 바퀴 안에 들어 있다는 것인지, 아니면 한 바퀴 안에 다른 바퀴가 있다는 것인지 알기 어렵다. 짐머리는 바퀴가 동심원을 그리는데, 안쪽은 두꺼운데 바깥쪽으로 갈수록 얇아지는 형태였을 것으로 추정한다[Walther Zimmerli

사방으로 향한 대로 돌이키지 아니하고 가며 a그 둘레[7]는 높고 무서우며a[8] 그 네 둘레[9]로 돌아가면서 눈이 가득하며 그 생물들이 갈 때에 바퀴들도 그 곁에서 가고 그 생물들이 땅에서 들릴 때에 바퀴들도 들려서 영[10]이 어떤 쪽으로 가면 생물들도 b영이 가려 하는 곳으로 b[11] 가고 바퀴들도 그 곁에서 들리니 이는 생물[12]의 영이 그 바퀴들 가운데에 있음이니라 그들이 가면 이들도 가고 그들이 서면 이들도 서고 그들이 땅에서 들릴 때에는 이들도 그 곁에서 들리니 이는 생물의 영이 그 바퀴들 가운데에 있음이더라[13]

본문은 에스겔서 1장, 즉 에스겔이 묘사하는 '신적 환상' 기록에서 가운데에 위치한다. 에스겔서 1장은 서문(1-3절), 네 생물환상(4-14절), 바퀴환상(15-21절), 보좌환상(22-28절)으로 나뉘는데, 바퀴환상이 1장의 중심부를 차지한다.

여기서 우리가 주목할 것들은 먼저, 생물은 여성형을 사용하고 바퀴는 남성형을 사용한다는 것이다.[14] 그리고 생물에 대해서 복수형과

Ezekiel I, tr. Ronald E. Clements, *Ezekiel 1–A Commentary on the Book of the Prophet Ezekiel, Chapters 1–24*. Hermeneia (Philadelphia: Fortress Press, 1979), 129]. 브라운리는 '바퀴 안에 바퀴'라는 것이 바퀴의 구조보다는 그 기능을 의미하는 것이라고 생각한다[William H. Brownlee, *Ezekiel 1–19*. WBC. (Waco, Texas: Word Books, Publisher, 1986), 12].

7) 직역하면, '그것들의 둘레들'이다.

8) a–a를 칠십인역은 '기이 에이돈' 즉 '내가 그것들을 보았다'로 번역한다. 그리고 시리아역 페쉬타는 '그것들이 보고 있었다'로 번역한다. BHS는 이 구절이 훼손된 것으로 보고, '웨일르아 라헴'을 '와에르에 웨힌네 갑보트 라헴'으로 수정할 것을 제안한다.

9) 네 바퀴들의 둘레를 모두 눈으로 가득 채웠다는 의미이다.

10) 히브리어 '루아흐'를 '영'으로 번역했다.

11) 중복이라고 생각했는지, 칠십인역과 시리아역에서는 이 구절을 삭제했다.

12) 앞에서는 복수형(생물들)을 사용했는데, 20절, 21절 그리고 ??절에서는 단수형(생물)을 사용한다.

13) 이것은 아무도 하나님을 막을 수 없고, 하나님은 가려는 곳이 어디든 가실 수 있다는 것을 상징적으로 보여준다[Douglas Stuart, Douglas Stuart, *Ezekiel*, The Communicator's Commentary (Dallas, Texas: Word Books, Publisher, 1989), 34].

단수형을 다 사용하는데, 뒷부분에서 단수형을 사용하는 까닭은 생물과 바퀴가 연결되어 있지는 않지만 혼연일체(渾然一體)[15]가 되어 일사분란(一絲不亂)[16]하게 움직이기 때문일 것이다.[17]

그런데 이렇게 일사분란하게 움직이게 하는 것이 바로 '영'(히브리어로 '루아흐')이다.[18] 그런데 에스겔서 1장이 다른 것들은 다 자세히 묘사하면서 영에 대해서는 전혀 묘사하지 않기 때문에 영이 과연 무엇인지 궁금해진다. '영'이 도대체 무엇일까? 영은 12절부터 나오는데, 20절은 영이 바퀴 안에 있다고 한다. 그러니까 모두 세 가지가 있는 것이다. 첫째는 생물들이고, 둘째는 바퀴들이고, 셋째는 영이다. 여기서 주도적인 것이 영이기 때문에, 영이 움직이면 생물도 움직이고, 생물이 움직이면 바퀴도 움직인다.

그런데 문제는 영이 바퀴 안에 있다는 것이다. 그렇다면 바퀴가 넷이기 때문에 영도 하나가 아니고 넷이어야 한다. 이럴 경우 영이 움직이면 바퀴가 움직이고 생물이 거기에 따라야 하는데, 본문은 '영→생물→바퀴' 순으로 움직인다고 말하기 때문에, 우리는 도대체 이 세 가지가 어떻게 작동하는지 알 수 없다. 그리고 20절과 21절은 '생물의 영'(루아흐 하하이야)이라고 하는데, '영'과 '생물의 영'이 동일한 것인지 아니면 다른 것인지 분간하기 어렵다. 그리고 생물과 바퀴는 일사

---

14) Zimmerli, 앞의 책, 129.

15) 국어사전은 혼연일체를 '생각, 행동, 의지 따위가 완전히 하나가 됨'으로 풀이한다.

16) 국어사전은 일사불란을 '한 오리 실도 엉키지 아니함이란 뜻으로, 질서가 정연하여 조금도 흐트러지지 아니함을 이르는 말'로 풀이한다.

17) Moshe Greenberg, 앞의 책, 48.

18) Zimmerli, 앞의 책, 130. '영'은 다른 예언서들보다 에스겔서에서 중요한 역할을 한다. 그래서 에스겔은 '영의 예언자'로 불린다[D. I. Block, *The Book of Ezekiel Chapters 1-24*. NICOT. (Grand Rapids: William B. Eerdmans Publishing Company, 1997), 101]. 여기에 대해 더 자세한 것은 D. I. Block, "The Prophet of the Spirit: The Use of rwḥ in the Book of Ezekiel," *JETS 32* (1989), 27-49를 보라.

불란하게 움직이기는 하지만 그렇다고 동체(同體)는 아닌데, 어떻게 생물의 영이 생물이 아닌 바퀴 안에 있는 것인지 이해하기 어렵다. 이것을 잘 알아야 12절과 20절을 제대로 이해할 수 있다.[19] 에스겔서 1장에서 영은 4절에 처음 나왔다. 4절과 5절을 읽어 보자.

겔 1:4-5 내가 보니 북쪽[20]에서부터 폭풍과 큰 구름이 오는데 그 속에서 불이 번쩍번쩍하여[21] 빛이 그 사방에 비치며 그 불 가운데 단 쇠[22] 같은 것이 나타나 보이고 그 속에서 네 생물의 형상이 나타나는데 그들의 모양이 이러하니 그들에게 사람의 형상이 있더라[23]

'폭풍'은 히브리어로 '루아흐 세아라'이다. 에스겔이 맨 먼저 본 것은 폭풍과 구름이다. 아마도 시커먼 구름이 밀려오면서 바람이 거세게 불었을 것이다.[24] 에스겔이 그다음에 본 것은 구름 속 불이다. 그리고 불 가운데 단 쇠 같은 것[25]을 본다. 그다음에는 단 쇠 같은 것 속에 있는 네 생물의 형상을 보고, 그것이 사람 모양[26]이라는 것을 알아챈

---

19) Joyce, 앞의 책, 71.

20) 우가리트 신화에 의하면, 바알 신과 그의 배우자인 아낫 신이 북부 시리아에 위치한 '차폰 산'에 거주하는데, 그래서 차폰은 히브리어에서 북쪽이라는 의미를 갖게 되었다. 성서에서 북쪽은 때때로 초월적인 것과 연결된다(Joyce, 68). 그러나 블록은 이런 신화적인 해석을 받아들이지 않는데, 야훼가 차폰에 거주하는 것도 아니고, 원하는 곳으로 자유롭게 이동하시는 분이라는 이유를 든다(D. I. Block, *The Book of Ezekiel Chapters 1-24*, 92).

21) 이런 표현은 시내 산 신 현현 기록(출 19:16-19)을 반영한다(Joyce, 68).

22) 이것은 히브리어로 '하쉬말'인데, 이 단어는 두려움과 황홀함을 동시에 담고 있다. 그래서 한편으로는 매력적이면서 다른 한편으로 매우 위험스러운 이미지를 갖는다(Joyce, 69).

23) 여기서부터 묘사하는 것은 구약성서 다른 곳에는 나오지 않고, 현대 독자들에게는 생소하기 때문에 괴상하게 생각하겠지만, 에스겔 당시의 문화에서는 아주 낯선 것은 아니었다(D. I. Block, *The Book of Ezekiel Chapters 1-24*, 96).

24) 신 현현을 구름폭풍으로 묘사하는 것은 출애굽기 19f, 사사기 5장 4f, 시편 68편 8f, 신명기 33장 2절에 나온다(Zimmerli, 앞의 책, 119).

25) 단 쇠가 아니고, 그렇게 부인다는 것이다.

다. 그러니까 바람이 구름과 그 안에 든 것들을 모두 몰고 온 것이다. 생물들과 바퀴들을 에스겔이 있는 곳으로 이끌고 온 것이 바람이기 때문에, 생물들과 바퀴들은 바람이 이끄는 대로 움직인다고 보아야 할 것이다. 그렇다면 12절과 20절 그리고 21절에 나오는 '영', 즉 '루아흐'도 그 바람일 가능성이 크다.[27)]

그리고 '생물의 영'은 히브리어로 '루아흐 하하이야'인데, 창세기 1장과 2장을 보면, '네페쉬 하이야'(또는 네페쉬 하하이야)라는 말이 나온다.

창 1:20-21 하나님이 가라사대 물들은 생물(네페쉬 하이야)로 번성케 하라 땅 위 하늘의 궁창에는 새가 날으라 하시고 하나님이 큰 물고기와 물에서 번성하여 움직이는 모든 생물(네페쉬 하하이야)을 그 종류대로, 날개 있는 모든 새를 그 종류대로 창조하시니 하나님의 보시기에 좋았더라

창 1:24 하나님이 가라사대 땅은 생물(네페쉬 하이야)을 그 종류대로 내되 육축과 기는 것과 땅의 짐승을 종류대로 내라 하시고 (그대로 되니라)

창 2:7 여호와 하나님이 흙으로 사람을 지으시고 생기를 그 코에 불어넣으시니 사람이 생령(네페쉬 하이야)이 된지라

창 2:19 여호와 하나님이 흙으로 각종 들짐승과 공중의 각종 새를 지으시고 아담이 어떻게 이름을 짓나 보시려고 그것들을 그에게로 이끌어 이르시니 아담이 각 생물(네페쉬 하이야)을 일컫는 바가 곧 그 이름이라

여기서 보는 대로, 네페쉬 하이야(또는 네페쉬 하하이야)는 살아 움직이는 것, 즉 '생명체'(生命體)를 가리킨다. 창세기 2장 7절에 나오는 '생령'도 흔히 잘못 아는 것처럼 '살아 있는 영(적 존재)'가 아니고, '생명체'

---

26) 실제 사람이 아니고, 생긴 모습이 사람 같다는 의미이다.
27) Brownlee, 앞의 책, 13.

이다. 그리고 '생령'(生靈)이라는 말도 국어사전은 '살아 있는 넋이라는 뜻으로 생명을 이르는 말'로 풀이하고, 생민(生民)과 같은 말이라고 일러 준다. 그렇기 때문에 여기에 근거해서 인간을 영적 존재라고 하는 것은 옳지 않다.

이런 사실들에 비추어 보면, '루아흐 하하이야'를 '생물의 영'으로 번역하는 것은 적합하지 않아 보인다. 오히려 생명체 자체 또는 생물을 움직이게 하는 힘을 가리키는 것으로 이해하는 것이 낫겠다.[28] 그렇다면 바퀴도 그냥 기계 같은 것이 아니고 생명력이 있어서 움직이는 생명체 같은 것이다.[29] 따라서 '영'으로 번역한 '루아흐'와 '생물의 영'으로 번역한 '루아흐 하하이야'는 동일한 것이 아니고, '영'은 거센 바람을 가리키고 '생물의 영'은 생명력을 의미하는 것으로 보아야 한다.

그리고 본문 비평상 문제가 되는 부분은 18절이다. 각주에서 밝힌 대로 고대 사본들도 수정할 것을 제안하고 BHS 편집자들도 수정을 권하지만, 여러 가지를 고려했을 때 현행 마소라 본문이 적합하다고 생각한다. 그것은 두 가지 이유를 들 수 있는데, 그 첫째 이유는 우선 앞뒤 구절들이 묘사하는 것들이 결코 일상적이지 않기 때문이다. 특히 18절을 보면 바퀴 둘레에 눈이 가득하다고 했는데, 이것은 상당히 두려움을 주었을 것이 분명하다. 그리고 둘째 이유는, 22절과 연결해서 보면 그 두려움이 더욱 두드러지기 때문이다.

겔 1:22 그 생물의 머리 위에는 수정 같은 궁창의 형상이 있어 보기에 두려운데 그들의 머리 위에 펼쳐져 있고

---

28) D. I. Block, *The Book of Ezekiel Chapters 1–24*, 101.

29) Brownlee, 앞의 책, 13. 후기 유대교에서는 바퀴를 천사로 여겼는데, 이것은 바퀴를 사물로 여기지 않고 어떤 생명체로 여겼음을 보여준다(Zimmerli, 앞의 책, 129). 바퀴환상 전승과 수용에 대해서는 별개 논문으로 다룰 것이다.

여기서 '보기에 두려운데'로 번역한 것은 히브리어로 '케엔 학케라흐 한노라'이다. '케엔'은 16절에도 나온다. '케라흐'는 '서리'나 '얼음'이다. '케라흐'는 구약성서에 모두 일곱 번 나온다.

창 31:40 내가 이와 같이 낮에는 더위를 무릅쓰고 밤에는 추위(케라흐)를 당하며 눈 붙일 겨를도 없이 지내었나이다
욥 6:16 얼음(케라흐)이 녹으면 물이 검어지며 눈이 그 속에 감취었을지라도
욥 37:10 하나님의 부시는 기운에 얼음(케라흐)이 얼고 물의 넓이가 줄어지느니라
욥 38:29 얼음(케라흐)은 뉘 태에서 났느냐 공중의 서리는 누가 낳았느냐

시 147:17 우박(케라흐)을 떡 부스러기같이 뿌리시나니 누가 능히 그 추위를 감당하리요
렘 36:30 그러므로 나 여호와가 유다 왕 여호야김에 대하여 이같이 말하노라 그에게 다윗의 위에 앉을 자가 없게 될 것이요 그 시체는 버림을 입어서 낮에는 더위, 밤에는 추위(케라흐)를 당하리라

여기서 보는 대로 케라흐는 서리나 얼음을 가리키는데, 경우에 따라서 우박으로 번역하기도 하고 당연히 추위로 이어진다. 창세기 31장 40절과 예레미야 36장 30절은 '낮에는 더위, 밤에는 추위'라는 관용구를 보여준다. 그리고 '노라'는 '두려워하다'라는 의미를 갖는 '야레'의 수동태(닢알형) 분사인데, '학케라흐 한노라'를 직역하면 '두려움의 얼음'이다. 이것을 풀이하면 '두려워서 얼어붙었다'는 의미일 것이다. 독자들은 이 구절을 읽으면서, 몸에 공포가 차가운 얼음처럼 스치고 지나가는 것을 느낄 것이다. 그래서 18절을 마소라 텍스트를 따라서 '보기에 두렵다'로 번역하는 것이 가장 적합할 것으로 생각한다.

3) 계시와 공연

예언서는 대체로 신이 어떤 사람에게 자신을 계시(啓示)하는 것으로 시작한다. 그런데 에스겔서는 다른 예언서들에 비해 독특한 모습을 보인다.[30] 이것을 확인하기 위해 대예언서 서문들을 비교해 보겠다(개역개정판).

이사야서	예레미야서	에스겔서
"유다 왕 웃시야와 요담과 아하스와 히스기야 시대에 아모스의 아들 이사야가 유다와 예루살렘에 관하여 본 계시[31]라 하늘이여 들으라 땅이여 귀를 기울이라 여호와께서 말씀하시기를 내가 자식을 양육하였거늘 그들이 나를 거역하였도다 소는 그 임자를 알고 나귀는 그 주인의 구유를 알건마는 이스라엘은 알지 못하고 나의 백성은 깨닫지 못하는도다 하셨도다"(사 1:1-3).	"베냐민 땅 아나돗의 제사장들 중 힐기야의 아들 예레미야의 말[32]이라 아몬의 아들 유다 왕 요시야가 다스린 지 십삼 년에 여호와의 말씀[33]이 예레미야에게 임하였고 요시야의 아들 유다의 왕 여호야김 시대부터 요시야의 아들 유다의 왕 시드기야의 십일 년 말까지 곧 오월에 예루살렘이 사로잡혀 가기까지 임하니라 여호와의 말씀이 내게 임하니라 이르시되 내가 너를 모태에 짓기 전에 너를 알았고 네가 배에서 나오기 전에 너를 성별하였고 너를 여러 나라의 선지자로 세웠노라 하시기로"(렘 1:1-5).	"서른째 해 넷째 달 초닷새에 내가 그발 강가 사로잡힌 자 중에 있을 때에 하늘이 열리며 하나님의 모습이 내게 보이니 여호야긴 왕이 사로잡힌 지 오 년 그 달 초닷새라 갈대아 땅 그발 강가에서 여호와의 말씀이 부시의 아들 제사장 나 에스겔에게 특별히 임하고 여호와의 권능이 내 위에 있으니라 내가 보니 북쪽에서부터[34] 폭풍과 큰 구름이 오는데 그 속에서 불이 번쩍번쩍하여 빛이 그 사방에 비치며 그 불 가운데 단 쇠 같은 것이 나타나 보이고 그 속에서 네 생물의 형상이 나타나는데 그들의 모양이 이러하니 그들에게 사람의 형상이 있더라"(겔 1:1-5).

30) 에스겔서, 요나서, 학개서 그리고 스가랴서가 일반적인 예언서 서문과는 다른 방식을 택한다[John N. Oswalt, *The Book of Isaiah Chapter 1-39*, NICOT. (Grand Rapids, Michigan: William B. Eerdmans Publishing Company, 1986), 81].

31) 히브리어로 '하존'인데, 이것은 '환상'을 가리키지만, 환상 자체보다는 환상에 대한 기록이나 환상과는 직접적인 관계가 없는 어떤 계시나 예언적 담화를 가리키기도 한다[George Buchanan Gray, *The International Critical Commentary*

각 예언서는 다양한 형태로 시작하지만, 대체로 "웃시야와 요담과 아하스와 히스기야가 이어 유다 왕이 된 시대 곧 요아스의 아들 여로보암이 이스라엘 왕이 된 시대에 브에리의 아들 호세아에게 임한 여호와의 말씀이라"(호 1:1)는 형태로 시작한다.[35] 그런데 이사야서가 "이사야가 유다와 예루살렘에 관하여 본 계시라"고 한 것은 조금 색다르다.[36] 이사야가 하나님 말씀을 구두로 전한다는 점에서는 일반적인 예언서 형식을 따른다. 이것은 예레미야서도 마찬가지이다.

이사야서와 예레미야서는 이사야와 예레미야가 언제 예언자로 부름 받았는지를 밝힌 다음, 하나님이 그들에게 하시는 말씀을 기록한다. 그런데 에스겔서는 그가 목격하는 사건을 기록하는 것으로 시작한다. 물론 "여호와의 말씀이 부시의 아들 제사장 나 에스겔에게 특별히

---

on the Book of Isaiah Vol. I–Introduction, and Commentary on I–XXVII (Edinburgh: T & T Clark Ltd., 1912, 1980), 1f]. 여기서는 환상(체험)에 대해 언급하지 않고, 이사야가 곧바로 하나님 말씀을 선포하기 때문에 '계시'로 번역하는 것이 타당하다고 생각한다.

32) '예레미야의 말'이라는 형태는 예언서에서 그리 흔치 않은데, 여기 외에 아모스서 1장 1절이 '아모스의 말'이라고 한다[Robert P. Carroll, *The Book of Jeremiah–A Commentary* (Philadelphia: The Westminster Press, 1986), 89].

33) 1절은 "예레미야의 말"이라고 하는데, 2절은 "여호와의 말씀이 예레미야에게" 임했다고 하기 때문에 이 둘이 어울리지 않는다고 생각해서인지 LXX은 1절을 '토 레마 투 쎄우, 호 에게네토 에피 예레미안'(The word of God which came to Jeremiah)로 번역했다[J. A. Thompson, *The Book of Jeremiah*, NICOT.(Grand Rapids, Michigan: William B. Eerdmans Publishing Company, 1980), 139. 각주 1].

34) 폭풍과 구름이 북쪽에서 온다는 것은 이것이 신적인 것임을 보여준다. 시편 48편 2절이나 이사야서 14장 13절을 보면, 하나님의 거처가 북쪽에 있다 하기 때문이다(Stuart, 앞의 책, 31).

35) 호세아서, 요엘서, 미가서, 스바냐서가 이렇게 시작한다[William L. Holladay, *A Commentary on the Book of the Prophet Jeremiah Chapters 1–25*, Hermeneia–A Critical and Historical Commentary on the Bible (Philadelphia: Fortress Press, 1986), 14].

36) John H. Hayes and Stuart A. Irvine, *Isaiah–The Eight Century Prophet: His Times and His Preaching* (Nashville: Abingdon Press, 1987), 67.

임"했다고 하지만, 에스겔서는 하나님이 에스겔에게 하신 말씀이 무엇인지를 밝히는 대신 그가 본 환상체험에 대한 묘사, 즉 하늘이 열리고[37] 하나님 모습을 본 것을 상세하게 기록하는 것으로 시작한다. 그래서 에스겔은 "내가 보니"라고 한다. 에스겔서 1장은 보는 것에서 듣는 것으로 나아간다.[38] 그래서 스튜어트는 에스겔서를 이렇게 평가한다.

> "에스겔의 예언은 환상들로 가득하다. 구약성서의 다른 어떤 책도 하나님이 사람들에게 보여주시는 생생한 장면들을 이렇게 많이 담고 있지 않다. 구약성서의 예언서 16권 가운데 대다수가 환상보고를 담고 있지 않기 때문에, 에스겔서는 그런 의미에서 이례적인 책이다."[39]

에스겔서는 시각적인 문학의 대표적인 예이다.[40] 에스겔이 보는 것은 '하나님의 모습'인데, 이것은 히브리어로 '마르오트 엘로힘'이다. 그런데 그것을 하나님이 의도적으로 보여주신다는 점에서 하나님은 마치 연출가와 같다는 인상을 받는다. 그리고 그다음에 이어지는 것들을 살펴보면, 그것이 일종의 공연(公演)이라는 것을 알 수 있다. 그래서 에스겔의 신적 경험은 하나님이 보여주시는 공연을 통해서 이루어

37) '하늘이 열렸다'는 것은 독특한 표현이다. 이것은 어떤 새로운 실체가 에스겔의 삶을 강력하게 꿰뚫고 들어온 것을 가리키는데, 그때까지는 하늘이 굳게 닫혀서 에스겔이 하는 모든 기도와 소망이 허공을 치는 듯했음을 뜻한다 [Walther Eichrodt, *Der Prophet Hesekiel*, tr. Cosslett Quin, *Ezekiel–A Commentary*, OTL. (London: SCM Press Ltd., 1970), 54].

38) Ronald M. Hals, *Ezekiel*, FOTL. (Grand Rapids, Michigan: William B. Eerdmans Publishing Company, 1989), 15.

39) Stuart, 앞의 책, 27.

40) *Ibid.*, 28.

진다. 에스겔서 1장은 하나님이 에스겔을 관객으로 삼고 벌이시는 연극이다. 이와 비슷한 것이 다니엘서 8장에도 나온다.[41)]

그런데 다니엘서 8장이 보여주는 장면, 즉 숫양과 숫염소가 엮어가는 동물극이 동물들에 대한 이야기가 아니라 인간들에 대한 우화라고 한다면 에스겔서는 실제극이다.

하나님이 다른 예언자들에게도 나타나셨기 때문에 그들이 모두 신의 출현을 경험했겠지만, 에스겔서는 그것을 매우 극적으로 표현한다. 신 경험을 독특한 사건으로 묘사하는 것이다.

> "전적인 새로운 신의 출현은 이해를 통해서가 아니라 신 스스로의 하나의 사건을 통해 현현하게 되는 것이며, 이러한 신에 상응하여 존재와 시간은 비로소 그 의미를 가질 수 있게 되기 때문이다. 따라서 새로운 신은 오히려 스스로 시간이 당도하도록 하고 존재의 현전성을 보내는, 그러한 사건으로 가능한 것이다."[42)]

---

41) "나 다니엘에게 처음에 나타난 이상 후 벨사살 왕 삼 년에 다시 이상이 나타나니라 내가 이상을 보았는데 내가 그것을 볼 때에 내 몸은 엘람도 수산 성에 있었고 내가 이상을 보기는 을래 강변에서니라 내가 눈을 들어 본즉 강가에 두 뿔 가진 숫양이 섰는데 그 두 뿔이 다 길어도 한 뿔은 다른 뿔보다도 길었고 그 긴 것은 나중에 난 것이더라 내가 본즉 그 숫양이 서와 북과 남을 향하여 받으나 그것을 당할 짐승이 하나도 없고 그 손에서 능히 구할 이가 절대로 없으므로 그것이 임의로 행하고 스스로 강대하더라 내가 생각할 때에 한 숫염소가 서편에서부터 와서 온 지면에 두루 다니되 땅에 닿지 아니하며 그 염소 두 눈 사이에는 현저한 뿔이 있더라 그것이 두 뿔 가진 숫양 곧 내가 본 바 강가에 섰던 양에게로 나아가되 분노한 힘으로 그것에게로 달려가더니 내가 본즉 그것이 숫양에게로 가까이 나아가서는 더욱 성내어 그 숫양을 쳐서 그 두 뿔을 꺾으나 숫양에게는 그것을 대적할 힘이 없으므로 그것이 숫양을 땅에 엎드러뜨리고 짓밟았으나 능히 숫양을 그 손에서 벗어나게 할 이가 없었더라 숫염소가 스스로 심히 강대하여 가더니 강성할 때에 그 큰 뿔이 꺾이고 그 대신에 현저한 뿔 넷이 하늘 사방을 향하여 났더라"(단 8:1–8).

42) 최상욱, 《하이데거 철학에 있어 신의 의미》, 한국하이데거학회 편, 《하이데거의 철학세계》(서울: 철학과 현실사, 1997), 352–353.

그렇기 때문에 "예술의 작품존재는 사유의 객체나 시각적 객체가 아니라, 존재발생의 하나의 특출한 양식으로 이해된다."[43] 존재발생이라는 역동적 사건성은 에스겔서 본문에서는 운동성으로 나타난다. 보좌 환상(26-28절) 이전에 나오는 세 개의 환상보고, 즉 네 생물체 환상(5-14절), 바퀴 환상(15-21절), 그리고 궁창 환상(22-25절)은 각기 운동성에 대한 언급으로 끝난다.[44] 이런 운동성은 환상을 묘사하는 비슷한 본문들, 즉 다니엘서 7장 9-10절, 에녹1서 14장 9-25절 그리고 요한계시록 4장이 정적인 것과는 다르다.[45]

에스겔은 신적 환상 사건을 매우 상세하게 관찰하고 기록한다. 그래서 독자들은 그가 묘사하는 것들을 통해서 에스겔이 본 것이 무엇인지를 알 수 있을 것이라고 생각할지도 모른다. 그러나 자세히 살펴보면 결코 그렇지 않다. 신적인 존재는 사람들에게 자신을 드러내지만, 그러면서도 자신을 은폐하는 이중성을 보인다. 그래서 에스겔이 아무리 상세하게 자신이 보고 경험한 것을 기록했다고 해도, 그것이 신적 존재를 상당히 드러낼 것이라고 기대하는 것은 우리의 희망일 뿐이다.

> "예술작품에서는 이중적인 탈-은폐가, 즉 밝힘과 은닉이 그래서 전통 형이상학이 간과한 존재론적인 차이가 드러난다."[46]

신이 자신을 계시하면서 또 한편으로 자신을 은폐함으로써 사람들

---

43) 신승환, 《존재의 역동적 움직임으로서의 예술의 진리-'진리' 개념에 대한 탈형이상학적 이해시도》, 한국하이데거학회 편, 《하이데거의 철학세계》(서울: 철학과 현실사, 1997), 186.

44) Hals, 앞의 책, 14.

45) *Ibid.*, 15.

46) 이기상, 《존재진리의 발생사건에서 본 기술과 예술》, 한국하이데거학회 편, 《하이데거의 철학세계》(서울: 철학과 현실사, 1997), 140.

은 신에 대해서 무엇인가를 알면서도 또한 신에 대해서 전혀 알지 못하는 느낌에서 벗어나지 못한다. 이것은 신의 특성이 원래 그렇기 때문이다.[47] 롬바흐는 아폴론적인 것과 헤르메스적인 것을 구분하고, 기독교가 원래는 아폴론적이지 않고 헤르메스적이었지만, 나중에 아폴론적으로 자신을 이해하고 해석하게 되었다고 말한다.[48] 이러한 헤르메스적 성격이 에스겔서에서는 신이 행하는 공연이라는 예술양식을 통해서 나타난다.

> "예술작품에서 발생하고 있는 존재자의 진리의 사건은 탈은폐와 은닉이 존재 자체의 한 일어남으로 발생하기에 가능한 것이다. 그러한 탈은폐와 은닉의 원초투쟁이 작품에서 피어오름과 감쌈(간직함) 사이의 긴장으로, 세계의 스스로를 엶과 대지의 스스로를 닫아 버림 사이의 싸움으로 형태 속에 정립되는 것이다. 그러한 긴장의 팽팽한 긴장감과 이러한 투쟁의 상호대립성이 곧 작품의 존재이며, 그것이 한 예술작품의 형태수준을 결정하고 광채를 생겨나게 하여 이러한 광채를 통해 예술작품은 모든 것을 두루 비춘다. 작품이란 그 본질상 세계와 대지 사이의 피어오름과 감쌈 사이의 투쟁이다."[49]

에스겔서 1장이 빚어내는 신적 묘사의 모호성은 그가 보여주는 전위예술적인 모습에서 필연적으로 나타나는 것이다.

---

47) 이것을 롬바흐는 '헤르메틱'이라고 명명한다[Heinrich Rombach, *Welt und Gegenwelt–Umdenken uber die Wirklichkeit: Die philosophische Hermetik*, 전동진 옮김, 《아폴론적 세계와 헤르메스적 세계–현실에 관한 사유의 전환: 철학적 헤르메틱》(서울: 서광사, 2001), 103–106].

48) *Ibid.*, 117–120.

49) 이기상, 《존재진리의 발생사건에서 본 기술과 예술》, 한국하이데거학회 편, 《하이데거의 철학세계》(서울: 철학과 현실사, 1997), 140.

"아방가르드 예술에서 중요한 것은 대상을 재현하는 것이 아니라 지각을 통해 완전히 드러나지 않는 보이지 않는 무언가를, 그 순간과 그 장소에서 드러내는 것이다. 리오타르는 이를 '현존'(présence)이라고 한다. 현존하지만 보이지 않는 실재에 대한 암시는 우리가 그것을 명확하게 파악할 수 없기 때문에 모호한 감정을 불러일으킨다. 이러한 감정은 지금 이 순간 어떠한 실재가 숨어 있는 듯한 느낌, 무언가 일어나고 있다는 것을 느낄 수는 있으나 이를 표현하거나 재현할 수는 없다는 데서 야기된다. 그리고 우리의 감관이 그것을 파악하기에는 무력하다는 데서 숭고의 느낌을 받는다. 오늘날 미술은 보이지 않는 것을 소극적으로 암시하거나 표현하는 이러한 형상화 방식을 중요시하는데, 이로써 재현이 아닌 사건성을 중요시하게 된다."[50]

신적 환상체험에서 나타나는 이런 사건성과 모호성은 그것이 갖는 연극적인 요소를 통해서 공포를 조장하는 데 기여한다.

4) 공연과 공포

하이데거에게 있어서 예술과 공포는 매우 밀접한 관계를 갖는다. 우선 예술은 기존의 것에 대한 부정과 전복을 일으킨다.

"진리의 작품 가운데로의 자기 정립은 불안함을 몰아오며, 동시에 안전한 것과 안전하다고 믿어온 것을 뒤엎는다. 작품 가운데서 자신을 개시하는 진리는 전통적인 것으로부터는 증명될 수도 연역될 수도 없다. 자신의 독단적 현실성 가운데 안주하고 있는 전통적

50) 이주영, 《예술론 특강》(서울: 미술문화, 2007, 2009), 190-191.

인 것은 작품을 통해 부정된다. 때문에 예술이 수립하고 있는 것은 사물적 존재자나 유용한 것들에 의해 보충되거나 청산될 수 없는 종류의 것이다. 왜냐하면 수립이란 그 자체가 통일이며 증여이기 때문이다."[51]

그래서 "예술의 존재 의미는 일상을 넘는 놀라움을 경험하는 데 있는 것이며, 공포스러운 것에 대한 감지 능력이야말로 예술적 경험의 최고 형식으로 파악되는 것이다."[52] 김동규도 하이데거의 예술론을 이야기하면서 작품을 섬뜩한 것의 충격이라고 정리한다.

"하이데거에게 작품존재는 언제나 '섬뜩한 것'(das Ungeheuere) 이다. 사람들은 '우선은 대개' 낯익은 존재자, 익숙한 질서만을 본다. 그런데 작품에서 일상의 고정관념을 깨뜨리는 새로운 사건이 일어난다. 그래서 고정관념에 사로잡힌 사람들 편에서 보면, 작품은 우선 '섬뜩한 것'의 '충격'으로 다가온다."[53]

에스겔이 환상을 보면서, 생물환상으로 시작해서 바퀴환상 그리고 보좌환상으로 나아가는데, 바퀴환상에서부터 두려움이 드러난다. 에스겔이 밝혀낸 사실 가운데 하나는 바퀴 둘레가 온통 눈으로 가득하다는 것이다. 에스겔은 지금 그 바퀴형상을 보는데, 그 바퀴형상은 더 많은 눈, 헤아릴 수 없는 눈들로 에스겔을 다시 보는 것이다. 바퀴

---

51) Martin Heidegger, *Der Ursprung des Kunstwerkes*, 오병남·민형원 공역, 《예술작품의 근원》(서울: 경문사, 1979), 146-147.
52) 최상욱, 《하이데거에게서의 예술의 본질》, 한국하이데거학회 엮음, 《하이데거의 예술철학》, 하이데거 연구 제7집(서울: 철학과 현실사, 2002), 254.
53) 김동규, 《하이데거의 사이-예술론: 예술과 철학 사이》(서울: 도서출판 그린비, 2009), 111.

안에 또 바퀴가 있듯이, 거울을 양쪽으로 세워 놓고 그 사이에 서 있으면 수없이 반복하는 모습이 거울에 비쳐지듯이, 에스겔의 봄과 바퀴형상의 봄은 서로를 반영하면서 끝없이 반복할 것이다. 끝없는 봄, 이런 여러 가지 모습들은 낯설면서도 신기하고 재미있어 보이지만, 에스겔은 결코 재미있어 하지 않는다. 그가 느낀 감정은 새로운 것들을 보면서 신기하기도 했겠지만, 그것보다는 오히려 두려움과 공포를 느꼈다. 에스겔은 한 몸에 네 얼굴을 한 생물체들과 그 곁에 있는 바퀴들을 보면서 공포를 느낀 것이다. 독자들은 이 구절을 읽으면서 생전 처음 보는 형상들로 인해 공포에 떠는 에스겔의 모습을 떠올릴 것이다.

그런데 이 두려움은 여기서 그치지 않는다. 에스겔은 바퀴들을 자세히 살핀 다음, 눈을 들어 생물체 위를 본다. 그런데 거기에는 궁창 같은 것이 있었다. 이 궁창(히브리어로 '라키아')은 우리로 하여금 창세기 1장을 생각나게 한다. 그런데 에스겔은 궁창형상을 보면서, 바퀴들을 볼 때 느꼈던 그런 공포를 느낀다. 그는 '심히 두렵다'고 말한다. 바퀴형상들을 볼 때는 그냥 두렵다고 했는데, 여기서는 보기에 '심히' 두렵다고 말한다. 이것은 히브리어로 '케엔 학케라흐 한노라'인데, 직역하면 '두려워하는 사람의 얼음같이', 즉 보는 사람을 얼어붙게 만드는 공포의 대상이라는 것이다. 두려움이 더 강해지는 것이다.

에스겔은 아직 궁창과 그 아래만을 보는데, 에스겔로 하여금 궁창 위를 보게 하는 것은 거기서부터 들려오는 소리였다(25절). 궁창 위에서 나는 소리를 듣고 에스겔은 시선을 더 높이 올린다. 에스겔은 궁창 위를 올려다보았는데, 거기에 보좌 같은 것이 있었다. 여기서부터 '보좌환상'이 시작한다. 그리고 그 보좌에는 사람 형상이 있었다(26-28절). 그런데 에스겔은 그 형상을 여호와의 영광의 형상으로 보았다. 에스겔은 그 이미지에서 하나님을 본 것이다. 에스겔은 그 앞에 엎드려서 그 형상이 하는 음성을 듣는다. 그러면서 2장으로 넘어간다. 이런 여호와의 영광은 3장 23-27절에도 나온다. 그리고 10장에도 나오는데, 여기서는 그 생물들을 '그룹들'이라고 칭하고 1장과 순서를 거꾸로 해서, 즉 궁창 위의 보좌부터 묘사해서 네 바퀴들로, 거기서 다시 생물체로 서술해 간다. 이런 대칭구조를 통해서 우리는 에스겔서 1장에서 11장까지를 통일성을 갖춘 본문으로 볼 수 있겠다.

하나님 앞에 엎드린 에스겔, 그는 보좌에 앉아 계신 분을 보고 두려움을 느꼈을 것이다. 두려움은 2장과 3장에서 하나님이 에스겔에게 들려주시는 심판예언에서 분명해진다. 에스겔이 1장에서 본 환상은 심판의 예고였다. 하나님이 이스라엘 백성들을 무자비하게 심판하실 것을 말씀하시기 위해 에스겔에게 오신 것이다.

하나님은 이스라엘 백성을 패역하고 하나님을 배반하는 백성이라고 규정하신다. "인자야 내게 너를 이스라엘 자손 곧 패역한 백성, 나를 배반하는 자에게 보내노라"(겔 2:3). 그리고 "그들은 패역한 족속이라 듣든지 아니 듣든지 그들 가운데 선지자 있은 줄은 알지니라"(겔 2:5)고 말씀하시는데, 이것을 3장 9절("그들이 비록 패역한 족속이라도 두려워 말며……")과 26절과 27절에서 반복하신다("……그들은 패역한 족속임이니라……그들은 패역한 족속임이니라").

이처럼 하나님은 에스겔이 말씀을 전해야 할 이스라엘 백성들이 패역한 족속이라는 것을 여러 차례 그에게 알려 주시는데, 에스겔은 이 말을 들으면서 두려워서 견딜 수 없었을 것이다. 그런데 하나님은 이렇게 에스겔을 거의 공황상태로 몰아넣고는 그 백성들을 두려워하지 말라고 하신다.

겔 2:6-7 인자야 너는 비록 가시와 찔레와 함께 있으며 전갈 가운데에 거주할 지라도[54] 그들을 두려워하지 말고 그들의 말을 두려워하지 말지어다 그들은 패역한 족속[55]이라도 그 말을 두려워하지 말며 그 얼굴을 무서워하지 말지어다[56] 그들은 심히 패역한 자라 그들이 듣든지 아니 듣든지 너는 내 말로 고할지어다[57]

여기서 보는 대로, 하나님은 에스겔에게 백성들을 두려워하지 말라고 하시는데, 그들 자체(또는 그들의 얼굴)와 그들이 하는 말을 두려워하지 말라고 구체적으로 일러 주신다. 이것은 에스겔이 그들을 볼 때 그리고 그들이 말하는 것을 들을 때 두려움을 느낄 수밖에 없음을 전제하는 것이고,[58] 이것은 바퀴환상과 보좌환상에서 느낀 신을 향한 두려움과 아울러 에스겔에게 이중적인 두려움을 부과한다. 이스라엘 백성들이 얼마나 패역한지를 하나님이 필요 이상으로 거듭 말씀하시기 때문에 에스겔은 두려움을 느낄 수밖에 없는데, 패역한 백성들은 하나님을 대적하는 데 담대하고 두려워하지 않는다.[59] 그래서 하나님은 그들에게 내릴 무자비한 심판을 예고하시는데, 에스겔서 2장은 일종의 '데스 노트'(death note)로 끝난다.

---

54) 가시와 찔레 그리고 전갈은 백성들이 에스겔에게 보이는 적대감을 상징한다(Zimmerli, 앞의 책, 134). 그러나 블록은 이것들이 오히려 예언자를 보호하시는 하나님의 보호막을 상징하는 것으로 본다(D. I. Block, *The Book of Ezekiel Chapters 1-24*, 122).

55) '패역'은 히브리어로 '메리'인데, 이것은 구약성서에 모두 23회 나오고, 에스겔서에는 17회 나온다. '패역한 족속'은 히브리어로 '베트 메리'인데, 이것은 에스겔서의 독특한 용어이다(Tuell, 앞의 책, 13).

56) "두려워하지 말라"는 권고는 예언자들의 소명체험에서 공통적으로 나타나는 요소이다(Zimmerli, 앞의 책, 134).

57) 하나님은 에스겔이 백성들에게 성공적으로 말씀을 잘 전하기를 당부하지 않으시고, 오직 하나님이 맡기신 사명에 충성할 것을 명령하신다(Tuell, 앞의 책, 13).

58) Zimmerli, 앞의 책, 134.

59) 하나님은 그들이 결국 두려움을 겪을 것이라고 말씀하신다(겔 4:16-17).

겔 2:8–10 너 인자야 내가 네게 이르는 말을 듣고 그 패역한 족속같이 패역하지 말고[60] 네 입을 벌리고 내가 네게 주는 것을 먹으라 하시기로 내가 보니 보라 한 손이 나를 향하여 펴지고 보라 그 안에 두루마리 책이 있더라 그가 그것을 내 앞에 펴시니 그 안팎에 글이 있는데[61] 그 위에 애가와 애곡과 재앙의 말이 기록되었더라

애가와 애곡과 재앙이라는 말을 통해서 하나님은 패역한 백성들에 일어날 끔찍한 공포극을 암시하신다. 물론 에스겔이 먹은 두루마리 안에 애가와 애곡과 재앙의 말이 기록되어 있지는 않았을 것이다. 거기에는 하나님이 패역한 이스라엘 백성들에게 내리실 심판이 기록되어 있었을 것이다. 애가와 애곡과 재앙의 말은 두루마리에 기록된 일들이 일어난 다음에 따라올 반응이다.[62] 그런데 에스겔서 2장이 이스라엘 백성들에게 하나님이 무엇을 하실 것인지는 밝히지 않고 그 결과만을 이야기한다는 점에서 더욱 섬뜩하다.

이렇게 에스겔서 2장에서 암시하는 하나님의 심판은 9장에서 공포극으로 나타난다.

겔 9:1–11 또 그가 큰 소리로 내 귀에 외쳐 이르시되[63] 이 성읍을 관할하는 자들[64]이 각기 죽이는 무기[65]를 손에 들고 나아오게 하라 하시더라

60) 하나님은 에스겔에게도 경고를 하시는데, 이것은 하나님이 하실 심판에서 예언자도 예외는 아니라는 것을 보여준다. 그들도 잘못하면 심판을 받아야 한다. 에스겔서 3장에서는 하나님이 에스겔이 제 책임을 다하지 못할 때 책임을 묻겠다고 말씀하신다(Joyce, 77). 하나님은 에스겔로 하여금 사람들로부터 고립할 것을 요구하신다(Allen, 앞의 책, 40).

61) 이것은 두루마리 앞뒤를 모두 글로 가득 채워서, 더 이상 기록하거나 수정할 여지가 없음을 보여준다(D. I. Block, *The Book of Ezekiel Chapters 1–24*, 124).

62) Zimmerli, 앞의 책, 135.

63) 이것은 하나님이 에스겔에게 말씀하셨다는 것이 아니라, 하나님이 외치시는 소리를 에스겔도 들었다는 것이다(Greenberg, 앞의 책, 175).

64) 히브리어로 '페쿠도트'인데, 처형무기를 손에 들었기 때문에 '관할하는 자

내가 보니 여섯 사람이 북향한 윗문 길로부터 오는데66) 각 사람의 손에 죽이는 무기를 잡았고 그중의67) 한 사람은 가는 베옷을 입고68) 허리에 서기관의 먹그릇을 찼더라69) 그들이 들어와서 놋 제단 곁에 서더라 그룹에 머물러 있던 이스라엘 하나님의 영광이 성전 문지방에 이르더니 여호와께서 그 가는 베옷을 입고 서기관의 먹그릇을 찬 사람을 불러 여호와께서 이르시되 너는 예루살렘 성읍 중에 순행하여 그 가운데에서 행하는 모든 가증한 일로 말미암아 탄식하며 우는 자의 이마에 표70)를 그리라 하시고 그들에 대하여 내 귀에 이르시되 너희는 그를 따라 성읍 중에 다니며 불쌍히 여기지 말며 긍휼을 베풀지 말고 쳐서 늙은 자와 젊은 자와 처녀와 어린이와 여자71)를 다 죽이되

들'(overseers)보다는 '처벌자들'(executioners)로 번역하는 것이 낫겠다(Joyce, 앞의 책, 102).

65) '죽이는 무기'는 히브리어로 '켈리 맢파스'인데, 이것은 쳐서 부서뜨리는 '철퇴' 같은 무기이다(D. I. Block, *The Book of Ezekiel Chapters 1–24*, 304).

66) '북향한 윗문 길'은 거센 바람과 함께 생물들과 바퀴들이 북쪽에서 온 것을 떠올리게 한다.

67) 조이스는 이 사람이 여섯 사람들 가운데 한 사람이 아니고, 그들과는 다른 별개의 사람이라고 생각한다(Joyce, 앞의 책, 102).

68) 제사장과 천사들이 이런 옷을 입는다. 에스겔은 자신이 제사장이기 때문에 일곱째 사람을 제사장처럼 묘사하려고 했는지도 모른다. 그리고 그 사람은 서기관의 먹그릇을 허리에 찼는데, 이것 역시 일곱째 사람을 에스겔처럼 글 쓰는 사람으로 묘사하고자 한 것으로 보인다(Tuell, 앞의 책, 49).

69) 여섯 사람들에 대해서는 그들이 철퇴를 든 것만 언급하는데, 일곱째 사람에 대해서는 상당히 자세하게 묘사한다. 하지만 이런 묘사에도 불구하고 독자들은 그가 어떤 사람인지 알기 어렵다(D. I. Block, *The Book of Ezekiel Chapters 1–24*, 304). '천상적인 서기관'(heavenly scribe)은 고대근동에 널리 퍼진 개념인데, 특히 신바빌로니아 시대에 자주 등장하는 나부(Nabû)와 이집트의 토트(Thot)가 대표적이다[G. A. Cooke, *The International Critical Commentary on the Book of Ezekiel* (Edinburgh: T & T Clark, 1936, 1970), 104].

70) '표'는 히브리어로 '타우'인데, 이것은 히브리어 알파벳의 마지막 글자이고, × 나 +같은 표시의 의미를 갖는다. 고대사회에서 '타우'는 소유권을 뜻하는 표시로도 사용되었다(D. I. Block, *The Book of Ezekiel Chapters 1–24*, 307).

71) 이들은 대체로 보호받을 사람들인데, 하나님은 이들 모두를 다 살해하라고 명령하신다. 그리고 장정들이나 병사들에 대해서는 언급하지 않는데, 이것은 그들이 이미 전사했기 때문일 것이다(D. I. Block, *The Book of Ezekiel Chapters 1–24*, 308).

이마에 표 있는 자에게는 가까이하지 말라 내 성소에서 시작할지니라[72] 하시매 그들이 성전 앞에 있는 늙은 자들[73]로부터 시작하더라 그가 또 그들에게 이르시되 너희는 성전[74]을 더럽혀 시체로 모든 뜰에 채우라 너희는 나가라 하시매 그들이 나가서 성읍 중에서 치더라 그들이 칠 때에 내가 홀로 있었는지라 엎드려 부르짖어 이르되 아하 주 여호와여 예루살렘을 향하여 분노를 쏟으시오니 이스라엘의 남은 자를 모두 멸하려 하시나이까[75] 그가 내게 이르시되 이스라엘과 유다 족속의 죄악이 심히 중하여 그 땅에 피가 가득하며 그 성읍에 불법이 찼나니 이는 그들이 이르기를 여호와께서 이 땅을 버리셨으며 여호와께서 보지 아니하신다 함이라 그러므로 내가 그들을 불쌍히 여기지 아니하며 긍휼을 베풀지 아니하고 그들의 행위대로 그들의 머리에 갚으리라 하시더라 보라 가는 베옷을 입고 허리에 먹그릇을 찬 사람이 복명하여 이르되 주께서 내게 명령하신 대로 내가 준행하였나이다 하더라[76]

하나님은 에스겔에게 예루살렘 심판에 대해서 말씀하신다. 5-6절과

---

72) 하나님이 처형을 성소에서부터 시작하게 하신 까닭은 성소가 가장 심각한 범죄의 장소라고 생각하셨기 때문일 것이다.

73) 이들은 에스겔 8장 11절과 16절에 나오는 사람들일 것이다(D. I. Block, *The Book of Ezekiel Chapters 1–24*, 308).

74) 하나님은 6절 앞부분에서는 '내 성소'라고 하시지만, 곧 이어서 '성전'(히브리어로 '합바이트'인데, 이것은 '집'을 가리킨다)이라고 하신다. 이것은 성전이 하나님이 계실 때는 성소이지만, 하나님이 떠나시면 그저 '집'일 뿐임을 의미한다.

75) 짐머리는 에스겔이 백성들을 위해서 하나님께 간구했다고 보는데(Zimmerli, 앞의 책, 249), 조이스는 에스겔이 놀라서 하는 말일 뿐이라고 생각한다(Joyce, 앞의 책, 103).

76) 서기관 차림을 한 사람이 경건한 사람들 이마에 표시를 하는 일을 끝냈기 때문에, 이제는 이마에 표식 없는 사람들을 처형자들이 무자비하게 살해하는 일만 남았다. 그런데 서기관 차림을 한 사람이 몇 사람에게 심판 면제 표시를 했는지 언급하지 않는데, 이것은 이마에 표를 할 만큼 경건한 사람들을 찾지 못했기 때문일 것이다. 하나님의 가혹한 심판에서 벗어날 사람이 거의 없다는 것이다. 그리고 경건한 자들을 찾는 임무를 맡았던 서기관 차림의 사람도 에스겔서 10장에서는 심판집행자 역할을 한다.(Joyce, 위의 책, 103.)

10절에서 하나님은 무자비한 심판을 예고하시는데, 특히 심판을 성전에서부터 시작하고, 나이 많은 사람부터 시작한다는 것은 이 심판이 얼마나 무자비할 것인지를 분명하게 보여준다. 그들이 든 무기는 철퇴인데, 이것은 독자들로 하여금 정말 처참한 살육의 장면을 떠올리게 한다. 철퇴로 살육하는 것은 예레미야서 51장에 나온다.[77] 에스겔도 그 장면을 생각했을 것이다. 그래서 에스겔은 하나님께 선처를 부탁하지만(8절), 하나님은 들은 체도 안 하시고 무자비한 심판을 거듭 예고하신다(10절).[78]

그런데 하나님이 앞으로 하실 심판을 여기서도 말씀이 아닌 공연형식을 통해 에스겔에게 미리 보여주신다는 점이 독특하다.[79] 무대는 예루살렘 성전 안인데, 거기서 하나님이 연출하시는 장면들은 다음과 같다.

① 하나님이 등장인물들로 하여금 무대에 등장하게 하신다(1절).
② 여섯 사람이 무대에 등장한다(2절).

77) "여호와께서 가라사대 너는 나의 철퇴 곧 병기라 내가 너로 열방을 파하며 너로 국가들을 멸하며 내가 너로 말과 그 탄 자를 부수며 너로 병거와 그 탄 자를 부수며 너로 남자와 여자를 부수며 너로 노년과 유년을 부수며 너로 청년과 처녀를 부수며 너로 목자와 그 양떼를 부수며 너로 농부와 그 멍엣소를 부수며 너로 방백들과 두령들을 부수리로다 그들이 너희 목전에 시온에서 모든 악을 행한 대로 내가 바벨론과 갈대아 모든 거민에게 갚으리라 여호와의 말이니라"(렘 51:20-24).

78) 하나님은 전혀 주저하지 않으시고 단호하게 말씀하신다. 이것은 하나님의 의지가 그만큼 확고하다는 것을 보여준다[Katheryn Pfisterer Darr, "The Book of Ezekiel," *in the New Interpreter's Bible v. VI*. (Nashville: Abingdon Press, 2001), 1180]. 하나님이 에스겔로 하여금 백성들에게 회개를 촉구할 것을 전혀 요구하지 않는다는 점에서, 에스겔서 9장은 회개의 가능성이나 구원의 가능성이 전무하다는 것을 명확하게 보여준다(Hals, 앞의 책, 57).

79) 클레멘츠는 에스겔서 9장이 마치 영화를 찍는 것과 같은 기법을 사용한다고 말한다[Ronald E. Clements, *Ezekiel*, Westminster Bible Companion (Louisville: Westminster John Knox Press, 1996), 41).

③ 하나님의 영광이 무대에 등장한다(3a).

④ 하나님이 서기관 차림을 한 사람을 불러서, 살릴 사람들에게 표하는 임무를 주신다(3b-4절).

⑤ 하나님이 나머지 사람들에게는 살해 임무를 주신다(5-6a).

⑥ 그들이 성전에서 살해 명령을 실행한다(6b).

⑦ 하나님이 그들에게 다른 살해 임무를 주신다(7a).

⑧ 그들이 성읍에 나가서 살해 명령을 실행한다(7b).

⑨ 에스겔이 홀로 남아서 하나님께 간구한다(8절).

⑩ 하나님이 에스겔에게 설명하신다(9-10절).

⑪ 서기관 차림을 한 사람이 돌아와서 하나님께 보고한다(11절).

하나님이 예언자들에게 이스라엘을 징계하시거나 진멸하실 것을 선포형식으로 말씀하시는 경우는 많지만, 하나님이 심판하시는 장면을 공연형식으로 미리 보여주는 경우는 거의 없다. 예를 들어 아모스서 9장을 보면 하나님이 무자비한 심판을 예고하신다.[80)]

하나님이 무자비한 심판을 예고하신다는 점에서 아모스 9장은 에스겔서 9장과 비슷하지만, 하나님이 아모스에게 심판에 대해 말씀하시는 형식을 취한다는 점에서는 에스겔서와는 다르다. 에스겔은 성전 안에서 앞으로 행할 하나님의 심판을 하나님이 연출하시는 극적인

80) "내가 보니 주께서 단 곁에 서서 이르시되 기둥 머리를 쳐서 문지방이 움직이게 하며 그것으로 부숴져서 무리의 머리에 떨어지게 하라 내가 그 남은 자를 칼로 살육하리니 그중에서 하나도 도망하지 못하며 그중에서 하나도 피하지 못하리라 저희가 파고 음부로 들어갈지라도 내 손이 거기에서 취하여 낼 것이요 하늘로 올라갈지라도 내가 거기서 취하여 내리울 것이며 갈멜 산 꼭대기에 숨을지라도 내가 거기서 찾아낼 것이요 내 눈을 피하여 바다 밑에 숨을지라도 내가 거기서 뱀을 명하여 물게 할 것이요 그 원수 앞에 사로잡혀 갈지라도 내가 거기서 칼을 명하여 살육하게 할 것이라 내가 저희에게 주목하여 화를 내리고 복을 내리지 아니하리라 하시니라"(암 9:1-4).

장면들을 통해서 직접 볼 뿐만 아니라 그 극에 참여해서 공연(共演)하기 때문이다.

그리고 에스겔서 9장은 다른 성서구절들을 떠올리게 한다. 하나님이 서기관 복장을 한 사람에게 예루살렘 사람들 가운데 경건한 자들에게 표시를 하라고 하신 것은 그들로 하여금 재난을 피하도록 하기 위한 방편인데(6절), 이것은 '멸하는 자'가 양피를 문 인방과 좌우 문설주에 칠한 집을 지나가는 유월절 사건을 떠올리게 한다.[81] 그리고 에스겔서 9장이 연출하는 장면은 출애굽 당시에 금송아지 사건으로 인해 발생한 동족살해사건을 떠올리게 한다.[82] 그런데 이 사건에서 레위 자손들이 사용하는 무기는 칼이지만, 에스겔서 9장에서 처형자들이 사용하는 무기는 앞에서 언급한 대로 철퇴이다. 그래서 에스겔서 9장이 더 잔인한 느낌을 준다.

5) 마침 글

지금까지 에스겔서 1장 15-21절을 중심으로, 하나님이 일종의 '공포극' 형식을 통해 자신의 뜻을 에스겔에게 알려 주시는 것을 살펴보았

81) Joyce, 102. 출애굽기 12장 23절에 '멸하는 자'(히브리어로 '하마쉬히트')가 나온다.

82) "모세가 본즉 백성이 방자하니 이는 아론이 그들로 방자하게 하여 원수에게 조롱거리가 되게 하였음이라 이에 모세가 진문에 서서 가로되 누구든지 여호와의 편에 있는 자는 내게로 나아오라 하매 레위 자손이 다 모여 그에게로 오는지라 모세가 그들에게 이르되 이스라엘의 하나님 여호와께서 이같이 말씀하시기를 너희는 각각 허리에 칼을 차고 진 이 문에서 저 문까지 왕래하며 각 사람이 그 형제를, 각 사람이 그 친구를, 각 사람이 그 이웃을 도륙하라 하셨느니라 레위 자손이 모세의 말대로 행하매 이날에 백성 중에 삼천 명 가량이 죽인 바 된지라 모세가 이르되 각 사람이 그 아들과 그 형제를 쳤으니 오늘날 여호와께 헌신하게 되었느니라 그가 오늘날 너희에게 복을 내리시리라"(출 32:25-29).

다. 에스겔은 그런 신적 환상체험을 하면서 온몸이 얼어붙는 공포를 경험했을 것이다.

그런데 문제는 그 공포극이 단순한 연극이 아니라는 점이다. 하나님이 연출하시는 공포극은 일회 공연으로 끝나지 않고, 앞으로 일어날 일을 미리 보여준다는 점에서, 즉 그 공포극 내용을 실제로 재현하는 대규모 공포극이 조만간 발생한다는 점에서 관객과 독자들에게 더 큰 두려움을 던져 준다.

공포극은 당연히 관객들로 하여금 공포를 느끼게 해야 한다. 그리고 공포는 파급되기 때문에 그 효과가 매우 크다.[83] 그런데 하나님이 보여주시는 공포극은 에스겔만 두려움을 느끼게 했을 뿐 정작 두려움을 느껴야 할 사람들은 전혀 두려워하지 않는다는 점에서, 그리고 그 공포극을 연출하시는 하나님이 그것을 전혀 의도하지 않으신다는 점에서 더욱 공포를 자아낸다. 하나님은 패역한 이스라엘 백성들이 공포를 느끼든 그렇지 않든 개의치 않으신다. 공포극이 성황을 이루든 그렇지 않든 하나님은 상관하지 않으신다. 이 공포극은 사람들이 관심을 갖든 안 갖든, 그 공연이 보여주는 하나님의 무자비한 심판이 앞으로 반드시 일어난다는 것을 명확히 하는 데 목적을 둔다는 점에서 진정한 공포극이라 할 수 있다.

---

83) 공포의 확산에 대해서는 Georges Lefebvre, *La Grande Peur de 1789*, 최갑수 옮김, 《1789년의 대공포》(서울: 까치글방, 2002)를 보라.

■ 참고문헌

김동규,《하이데거의 사이 - 예술론: 예술과 철학 사이》, 서울: 도서출판 그린비, 2009.

신승환,《존재의 역동적 움직임으로서의 예술의 진리-'진리' 개념에 대한 탈형이상학적 이해시도》, 한국하이데거학회 편,《하이데거의 철학세계》, 서울: 철학과 현실사, 1997.

이기상,《존재진리의 발생사건에서 본 기술과 예술》, 한국하이데거학회 편,《하이데거의 철학세계》, 서울: 철학과 현실사, 1997.

이주영,《예술론 특강》, 서울: 미술문화, 2007, 2009.

최상욱,《하이데거에게서의 예술의 본질》, 한국하이데거학회 엮음,《하이데거의 예술철학》, 하이데거 연구 제7집, 서울: 철학과 현실사, 2002.

______,《하이데거 철학에 있어 신의 의미》, 한국하이데거학회 편,《하이데거의 철학세계》, 서울: 철학과 현실사, 1997.

Allen, L. C., *Ezekiel 1-19*, WBC., Dallas, Texas: Word Books, Publisher, 1994.

Block, D. I., *The Book of Ezekiel Chapters 1-24*, NICOT., Grand Rapids: William B. Eerdmans Publishing Company, 1997.

______ , "The Prophet of the Spirit: The Use of rwḥ in the Book of Ezekiel," *JETS 32*, 1989.

Brownlee, W. H., *Ezekiel 1-19*, WBC. Waco, Texas: Word Books, Publisher, 1986.

Carroll, R. P., *The Book of Jeremiah-A Commentary*, Philadelphia: The Westminster Press, 1986.

Clements, R. E., *Ezekiel*, Westminster Bible Companion, Louisville: Westminster John Knox Press, 1996.

Cooke, G. A., *The International Critical Commentary on the Book of Ezekiel*, Edinburgh: T & T Clark, 1936, 1970.

Darr, K. P., "The Book of Ezekiel," *in the New Interpreter's Bible v. VI.*, Nashville:

Abingdon Press, 2001.

Eichrodt, W., *Der Prophet Hesekiel*, tr. Cosslett Quin, *Ezekiel-A Commentary*, OTL., London: SCM Press Ltd., 1970.

Gray, G. B., *The International Critical Commentary on the Book of Isaiah Vol. I-Introduction. and Commentary on I-XXVII*, Edinburgh: T & T Clark Ltd., 1912, 1980.

Greenberg, M., *Ezekiel 1-20*, AB. Garden City, New York: Doubleday & Company Inc., 1983.

Hals, R. M., *Ezekiel*, FOTL. Grand Rapids, Michigan: William B. Eerdmans Publishing Company, 1989.

Hayes, J. H. and Stuart A. Irvine, *Isaiah-The Eight Century Prophet: His Times and His Preaching*, Nashville: Abingdon Press, 1987.

Heidegger, M., *Der Ursprung des Kunstwerkes*, 오병남 · 민형원 공역, 《예술작품의 근원》, 서울: 경문사, 1979.

Holladay, W. L., *A Commentary on the Book of the Prophet Jeremiah Chapters 1-25*, Hermeneia-A Critical and Historical Commentary on the Bible, Philadelphia: Fortress Press, 1986.

Joyce, P. M., *Ezekiel-A Commentary*, New York: T & T Clark, 2007.

Lefebvre, G., *La Grande Peur de 1789*, 최갑수 옮김, 《1789년의 대공포》, 서울: 까치글방, 2002.

Oswalt, J. N., *The Book of Isaiah Chapter 1-39*, NICOT., Grand Rapids, Michigan: William B. Eerdmans Publishing Company, 1986.

Rombach, H., *Welt und Gegenwelt-Umdenken uber die Wirklichkeit: Die philosophische Hermetik*, 전동진 옮김, 《아폴론적 세계와 헤르메스적 세계-현실에 관한 사유의 전환: 철학적 헤르메틱》, 서울: 서광사, 2001.

Stuart, D., *Ezekiel*, The Communicator's Commentary, Dallas, Texas: Word Books, Publisher, 1989.

Thompson, J. A., *The Book of Jeremiah*, NICOT., Grand Rapids, Michigan: William B. Eerdmans Publishing Company, 1980.

Tuell, S., *Ezekiel*, NIBC. Peabody: Hendrickson Publishers Inc., 2009.

Zimmerli, W., *Ezekiel I*, tr. Ronald E. Clements, *Ezekiel 1-A Commentary on the Book of the Prophet Ezekiel. Chapters 1-24*, Hermeneia., Philadelphia: Fortress Press, 1979.

7. 예언과 신체

1) 시작 글

"신체성은 나 자신이 실존하는 존재자로 존재하는 그 본질적인 방식에 관여한다. 우리는 신체성이라는 터 있음의 현상에 직면하기 이전에, 자신의 관계 속에서 터 있음으로 규정된 인간이 그의 관계 속에서 존재하는 인간으로 존재할 수 있기 위해, 그 자신은 존재자가 아닌 존재자를 필요로 한다고 말해야만 했다. 이때 그 자신이 다른 존재자 가운데서 하나의 존재자로 존재하는 그 방식이 본질적으로 그가 신체적으로 실존하면서 그의 신체성을 실현해 나가는 방식들이라면, 터 있음으로 규정된 신체성은 그가 만나는 세계 내부적인 존재자를, 즉 그가 만나는 '세계'를 필요로 하는 것이다.

터 있음으로 이해된 인간이 그가 만나는 존재자에게로 향해져-있음은, 즉 이러한 필요성으로-이러한 필요성 속에서 인간은 터 있음에-적합한 존재자로서 실존할 수 있기 위해 세계 내부적인 존재자를 필요로 하는 데-인간이 향해져-있음은, 터 있음에-적합한 신체성 없이는, 즉 터 있음에-적합한 신체 없이는 사유될 수 없는 것이다."[1)]

1) F. -W. von Herrmann, *Interpretationen zu "Sein und Zeit": Subjekt und Dasein*, 신상희 옮김, 《하이데거의 존재와 시간을 찾아서》(서울: 한길사, 1997), 189.

그렇다. “우리는 몸을 매개로 세상과 조우한다.”[2] 플라톤과 데카르트적 사유에 익숙한 대다수 기독교인들은 그렇게 읽지 않겠지만, 구약성서를 보면 고대 이스라엘 사람들이 신체성에 깊은 관심을 보여 왔음을 알 수 있다.[3] 몸과 정신을 예리하게 나누는 헬라적 이원론 사상을 구약성서에서 찾아보기 어렵다. 구약성서는 인간을 몸, 즉 통합적인 인격체[4]로 규정한다. 그래서 에일버그-슈워츠는 이스라엘을 ‘책의 백성’이 아니라 ‘몸의 백성’이라고 했다.[5]

서구를 지배해 온 이원론적인 시각이 심각한 도전을 받으면서 몸은 최근 대단히 중요한 학문적 주제로 복권되었는데,[6] 이것은 구약성서

---

2) 徐累, *身體的秘境*, 정주은 옮김, 《몸, 예술로 말하다》(서울: 시그마북스, 2011), 17.

3) Jon L. Berquist, *Controlling Corporeality-The Body and the Household in Ancient Israel* (New Brunswick: Rutgers University Press, 2002), 1f.

4) 이 논문에서는 인간의 몸을 지칭하는 여러 용어들, 즉 몸, 신체, 육체라는 용어들을 혼용한다. 그런데, 몸을 지니고 사는 인간 자체를 지칭하는 것은 유교에서 말하는 수신(修身)에서의 신(身)이 가장 적합한데, 이것은 ‘인격체’를 가리킨다 [Richard Shusterman, *Body consciousness: a philosophy of mindfulness and somaesthetics*, 이혜진 옮김, 《몸의 의식: 신체미학-솜에스테틱스》(서울: 북코리아, 2010), 16]. 김정현은 이렇게 말한다. “몸은 단순히 생물학적 의미로 파악되어서는 안 된다. 몸은 생리학적 심리학적 현상일 뿐만 아니라 사유, 느낌, 욕구의 역동적 복합성이다. 사유, 느낌, 욕구의 역동적 복합성은 곧 우리 몸의 통일적 역동성을 가능하게 한다”[김정현, 《니체의 몸 철학》(서울: 문학과 현실사, 2000), 172].

5) ed. Howard Eilberg-Schwartz, *People of the Body-Jews and Judaism from and Embodied Perspective* (Albany: State University of New York Press, 1992). 특히 서론(Introduction: People of the Body)과 제1장(H. Eilberg-Schwartz, “The Problem of the Body for the People of the Book”)을 보라. 호프만은 유대교를 ‘몸의 종교’라고 한다[Lawrence A. Hoffman, *Covenant of Blood: Circumcision and Gender in Rabbinic Judaism* (Chicago: University of Chicago Press, 1996), 23].

6) 노양진, 《몸 · 언어 · 철학》(파주: 도서출판 서광사, 2009), 210. 하지만 현대에 들어와서 몸이 완전히 제 의미를 찾은 것은 아니다. 인격체로서의 몸보다는 외형적인 신체에 대한 과다한 집착을 야기함으로써, “몸에 대한 이성의 우위가 다른 방식으로 표현되는 것일 뿐이다”[전혜은, 《섹스화된 몸-엘리자베스 그로츠와 주디스 버틀러의 육체적 페미니즘》(서울: 새물결출판사, 2010), 23, 각주 4]. 그래서 몸에 대한 비판적 접근이 필요하다. “몸은 현대 이데올로기에서 중

를 서구의 전통적 사유방식이 아닌 본래적인 히브리적 사유로 읽을 수 있는 길을 열어 주었다는 점에서 신학적 중요성을 갖는다. 이런 측면을 고려하면서 이 논문은 '예언현상, 특히 환상은 탈신체적인가 아니면 신체적인가?'라는 문제를 제기한다. 성서주석가들 가운데 이런 문제에 관심을 기울인 사람은 찾아보기 어렵다. 신체적 사건이나 신체를 적나라하게 묘사하는 본문들을 다룰 때에도 그 배경이 되는 역사적 사실을 밝히거나 본문 구성에 대해서만 말할 뿐, 신체적 묘사 자체에 대해서는 언급하지 않는다. 그러나 예언현상의 신체성 논의는 철학적으로 플라톤을 넘어서려 하고, 또는 플라톤을 완성하려는 철학자들이 몸을 중요한 학문적 대상으로 삼는 상황에서 지시대상 없는 시뮬라크르(simulacre), 즉 실재하는 허상을 만들어내고 원본 없는 무수한 진본을 만들어내는 디지털 시대에서는 매우 중요하다.

디지털 시대는 인간이란 무엇이며 어떻게 존재하는가를 근본적으로 묻게 한다.[7] 그래서 신체성 문제는 인간론의 문제이다. 디지털로 구현하는 사이버 공간에서는 자칫 인간을 신체와 정신으로 이원화하고, 인간에게 있어서 본질적인 것은 신체가 아니고 정신이라고 생각하는 데카르트적인 사상이 강하게 나타나기 쉽다.[8] 그래서 탈물질성을

요한 위치를 차지하고 있으며, 다양한 비평의 관심대상이다"[조윤경, 《초현실주의와 몸의 상상력》(서울: (주)문학과지성사, 2008), 33].

7) 디지털 시대의 인간관에 대해서는 이종록, 《디지털 에스겔–디지털 시대에 대한 신학적 접근》(서울: 한국장로교출판사, 2001), 특히 "제1장 인간–디지털 시대에 인간은 어떻게 존재하는가?"(9–31)를 보라.

8) 디지털 시대에서 인간신체에 대한 문제는 이종록, 《디지털 에스겔》, "제4장 몸과 성–관음과 탈육의 욕망을 넘어서"(89–125)를 보라. "이미 데카르트에게 인간의 신체는 기계이며, 인간은 이미 기계와 결합된 존재이다. 인간은 기계–인간이다. 인간이 기계와 융합하면서, 기계를 만들어내는 인간이 기계를 지배하는 것이 아니라 인간의 기계 정신이 창조해 낸 기계가 인간을 지배한다"[노명우, "데카르트와 〈블레이드 러너〉의 데카드," 〈문화과학〉 26호(2001년 여름호), 209]. 이런 데카르트적인 사유에도 불구하고, 인간에게 있어서 본질적인 것은

강조하며 사이버 공간에서 완전한 탈육(脫肉)을 경험할 수 있다고 생각하는 사람들은[9] 신체성에 회의를 표명하고 신체탈피, 심지어는 신체 폐기까지 주장한다.[10] 그들은 육체로부터 정신을 완벽하게 분리해 낼 수 있다고 생각한다.[11]

정신이 아닌 신체일 가능성이 크다. 왜냐하면 인간이 죽은 다음에 정신은 사라지지만, 아무리 몸이 썩고 없어져도 신체는 신체정보를 담은 유전자로 남기 때문이다.

9) 컴퓨터를 지극히 낙관적으로 생각하고, 컴퓨터를 통해서 묵시적인 휴거(an apocalyptic Rapture)를 꿈꾸고 기다리는 사람들이 있다. 그러나 그들은 결코 이 지상을 떠날 수 없다[Mark Dery, *Escape Velocity–Cyberculture at the End of the Century* (New York: Grove Press, 1996), 17]. 컴퓨터와 사이버 공간에 대한 부정적인 시각들은 대체로 이러한 이원론에 의해서 형성된다. 사이버 공간을 기독교적인 측면에서 긍정적으로 보면서, 사이버 공간이 결코 인간을 정신과 신체로 이원화하지 않고, 오히려 그런 데카르트적인 사고를 넘어서 통합된 인간 체험과 신 체험을 가능케 해주는 공간임을 주장하는 것에 대해서는 Jennifer Cobb, *Cybergrace–The Search for God in the Digital World* (New York: Crown Publishers, Inc., 1998)를 보라.

10) "'나는 신체에 대한 여러분의 향수(鄕愁)를 공유하지 않는다.' Ars Eletronica 95에 참여한 한 사람은 이렇게 말했다. 신체가 '폐물'이라는 생각은 이상하게도 특히 사이버 문화 서클에서 유행하고 있다. 당대의 기술을 통해 신체를 극복하려는 이 욕망은 내 생각으로는 기묘할 뿐만 아니라 지지자들이 생각하는 것보다는 훨씬 덜 미래적이다. '신체'보다 '마음'을, 구체보다 추상을 우위에 두는 것은 기독교 신플라톤주의부터 데카르트와 그 이후에 이르기까지 서구 철학에서는 강하게 지속되는 흐름이다. 나는 전에 윌리엄 깁슨이 사이버펑크들이 '신체는 고깃덩이다' 하고 선언했을 때 신체 극복에 대한 그들이 욕망이 결코 새로운 생각이 아니라는 점을 인식하지 못했음을 지적한 바 있다. 그것은 아마 서구 철학에서는 가장 일관되고 지속적인 생각일 것이나"[Simon Penny, "*The Virtualization of Art Practice: Body Knowledge and the Engineering Worldwiew,*" 강내희 옮김, "예술 실천의 가상화-신체 지식과 공학적 세계관," 〈문화과학〉 26호(2001년 여름호), 64-65].

11) 이 이론에 대표적인 인물이 바로 한스 모라벡(Hans Moravec)이다. 그는 인간을 body-identity 유형과 pattern-identity 유형으로 구분하는데, 인간은 본질적으로 pattern-identity에 입각해서 보아야 한다고 주장한다. 그는 지금까지 사람들이 인간을 body-identity 입장에서 보았기 때문에 신체로부터 정신을 분리해 내는 것을 불가능하거나 잘못된 것으로 생각했지만, pattern-identity 입장에서 보면, 정신을 육체로부터 완전히 분리할 수 있다고 말한다. 여기에 대해서는 Hans Moravec, *Mind Children–The Future of Robot and Human*

물질적인 차원에서 신체를 규정하고 대상화하고 차별하는 이원론적인 인간관[12]은 오랜 역사를 갖고 있다.[13] 이런 상황에서 예언현상, 특히 탈신체적 현상으로 보기 쉬운 '환상체험'을 어떻게 이해할 것인

Intelligence (Cambridge-Harvard University Press, 1988), 특히 116-124를 보라.

12) "육체를 통한 주체 형성은 육체를 대상화하는 모든 의식과 사고를 극복하는 데서 시작된다. 정신의 영역과 별개로, 육체만의 논리가 있다거나 육체는 단순히 고깃덩어리에 불과한 '영혼의 감옥'이라는, 정신/육체의 분리에 기초하는 모든 사고는 필연적으로 육체 대상화의 길을 걷게 된다. 대상화된 육체로는 능동적인 주체 형성이 불가능하다. 영/육을 분리하는 사고가 현실에서 구체화되었을 모습은 다양한 예를 통해 볼 수 있을 것이다. 그중에서 자본주의 발달 과정에서 더 많은 이윤 확보의 기획이 바로 구상과 실행의 분리, 즉 관리자의 정신과 노동자의 육체를 분리하는 데 이용되었다는 점을 들 수 있다"[이숙인, "유가의 몸 담론과 여성", 한국여성철학회 엮음, 《여성의 몸에 관한 철학적 성찰》(서울: 철학과 현실사, 2000), 122]. 이원론적인 인간관에 기초한 육체 대상화는 결국 육체를 상업화시킴으로써 육체산업을 번창케 한다(같은 책, 140). 이원론적인 인간관은 몸에 집착하는 것으로 보이는 유전공학 또는 생명공학에서도 나타난다. 생명공학이 인간의 몸에 관심하고 인간의 몸을 연구하면서 엄청난 사실들을 밝혀내지만, 자칫 인간의 몸을 물질적인 차원, 또는 기계론적인 차원에 국한시킬 우려가 있다. 그럴 경우 인간 몸에 대한 연구는 오히려 인간 몸을 차별하고 상업화할 가능성이 크다. 특히 현대의 과학적 의료행위는 인간을 인격적인 신체가 아닌 단지 기계적인 몸으로만 보는 방향으로 흘러갈 위험성을 보인다. 여기에 대해서는 공병혜, "현대 의료실천에서 몸에 대한 현상학적 이해", 조선대학교 인문학연구원 이미지연구소 편, 《몸 이미지 권력-이미지에 속박당한 몸, 권력이 속박한 이미지》(서울: 도서출판 앨피, 2010), 145-166을 보라.

13) "서구 인간학의 역사는 처음부터 몸에 대한 '영혼의 지배'의 경향을 보여주고 있으며, 따라서 '육체적인 것의 구별과 훈련과 도구화'의 경향을 보여주고 있다. 이 경향은 서구의 자유의 역사에 있어서 한 본질적인 구성 요소이다…… 육체로부터 영혼의 해방이라는 플라톤적인 관념이 초대교회의 신학을 지배하였다. 영혼을 통한 육체의 형성을 말하는 아리스토텔레스의 명제는 중세기 신학을 결정하였다. 데카르트와 라메트리가 말한 바, 육체의 도구에 대하여 의식적인 영의 힘을 가지려는 근대의 의지는 근대 구라파의 인간학을 지배하고 있다"[Jürgen Moltmann, *Gott in der Schöpfung-ökologische Schöpfungslehren*, 김균진 옮김, 《창조 안에 계신 하느님》(서울: 한국신학연구소, 1991), 288-289]. "사람의 주체를 정신화시키고 사람의 육체를 도구화시키는 일반적 경향은 서구의 거대한 문화 속에 너무도 깊이 뿌리박혀 있기 때문에 이 경향을 극복한다는 것은 매우 어려운 일이다"(같은 책, 291).

가를 에스겔서를 중심으로 살펴보고, 에스겔서에 강하게 나타나는 '예언의 신체성'을 신체에 대한 철학자들의 사상[14]에 근거해서 면밀하게 다룸으로써, 앞으로 디지털 시대의 인간관을 신학적으로 정립하는 데 하나의 초석을 놓으려는 것이 이 글의 목적이다.

2) 에스겔서 서문에 나타나는 신체성

에스겔서는 에스겔이 언제 어디서 무엇을 경험했는지를 간략하면서도 정확하게 언급하는 것으로 시작한다. 이것은 에스겔이 어떤 정황에서 예언을 했는지를 우리에게 알려 준다.[15]

에스겔서 서문은 간결하지만 소홀히 다룰 수 없는 중요한 정보를 많이 담고 있다.[16] 서문은 먼저 에스겔이 예언활동을 시작한 시간을 정확하게 밝힌다.[17] 그리고 장소도 밝힌다. 이런 문학양식은 서문을

---

14) 전통적인 서구철학에서 벗어나 신체적 단일성으로 인간을 사고할 수 있는 길을 열어 준 사람은 하이데거이다[Daniela Vallega-Neu, *The Bodily Dimenstion in Thinking* (Albany: State University of New York Press, 2005), xvi]. 그러나 하이데거는 인간을 '세계-내-존재'로, 시간적이고 역사적인 존재로, 세계와 타자와 공속적인 존재로 규정함으로써 종래의 인간관에서 한 걸음 나아가지만, 인간을 존재론적으로 다루는 데 머무르고, 신체적으로 실제적으로 다루지 않는 한계를 보인다[이수정, 《하이데거-그의 물음을 묻는다》(서울: 생각의 나무, 2010), 404]. 그러나 하이데거는 포스트 하이데거 철학의 관심을 구체적인 인간, 즉 몸으로 사는 현실적이고 인격적인 존재에게 모으는 데 중요한 역할을 했다[Horst Ruthrof, *The Body in Language*, 유화수·박미엽 옮김, 《언어 속의 몸》(서울: 한국문화사, 2008), 28]. 이것은 그의 스승인 후설도 마찬가지이다. "애초부터 에드문트 후설의 현상학은 관념화하는 경향이 있음에도 불구하고 자체 내에 몸으로 복귀할 씨앗을 지니고 있었다"(같은 책, 26).

15) Leslic C. Allen, *Ezekiel 1-19*, WBC. 28 (Dallas, Texas: Word Books, Publisher, 1994), 20.

16) Douglas Stuart, *Ezekiel*, The Commnunicator's Commentary (Dallas, Texas: Word Books, Publisher, 1989), 28; Daniel I. Block, *The Book of Ezekiel Chapters 1-24*, NICOT.(Grand Rapids, Michigan: William B. Eerdmans Publishing Company, 1997), 83.

지닌 예언서에서 거의 공통적으로 나타나는데,[18] 예언자들을 특정한 역사적 시공간에 위치시킴으로써, 그들이 실존적 인물이었음을 보여 주려 한다. 이런 의도는 에스겔의 예언 연대를 십여 차례 이상 구체적으로 밝히는 것에서 더 분명하게 드러난다. 에스겔은 여호야긴 왕이 포로로 끌려간 주전 598년경에 여호야긴과 함께 바벨론에 끌려갔고, 그발 강가에 위치하는 유대인 마을에서 거주하다가 그곳에 끌려온 지 5년째 되던 주전 593년[19]에 예언자로 부름을 받는다. 서문은 이런 역사적 사실들을 우리에게 알려 준다.

이처럼 예언자들에 관한 역사적 사실들을 밝히는 예언서 서문들은 에스겔을 비롯한 고대 이스라엘의 예언자들이 우리처럼 '신체'(身體)를 지닌 인간(人間)이었음을 말한다. 에스겔서 1장 1-3절에서 이런 신체성에 대한 언급은 에스겔이 제사장 부시의 아들(1:3)이었다는 구절에서 명확히 나타난다. 이것이 말하고자 하는 것은 에스겔이 부모에게서 몸으로 태어나 몸으로 살고, 다른 몸들과 어우러져서 온전한 인간이 되어 가고,[20] 그렇게 살다가 죽어서 몸을 땅에 묻은 '인간'이었다는

---

17) '30년'을 요시야 개혁시기에 근거해서 설명하려는 시도는 오래전부터 있었는데, 이보다 널리 수용되는 설명은 30년이 당시 에스겔의 나이라는 것이다 [William H. Brownlee, *Ezekiel 1-19*, WBC. (Waco, Texas: Word Books, Publisher, 1986), 3]. 만약 그렇다면, 에스겔 외에는 예언자들이 정확히 몇 세에 예언자로 부름을 받았는지에 대한 기록이 없기 때문에, '30년'은 우리가 다른 예언자들보다 에스겔을 더 자세하게 이해하는 데 도움을 줄 것이다. 그런데 조이스는 30년을 포로로 끌려온 지 30년으로 보려고 한다[Paul M. Joyce, *Ezekiel: A Commentary* (New York: T & T Clark, 2007), 65f].

18) Walther Zimmerli, *Ezekiel 1*, tr. Ronald E. Clements, *Ezekiel 1, A Commentary on the Book of the Prophet Ezekiel, Chapters 1-24*, Hermeneia (Philadelphia: Fortress Press, 1979), 100.

19) 아이히로트는 594년으로 계산한다[Walther Eichrodt, *Der Prophet Hesekiel*, tr. Cosslett Quin, *Ezekiel*, OTL. (London: SCM Press, 1970), 52].

20) 인간의 신체성은 자신의 몸뿐만 아니라 사회성을 통해서도 체득된다. 우리는 다른 사람들과 몸으로 접촉하면서 신체성을 확인하고, 그런 삶을 통해서 물질로서의 신체를 벗어나 통합적인 인격체가 된다. "인간은 오직 교육을 통해서만

것이다. “우리는 몸으로서/몸으로써 삶을 영위하고 사회적 의미를 체현한다.”[21] 몸이 없으면 삶도 없고, 외부지각과 자기표현도 불가능하다. 몸이 없으면 언어작용이 불가능하기 때문이다. 인간은 정신이나 혼으로 존재하는 것이 아니고 그것들을 발생시키고 또 포함하는 통합적인 몸으로 존재하고 또 그래야 하기에, 인간은 당연히 신체를 지녀야만 한다. 그렇기에 우리는 신체 없이 정신으로만 존재하는 인간을 상상할 수 없다.[22] 신체에서 발생하는 정신은 발생 이후에는 신체 자체와 구별할 수 있고, 심지어 신체 기능을 넘어서는 놀라운 일들을 할 수 있지만[23] 근본적으로는 신체작용, 즉 뇌를 중심하는 온몸의

인간이 된다. 사람들 사이에서 양육되고 교육받지 못할 때, 인간은 설령 죽지 않고 살아남는다 하더라도 온전한 의미의 인간으로 성장할 수 없다. 그리하여 인간은 한편에서는 자연의 산물이지만 다른 한편에서는 인간 공동체의 산물이기도 하다. 이런 의미에서 인간은 유적(類的) 존재이다. 인간은 오직 인격적 공동체 속에서만 인간이 되고 낱낱의 내가 된다”[김상봉, 《자기의식과 존재사유－칸트 철학과 근대적 주체성의 존재론》(서울: (주)도서출판 한길사, 1998, 1999), 340]. “인간과 존재와의 만남들 속에서 인간의 본질이 단지 현상되는 것이 아니라, 오히려 존재가 그때그때마다 그 만남 속에서 결단할 때에 인간의 본질이 비로소 형성된다. 그러나 존재와 만날 수 있는 능력 자체는 인간의 근원적인 본질이다. 그러므로 이것은 자유이며, 자유의 장소는 역사이다. 한편 역사는 오직 역사를 초월하는 주체의 근본적인 본질에 의해서 가능하다. 역사적인 만남에서 형성되는 실제성에 대한 상(Bild)은 나의 상을 포함하며, 이 상이 진리로 있는 한, 이 상에 따라 인간은 존재한다”[Hans Jonas, *Das Prinzip Leben–Ansätze zu einer philosophischen Biologie*, 한정선 옮김, 《생명의 원리–철학적 생물학을 위한 접근》, 대우학술총서 506 (서울: 아카넷, 2001), 392].

21) 강미라, 《몸·주체·권력–메를로퐁티와 푸코의 몸 개념》(서울: (주)이학사, 2011), 13.

22) “마음과 마음의 연결은 몸을 통하여 이루어지는 것이고, 마음의 사회적 내용은 몸들이 이루어내는 언어 공동체에 의하여 구성되는 것이다. 결국 마음이란 사회적 내용의 개인적 체험의 장이라고 생각한다”[정대현, 《심성내용의 신체성 언어신체성으로 마음도 보인다》, 대우학술총서 528(서울: 아카넷, 2001), 12]. “신체성 안에 인격의 통합성이 이미 들어와 있기 때문이다. 그리하여 ‘몸으로 생각한다’는 명제는 서양 언어전통에서 모순명제가 되지만 동양언어에서는 자연스러운 일상적 경험이 되는 것이다. 결국 심성 내용은 그러한 몸들이 이루어내는 몸가짐의 연결망으로 표시될 수 있다고 생각한다”(같은 책, 15).

작용이기 때문에 신체 없이 정신은 발생할 수 없고, 정신 역시 신체에 포함된다.[24] 그래서 인간은 신체와 정신의 통합체가 아니고 온전히 몸으로만 존재한다.[25]

23) "몸과 마음의 관계를 수반의 관계로 이해한다는 것은 마음의 기능을 두뇌의 기능에 수반되는 것으로 볼 수 있음을 말한다. 마음의 기능은 심리적 속성을 갖게 하며, 이러한 속성은 두뇌의 기능이 갖는 속성과는 다르다. 수반되는 기능이지만 그 기능이 갖는 특성은 그것을 수반하는 기능의 특성으로 환원될 수 없는 것이다. 따라서 동일한 기능도 아니고 동일한 속성도 아니다. 몸과 마음은 동일할 수 없다. 하지만 수반되는 기능과 속성은 그것을 수반하는 하위 차원의 기능과 속성이 없이는 실재할 수 없다. 그러므로 마음은 몸을 떠나서 실재할 수 있는 독립된 실재가 아니다"(소흥렬, 《자연주의적 유신론-우주의 마음 사람의 마음 컴퓨터의 마음》(서울 : 서광사, 1992), 150]. 소흥렬은 영혼과 마음의 관계도 이런 관점에서 이야기한다. 즉 영혼은 1차적으로는 마음에, 2차적으로는 몸에 기반해서 발생하는 것이기에 마음과 몸 없이 존재할 수 없지만, 그러나 발생한 이후에는 마음이나 몸으로 환원될 수 있는 것이 아니라는 것이다(같은 책, 169).

24) "메를로-퐁티에 의하면, 지각의 주체는 신체이다. 여기서 신체는 지각하는 주체와 대상 간에 가로놓인 장애물이 아니라, 오히려 이들이 직접적으로 소통하는 기관(instrument)이다. 여기서 주의할 것은 '직접적'이라는 말이다. 지각의 주체는 신체와 구별되지 않는 신체 그 자체이며, 지각은 바로 이러한 신체로서 이루어지는 사물과의 직접적인 만남 또는 접촉이다. 지각의 세계는 지각의 주체인 신체가 항상 몸소(bodily) 물 자체에 참여함으로써 그것과 만나는 그런 세계이다"[김홍우, 《현상학과 정치철학》(서울: 문학과 지성사, 1999), 611-612]. "지각의 과정은 신체의 운동적 과정과 본질적으로 결합되어 있다. 나는 이러한 신체적 행위에 의해서 존재론적으로 세계와 불가분적인 결합 관계를 맺고 있다"[한자경, 《자아의 연구-서양 근·현대 철학자들의 자아관 연구》(서울: 서광사, 1997), 273]. 지각과 인식의 신체성에 대해서는 Francisco J. Varela, Evan Thompson, and Eleanor Rosch, *The Embodied Mind-Cognitive Science and Human Experience* (Cambridge: The MIT Press, 1993, 1999)도 보라.

25) "오늘날 또다시 영혼의 발생생리학적인 병행의 장이 된 것은 결코 단순한 뇌수가 아니라 '신체 전체'임이 입증되었다. 데카르트가 가정한 것과 같은, 영혼 실체와 신체적 실체의 그러한 방식의 외면적 결합이란 이제는 더 이상 진지한 논의의 대상이 될 수 없다. 오늘날 신체와 영혼(몸과 마음)의 문제를 다루고 있는 철학자, 의학자, 자연연구가들은 점점 더 하나의 근본적인 견해로 일치되어 가고 있다. 다시 말해서 '동일한 생명'이 그것의 내면적 존재에서는 '심적인' 형태형성으로, 그리고 타자에 대한 존재에서는 '신체적' 형태형성으로 나타난다는 것이다"[Max Scheller, *Die Stellung des Menschen im Kosmos*, 진교훈 옮김, 《우주에서 인간의 지위》(서울: 아카넷, 2001), 121-122].

그런데 여기서 말하는 '신체'는 물질로서의 육체 자체를 가리키는 것은 아니다. 물론 인간을 사물적인 육체를 배제하고 이야기할 수 없지만 인간은 그런 육체만을 말하는 것이 아니고, 삶이라는 운동성을 통해서 다른 사람들과 함께 어우러지는 인간 자체, 즉 몸으로 삶을 만들어 가는 인격적인 존재를 말한다.[26] 이렇게 말하면 인간을 추상화하는 것으로 보일 수도 있지만 인간이라는 인격적인 존재는 눈에 보이고 또 접촉가능한 몸을 지니고 있기 때문에 결코 추상화될 수 없다.[27]

인간이 곧 몸이라는 생각은 창조사상에서도 찾아볼 수 있는데, 하나님은 신체를 지닌 인간을 만드셨지 신체 없는 허깨비를 만드신 것이 아니다.[28] 그렇기 때문에 성서는 탈육의 욕망에 대항해서 몸에 근거

---

26) "신체성을 데카르트의 사물성과 구분하여 그 개념을 구성하고자 한다면, '신체성'이라는 단어가 오용되는 경우를 제외하여야 할 것이다. '신체성'은 '육체적이다'의 의미로 사용될 수 없다. 육체성은 데카르트의 사물성에 따라 인간의 몸을 바라보는 시각을 나타내기 때문일 것이다. 육체성은 사물성처럼 이원성, 외연성, 인과관계, 비인격성을 포함하고 있다고 보인다. 신체성은 '피지컬하다'의 의미로도 사용될 수 없다. 피지컬한 것은 인간의 신체성으로부터 사물성만을 분리한 속성을 나타내는 것으로도 생각되기 때문이다. 또한 비슷한 이유들로 '신체성'이라는 단어는 인간의 육체적 몸이나 사물적인 것을 수식하기 위해 사용되기도 어렵다"(정대현, 《심성내용의 신체성》, 337). 몸(soma)과 육체(sarx)를 구분하는 반 퍼슨에 따르면, "몸은 단순한 객체가 아니라 행위하는 가능성이고 절대자를 순종하거나 불순종하는 가능태인 것이다"(같은 책, 337, 각주 3).

27) "후설의 환원된 세계-현상 내에는 항상 직접적 현존으로 주어지는 하나의 대상이 있다. 그것은 바로 나의 신체이다. 나의 신체는 살아 있는 신체(Leib)로서 다른 물체들과 구별된다. 초월적 자아의 원초적 영역 안에서는 나의 신체만이 살아 있는 신체이다"(김홍우, 315). "고통당하는 사람은 구체적인 인간으로, 고아와 과부의 얼굴로 우리 앞에 나타난다. 그 얼굴은 우리에게 호소하고 항의하고 심판하고 심지어 저주하는 얼굴이다"[손봉호, 《고통받는 인간-고통문제에 대한 철학적 성찰》(서울: 서울대학교출판사, 1995, 1999), 203]. 손봉호는 고통문제를 다루면서도 인간의 신체성에 대해서는 깊이 있게 언급하지 않는다는 점에서 한계를 보인다.

28) 인간은 몸 없이 존재할 수 없으며, 몸 없이 사유할 수 없기 때문에 인간에게

한 올바른 인간관을 정립할 것을 촉구한다. 에스겔 1장 1-3절 같은 기록양식은 구약성서의 예언문학에서는 전형적이지만, 인조인간이나 사이보그[29]와 같은 전혀 다른 종류의 존재들, 즉 부모 없이 출생하는 유사인간들[30]과 몸 없이 전뇌(電腦)로 존재하는 인공지능인간,[31] 또는

몸은 가장 소중한 것이다. 그런 까닭에 몰트만은 '신체성'이 "하느님의 사역에 상응하여 사람의 가장 높은 목적이요 그의 모든 사역들의 종점"이라고 말한다. 성서의 전통들에 의하면, 신체성은 ① '하느님의 창조의 사역들'의 종점이다. ② '하느님의 화해의 사역들'의 종점이다. ③ 영광과 평화의 나라를 향한 '세계의 구원'의 종점이다(J rgen Moltmann, 289–290). 디지털 시대 인간관에 대한 기독교적 접근은 안재중, 〈과학기술시대의 인간 이해에 대한 개혁신학적 고찰〉, 미간행 석사학위논문, 장로회신학대학교 신학대학원, 2000을 보라.

29) 사이보그에 대해서는 ed. Chris Hables Gray, *The Cyborg Handbook* (New York: Routledge, 1995), de. Gill Kirkup, Linda Janes, Kath Woodward, Fiona Hovenden, *The Gendered Cyborg–A Reader* (London : Routledge, 2000), 홍성태 엮음, 《사이보그 사이버컬처》, 문화과학 테크노 문화신서 2(서울: 문화과학사, 1997, 2000)를 보라. 아직 완전한 사이보그는 실재하지 않지만, 개념적으로 또 이미지로 존재하는 사이보그는 인간으로 하여금 인간 스스로를 다시 생각게 한다. 도나 해러웨이는 이 시대를 사이보그 시대로 규정한다. 그리고 사이보그 시대의 특성은 온갖 것들이 자유롭게 교류하고 합쳐지는 것으로 본다. 그래서 사이보그 정치학은 획일화에 대한 투쟁이다. 그래서 이종교배(hybrid)가 특징이다[Donna J. Haraway, "A Cyborg Manifesto: Science, Technology, and Socialist–Feminism in the Late Twentieth Century," *Simians, Cyborgs, and Women–The Reinvention of Nature* (New York: Routledge, Chapman and Hall, Inc., 1991), 149–181]. 이런 생각은 산도발에게서도 나타난다[Chela Sandoval, "New Sciences: Cyborg Feminism and the Methodology of the Oppressed", ed. by Chris Hables Gray, *The Cyborg Handbook*(New York: Routledge, 1995), 407–421].

30) "블레이드 러너"라는 영화에서 이 주제를 다룬다. 이 영화에 대해서는 이정우, 《기술과 운명–사이버펑크에서 철학으로》(서울: 한길사, 2001), 9–44를 보라.

31) 이것은 '공각기동대'라는 일본 애니메이션에서 다루는데, 이것에 대해서는 이정우, 《기술과 운명》, 45–94를 보라. 완벽하게 사유하는 인격체로서의 인공지능인간에 대해서는 Ray Kurzweil, *The Age of Spiritual Machines–When Computers Exceed Human Intelligence* (New York: Penguin Books, 1999)를 보라. 그는 2099년에는 그런 인공지능인간이 출현할 것이라고 예견한다(같은 책, 234f).

인간 몸과는 다른 것들을 외피 삼아 사는 것들[32)]을 소설과 영화를 통해서 이미 경험하며 살아가는 디지털 시대에서는 무엇보다 신체를 지닌 인격적 인간이해가 매우 중요하다.

그리고 에스겔이 몸으로 사는 인간이라는 사실은 하나님이 에스겔에게 말씀하시면서 '벤 아담'(사람의 아들)이라고 부르시는 것(2:1)에서도 나타난다. 에스겔은 하나님이 하시는 말씀 가운데서 벤 아담이라는 말을 제일 먼저 듣는다. 하나님은 다른 말씀을 하시기 전에, 에스겔이 하나님과 견줄 수 없는 연약한[33)] '사람의 아들',[34)] 즉 인간임을 강조하시는 것이다. 하나님은 에스겔을 부르실 때마다 '벤 아담'이라고 하신다. 벤 아담은 에스겔서에서 93회[35)] 나오는데, 하나님이 93회나 에스겔을 벤 아담으로 부르시는 것은 에스겔이 몸을 지닌 인간, 결국 죽을 인간임을 그만큼 역설하시는 것이다.[36)]

에스겔서 서문은 앞으로 에스겔이 하는 예언이 에스겔이라는 사람을 통해서 이루어지는 신체적인 행위임을 보여준다.[37)] 예언을 비롯한 인간의 모든 행위는 신체성을 전제한다.[38)] 에스겔에게 신체가 없다면,

---

32) 그러나 "매체를 통해 재현되는 가상물은 결코 실재를 대체할 수 없다. 우리의 지각과 반성과 상상의 근본적인 토대가 되는 것은 바로 육체라는 매체이고, 인공적인 기술매체가 존재로서(étre)의 육체를 대신한다는 것은 바로 우리 인간존재의 완전한 분해를 의미하는 것이기 때문이다"[이기현, "매체의 신화, 문화의 야만", 김상환 외, 《매체의 철학》(서울: 나남출판, 1998), 416].

33) 사람은 연약하지만 "사람됨의 힘은 연약하고 죽을 수밖에 없는 삶을 받아들이고 긍정하고 사랑하는 데에 있다"(Jürgen Moltmann, 322).

34) '벤 아담'을 직역하면 '사람의 아들'이지만 그렇다고 '사람의 아들'로 번역해서는 안 된다. '사람' 또는 '인간'으로 번역하는 것이 좋다(W. H. Brownlee, 25f).

35) Walther Zimmerli, *Ezekiel 1*, 131.

36) Moshe Greenberg, *Ezekiel 1–20*, AB. (Garden City, New York: Doubleday & Company, Inc., 1983), 62.

37) 독자들은 에스겔이 보는 것을 보고, 에스겔이 듣는 것을 듣는다[Steven Tuell, *Ezekiel* (Peabody: Hendrickson Publishers, Inc., 2009), 8]. 이런 점에서 예언행위뿐만 아니라 예언독서도 신체적이다.

하나님이 그에게 말씀하시는 것을 듣고 볼 수도 없을 것이고, 그것을 선포하지도 못했을 것이다. 그래서 예언은 철저히 신체적 사건인 것이다. 그런데 에스겔은 예언을 하면서 그 신체성을 극대화한다는 점에서 다른 예언자들과 구별된다.

그리고 에스겔의 예언행위는 신체적 행위인 봄(視)으로 시작한다는 점에 주목해야 한다. 그는 하나님의 모습을 본다(겔 1:1).[39] 이것은 그가 '눈'이라는 신체기관, 즉 외부적인 대상을 감지하는 감각기관을 갖고 있음을 보여준다. 시각은 인간의 인지작용에서 매우 중요한 역할을 한다.[40] 시각은 인간의 감각기관 중에서 가장 중요하고 일차적이다.[41] 에스겔 예언이 바로 이런 시각적인 행위로 시작한다는 사실은 예언의 신체성에 대한 근거를 제공한다.

---

38) "우리의 가장 잘 다듬어진 생각이나 가장 최선의 행위, 우리의 가장 큰 기쁨 또 가장 깊은 슬픔도 신체를 하나의 척도로 이용하고 있다. 놀랍게 들릴지는 모르겠지만, 정신은 하나의 통합된 생물체 내에 존재하며, 또 그것을 위하여 존재하고 있다. 우리의 정신은 진화나 개인적 발달 그리고 현재 이 순간에 신체와 뇌의 상호작용이 없었다면 지금의 이 상태로 되지 못하였을 것이다. 마음은 일차적으로 신체에 관한 것이어야 하고, 그렇지 못하면 그것은 존재할 수 없었을 것이다. 신체가 계속해서 제공해 주는 기본적인 참고자료 위에서, 비로소 마음은 실제적이거나 상상적인 많은 것에 관한 것일 수 있다"[Antonio R. Damasio, *Descartes' Error: Emotion, Reason, and the Human Brain*, 김린 역, 《데카르트의 오류: 감정, 이성 그리고 인간의 뇌》(서울: 중앙문화사, 1999), 5].

39) '하나님의 모습'은 히브리어로 '마르오트 엘로힘'인데, 오델은 이것이 다른 예언서에 나타나는 환상적 경험이 아닌, 직접적인 신 경험을 가리킨다고 말한다[Margaret S. Odell, *Ezekiel*, Smyth & Helwys Bible Commentary (Macon: Smyth & Helwys Publishing, Inc., 2005), 14].

40) 에스겔에게 있어서 보는 것은 믿는 것이다[R. E. Clements, *Ezekiel* (Louisville: Westminster John Knox Press, 1996), 13].

41) 그리스 철학에서부터 눈은 모든 감각기관 가운데 가장 우선으로 여겨졌다. 플라톤의 티마이오스에서도 인간의 신체기관 가운데서 눈이 가장 먼저 만들어졌다고 말한다(박종현·김영균 공동역주, 《플라톤의 티마이오스》(서울: 서광사, 2000), 122].

3) 소명체험에 나타나는 신체성

에스겔서 서문뿐만 아니라 소명체험 본문[42]에서 특히 시각적 행위가 중요하게 나타난다. 에스겔의 소명체험은 1장 4절부터인데, 4절은 "내가 보니"로 시작한다. 그런 다음 에스겔은 그가 본 것을 상세하게 묘사한다. 이때에도 에스겔은 시각적인 단어들을 사용한다. 에스겔은 '모양'('마르에')이라는 말을 여러 번 반복하는데, 이 단어는 1장에 14번 나온다. 그러니 시각적 이미지를 얼마나 강조하는지 알 수 있다. 물론 에스겔은 보기만 한 것이 아니고 소리도 들었겠지만, 기록 순서를 보면 들음이라는 청각적인 행위는 상당히 뒤에 나타난다. 24절에 가서야 생물체의 날갯짓 소리 들은 것을 언급하고, 에스겔이 하나님 말씀을 직접 들은 것은 28절에서야 언급한다. 청각도 신체적인 행위이고 예언에서 매우 중요한 것이지만, 에스겔서에서는 봄이 더 강조되고, 청각적인 것은 시각적인 것에 부차적으로 나타난다. 시각의 중요성은 에스겔이 본 생명체에 눈이 가득했다는 것에서도 입증된다(겔 1:18).

이처럼 에스겔서는 보는 것으로 시작한다. 본다는 것은 눈이라는 신체의 한 부분을 통해서 어떤 것을 지각하는 것을 가리키는데, 그렇다고 해서 본다는 것은 눈에서만 그치는 행위가 아니고 온몸으로 경험하는 전 인격적인 행위임을 기억해야 한다.[43] 이러한 전 신체적 지각

42) 에스겔서 1장 4-28절에 나오는 환상장면에 대한 해설과 그 환상에 대한 수용과 해석의 역사에 대해서는, Michael Lieb, *The Visionary Mode-Biblical Prophecy, Hermeneutics, and Cultural Change* (Ithaca: Cornell University Press, 1991)를 보라. 특히 '병거환상'으로 불리는 바퀴환상에 대해서는, David Halperin, *The Faces of the Chariot-Early Jewish Responses to Ezekiel's Vision* J.C.B. Mohr, (Paul Siebeck), T bingen, 1988)을 보라.

43) 지각은 보편적이면서 대개 무의식적인 현상이다: "보는 건 눈이 아니고, 듣는 건 귀가 아니다. 보고 듣는 건 사람이다"라고 후고 쿠켈하우스(Hugo K kelhaus)는 말했다. 그러므로 다른 기관과 독립적으로 분리되어 기능하는 기관은 없다.

작용은 히브리적 사유와 이어진다.

"성서에서 매우 자주 나오는 명사를 대체로 '마음'(Herz, 심장), '영혼'(Seele), '육체'(Fleisch), '정신'(Geist)으로 번역한다면, 그다음에는 굉장한 오해가 생기게 된다. 이런 오해는 이미 고대 희랍어 번역인 70인역 성서에서 나타났다. 이 번역에서는 육체와 정신과 영혼이 다 서로 대립되는 관계에 빠져서 인간이 이분화(二分化), 또는 삼분화(三分化)까지 되는 인간론으로 오도(誤導)시키고 말았다.[44] 히브리인의 종합적이고 입체적인 사고는 신체의 어느 부분

다만 지각 과정이라는 보편적 상호작용에 전체적으로 참여하는 유기체가 있을 뿐이다[Christian Doelker, *La réalité dans les médias*, 이도경 옮김, 《미디어에서 리얼리티란 무엇인가》(서울: 커뮤니케이션북스, 2001), 35]. 한스 요나스도 시각이 청각보다 우선하고 우월하다는 점을 인정한다. 그러나 "시각은 신체 전체의 한 부분의 기능에 불과하며, 신체는 자신의 위치가 바뀌는 것을 느끼면서 주위세계 속으로 역동적으로 빨려 들어가는 것을 체험한다는 사실은 물론 근본적인 사태이다. 우리가 몸을 '가지고 있고', 이 몸의 일부가 눈들이라는 사실은 우리의 '공간성'의 일차적인 사태이다. 단지 기하학적으로만 공간 속에서 부피를 차지하는 몸이 아니라, 비록 몸 자체가 정지하고 머물러 있는 동안이라고(이를테면 단순한 중력을 통해서) 할지라도 지속적으로 세계와 물리적인 상호작용을 하고 있는 몸을 우리는 가지고 있다. 이와 같은 비시각적인 몸의 느낌들이 뒷받침되지 않는다면, 그리고 실행된 운동에 의해 경험이 축적되어 있지 않다면, 아마도 눈들만으로는 시야가 내적으로 연장되어 있음에도 불구하고, 공간에 대한 인식을 제공할 수 없을 것이다"(Hans Jonas, *Das Prinzip Leben*, 331–332). 김홍우는 '입'을 예로 들어서 인간의 합일된 신체성을 이야기한다. "어린 시절, 나는 말하는 것이 나의 '입'이라고만 믿었다. 그러나 나이가 들면서 말은 나의 '입'만이 하는 것이 아니라는 것을 점차로 깨닫게 되었다. 나는 말할 때마다 과연 내 몸의 어떤 부분이 말하는 부분이고, 어떤 부분이 말하지 않는 부분인지 구별하기 어렵다는 것을 알게 되었다. 마침내 말하는 것은 나의 '입'만이 아니라 나의 몸 전체라고 믿게끔 되었다……우리는 몸 전체로써 노래하고, 몸 전체로써 행동하고, 몸 전체로써 생각한다고 말한다. 이런 의미에서 우리는 몸 전체로써 삶을 살아가고 있으며, 또 우리의 삶이란 우리의 몸 전체, 우리의 존재 전체가 투입되는 사건이라 할 수 있다" (김홍우, 5).

44) Hans Walter Wolff, *Anthropologie des Alten Testaments*, 문희석 옮김, 《구약성서의 인간학》(왜관: 분도출판사, 1976), 24.

을 그 기관의 특수한 행동이나 기능과 관련시켜서 보고 있으며, 또 이런 기관은 다시 인간 전체를 투시하는 것으로 생각되었다."[45]

그래서 에스겔의 소명체험은 몸을 배제한 영적인 차원이나 정신적인 차원에서 그치는 것이 아니고, 온몸으로 전 인격으로 경험하는 사건이다. 그리고 에스겔은 육안으로 본 것이 아니라고 해도, 눈이라는 신체적 기관을 통한 경험으로 자신이 본 것을 신체화한다. 에스겔은 그가 보는 것들을 물체화하고 신체화한다. 그리고 거기에 청각적인 요소를 가미하면서 소명체험이 철저히 신체에 의존하는 신체적인 행위임을 보여준다.

그리고 에스겔은 묘사 또는 은유와 비유를 사용함에 있어서도 신체성에 근거한다. 그리고 하나님 체험도 신체화한다. 에스겔의 하나님 체험은 '하나님의 모습'에 대한 언급에서 보듯이 신체성을 띠는데, 특히 1장 3절 마지막에 나오는 '야훼의 손'은 에스겔의 하나님 체험이 신체성에 기반하고 있음을 명확하게 보여준다.[46] 그가 묘사하는 것은 생명체 모양을 한 것들(겔 1:5)인데, 그것들은 사람 모양과 비슷했다. 그것들은 얼굴(같은 것)도 있고 몸(같은 것)도 있고, 또 눈(같은 것)도 있고, 손(같은 것)도 있다. 가장 많이 언급되는 것은 손이다. 그리고 허리(같은 것)도 있고(겔 1:27), 등(같은 것)도 있다(겔 10:12). '허리'는 8장에도 나온다. 여기에 나오는 허리는 분명히 인간의 몸을 생각나게 하는데, 몸을 허리 위와 아래로 구분해서 묘사함으로써 그 신체성을 부각한다. '등'은 구약성서에 모두 12번 나오는데 에스겔서에만 7번 나온다. 에스겔

---

45) *Ibid.*, 29.

46) 에스겔은 하나님의 손에 이끌려서 예루살렘도 가고(8-11장), 마른 뼈 골짜기에도 가고(37장), 새로운 성읍에도 간다(40-48장).

의 소명체험에서 '등'이라는 단어는 다른 신체기관들을 가리키는 말과 아울러서 환상을 신체화하는 중요한 기능을 한다.

물론 에스겔이 묘사하는 그것들이 정확히 무엇인지는 알 수 없다. 그것들이 어디서 어떻게 출현했는지도 알 수 없다. 에스겔이 묘사하는 것을 통해서 그것들을 제대로 재현할 수도 없다. 디지털 시대에 익숙한 사이보그 같은 이미지를 연상케 하고, 또 우주선이나 우주인을 연상케 하지만, 에스겔은 자신이 눈으로 본 것을 어떤 모양과 비슷하다고 말함으로써 그것들이 정확하게 어떻게 생겼으며 무엇이었는지를 독자들로 하여금 모르게 한다. 중요한 것은 에스겔이 그것들을 묘사할 때, 인간의 신체성에 근거해서 인간과 비슷한 존재로 묘사했다는 것이다.[47]

그리고 에스겔은 궁창 위에 있는 존재를 "사람의 모양 같더라"(겔 1:26)고 말한다. 신적인 존재를 인간적인 모습으로 그려내는 것이다. 하나님 형상을 신체화하는 것이다. 이렇듯 에스겔의 경험은 매우 신체적이다. 하나님은 에스겔에게 일어나라고 말씀하신다. 에스겔의 하나님 경험이 신체와는 무관하게 정신적으로만 일어나는 것이 아니고-신체와 무관한 정신적인 경험은 불가능하다-온몸으로 경험하는 것임을 보여준다.[48] 그는 눈으로 보고, 귀로 듣고, 발로 일어선다(겔 2:1-2).

47) 에스겔이 환상 가운데서 본 것은 디지털 시대의 생명에 대한 논의에서 중요한 논제로 삼기에 충분하다고 생각한다. 디지털 시대의 생명 논쟁에 대해서는 김재영, "몸과 기계의 경계: 사이버네틱스, 인공생명, 온생명", 이화인문과학원 편, 《인터-페이스와 다매체 미학》(서울: 이화여자대학교출판부, 2011), 91-122를 보라.

48) "왜 우리는 '내장 느낌'에 그토록 많은 신뢰를 하고 있는 때에 의식은 두뇌에만 있다고 믿는가? 왜 우리는 몇몇 반응들을 '내장성'(內臟性, visceral)이라 하는가? 왜 고대 인도의 요가나 중국의 무술 전통은 의지의 중심을 복부(腹部)에 두는가? 우리가 두뇌로 생각한다고 믿는 것은 그렇다고 배웠기 때문이다. 그렇지 않다고 믿게 되었다면? 우리는 삶을 얼마나 다르게 살까? 진정으

이것은 예언사역이 철저히 예언자의 신체에 근거해서 이루어진다는 사실을 보여준다.

그리고 예언의 신체성은 하나님이 주시는 두루마리를 에스겔이 음식처럼 받아먹는 것에서 극대화한다. 에스겔서 2장 8절-3장 3절에는 '먹다'라는 동사가 6번 나온다. 그리고 먹는 것과 관련된 구체적인 신체기관들인 입(3회)과 배, 창자라는 단어도 나온다. 이것은 그만큼 '먹는다'는 신체적 행위, 즉 예언의 신체성을 강조하면서, 예언현상이 결코 신체와 무관한 차원에서 이루어지는 것이 아님을 보여준다.[49] 이 장면은 인간의 신체적 경험을 바탕으로 한다는 점에서 매우 의미가 있다. 그는 입을 벌리고 두루마리를 먹는다. 이 일이 구체적으로 어떻게 이루어졌는지는 알 수 없어도, 분명한 사실은 에스겔이 그 일을 신체적으로 경험했다는 것이다. 이 과정에서 하나님이 하시는 말씀과 동작도 매우 구체적이다. 하나님 말씀에 따라 에스겔은 입을 벌리고, 하나님은 그 두루마리를 에스겔에게 먹여주신다. 그리고 "네 배에 넣으며 네 창자에 채우라"고 말씀하신다. 에스겔은 그것을 (씹어) 먹었는데, 그것이 입에서 달기가 꿀 같았다고 말한다. 예언의 신체성을 이토록 극명하게 묘사하는 것을 찾아보기 어렵다. 그리고 이 일이 아무리 상징적인 것이라고 해도,[50] 에스겔이 그 일을 신체적으로 경험하고

로 말해 나는 내 팔과 내 복부로 '안다'고 주장하고 싶다. '앎'이라는 활동이 신체의 어떤 부위에 고립되어 있다고 하는 것은 부질없는 짓이다"(Simon Penny, 73–74).

49) 아이히로트는 이 구절들을 비교적 상세하게 주석하면서, 다른 예언자들에 비해 더 강력한 에스겔의 육체적인 경험에 주목한다. 그리고 먹고 마시는 것은 아라비아와 유대 신비주의자들에게서 볼 수 있는 것처럼, 어떤 신비체험에서 특징적으로 나타나기도 한다고 말한다(Walther Eichrodt, 64).

50) 에스겔이 두루마리를 먹는 것은 자신의 삶을 개방해서 하나님의 뜻을 따르고, 자신의 의지를 하나님의 의지에 내맡긴다는 것을 의미한다(Leslie C. Allen, *Ezekiel 1–19,* 41).

또 신체적으로 표현했음을 부인할 수는 없다. 아니, 신체 자체가 미디어이고 메시지임을 분명하게 보여준다.[51] 그렇기 때문에 신체성과 신체적 경험을 배제하면, 이 본문을 제대로 읽을 수 없다.

4) 행위예언에 나타나는 신체성

지금까지 살펴본 대로, 예언은 하나님이 보여주시는 장면을 보고 듣는 신체적인 행위로 시작한다. 그리고 이러한 예언의 신체성은 다른 예언자들보다 에스겔에서 두드러진다. 에스겔은 몸으로 예언을 하기 때문이다. 그는 신체를 통해서 메시지를 전달한다. 예언의 신체화는 이런 몸 예언을 통해서 분명하게 드러난다. 에스겔의 예언은 4장부터 시작하는데, 그는 첫 예언을 일종의 퍼포먼스로 시작한다(겔 4:1-3).[52] 그런데 이것보다 더 중요한 예언의 신체화가 4절부터 나온다. 그는 모형을 만들어서 징조로 삼는 것으로 그치지 않고, 자기 몸 자체를 징조로 삼는다. 에스겔은 좌편으로 눕고 우편으로 눕는 것을 통해서 하나님의 메시지를 전한다(겔 4:4-8). 그의 몸 자체가 메시지인 것이다.[53] 그리고 음식을 만들어 먹는 것을 통해서 예언을 한다(겔 4:9-17).

---

51) "몸은 그 자체가 일종의 매체라고 볼 수 있는데, 이것은 심리적·정신적 기억 과정들이 신경으로만 이루어진 것이 아니라 체세포로도 이루어져 있기 때문이다"[Aleida Assmann, *Erinnerungsräume: Formen und Wandlungen des kulturellen Gedächtnisses*, 변학수·채연숙 옮김, 《기억의 공간-문화적 기억의 형식과 변천》(서울: (주)그린비출판사, 2011), 23f].

52) 여기에 대해서는 이종록, 《디지털 에스겔》, "제3장. 이미지, 은유와 상징-벽돌쌓기의 괴로움"(63-88)을 보라.

53) 인간은 관념론적인 존재가 아니며, 매순간 역동적으로 움직이는 신체적 존재이다. "우리는 다름 아닌 몸 자체이며, 몸의 움직임이 곧 자신을 만든다는 것을 감각을 통해 인식해야 한다"[Kimerer LaMothe, *What A Body Knows*, 홍선영 옮김, 《몸, 욕망을 말하다-내 몸이 원하는 소외된 욕망의 재발견》(서울: 생각의 날개, 2009), 10].

음식을 만들어 먹고 물을 마시는 것은 인간이 살아가는 데 필수적인 것이기 때문에, 이 구절은 다른 어떤 것보다도 예언의 신체성을 명확하게 보여준다. 에스겔은 전쟁이 일어나 식량이 부족할 때 예루살렘 사람들이 얼마나 고통당할 것인지를 알려주기 위해서, 그런 상황을 연출하고 극심한 배고픔을 몸소 체험한다.[54] 이것은 일종의 '예언생리학'(豫言生理學)이다.[55] 또 에스겔은 자신의 머리털과 수염을 가지고 예언을 한다(겔 5:1-4). 그리고 에스겔은 하나님으로 말씀을 들은 다음에 얼마 동안 벙어리가 되기도 하는데(겔 3:26), 이것은 영적인 체험이 얼마나 신체적인지를 보여준다.

예언의 신체성은 에스겔서 8장에서도 나타난다. 8장 3절에서 머리털로 번역한 히브리어 '치츠'는 출애굽기 28장 36절에 의하면 제사장 머리에 붙이는 패이다. 하나님은 제사장을 의미하는 그 패가 있는 부분을 잡은 것으로 보인다. 그런 상태에서 에스겔이 어떻게 예루살렘까지 갔는지 알 수 없다. 그러나 그가 이야기하는 것을 보면, 주님의 손이 그의 머리털, 또는 그의 머리 부분을 잡고 공중을 날아서 예루살렘까지 갔다는 것이다.[56] 그것이 어떤 경험이었든지 에스겔이 그것을

---

54) 이러한 에스겔의 신체 포퍼먼스는 최근에 나타나는 사이보그 퍼포먼스만큼이나 전위적이었을 것이다. "몸을 증식시키고, 분해하고, 몸의 일부분을 고립시키는 포스트모던 미술가의 몸에 대한 다양한 전략과 함께 스텔락의 사이보그 퍼포먼스 또한 신체에 대한 새로운 이해와 퍼포먼스에 대한 지평을 확상하는 방식으로 받아들여질 수 있다. 신체는 작업을 위한 중요한 장소일 뿐 아니라 정보의 원천이기 때문이다"[전혜숙, "기계와 융합된 미술가의 신체: 스텔락의 '사이보그 퍼포먼스'," 이화인문과학원 편, 《디지털 시대의 컨버전스》(서울: 이화여자대학교출판부, 2011), 163].

55) 니체는 '예술생리학'을 이야기했는데, 에스겔의 예언방식은 '예언생리학'으로 명명해도 좋을 듯하다. 니체의 '예술생리학'에 대해서는 백승영, 《니체-건강한 삶을 위한 긍정의 철학을 기획하다》(서울: (주)도서출판 한길사, 2011), 258-261을 보라.

56) 신이 사람의 머리를 붙잡고 공중이동을 하는 장면은 구약에서는 에스겔서에만 나오는데, 고대근동 문헌에서는 아시리아 왕이 네르갈을 만나기 위해서 지

신체적으로 경험했다는 것은 분명하다. 그는 예루살렘 성전 이곳저곳을 직접 걸어 다닌다. 이렇듯 에스겔의 행위예언은 예언의 신체성을 명확하게 보여준다.

5) 성적 묘사에 나타나는 신체성

에스겔서 16장과 23장은 이스라엘 역사와 범죄를 여성으로 신체화한다. 16장은 예루살렘을 한 여자가 태어나고 자라서 성숙한 여인이 되는 것으로 묘사한다. 16장과 23장은 이스라엘과 유다의 범죄를 신체적인 행위인 성교로 묘사함으로써 예언의 신체성을 극대화한다. 에스겔의 묘사는 매우 노골적이고 적나라하다.

겔 16:25-26 네가 높은 대를 모든 길 어귀에 쌓고 네 아름다움을 가증하게 하여 모든 지나가는 자에게 다리를 벌려[57] 심히 음행하고 하체가 큰[58] 네 이웃 나라 애굽 사람과도 음행하되 심히 음란히 하여 내 진노를 샀도다

겔 23:3 그들이 애굽에서 행음하되 어렸을 때에 행음하여 그들의 유방이 눌리며 그 처녀의 가슴이 어루만져졌나니

겔 23:8 그가 젊었을 때에 애굽 사람과 동침하매 그 처녀의 가슴이 어루만져졌으며 그의 몸에 음란을 쏟음을 당한 바 되었더니[59] 그가 그때부터

옥으로 내려가는 이야기에서 신이 어떤 사람의 머리를 잡는 장면이 나온다 (Walther Eichrodt, 120).

57) 이것은 완곡어법이라고 할 수 없을 정도로 표현이 매우 적나라하고 거칠다(W. H. Brownlee, 233). '다리를 벌린다'는 것은 노골적으로 사람을 유혹하는 음탕한 자세이다(Daniel I. Block, *Ezekiel 1-24*, 495).

58) 여기서 하체(히브리어로 '바사르')는 남자 성기를 완곡하게 표현한 것이다. 창 17:13; 레 15:2ff. (Moshe Greenberg, *Ezekiel 1-20*, 283).

59) 남자가 사정하는 것을 의미한다[Moshe Greenberg, *Ezekiel 21-37*, AB. (New York: Doubleday, 1997), 477].

행음함을 마지아니하였느니라

에스겔서 16장과 23장은 유다와 이스라엘이 국제정치적으로 신의를 지키지 못하는 것을 은유적으로 말하는데, 대다수 주석가들은 이런 사실만을 밝힐 뿐 이 본문들이 보여주는 성적 묘사와 그 의도, 의미에 대해서는 관심이 없다.[60] 이 구절들을 보면, 에스겔이 얼마나 적나라하게 성행위를 묘사하는지 알 수 있다. 여성의 성기와 남성의 성기를 언급하고, 여성의 유방이 남자 가슴에 짓눌린 모습과 여자 가슴을 남자가 어루만지는 장면을 반복해서 이야기한다. 심지어 남자가 사정하는 것까지 말한다. 듣는 사람들은 격렬한 성교장면을 연상했을 것이다. 물론 이것은 이스라엘과 유다를 행실 나쁜 여성으로 묘사함으로써 일방적으로 여성을 비하한다는 평가를 받을 여지가 많은 것이 사실이지만,[61] 이 문제는 다른 곳에서 이미 다루었기 때문에,[62] 여기서는

60) Corine L. Patton, "'*Should Our Sister Be Treated Like a Whore?'–A Response to Feminst Critiques of Ezekiel 23*," eds. Margaret S. Odell & John T. Strong, *The Book of Ezekiel–Theological and Anthroplogical Perspective* (Atlanta: Society of Biblical Literature, 2000), 224. 특히 각주 14를 보라. 그리고 J. Cheryl Exum, "Prophetic Pornography," *in Plotted, Shot and Painted: Cultural Representations of Biblical Women* (Sheffield: Sheffield Academic Press, 1996), 101–128도 보라.

61) 에스겔서 16장과 23장에 대한 여성신학적 비판에 대해서, 이 본문들이 남성중심적이고 여성차별적인 시각에서 쓰여진 것이 아니고 당시의 역사적 상황을 그대로 반영하고 있다는 점을 밝힌 것에 대해서는, Corine L. Patton, "'*Should Our Sister Be Treated Like a Whore?'–A Response to Feminst Critiques of Ezekiel 23*"을 보라. 핼페린은 에스겔이 훌륭한 예언자이기는 하지만, 심각한 정신병을 앓고 있었다고 이야기한다. 특히 성적인 강박관념이 있었을 것으로 생각한다. 그는 에스겔서 8장 7–12절이 성교를 의미한다고 말한다[David J. Halperin, *Seeking Ezekiel–Text and Psychology* (University Park, Pennsylvania: The Pennsylvania State University Press, 1993), 2]. 에스겔서 16장과 23장은 141–183에서 다루는데, 이 본문들에 나타나는 에스겔의 여성혐오증이나 거대한 성기에 대한 열등감은 에스겔이 어린 시절에 겪은 오이디푸스적인 경험에서 비롯한 것으로 본다(147). 그리고 오홀라와 오홀리바의 어원으로

에스겔 예언이 얼마나 신체적인지를 보여주는 것에서 그치려 한다.

6) 에스겔서 37장에 나타나는 신체성

에스겔은 이스라엘의 역사도 신체화한다. 신체적으로 이미지화해서 이스라엘 역사와 범죄를 표현한다. 이스라엘의 역사를 아버지와 아들 그리고 손자로 묘사함으로써 이미지화하고 신체화한다(18장). "아비가 신 포도를 먹었으므로 그의 아들의 이가 시다"(겔 18:2)는 속담도 범죄와 그 결과를 신체적으로 표현하는 것이다. 에스겔은 이스라엘의 귀환도 이미지화하고 신체화한다. 에스겔서 37장은 유다가 바벨론에 망한 것을 주검으로 표현하고, 귀환을 다시 살아남으로 묘사한다. 특히 7-10절에서 두드러지는 섬세한 묘사[63]는 예언의 신체화를 극명하게 보여준다.

뼈, 힘줄, 살, 가죽 그리고 생기,[64] 이처럼 인체에 대해서 상세하게

보이는 오헬, 즉 텐트가 성전을 상징하지만 여성의 성기를 가리킨다고 말한다(150-151쪽 각주 9). 그리고 에스겔은 여성에 대한 콤플렉스가 있었기 때문에 자기 아내가 죽었을 때에도 눈물을 흘리지 않았을 뿐만 아니라, 오홀라와 오홀리바의 비통한 죽음에 대한 기대가 그의 아내에 대한 기대로 이어졌다고 생각한다(181). 나는 에스겔이 성적 욕망 자체가 아닌, 그 욕망의 그릇된 행로를 비판한다고 본다. 에스겔은 오히려 성적인 측면을 거리낌 없이 자연스럽게 이야기한다는 점에서 주목받아야 한다. "성적인 욕망은 보다 적극적으로 이야기되고 삶의 활력으로 존중받아야 한다"[최아룡, 《우리 몸문화 탐사기》(서울: 신인문사, 2011), 358.]

62) 여기에 대해서는 이종록, 《디지털 에스겔》, 92-107을 보라.

63) 사실적인 묘사는 에스겔서의 특징이다[G. A. Cooke, *A Critical and Exegetical Commentary on the Book of Ezekiel*, ICC. (Edinburg: T & T Clark, 1936, 1970), 399].

64) 몸에 생기를 불어넣었다는 것에 근거해서 인간이 몸과 정신(또는 영혼)으로 이루어졌다는 관념론적인 이원론을 주장하면 안 된다. '생기'는 신체를 움직이게 하는 힘이다[Walther Zimmerli, *Ezekiel 2*, tr. James D. Martin, *Ezekiel 2-A Commentary on the Book of the Prophet Ezekiel Chapters 25-48*,

말하는 것을 구약성서의 다른 곳에서는 찾아보기 어렵다. 에스겔은 인체 해부도를 보듯이 말한다. 죽은 인간이 다시 살아나는 것을 간단하게 말해도 될 텐데, 그 과정을 이토록 상세하게 묘사하는 까닭은 무엇일까? 그것은 신체에 대한 에스겔의 집착에 기인한다고 생각한다. 에스겔이 어디서 무엇을 어떻게 보았는지는 알 수 없지만, 그가 기록하고 묘사한 것들을 통해서 알 수 있는 것은 그가 그 일을 눈으로 보고 들었다는 것이다. 그는 하나님의 손에 이끌려서 그곳까지 가고 뼈들이 수북하게 쌓여 있는 그 현장에 있었다. 물론 이것은 일종의 가상공간이고 가상현실이다. 그러나 에스겔이 그러한 체험을 신체적으로 했다는 것은 분명하다. 에스겔은 하나님 명령에 따라서 그 해골들에게 명령하고, 그 뼈들이 이리저리 들어맞아서 온전한 사람이 되어 가는 장면을 직접 목격한다. 그런 모습을 보면서, 에스겔은 인간이 몸으로 존재한다는 사실을 극명하게 까달았을 것이다.

7) 에스겔서 47장에 나타나는 신체성

에스겔은 하나님 손에 이끌려서 새로운 도시로 가는데, 그 장면에서도 예언의 신체성이 나타난다. 에스겔은 그곳을 이리저리 돌아다니고, 특히 성전에서 물이 흘러나와서 사해까지 흘러가는 장면에서는 그

Hermeneia (Philadelphia: Fortress Press, 1983), 261]. 구약성서는 인간이 여러 가지로 구성되어 있고, 또 그것들이 각기 독특한 기능들을 한다는 사실을 말하지만, 존재론적인 차원에서 이원화 또는 삼원화 하지는 않는다. 통합적이고 합일적인 히브리 인간관에 대해서는, Walther Eichrodt, *Theologie des Alten Testaments, Teil 2/3*, tr. John Bakor, *Theology of the Old Testament v. 2* (London: SCM Press, 1967, 1982), 131–150을 보라. 로빈슨은 "히브리인들은 인격을 '생기 넘치는 몸'(an animated body)으로 생각했지, '몸을 입은 영'(an incarnated soul)으로 생각하지 않았다"고 말한다(같은 책, 147, 각주 5).

물이 엄청나게 불어나고 깊어지는 것을 자기 몸으로 확인한다(겔 47:1-7).[65]

물이 불어나서 발목과 무릎에 차고, 더 불어나서 허리까지 차오르고, 나중에는 건너지 못할 정도로 불어나는 것을 에스겔은 직접 몸으로 경험한다. 그저 허상을 본 것이 아니고, 물이 불어나는 것을 실제로 체험한 것이다. 물론 우리는 이런 일이 어떻게 일어났는지 알 수 없다. 그러나 에스겔이 그것을 신체적으로 경험했다는 것은 명확하다. 그리고 에스겔은 그 경험을 신체적인 것으로 묘사한다는 점에서, 우리는 이 본문에서도 예언의 신체성을 확인할 수 있다.

이런 신체성은 12절에서 더 분명해진다. 우리는 이 구절을 읽으면서, 사람들이 1년 열두 달 사시사철 각양각색의 과일을 먹으면서 식량 걱정 없는 풍족한 삶을 살고, 그리고 만병통치약 같은 그 나무 잎사귀들로 온갖 질병에서 벗어나 건강하게 사는 모습을 상상한다. '생수환상'이라고 이름 붙일 수 있는 에스겔서 47장은 이렇듯 인간 신체에 대한 관심으로 나아간다.[66]

8) 마침 글

---

65) 에스겔서 47장 1-12절에 대한 연구는 이종록, 《이 뼈들이 능히 살겠느냐》(서울: 한국성서학연구소, 2000), 323-356을 보라.

66) 이러한 신체성은 여기서 더 나아가 신의 신체성으로서의 세계와 우주라는 개념으로 나타난다. 장윤재는 샐리 맥페이그의 사상에 근거해서, "하나님의 몸으로서의 세계는 하나님의 성례전이고 성체이며 또한 성육신이다. 그래서 물리적 실재를 구성하는 모든 물질과 육신, 무수히 많은 모든 존재와 사물과 과정이 모두 하나님 안에 있고 또 하나님으로 인해 있다"라고 말한다[장윤재, "'강물아 흘러 바다로 가거라': 인간과 자연 사이의 지속가능성 경계, 이화인문과학원 편, 《소통을 위한 인문적 상상》(서울: 이화여자대학교출판부, 2011), 259].

에스겔서를 통해서 우리는 예언이 얼마나 신체적인지를 살펴보았다. 이때 신체라는 것은 일차적으로는 물질로서의 몸을 말하지만, 그러나 그것만을 가리키지 않고 몸으로 존재하면서 살아가는 인격체인 인간을 의미한다. 인간은 결코 신체를 탈피한 정신적인 존재로 추상화할 수 없고, 그렇다고 기계적으로 움직이는 물질로 규정할 수도 없다. 인간은 몸으로 살아가는 존재이다. 그리고 몸을 통해서 다층적이고 다변적인 삶을 영위함으로써 삶의 차원을 육체적 차원 이상으로 확장한다.[67] '삶'은 제논의 역설을 뛰어넘게 만드는 운동성 같은 것이다. 이 삶을 통해서 인간은 물질적인 측면과 정신적인 측면이 하나인 온전한 신체성을 확보할 수 있기 때문이다.[68] 이것은 인간 몸에 기계를 부착하거나 인간과 컴퓨터를 직접 연결하는[69] '포스트 휴먼'(posthuman) 시대에도 마찬가지다.[70] 그때도 여전히 인간은 삶을 영위해야 하기 때문이다.

---

67) "사람다움은 신체적이다. 사람다움은 의도적인 것이 아니라 몸과 마음의 통합적 윤리성이기 때문이다"[정대현, "정보 사회와 표현의 조건," 철학연구회 편, 《정보사회의 철학적 진단》(서울: 철학과현실사, 1999), 177].

68) "이러한 현실에서, 육체를 정신과 분리될 수 없는 '몸'으로 파악하였고 몸을 세계와 관계 맺는 통로로 보아 몸의 중요성을 역설한 유가의 몸 철학을 재주제화할 필요가 있다. 유가는 몸에서 일어나는 모든 작용이나 현상을 윤리적인 주체의 활동으로 파악하여 '몸수양'(修身)을 강조해 왔다. 자연적인 욕구와 사회적 욕망이 윤리적 주체로서의 몸 안에서 소화됨으로써 활동의 에너지가 되어 나온다고 생각하였다. 그들은 정신과 분리된 몸이란 애초에 불가능하다고 생각하였을 뿐만 아니라 구체성이나 일상성이 결여된 추상적인 것에 관심을 두지 않았다. 이론의 연역적 적용보다 나의 경험으로 타인에게 다가가고, 나와 타인의 관계를 통해 나를 변형하는 경험적 실천을 중시하였는데, 그 핵심에 몸이 자리하고 있는 것이다"(이숙인, 140).

69) "미래의 사회는 전 세계적으로 접속된 컴퓨터에 의해 구성된, 반은 인공지능이며 반은 생명체인 유기체를 구성할 것이고, 인간은 이러한 매크로 생명체의 한 세포조직이 되어 서로 공생관계를 맺을 것이라고 전망한다. 미래의 인간인 공생적 인간은 뉴런(neurone)에 비유되며, 자기가 만든 거대한 유기체에 의해서 재생산된다"[김도훈, "유토피아론과 디스토피아론을 넘어서-정보통신사회에 대한 프랑스의 인문주의적 비판과 성찰," 김도훈 외, 《디지털 시대의 인문학, 무엇을 할 것인가》(서울: (주)사회평론, 2001), 210].

그리고 삶에 기반한 이러한 신체성은 죽음과 부활의 과정에서도 나타난다.[71] 인간의 삶과 죽음 그리고 부활은 인간이 물질적인 몸을 넘어서 온전한 몸을 이루는 과정이다. 에스겔서는 이런 통합적인 몸, 물질적인 몸에 근거하면서도 그것을 넘어서는 온전한 몸으로 살아가는 인간 모습을 보여준다. 그렇게 함으로써 바른 인간관을 정립하게 한다. 이것이 바로 디지털 시대를 사는 우리에게 '예언의 신체성'이 주는 현대적 의미이다.

70) 인간과 기계의 (다양한) 결합이 인간을 축출하는 것을 의미하지 않는다[N. Katherine Hayles, *How We Became Posthuman-Virtual Bodies in Cybernetics, Literature, and Informatics* (Chicago: University of Chicago Press, 1999), 286-291].

71) "신체성 속에 있는 사람은 죽음 속에 있는 종식에로 창조된 것이 아니라 죽음을 거쳐 이루어지는 변화(verwandlung)에로 창조되었다. 몸의 부활과 구원 가운데에 있는 영원한 삶에 대한 희망은 하느님을 통한 사람의 신체적 창조에 상응하며 이 창조를 완성한다. 부활의 희망은 앞을 향한 창조의 신앙이다"(Jürgen Moltmann, 323)

■ 참고문헌

강미라, 《몸 · 주체 · 권력-메를로퐁티와 푸코의 몸 개념》, 서울: (주)이학사, 2011.

공병혜, 《현대 의료실천에서 몸에 대한 현상학적 이해》, 조선대학교 인문학연구원 이미지연구소 편, 《몸 이미지 권력 - 이미지에 속박당한 몸, 권력이 속박한 이미지》, 서울: 도서출판 앨피, 2010.

김도훈, 《유토피아론과 디스토피아론을 넘어서 - 정보통신사회에 대한 프랑스의 인문주의적 비판과 성찰》, 김도훈 외, 《디지털 시대의 인문학, 무엇을 할 것인가》, 서울: (주)사회평론, 2001.

김상봉, 《자기의식과 존재사유 - 칸트 철학과 근대적 주체성의 존재론》, 서울: (주)도서출판 한길사, 1998, 1999.

김재영, 《몸과 기계의 경계 : 사이버네틱스, 인공생명, 온생명》, 이화인문과학원 편, 《인터 - 페이스와 다매체 미학》, 서울: 이화여자대학교출판부, 2011.

김정현, 《니체의 몸 철학》, 서울: 문학과 현실사, 2000.

김홍우, 《현상학과 정치철학》, 서울: 문학과지성사, 1999.

노명우, 《데카르트와 '블레이드 러너'의 데카드》, 〈문화과학〉 26호(2001년 여름호).

노양진, 《몸 · 언어 · 철학》, 파주 : 도서출판 서광사, 2009.

박종현 · 김영균 공동역주, 《플라톤의 티마이오스》, 서울: 서광사, 2000.

백승영, 《니체 - 건강한 삶을 위한 긍정의 철학을 기획하다》, 서울: (주)도서출판 한길사, 2011.

소흥렬, 《자연주의적 유신론 - 우주의 마음 사람의 마음 컴퓨터의 마음》, 서울 : 서광사, 1992.

손봉호, 《고통받는 인간 - 고통문제에 대한 철학적 성찰》, 서울: 서울대학교출판사, 1995, 1999.

안재중, 《과학기술시대의 인간이해에 대한 개혁신학적 고찰》, 미간행 석사학위논문, 장로회신학대학교 신학대학원, 2000.

이기현, 《매체의 신화, 문화의 야만》, 김상환 외, 《매체의 철학》, 서울: 나남출판,

1998.

이수정, 《하이데거 - 그의 물음을 묻는다》, 서울: 생각의 나무, 2010.

이숙인, 《유가의 몸 담론과 여성", 한국여성철학회 엮음, 《여성의 몸에 관한 철학적 성찰》, 서울: 철학과현실사, 2000.

이정우, 《기술과 운명 - 사이버펑크에서 철학으로》, 서울: 한길사, 2001.

이종록, 《이 뼈들이 능히 살겠느냐》, 서울: 한국성서학연구소, 2000.

——, 《디지털 에스겔 - 디지털 시대에 대한 신학적 접근》, 서울: 한국장로교출판사, 2001.

장윤재, 《강물아 흘러 바다로 가거라': 인간과 자연 사이의 지속가능성 경계》, 이화인문과학원 편, 《소통을 위한 인문적 상상》, 서울: 이화여자대학교출판부, 2011.

전혜숙, 《기계와 융합된 미술가의 신체: 스텔락의 '사이보그 퍼포먼스》, 이화인문과학원 편, 《디지털 시대의 컨버전스》, 서울: 이화여자대학교출판부, 2011.

전혜은, 《섹스화된 몸 - 엘리자베스 그로츠와 주디스 버틀러의 육체적 페미니즘》, 서울: 새물결출판사, 2010.

정대현, 《정보사회와 표현의 조건》, 철학연구회 편, 《정보사회의 철학적 진단》, 서울: 철학과현실사, 1999.

——, 《심성내용의 신체성 - 언어신체성으로 마음도 보인다》, 대우학술총서 528, 서울: 아카넷, 2001.

조윤경, 《초현실주의와 몸의 상상력》, 서울: (주)문학과지성사, 2008.

최아룡, 《우리 몸문화 탐사기》, 서울: 신인문사, 2011.

한자경, 《자아의 연구 - 서양 근·현대 철학자들의 자아관 연구》, 서울: 서광사, 1997.

홍성태 엮음, 《사이보그 사이버컬처》, 문화과학 테크노문화신서 2, 서울: 문화과학사, 1997, 2000.

徐累, 身體的秘境, 정주은 옮김, 《몸, 예술로 말하다》, 서울: 시그마북스, 2011.

Allen, L. C., *Ezekiel 1-19*, WBC. 28, Dallas, Texas: Word Books, Publisher, 1994.

Assmann, A., *Erinnerungsräume: Formen und Wandlungen des kulturellen Gedächtnisses*, 변학수 · 채연숙 옮김, 《기억의 공간 - 문화적 기억의 형식과 변천》, 서울: (주)그린비출판사, 2011.

Berquist, J. L., *Controlling Corporeality-The Body and the Household in Ancient Israel*, New Brunswick: Rutgers University Press, 2002.

Block, D. I., *The Book of Ezekiel Chapters 1-24*, NICOT., Grand Rapids, Michigan: William B. Eerdmans Publishing Company, 1997.

Brownlee, W. H., *Ezekiel 1-19*, WBC., Waco, Texas: Word Books, Publisher, 1986.

Clements, R. E., *Ezekiel*, Louisville: Westminster John Knox Press, 1996.

Cobb, J., *Cybergrace-The Search for God in the Digital World*, New York: Crown Publishers, Inc,, 1998.

Cooke, G. A., *A Critical and Exegetical Commentary on the Book of Ezekiel*, ICC., Edinburg: T & T Clark, 1936, 1970.

Damasio, A. R., *Descartes' Error: Emotion, Reason, and the Human Brain*, 김린 역, 《데카르트의 오류: 감정, 이성 그리고 인간의 뇌》, 서울: 중앙문화사, 1999.

Dery, M., *Escape Velocity-Cyberculture at the End of the Century*, New York: Grove Press, 1996.

Doelker, C., *La réalité dans les médias*, 이도경 옮김, 《미디어에서 리얼리티란 무엇인가》, 서울:커뮤니케이션북스, 2001.

Eichrodt, W., *Der Prophet Hesekiel*, tr, Cosslett Quin, *Ezekiel*, OTL, London: SCM Press, 1970.

______ , *Theologie des Alten Testaments, Teil 2/3*, tr. John Baker, Theology of the Old Testament v. 2, London: SCM Press, 1967, 1982.

Eilberg-Schwartz, H. ed. *People of the Body-Jews and Judaism from and Embodied Perspective*, Albany: State University of New York Press, 1992.

Exum, J. C., "Prophetic Pornography," *in Plotted, Shot and Painted: Cultural Representations of Biblical Women*, Sheffield: Sheffield Academic Press, 1996.

Gray, C. H., ed. *The Cyborg Handbook*, New York: Routledge, 1995.

Greenberg, M., *Ezekiel 1-20*, AB., Garden City, New York: Doubleday & Company, Inc., 1983.

Halperin, D., *The Faces of the Chariot-Early Jewish Responses to Ezekiel's Vision*, J.C.B. Mohr (Paul Siebeck) Tübingen, 1988.

Halperin, D. J., *Seeking Ezekiel-Text and Psychology*, University Park, Pennsylvania: The Pennsylvania State University Press, 1993.

Haraway, D. J., *"A Cyborg Manifesto: Science, Technology, and Socialist-Feminism in the Late Twentieth Century," Simians, Cyborgs, and Women-The Reinvention of Nature*, New York: Routledge, Chapman and Hall, Inc., 1991.

Hayles, N. K., *How We Became Posthuman-Virtual Bodies in Cybernetics, Literature, and Informatics*, Chicago: University of Chicago Press, 1999.

Hoffman, L. A., *Covenant of Blood: Circumcision and Gender in Rabbinic Judaism*, Chicago: University of Chicago Press, 1996.

Jonas, H., *Das Prinzip Leben-Ansätze zu einer philosophischen Biologie*, 한정선 옮김, 《생명의 원리 - 철학적 생물학을 위한 접근》, 대우학술총서 506, 서울: 아카넷, 2001.

Joyce, P. M., *Ezekiel: A Commentary*, New York: T & T Clark, 2007.

Kirkup, de Gill, Linda Janes, Kath Woodward, Fiona Hovenden, *The Gendered Cyborg-A Reader*, London: Routledge, 2000.

Kurzweil, R., *The Age of Spiritual Machines-When Computers Exceed Human Intelligence*, New York: Penguin Books, 1999.

LaMothe, K., *What A Body Knows*, 홍선영 옮김, 《몸, 욕망을 말하다 - 내 몸이 원하는 소외된 욕망의 재발견》, 서울: 생각의 날개, 2009.

Lieb, M., *The Visionary Mode-Biblical Prophecy, Hermeneutics, and Cultural Change*, Ithaca: Cornell University Press, 1991.

Moltmann, J., *Gott in der Schöpfung-Ökologische Schöpfungslehren*, 김균진 옮김, 《창조 안에 계신 하느님》, 서울: 한국신학연구소, 1991.

Moravec, H., *Mind Children-The Future of Robot and Human Intelligence*, Cambridge - Harvard University Press, 1988.

Odell, M. S., *Ezekiel*, Smyth & Helwys Bible Commentary, Macon: Smyth & Helwys

Publishing, Inc., 2005.

Patton, C. L., *"'Should Our Sister Be Treated Like a Whore?'–A Response to Feminst Critiques of Ezekiel 23,"* eds. Margaret S. Odell & John T. Strong, The Book of Ezekiel-Theological and Anthroplogical Perspective, Atlanta: Society of Biblical Literature, 2000.

Penny, S., *"The Virtualization of Art Practice: Body Knowledge and the Engineering Worldwiew"*, 강내희 옮김, "예술 실천의 가상화 - 신체 지식과 공학적 세계관", 〈문화과학〉 26호 (2001년 여름호).

Ruthrof, H., *The Body in Language*, 유화수 · 박미엽 옮김, 《언어 속의 몸》, 서울: 한국문화사, 2008.

Sandoval, C., *"New Sciences: Cyborg Feminism and the Methodology of the Oppressed,"* ed. by Chris Hables Gray, *The Cyborg Handbook*, New York: Routledge, 1995.

Scheller, M., *Die Stellung des Menschen im Kosmos*, 진교훈 옮김, 《우주에서 인간의 지위》, 서울: 아카넷, 2001.

Shusterman, R., *Body consciousness: a philosophy of mindfulness and somaesthetics*, 이혜진 옮김, 《몸의 의식: 신체미학 - 솜에스테틱스》, 서울: 북코리아, 2010.

Stuart, D. *Ezekiel*, The Commnunicator's Commentary, Dallas, Texas: Word Books, Publisher, 1989.

Tuell, S., *Ezekiel*, Peabody: Hendrickson Publishers, Inc., 2009.

Vallega-Neu, D., *The Bodily Dimenstion in Thinking*, Albany: State University of New York Press, 2005.

Varela, F. J., *Evan Thompson, and Eleanor Rosch, The Embodied Mind-Cognitive Science and Human Experience*, Cambridge: The MIT Press, 1993, 1999.

von Herrmann, F.-W., *Interpretationen zu "Sein und Zeit": Subjekt und Dasein*, 신상희 옮김, 《하이데거의 존재와 시간을 찾아서》, 서울: 한길사, 1997.

Wolff, H. W., *Anthropologie des Alten Testaments*, 문희석 옮김, 《구약성서의 인간학》, 왜관: 분도출판사, 1976.

Zimmerli, W., *Ezekiel 1*, tr. Ronald E. Clements, *Ezekiel 1, A Commentary on the*

Book of the Prophet Ezekiel, Chapters 1-24, Hermeneia, Philadelphia: Fortress Press, 1979.

Zimmerli, W., *Ezekiel 2*, tr. James D. Martin, *Ezekiel 2-A Commentary on the Book of the Prophet Ezekiel Chapters 25-48*, Hermeneia, Philadelphia: Fortress Press, 1983.

8. 예언과 원격현전

> "현존재는 본질적으로 '함께 있음'(Miteinandersein)이다. 이러한 함께하는 '세계-내-존재'에 근거해서 세계가 그때마다 각기 이미 언제나, 내가 타인과 함께 나누는 그런 세계인 것이다. 그리하여 현존재의 세계는 공동 세계(Mitwelt)다. 안에 있음은 타인과 더불어 있음이다. 타자들은 우선 허공에 떠 있는 주관들로서 다른 사물과 나란히 전재적으로 있는 게 아니라, 세계 안에서의 그들의 환경 세계적 배려적 세계 내부의 도구적 존재로부터 자신을 드러낸다. 그리하여 우리는 타자를 환경 세계적으로 만난다는 것을 하이데거는 강조한다."[1]

공간에 대한 논의는 근대철학에서 주요한 형이상학적이고 인식론적인 주제였는데, 데카르트, 알렉산더 그리고 화이트헤드에 이르기까지 대다수 철학자들이 공간을 다루었으며, 그들은 공간론을 자신들의 철학 체계의 바탕으로 삼았다.[2] 그리고 시간범주보다 공간범주가 인간의식의 대상에서 우선한다는 게 일반적인 인식이다.[3]

---

1) 강학순, 《하이데거의 근원적 생태론》, 한국하이데거학회 편, 《하이데거와 자연, 환경, 생명》(서울: 철학과 현실사, 2000), 34.

2) Max Jammer, *Concepts of Space-The History of Theories of Space in Physics*, 이경직 옮김, 《공간개념-물리학에 나타난 공간론의 역사》(파주: ㈜나남, 2008), 29.

3) Max Jammer, *Concepts of Space*, 33.

칸트는 공간개념은 경험적이지 않고 선험적이라고 말하는데, 외적 지각이 공간지각을 전제하기 때문이다.[4] 칸트의 인식론적 공간개념은 지각심리학에 영향을 미쳤다.[5] 그에 앞서서 라이프니츠는 절대공간을 이야기하는 뉴턴을 비판하며, "공간이 형이상학적 존재나 존재론적 존재가 없는 관계의 체계일 뿐"[6]이라고 주장했는데, 19세기 중엽에 이르면 절대공간 개념이 사라지기 시작한다.[7] 그리고 최근 순수관계론은 "시공간적 속성들을 물체들 사이의 관계로 정의"하는데, 그렇게 함으로써 시간과 공간이 가졌던 존재론적 자율성과 우위성을 포기하게 했다.[8] 그런데 이러한 공간개념이 하이데거 철학에도 나타나는 것으로 보인다.

> "현존재가 배려 속에서 어떤 것을 자기 가까이 가져올 경우, 이때 이것은 육체의 어떤 한 지점에서 가장 짧은 간격에 놓여 있는 어떤 한 공간의 위치에 어떤 것을 고정시킴을 의미하는 것이 아니다. 여기에서 '가까이에'는 '둘러보는 우선 손 안에 있는 것의 주변에'를 말한다. 가깝게 만듦은 육체를 가진 '나'라는 사물에게로 방향을 잡는 것이 아니라 배려하는 세계-내-존재로, 다시 말해서 이러한 세계-내-존재에서 그때마다 우선 만나게 되는 그것으로 방향을 잡는다. 따라서 현존재의 공간성은 어떤 육체라는 물건이 눈앞에 있는 그 위치를 지시함으로써도 규정되지 않는다. 사실 우리는 현존재에 대해서까지도, 현존재가 그때마다 하나의 자리를 차지한다고 말하기도 한다. 그러나 이러한 '차지함'은 방면에서부

4) *Ibid.*, 247.
5) *Ibid.*, 250.
6) *Ibid.*, 215.
7) *Ibid.*, 255f.
8) *Ibid.*, 384.

터 하나의 자리를 배정받는 손 안에 있음과는 원칙적으로 구별해야 한다. 자리를 차지함은 주위 세계적으로 손 안에 있는 것을 둘러보며 앞서 발견한 방면 안으로 거리를 없앰으로 개념 파악되어야 한다. 자신의 '여기에'를 현존재는 주위 세계적인 '저기에'에서부터 이해한다. '여기에'는 어떤 한 눈앞의 것의 '어디에'를 의미하는 것이 아니라 오히려 '~곁에' 거리 없애면서 존재함의 '그 곁에'이며 동시에 이 거리 없앰을 의미한다. 현존재는 그의 공간성에 따라서 볼 때, 우선 결코 '여기에' 존재하지 않으며 오히려 '저기에' 존재하며, 그 '저기에'에서부터 자신의 '여기에'로 되돌아오는데, 그것도 다시금 오직 현존재가 그의 배려하며 '~에로 향함'을 저기 손 안에 있는 것에서부터 해석하는 방식으로 그렇다."[9]

하이데거는 이렇게 거리 없앰에 대한 이야기를 하는데, 여기서는 이 거리 없앰을 에스겔서에 나타나는 원격현전과 연결시켜서 이해하는 연구를 하려 한다.

원격현전에 대한 연구는 '에스겔은 어디에 있는가?'라는 역사적인 질문으로 시작할 수 있겠다. 이것은 에스겔서를 연구하는 (서양)학자들을 가장 괴롭히는 문제다. 그런데 우리는 여기서 지독한 오리엔탈리즘(Orientalism)[10]을 본다. 순전히 서양식 사고방식으로 동양인인 에스겔을 살피려 하기 때문이다. 서양인들은 자신들이 납득할 수 없을 때에는 그것을 자기들 방식으로 변형하고 왜곡시키는 경향을 보인다. 예를 들면, 성경을 읽으면서도 자기들 나름대로 이상적인 문장을 가정하고

9) Martin Heidegger, *Zein und Zeit*, 이기상 옮김, 《존재와 시간》(서울: 까치글방, 2007), 151f.

10) Edward W. Said, *Orientalism*, 박홍규 역, 《오리엔탈리즘》(서울: 교보문고, 1991, 2000).

거기에 따라 성경 본문들을 수정함으로써 가장 완벽한 문장을 만들어 내려는 대담한 행동들에서도 그런 경향이 나타난다. 그들은 저자들이 가진 각자의 독특한 글쓰기 방식을 보편적인 문법체계로 파괴해 버리는 언어제국주의적인 모습을 보인다. 여기서 탈피하려면 동양적인 사고방식으로 에스겔서를 읽어야 한다. 가장 과학적인 사이버 공간에서의 인간존재 문제를 장자가 했던 나비 이야기로 풀어낼 수 있는 것처럼,[11] 우리는 동양적인 관점에서 에스겔을 이야기하면서 거기서 가장 과학적인 사이버 공간 이야기로 나아갈 수 있을 것이다.

이런 점들을 고려하면서 다시 질문해 보자. 에스겔은 과연 어디에 있었는가?

겔 1:1-3 서른째 해 넷째 달 초닷새에 내가 그발 강가 사로잡힌 자 중에 있을 때에 하늘이 열리며 하나님의 모습이 내게 보이니 여호야긴 왕이 사로잡힌 지 오 년 그 달 초닷새라 갈대아 땅 그발 강가에서 여호와의 말씀이 부시의 아들 제사장 나 에스겔에게 특별히 임하고 여호와의 권능이 내 위에 있으니라(이하 개역개정판)

에스겔은 바벨론, 더 정확하게는 니푸르 근처에 있었다. 그런데 그는 800마일 가량 떨어진 곳에서도 유다 상황을 잘 알고 있었고, 유다에 대한 심판예언을 계속했다. 놀라운 사실은 에스겔이 예루살렘을 매우 짧은 시간 동안 자주 다녀왔다는 것이다. 에스겔은 바벨론에 있으면서 예루살렘으로 간다. 그는 하나님의 손에 붙들려서 공중을 날아서 예루살렘으로 간다.

겔 8:1-3 여섯째 해 여섯째 달 초닷새에 나는 집에 앉았고 유다의 장로들은

11) 정기도, 《나, 아바타 그리고 가상세계》(서울: 책세상, 2000), 67f.

내 앞에 앉아 있는데 주 여호와의 권능이 거기에서 내게 내리기로 내가 보니 불 같은 형상이 있더라 그 허리 아래의 모양은 불 같고 허리 위에는 광채가 나서 단 쇠 같은데 그가 손 같은 것을 펴서 내 머리털 한 모숨을 잡으며 주의 영이 나를 들어 천지 사이로 올리시고 하나님의 환상 가운데에 나를 이끌어 예루살렘으로 가서 안뜰로 들어가는 북향한 문에 이르시니 거기에는 질투의 우상 곧 질투를 일어나게 하는 우상의 자리가 있는 곳이라

에스겔은 예루살렘 성전으로 들어가서 그곳을 샅샅이 살핀다.

겔 8:7-16 그가 나를 이끌고 뜰 문에 이르시기로 내가 본즉 담에 구멍이 있더라 그가 내게 이르시되 인자야 너는 이 담을 헐라 하시기로 내가 그 담을 허니 한 문이 있더라 또 내게 이르시되 들어가서 그들이 거기에서 행하는 가증하고 악한 일을 보라 하시기로 내가 들어가 보니 각양 곤충과 가증한 짐승과 이스라엘 족속의 모든 우상을 그 사방 벽에 그렸고 이스라엘 족속의 장로 중 칠십 명이 그 앞에 섰으며 사반의 아들 야아사냐도 그 가운데에 섰고 각기 손에 향로를 들었는데 향연이 구름같이 오르더라 또 내게 이르시되 인자야 이스라엘 족속의 장로들이 각각 그 우상의 방 안 어두운 가운데에서 행하는 것을 네가 보았느냐 그들이 이르기를 여호와께서 우리를 보지 아니하시며 여호와께서 이 땅을 버리셨다 하느니라 또 내게 이르시되 너는 다시 그들이 행하는 바 다른 큰 가증한 일을 보리라 하시더라 그가 또 나를 데리고 여호와의 전으로 들어가는 북문에 이르시기로 보니 거기에 여인들이 앉아 담무스를 위하여 애곡하더라 그가 또 내게 이르시되 인자야 네가 그것을 보았느냐 너는 또 이보다 더 큰 가증한 일을 보리라 하시더라 그가 또 나를 데리고 여호와의 성전 안뜰에 들어가시니라 보라 여호와의 성전 문 곧 현관과 제단 사이에서 약 스물다섯 명이 여호와의 성전을 등지고 낯을 동쪽으로 향하여 동쪽 태양에게 예배하더라

에스겔은 도보로 100일 이상 걸리는 거리[12)]를 뛰어넘어서 곧바로 예루살렘으로 날아간다. 이것이 어떻게 가능한지 서양학자들은 전혀 이해하지 못했다. 그래서 이것을 문학적인 기교로 보려고 한다. 실제로는 예루살렘에 있으면서도 그것을 바벨론에서 예루살렘으로 영적으로 간 것처럼 표현했다는 것이다. 아니면 예루살렘에 다녀온 다음에 바벨론에서 본문을 기록했다는 것이다. 어떤 사람은 에스겔이 이집트에 있었을 것이라고 생각한다. 아무튼 서양학자들에게 에스겔이 어디에 있었는가는 풀기 어려운 문제이다. 여기서 그들은 한계를 드러내는데, 그 이유는 그들이 동양인들과는 달리 공간이동 개념에 익숙하지 못하기 때문인 것으로 보인다.[13)] 에스겔은 요즘 개념으로 신체적 공간이동, 즉 '원격현전'(telepresence)을 한 것이다. 원격현전이란 무엇인가?

> "인간이 오감(五感)으로 느낄 수 있는 감각적인 가상환경의 형태는 공상과학 소설가들이 오랫동안 즐겨 사용해 오던 소재였다. '텔레프레젠스'(Telepresence)라는 가상환경은 여러 감각감지장치를 사용하여 자신이 먼 곳에 있는 것 같은 느낌을 주어서, 그곳에서 여러 작업을 수행할 수 있게 하는 기술이다."[14)]

에스겔이 예루살렘으로 가는 장면은 공상과학영화에 등장하는 사

---

12) Barry J. Beitzel, *"Travel and Communication(OT World)"*, *ABD* 6, 647.

13) 우리는 탁월한 능력을 가진 사람들이 도술을 부려서 이곳저곳으로 순간 이동을 하고, 벽에 문을 그린 다음 그 문을 열고 전혀 다른 세상으로 들어갔다는 등의 옛날이야기를 어렸을 때부터 들어왔기 때문에 공간이동이나 원격현전 개념을 서양인들보다는 더 쉽게 이해할 수 있을지도 모르겠다.

14) Scott S. Fisher, 《가상환경: 개인용 시뮬레이션과 텔레프레젠스》, 노용덕 옮김, 《가상현실과 사이버스페이스》, 170.

람이 컴퓨터에 접속한 다음, 컴퓨터 속으로 들어가서 케이블을 타고 원하는 곳까지 가는 장면을 연상케 한다. 요즘 컴퓨터를 통해서 가상현실을 경험하는 사람들은 에스겔이 매우 디지털적인 인물이라는 것을 금방 알 것이다. 그런데 에스겔은 실제로는 바벨론의 자기 집에 앉아 있다. 그러면서 가상적으로는 예루살렘에 있는 것이다. 그는 여기 있으면서 또 그곳에 있는 것이다. 그는 동시에 두 곳에 존재한다. 이것은 현실적으로는 디지털 기술을 통해서 가능한데, 그래서 디지털 시대에는 인간이 어디에 존재하는가가 중요한 문제이다.

> "가상현실을 어떠한 입장에서 보든 가상현실이 추구하는 목표는, 정도의 차이는 있겠지만 이용자로 하여금 원격현전(tele-presence)을 경험하도록 하는 것이다. 원래 현전(presence)은 '어떤 환경 속에서 느끼는 실재감(sense of being)'을 뜻하는데, 이런 점에서 원격현전은 '커뮤니케이션 매체에 의해 어떤 환경 속에 실재하고 있음을 경험하게 되는 것', 즉 환경에 대한 매개된 지각(mediated perception)이라 할 수 있다."[15]

디지털은 의사소통에서 인간을 시간으로부터 해방시켰다. 한번 생각해 보자. 예전에는 서로 의사소통을 하기 위해서는 사람이 직접 대면해야 했다. 즉 대면을 위해서는 동시성을 확보해야 했던 것이다. 글을 써 보낸다고 해도 역시 마찬가지였다. 누군가가 그 편지를 들고 그곳까지 직접 가야 하는 것이다. 보다 빠른 통신과 운송수단이 발전되면서 시간과 거리를 점차 좁혀 갔지만, 그것을 완전히 극복할 수는 없었다. 그러던 것이 전보가 등장함으로써 인간들은 그 거리를 빛의

15) 이재현, 《인터넷과 사이버 사회》(서울: 커뮤니케이션북스, 2000), 118.

속도로 좁힐 수 있었고, 전화기를 통해서 인간들은 거리에 상관없이 대화를 나눌 수 있었다. 이것은 하이데거가 말하는 거리 없앰의 일종이다.[16] 이 전화기를 통해서 인간들은 입과 귀를 엄청나게 확장시켰다. 그러면서 음성에 관한 한 거리를 없애 버렸고, 전화선이 놓인 곳이라면 어느 곳에나 자기 목소리를 보낼 수 있고, 다른 사람 목소리도 생생하게 들을 수 있게 되었다. 이런 점에서 전화는 원격현전의 첫 번째 매체이다.

> "따라서 가상 세계에 의한 커뮤니케이션은 (어떤 의미에서) 전화통신보다 더 대화형이다. 그것은 메시지를 통해 커뮤니케이션의 주요 관건인 인물의 이미지와 상황의 이미지를 암시하기 때문이다. 그러나 또 다른 의미에서는 전화가 더 대화형이다. 그것은 상대방의 '신체'와 접촉 가능하기 때문이다. 그것은 신체의 이미지가 아니라 (신체적 구현의 본질적인 차원인) 상대방의 목소리이다. 상대방의 목소리는 내가 전화통화하는 바로 그곳에서 진짜로 존재한다. 나는 목소리의 이미지가 아니라 목소리 자체를 듣는 것이다. 이러한 유형적인 접촉에 의해, 감정적인 모든 차원이 '대화를 통해서' (인터랙티브하게) 전화통화 속에 스며든다. 전화는 '원격현전'(telepresence)의 첫 번째 매체인 것이다. 오늘날 수많은 연구 개발 계획은 원격 통신을 여러 다른 신체적 차원으로 확장, 일반화시키려고 한다. 가령 원격조정, 신체의 3차원 이미지, 가상현실, 자연스러운 영상회의를 위해 증가되는 사실적인 환경 등이 이에 해당한다."[17]

---

16) "현존재의 일상성의 둘러보는 거리 없앰은 '참된 세계'의 자체 존재를, 즉 현존재가 실존하면서 각기 그때마다 이미 그 곁에 있는 그 존재자의 자체 존재를 발견한다"[Martin Heidegger, *Zein und Zeit*, 이기상 옮김, 《존재와 시간》(서울: 까치글방, 2007), 150].

그러나 사람들이 전화기로 대화를 나누기 위해서는 두 사람이 같은 시간에 전화기를 들고 있어야 하기 때문에 동시성을 극복하지 못했고,[18] 또 목소리 이외에는 상대방에게 자기 모습을 보여줄 수 없는 한계를 갖고 있다. 그런데 이러한 문제들을 디지털이 완전히 해결해 주었다. 피에르 레비는 이렇게 말한다.

> "이제 한 걸음 더 나아가 디지털 테크놀로지는 인간에게 '신의 손과 발'을 부여하였고, 인간은 신처럼 세계 어느 곳에든지 동시에(ubiquitous) 존재하게 되었다.
>
> 우리는 이제 세계를 바라보는 창이자 개인용 운송 수단인 PC를 '타고' 마치 고속도로와 같은 인터넷 통신망을 따라 이곳저곳을 항해하면서 난생처음 보는 친구들과 만나 토론도 하고, 데이트도 하고(대화방), 오락도 즐기고(온라인 게임), 쇼핑도 할 수 있게 되었다. 일상의 거리에서 이루어지는 일들이 그대로 온라인상에서 재현되고 있다."[19]

맥루한은 인류가 지금까지 이루어 온 기술발전과정을 신체확장의 과정이라고 본다.

> "모든 미디어가 우리 자신의 확장이며, 이 미디어의 개인적 및

---

17) Pierre Levy, *Cyberculture*, 김동윤·조준형 옮김, 《사이버 문화: 유럽의회보고서-뉴테크놀로지와 문화협력 그리고 커뮤니케이션》(서울: 문화출판사, 2000), 120.

18) 이런 점에서 전화는 글이 가진 비동시성의 장점을 갖지 못했다. 이 문제를 해결하기 위해 녹음기를 부착한 전화기를 만들었지만, 그럼에도 불구하고 전화기는 여전히 인간 사이의 커뮤니케이션을 제대로 감당하기에는 근본적으로 많은 한계를 갖고 있다.

19) Pierre Levy, 《사이버 문화》, 10.

사회적 영향은 우리 하나하나의 확장, 바꾸어 말하면 새로운 테크놀로지 하나하나가 우리에게 도입되는 새로운 척도(尺度)로서 측정되어야 한다는 것이다. 그러므로 이를테면 자동화(automation)의 경우, 인간의 결합방법에 새로운 기준이 생기므로 인간의 일이 불필요하게 된다는 것은 사실이다. 그러나 그것은, 말하자면 소극적인 결과이다. 적극적인 면에서 자동화는 한 시대 전의 기계 테크놀로지가 파괴한 것, 즉 일과 인간의 깊은 관여를 인간의 새로운 역할로 만들어낸 것이다."[20]

인간의 신체를 무한으로 확장함으로써 디지털은 인간이 시간과 장소에 얽매이지 않고 서로 의사소통을 할 수 있도록 해준다. 우리는 글과 음성을 언제 어느 곳에서든지 보내고 싶은 사람에게 보낼 수 있다. 그리고 멀티미디어를 통해서 음성뿐만 아니라 화상도 보낼 수 있게 되었다. 서로 얼굴을 보면서 대화를 나누는 시대가 된 것이다. 이제는 거리감 없이 서로를 온전히 대면할 수 있게 되었다. 그리고 몇 사람에게라도 동시에 동일한 메시지를 보낼 수 있다. 상대방이 그 시간에 무엇을 하든 상관이 없다. 내가 보낸 메시지는 컴퓨터에 저장된다. 그래서 상대방은 그것을 자기가 보고 싶을 때 보고, 듣고 싶을 때 듣고, 또 답신할 수 있다. 이처럼 디지털은 인간의 의사소통에서 시간장애와 장소장애를 해결했다. 이것은 놀라운 일이다. 디지털은 우리를 여기에 있으면서 동시에 거기에 있을 수 있게 해주었다. 상상으로만 그렇게 하는 것이 아니다. 컴퓨터로 원격현전을 구현해냄으로써, 우리는 원하는 시간에 어느 곳에서나 컴퓨터를 통해서 다른

20) Marshall McLuhan, *Understanding Media: The Extension of Man* (1965), 박정규 옮김, 《미디어의 이해-인간의 확장》(서울: 커뮤니케이션북스, 1997, 1999), 23.

사람들과 함께할 수 있다.

> "웹은 시공간의 제한을 넘어 현존재로 하여금 타자와 '서로-어울려-함께-존재할-수-있기-위한' 새로운 가능성을 제한하며 '타자와 함께 존재하기'의 새로운 방식이라 할 수 있다."[21)]

디지털이 시간과 공간장애를 거의 없앤 탓에 인간은 언제 어디에나 존재할 수 있고, 그만큼 인간공동체가 확장되었는데, 그렇기 때문에 요즘 많이 문제가 되는 것은 인간이 언제 어디에 존재하는가 하는 것이다. 디지털 시대는 존재함에 대한 개념정의를 새롭게 한다.

> "'세계와 함께 있는 것'(being together with the world)은 '안에 있음'(in-Sein, being-in)에 기초한다. 하나의 실존범주(existenzial, existential)로서 세계와 '함께 있음'(being with, Mitsein)은 결코 객관적 사물이 물리적으로 같이 있다는 것을 의미하지는 않는다. 현존재가 '세계'라고 불리는 존재와 함께 있다는 것은 결코 물리적으로 근접해 있다는 것을 의미하지는 않는다."[22)]

디지털 시대는 이렇듯 존재개념을 새롭게 정의함으로써, 사람들이 물리적으로 근접해 있다고 해서 서로 의사소통하거나 한 공동체를 이루는 것은 아님을 알려 준다.

> "그리고 이 현존재는 '소통'을 통해서 구성된다. 멀리 떨어져

---

21) 김주환, "월드와이드 웹의 존재론", 《영상문화 1》, 132.
22) M. Heidegger, *Being and Time*, 51. 김주환, "월드와이드 웹의 존재론", 《영상문화 1》, 130에서 재인용.

있다고 해서 내가 그 앞에 존재하지 않는 것은 아니다. 내가 그와 대화를 통해 혹은 바라봄을 통해 소통할 때, 서먹서먹함은 사라지고 친밀해지며 그는 내 앞에, '나'는 그 앞에 존재하는 것이다. 그러나 반대로 내가 그와 같은 공간에 있다고 해도 그와 소통하지 않는다면 '나'는 그 앞에 존재하지 않는다. 이런 현상은 우리가 도심을 걸을 때 많이 느낄 수 있다. 수많은 사람이 내 옆을 지나가도 내가 그를 의식하지 않는다면, 그에게 일별을 던지지 않는다면 '나'는 그 앞에 존재하지 않는 것이다. 극단적으로 말해서, 그때 내가 나의 어머니에 대해 생각하고 있었다면 나의 현존재는 어머니 앞에 있었다고 할 수 있다."[23)]

이런 존재개념은 디지털 시대가 아니어도 인간들이 원래부터 갖고 있었는데, 디지털은 인간의 만남이 결코 물리적인 근접에 의해서 이루어지는 것이 아니며, 현실적인 만남이나 컴퓨터를 통한 만남이나 그것이 인간들을 대면케 한다는 점에서 동일하다는 것을 깨닫게 한다.

"원격 강의가 진행되는 방식이며 강의의 종류에 대한 이야기, 그리고 사이사이에 섞이는 농담과 웃음들……지금 나와 마주보며 웃고 이야기하는 '그'는 틀림없이 내 앞에 서 있다. 그러나 실제로 그와 나 사이에는 카메라와 광케이블이 놓여 있고 서울 대전 간의 142킬로미터라는 거리가 놓여 있다. 그는 서울의 우면동에 있는 것이다. 그는 첨단기기가 만들어낸 환영에 지나지 않는다. 마찬가지로 그에게 보이는 내 모습도 환영일 뿐이다. 그러나 그와 나는 지금 대화하면서 서로의 모습을 보고 있다. 마주하고 있는 것이 상대방의 환영일지라도 그와 내가 나누고 있는 대화와 대화를 나

---

23) 최혜실, 《모든 견고한 것들은 하이퍼텍스트 속으로 사라진다》(서울: (주)생각의 나무, 2000), 17.

누고 있는 행위를 환상 속의 것이라고 할 수 있는가?"[24]

인간은 인터페이스를 통해서 원격현전한다. 인간과 기계의 공유공간이라고 할 수 있는 인터페이스는 동시에 우리를 세계와 연결시켜 주는 현실적 공간인 것이다. 우리는 컴퓨터 모니터를 통해 소식을 듣고, 정보를 획득하고, 생활을 계획하고, 다른 사람들과 대화를 나누고[25] 원격현전한다.

그리고 디지털 시대에서 우리는 눈과 입 그리고 귀로만 원격현전을 체험하지 않는다. 화상전화로 우리 모습을 이미지로 보내서 이미지로만 원격현전하는 것도 아니다. 이제는 팔과 다리도 확장해서 우리는 보다 더 강력하게 원격현전할 수 있게 되었다. 우리는 집에 있는 형광등을 비롯한 가전제품을 멀리서 켤 수도 있고 끌 수도 있다. 눈에 보이지는 않지만, 사람들은 이제 가제트처럼 긴 팔을 갖고 있는 것이다. 디지털은 이처럼 인간의 신체를 거의 무한으로 확장케 한다.

"디지털 통신매체는 나의 목소리와 함께 나의 모습이 담긴 화상을 지구상 어느 곳에든지 거의 실시간(real time)대에 전달해 주기 때문에 나의 실제 위치는 비록 여기와 지금이라는 현실에 묶여 있지만 나는 지구 어느 곳에서 열리는 화상회의에도 참석할 수 있게 되었다. 우리의 몸이 가상화되는 디지털 현실 속에서 자아의 시공간적 한계는 끊임없이 확대된다. 로봇 공학의 발전은 내 몸을 대신하는 로봇이 지하 2킬로미터 속이나 해저 1킬로미터의 탐사를 할 수 있도록 해준다. 로봇 원격 제어실인 여기에서 나는 지금

---

24) *Ibid.*, 86.
25) 이진우, "멀티미디어 정보시대의 정신과 육체-사이보그의 인간학은 과연 가능한가", 《영상문화 1》(서울:생각의 나무, 2000), 29.

'나'의 손을 뻗어 마그마를 만져볼 수도 있고 심해어를 쓰다듬어 볼 수 있다."[26]

"기계시대에 있어서 우리는 우리 육체를 공간적으로 확장하였다. 전기(電氣) 테크놀로지의 1세기를 경과한 오늘날, 이 지구에 관한 한 공간과 시간의 양쪽을 배제하고 우리는 중추신경 자체를 지구 일원으로 확장했다. 갖가지 매체(media)를 통하여 우리가 이제까지 감각이나 신경을 이미 확장해 온 것처럼, 이제 새로이 창조된 인식 방법이 집약적, 조직적으로 인간의 의식(意識)을 기계가 대신하여 모든 인류사회로 인간을 확장하는 마지막 단계에 접어든 것이다."[27]

앞으로 이루어질 총체적인 원격현전은 과거에는 불가능했던 일들을 가능케 할 것이다. 위급한 환자를 치료하기 위해서는 그를 치료할 수 있는 병원으로 데리고 가야 했는데, 앞으로는 굳이 그렇게 할 필요가 없다.

"하이퍼텍스트가 인쇄된 책의 페이지를 없앤 것과 마찬가지로 탈정보사회는 지리적 한계(limitations of geography)를 없앨 것이다. 디지털 삶은 시간과 공간에 대한 의존도를 점차로 줄이며, 장소 자체까지 전달할 수 있는 경지에 이르렀다. 보스턴의 거실에 앉아 전자 창문을 통해 스위스의 알프스를 바라보며, 젖소의 목에서 울리는 방울 소리를 듣고, 여름날의 (디지털) 건초 내음을 맡을 수 있다고 상상해 보라. 아톰(자동차)을 몰아 시내의 일터로 가는 대신

26) 서정신, "디지털시대의 자아탐구-기억, 의미, 정보 그리고 고깃덩어리", 《영상문화 1》, 86.
27) Marshall McLuhan, 《미디어의 이해-인간의 확장》, 18.

사무실에 접속하여 전자적으로 업무를 수행할 경우 나의 작업장은 과연 어디인가? 미래에는 통신과 가상현실 기술 덕분에 휴스턴에 있는 의사가 알래스카에 거주하는 환자를 수술한다."[28]

원격현전의 마지막 단계에서 우리는 어느 곳에 있든지 거리가 아무리 멀더라도 상대방을 바로 가까이에 있는 것처럼 대할 수 있을 것이고, 한곳에 머물면서도 전 세계 곳곳을 누빌 수 있을 것이다.

"당신은 멀리 떨어져서도 악수를 할 수 있고, 바다 건너에 있는 자식에게 잘 자라는 입맞춤도 보낼 수 있다……지금의 초보적인 협대역 비디오게임은 신체적인 참여가 가능한 텔레스포츠로 발전할 것이다. 원격팔씨름, 원격탁구시합, 가상 스키와 가상 바위타기가 성행할 것이다."[29]

이렇듯 인간의 현전, 특히 원격현전은 디지털이 이룩한 놀라운 업적인데, 롬바드와 디턴(Lombard & Ditton)은 현전의 개념을 여섯 가지로 유형화한다.[30]

"첫째는, 사교적 풍부성(social richness)으로서의 현전이다. 조직커뮤니

---

28) Nicholas Negroponte, *Being Digital*, 백욱인 옮김, 《디지털이다》(서울: 커뮤니케이션북스, 1996), 157.

29) William J. Mitchell, *City of Bits: Space, Place, and the Infobahn*, 이희재 옮김, 《비트의 도시》(서울: 김영사, 1999, 2000), 33.

30) 이재현, 《인터넷과 사이버 사회》, 119-121. 원문은 Matthew Lombard & Teresa Ditton, "At the Heart of It All: The Concept of Telepresence," *Journal of Computer-Mediated Communication*, 3:2을 보라. 그리고 http://www. ascusc.org/ jcms/ vol3/ issue2/ lombard. html에도 원문이 실려 있다.

케이션 연구에서 출발한 사교적 풍부성 이론(social richness theory)과 미디어 풍부성 이론(media richness theory)에 따르면, 미디어를 통해 다른 사람과 상호작용을 할 때 미디어별로 사교적이거나 따뜻하거나 친밀하다고 느끼는 정도가 다른데, 이것은 면 대 면 커뮤니케이션과 달리 CMC와 같은 매개 커뮤니케이션의 경우 사교적 풍부함이 부족하기 때문이다. 이런 점에서 사교적 풍부성으로서의 현전 개념을 구성하는 핵심 요소는 친밀성(intimacy)과 즉각성(무매개, immediacy)이라 할 수 있다.

둘째는, 현실감(reality)으로서의 현전이다. 여기서 현실감이란 미디어가 얼마만큼 대상, 사건, 사람 등을 실재하는 것처럼 표상해낼 수 있는가를 말한다. 이런 점에서 각 매체는 얼마만큼 현실감을 불러일으키는가에 따라 평가될 수 있다. 현실감은 사회적 현실감(social realism)과 지각적 현실감(perceptual realism)으로 나누어질 수 있는데, 여기서 사회적 현실감은 매체가 묘사하는 내용이 실제로 발생할 수 있는가 하는 것이고, 지각적 현실감은 대상이나 사람이 얼마나 실제로 존재하는 것처럼 보이는가 하는 것이다. 후자의 경우, 공상과학 영화에서와 같이 사회적 현실감은 떨어지지만 지각적 현실감이 높을 수 있으며, 만화에서와 같이 지각적 현실감은 떨어지지만 사회적 현실감은 높은 경우도 가능하다.

셋째는, 이전(transportation)으로서의 현전이다. 매체는 이용자에게 다른 어떤 곳에 존재하는 것과 같은 느낌을 줄 수 있다. 이전에는 세 가지 형태가 있을 수 있는데, 그 하나는 '그곳에 있다'(You are There)로서 가장 오래된 유형의 현전이다. 다른 곳에 관한 이야기를 듣거나 책을 읽을 때, 전화를 하거나 TV를 볼 때, 그리고 최근에는 가상현실 기술을 이용해 원격작동(teleoperation)을 하거나 인터넷을 통해 가상미술관이나 박물관을 방문할 때 마치 다른 곳에 있는 것과 같은 실재감을 느끼게 된다. 또 다른 형태는 '이곳에 있다'(It is Here)로서, 대상이나 사람이 다른 곳으로부터 매체 이용자의 환경 속으로 불러들여와 있는 것처럼 느낄 수 있다는 것이다. TV나 비디오를 볼 때, 매체를 통해 전달된 상징적 메시지를 해독하려 하기보다는 마치 그것이 물리적인 사물처럼 직접적으로 반응하려고 할 수 있다. 마지막 형태는 '우리가 함께 있다'(We are Together)로서, 매체를 통해 다른 사람과 공간을 공유하는 것과 같은 느낌을 받게 되는 경우이다. 비디오 회의나 인터넷의 채트룸이나 온라인 게임 그리고 최근의 가상현실 시스템은 이러한 실재감을 느끼게 하는데, 이런 공간 속에서 이용자들은 커뮤니케이션이나 상호작용을 하게 된다.

넷째는, 몰입(immersion)으로서의 현전이다. 이는 매체에 의해 가상환경 속에 빠져들어 있다는 느낌을 갖게 되는 것으로서, 지각적 몰입(perceptual immersion)과 심리적 몰입(psychological immersion)의 두 가지를 포함한다. 지각적 몰입은 가상환경이 이용자의 감각체계를 감싸 버리는 정도를 말하는데, 최근의 가상현실 시스템은 입출력 장치들을 이용해 이용자의 모든 감각기관을 대체하여 물리적인 환경을 완전히 차단하고자 한다. 심리적 몰입은 감각기관을 에워싸는 기술적 장치가 없더라도 이용자가 스스로 몰입적 실재감을 느끼게 되는 경우이다. 이 두 가지 몰입이 결합될 때 몰입의 정도는 최고조에 달하게 된다.

다섯째는, 매체 내 사회적 행위자(social actor within medium)의 현전이다. 이는 매체 속의 인물이나 대상과 상호작용을 하는 것처럼 느끼게 되는 경우를 말한다. 의사교호작용(para-social interaction)의 대상이 되는 TV 속의 캐릭터, 다마고찌와 같은 컴퓨터 애완동물이나 사이버 가수와 같은 컴퓨터 캐릭터, 게임이나 채트룸의 애버타(avatar) 그리고 원격교육 시스템의 안내자 등과 같은 가상인물(virtual character)은 바로 이용자로 하여금 상호작용을 하고 있나고 느끼게 되는 대상이다. 이와 같은 대상들과 상호작용을 할 때 이용자들은 실재감을 느끼게 된다.

마지막으로 여섯째는, 매체가 사회적 행위자(medium as social actor)가 되는 경우이다. 매체 내의 사회적 행위자에게 반응하는 것이 아니라 매체 자체가 행위자처럼 이용자와 상호작용하게 될 때 이용자는 현전감을 느끼게 된다. 최근 컴퓨터 인터페이스의 발전은 인간-인간 상호작용 단계에서 벗어나 인간-컴퓨터 상호작용의 환경을 제공한다. 컴퓨터 교육프로그램이나 인터넷을 통한 온라인 학습은 컴퓨터가 마치 교사와 같이 학습을 안내하는 역할을 수행하는데, 이는 컴퓨터가 마치 인간과 같이 사회(사교)적 단서들을 제공해 주기 때문이다."

바벨론의 텔아빕에서 순식간에 예루살렘으로 원격현전했던 에스겔처럼, 우리도 그렇게 할 수 있는 날이 곧 올 것이다. 컴퓨터 시스템이 첨단으로 발달하면 컴퓨터는 점점 작아질 것이고, 그리고 아주 작아져서 보이지 않을 정도가 될 것이다. 그래서 어느 곳에나 컴퓨터가 있는 세상이 될 것이다.

> "컴퓨터의 인간-기계-접촉 공간인 인터페이스는 따라서 기계와 기계 언어에 매우 가까이 있다. 그다음에 사용자 환경과 프로그램들의 논리적 심층의 관계는 점점 더 단호하게 '편리한 환경'을 위해 그 추이가 움직인다. 다시 말해서 진보적인 사용자 편리성은 컴퓨터를 눈에 보이지 않도록 하는 것이다. 그리고 바로 이것이 의미하는 바가 '도처에 편재하는 컴퓨팅'이라는 콘셉트이다. 즉 컴퓨터가 보이지 않게 된다. 그리고 도처에 편재한다. 컴퓨터가 도처에 편재함으로써 사라지게 된다는 것이 미래의 커뮤니케이션적 상황에 가장 중요한 특징이다."[31]

컴퓨터는 점점 건물의 구조 안으로 편입되고, 건물 자체는 컴퓨터로 변할 것이다.[32] 그래서 앞으로는 가옥건축이나 도시건설에서도 이것을 고려해야 한다. 모든 곳에 컴퓨터가 편재함으로써 인간은 이제 어디에나 존재하게 될 것이고, 그만큼 인간의 육체는 무한으로 확장될 것이다.

> "이제 피투된 기투[33] 속에서 스스로 훤히 밝히는 저 훤한-밝힘이 처음부터 함께-있음에 의해 규정되는 것이어서, 결국 이 전체적인 훤한-밝힘이 항상 이미 다른 터 있음과 공유하는 것이라고 한다면, 이때 훤한-밝힘의 함께-있음은 신체적으로 파악된 나의 행동관계 속에서 자체적으로 개방되는 나의 개방됨을 규정할 뿐만 아니라, 세계 내부적인 사물의 개방됨 또한 규정하는 것이다. 이것은 곧, 내가 나 자신에게 개방되며 또한 나는 다른 터 있음과 선천적으로 의미를 공유하는 방식으로 신체적으로 파악된 나의 행동관계 속에서 개방될 수 있다는 사실을 의미한다."[34]

---

31) Norbert Bolz, 12.
32) William J. Mitchell, *City of Bits*, 231.
33) '피투(被投) 된 기투(企投)'(geworfener Entwurf)는 하이데거를 비롯한 실존주의 철학자들이 애용하는 용어이다. 여기서 '던져짐'을 의미하는 '피투'는 인간이 이 세상 속에 피동적으로 던져진 존재임을 가리키고, '기투'는 이미 이 세상 속으로 피투된 존재가 스스로 삶을 선택하면서 거기에 자신을 내던지는 것을 의미한다.
34) F. -W. von Herrmann, *Interpretationen zu "Sein und Zeit": Subjekt und Dasein*, 신상희 옮김, 《하이데거의 존재와 시간을 찾아서》(서울: 한길사, 1997), 211.

■ 참고문헌

김주환, “월드와이드 웹의 존재론”, 《영상문화 1》.

서정신, “디지털 시대의 자아탐구 - 기억, 의미, 정보 그리고 고깃덩어리”, 《영상문화 1》.

이재현, 《인터넷과 사이버 사회》, 서울: 커뮤니케이션북스, 2000.

이진우, “멀티미디어 정보시대의 정신과 육체 - 사이보그의 인간학은 과연 가능한가”, 《영상문화 1》, 서울: 생각의 나무, 2000.

정기도, 《나, 아바타 그리고 가상세계》, 서울: 책세상, 2000.

최혜실, 《모든 견고한 것들은 하이퍼텍스트 속으로 사라진다》, 서울: (주)생각의 나무, 2000.

Beitzel, B. J., *“Travel and Communication(OT World)”*, ABD 6.

Fisher, S. S., “가상환경: 개인용 시뮬레이션과 텔레프레젠스”, 노용덕 옮김, 《가상현실과 사이버스페이스》.

Heidegger, M., *Zein und Zeit*, 이기상 옮김, 《존재와 시간》, 서울: 까치글방, 2007.

Jammer, M., *Concepts of Space-The History of Theories of Space in Physics*, 이경직 옮김, 《공간개념 - 물리학에 나타난 공간론의 역사》 파주: ㈜나남, 2008.

Levy, P., *Cyberculture*, 김동윤·조준형 옮김, 《사이버문화: 유럽의회보고서 - 뉴테크놀로지와 문화협력 그리고 커뮤니케이션》, 서울: 문화출판사, 2000.

McLuhan, M., *Understanding Media: The Extension of Man* (1965), 박정규 옮김, 《미디어의 이해 - 인간의 확장》, 서울: 커뮤니케이션북스, 1997, 1999.

Mitchell, W. J., *City of Bits: Space, Place, and the Infobahn*, 이희재 옮김, 《비트의 도시》, 서울: 김영사, 1999, 2000.

Negroponte, N., *Being Digital*, 백욱인 옮김, 《디지털이다》, 서울: 커뮤니케이션북스, 1996.

Said, E. W., *Orientalism*, 박홍규 역, 《오리엔탈리즘》, 서울: 교보문고, 1991, 2000.

von Herrmann, F. -W., *Interpretationen zu “Sein und Zeit”: Subjekt und Dasein*, 신상희 옮김, 《하이데거의 존재와 시간을 찾아서》, 서울: 한길사, 1997.

9. 예언과 시뮬라크르

1) 시작 글

에스겔서 40-48장은 구약성서에서 대표적인 환상문학이다.[1] 예언과 환상(vision)은 밀접한 관계에 있다. 환상은 특이한 종교적 경험이다. 융은 예술작품을 심리학적인 것과 환상적인 것으로 나누는데,[2] 환상적인 것은 원초적인 경험(Urerlebnis)으로서 인간적인 이해를 넘어서며 숭고하고 신비롭고 충격적인 경험으로서, 가치와 미술적인 형태에 대한 우리 인간의 기준들을 깨뜨린다고 말한다.[3] 이것은 구약성서 예언서에 나오는 환상문학에서도 마찬가지일 것이다.

연구본문의 문학 장르를 밝히는 것은 본문을 해석하는 데 매우 중요하다.[4] 그래서 에스겔서 40-48장을 연구함에 있어서, 이 본문의 문학직 장르를 밝히고 그 명칭을 부여하는 것은 그 본문을 주석하는 첫 단계라고 할 수 있다.[5]

---

1) 에스겔서 40-48장은 요한계시록을 제외하고는 성경에서 가장 긴 환상 기록이다[Douglas Stuart, *Ezekiel* (Dallas, Texas: Word Books, Publisher, 1989), 367].

2) Michael Lieb, *The Visionary Mode–Biblical Prophecy, Hermeneutics, and Cultural Change* (Ithaca: Cornell University Press, 1991), 2.

3) Lieb, *The Visionary Mode*, 3.

4) Kalinda Rose Stevenson, *The Vision of Transformation–The Territorial Rhetoric of Ezekiel 40–48* (Atlanta: Scholars Press, 1996), 157, 각주 38.

5) Lieb, *The Visionary Mode*, 34.

여러 학자들이 본문의 장르를 규명하기 위해서 많은 노력을 기울였는데, 지금까지의 에스겔서 40-48장에 대한 연구는 말할 것도 없고 현재의 연구 작업들도 우리가 사는 디지털 시대를 염두에 두지 않았다는 한계를 보인다. 그리고 환상문학 연구에 필요한 철학과 예술에 대한 현대적 논의, 특히 실재와 모사, 동일성과 생성에 대한 최근의 학문적 논의도 전혀 고려하지 않았다.

이 글은 에스겔서 40-48장에 나오는 환상의 방식과 성격을 새로운 각도에서 살핌으로써 그 문학유형을 명확하게 규정하는 데 목적을 두는데, 이를 위해서 '시뮬레이션'(simulation)과 '시뮬라크르'(simulacre) 개념을 사용할 것이다. 이러한 작업을 통해서, 에스겔서 40-48장에 나오는 환상(vision)이 환상(fantasy)이며, 그래서 에스겔서 40-48장이 '환상문학'임을 밝힐 것이다.

2) 연구사

진중권은 '나의 인식 능력으로 도저히 파악할 수 없는 그것과 마주치는 불편한 체험'을 '숭고의 체험'이라고 하는데,[6] 에스겔서 40-48장은 독자들에게 그런 경험을 하게 하는 본문이다. 학자들은 에스겔서 40-48장을 주로 세 가지 측면에서 연구했다. 첫째는, 본문의 형성과정이고 둘째는, 본문의 지향시점이고 셋째는, 본문의 기록 목적이다.

---

6) "한 장의 그림 앞에서 바로 그것과 접하는 체험, 나의 인식 능력으로 도저히 파악할 수 없는 그것과 마주치는 불편한 체험, 그것이 바로 '숭고'의 체험이다" [진중권, 《진중권의 현대미학 강의–숭고와 시뮬라크르의 이중주》(서울: 이드북스, 2003, 2010), 232].

(1) 편집에 대한 연구

지금까지 학자들은 에스겔서 40-48장이 어떤 과정을 거쳐서 형성되었는지, 즉 에스겔서 40-48장을 편집사적인 측면에서 연구했다. 즉 에스겔서 40-48장이 단일한지 아니면 복합적인지를 살피는 것이다.[7)]

그 까닭은 에스겔서 40-48장이 다양한 편집층을 보인다고 생각하기 때문이다. 에스겔서 40-48장은 요한계시록을 제외하고는 성서에서 가장 긴 환상 기록인데,[8)] '환상보고'와 성전과 제의에 관한 법규들로 이루어져 있다. 환상보고 형식으로 시작하지만 44장 6절부터는 성전과 제의에 대한 규례를 언급하고, 47장 1-12절에서 다시 환상보고 형식으로 돌아간다.[9)] 그리고 47-48장이 환상보고 형식인 것은 사실이지만, 여기서는 40-42장과는 달리 성전 내부가 아닌 성전 바깥, 즉 땅에 초점을 맞춘다는 점에서 앞부분과 별개로 보인다.[10)] 그래서 린드블롬은 에스겔서 40-48장이 황홀경 환상(ecstatic visions)에 문학적인 환상(literary visions)이 결합된 것이라고 본다.[11)]

이런 사실에 근거해서 학자들은 에스겔서 40-48장을 구성하는 다양한 편집층을 밝히고 그 형성과정을 추적하는 데 초점을 맞추었는데, 요즘에는 전체적인 통일성을 강조하는 경향을 보인다.[12)]

---

7) Paul M. Joyce, *Ezekiel–A Commentary* (New York: T & T Clark, 2007), 219.
8) Stuart, *Ezekiel*, 367.
9) Ronald M. Hals, *Ezekiel* (Grand Rapids, Michigan: Wm. B. Eerdmans Publishing Co., 1989), 286.
10) Hals, *Ezekiel*, 287.
11) J. Lindblom, *Prophecy in Ancient Israel* (Philadelphia: Fortress Press, 1962, 1976), 147.
12) Thomas Renz, *The Rhetorical Function of the Book of Ezekiel* (Leiden: Brill, 1999), 122.

(2) 시점에 대한 연구

학자들은 에스겔서 40-48장의 지향시점에 관심을 갖는다. 즉 에스겔서 40-48장이 미래지향적인지 아니면 현재지향적인지를 규명하는 데 관심을 갖는다. 조이스는 성서의 환상문학을 사실적(realistic), 종말론적(eschatological), 유토피아적(utopian)으로 구분하는데,[13] 그렇다면 에스겔서 40-48장, 특히 40-42장은 실제(real) 성전을 가리키는가 아니면 이상적인(ideal) 성전을 가리키는가? 그리고 성전이 세워진 산은 현재적인가 아니면 종말론적인가, 그것도 아니면 천상적인가?[14] 학자들은 여기에 대해 다양한 의견을 내놓는다.

먼저 미래지향적으로 보는 학자들 가운데 클레멘츠는 에스겔서 40-48장을 새로운 이스라엘, 회복된 이스라엘에 대한 환상이 아니고 국가를 재건하려는 구체적인 갱신 프로그램(renewal program)이라고 생각한다.[15]

할스도 전체 환상이 어떤 실제 성전을 묘사하는 것은 아님이 명약관화하다고 말하는데, 40장 2절이 언급하는 '매우 높은 산'도 신화적인 의미일 뿐 예루살렘의 실제 지리를 묘사하는 것은 아니라고 주장한다.[16] 알렌은 '매우 높은 산'이 신학적인 지리를 의미하며, 야훼의 주권을 상징한다고 말한다.[17]

---

13) Joyce, *Ezekiel*, 220.

14) Steven Shawn Tuell, *Ezekiel* (Peabody: Hendrickson Publishers, Inc., 2009), 276f.

15) Ronald E. Clements, *Ezekiel* (Louisville, Kentucky: Westminster John Knox Press, 1996), 178.

16) Hals, *Ezekiel*, 300.

17) Leslie C. Allen, *Ezekiel 20–48* (Dallas, Texas: Word Books, Publisher, 1990), 229.

그러나 에스겔서 40-48장이 당시 상황을 기술한다고 생각하는 학자들도 있는데, 투엘은 본문이 국가가 지원하는 성전을 중심하는 실제 사회, 즉 에스라 · 느헤미야 시대 같은 그런 실제 사회를 반영한다고 주장한다.[18] 그는 40-48장에는 미래와 연관된 것은 보이지 않는다고 하면서, 1-3장과 8-11장처럼 40-48장도 현재의 실재에 대한 환상이라고 여긴다.[19]

(3) 목적에 대한 연구

학자들은 에스겔서 40-48장의 환상이 독자들에게 어떤 기능을 하는지에 관심을 기울인다. 에스겔서 40-48장, 특히 성전 각 부분을 측량하는 장면을 묘사하는 40-42장을 읽은 사람들은 '건물 청사진'을 떠올릴 것이다. 짐머리는 에스겔이 만난 사람이 하는 주요한 일이 측량하는 것임을 지적하는데,[20] 그 사람이 건물 높이를 측량하지 않고 폭과 길이, 즉 평면을 측량하기 때문에 본문은 입체적인 건물모양을 묘사하는 것이 아니고 그저 평면도에 불과하다고 말한다.[21]

그러나 어떤 학자들은 본문이 평면도가 아니고 입체적인 건물묘사라고 주장하기도 한다. 40-42장이 평면적인 묘사를 하는 것 같지만 41장 6-8절, 42장 3절, 40장 5절, 6절은 높이를 언급하는 것으로 보이기 때문이다.[22]

---

18) Steven Shawn Tuell, *The Law of the Temple in Ezekiel 40–48* (Atlanta: Scholars Press, 1992), 176.

19) Tuell, *Ezekiel*, 297.

20) Walther Zimmerli, *Ezekiel 2*, tr. James D. Martin, *Ezekiel 2–A Commentary on the Book of the Prophet Ezekiel Chapters 25–48* (Philadelphia: Fortress Press, 1983), 343.

21) Zimmerli, *Ezekiel 2*, 343.

다른 학자들은 본문을 건축을 위한 청사진으로 보는 것은 타당하지 않다고 주장한다. 물론 40-48장이 어떤 '계획'(plans)인 것은 분명하지만, 핵심적인 세부사항들을 언급하지 않기 때문에 40-42장에 나오는 것들을 토대로 건축할 수 없다는 점에서, 그리고 매우 이상적이고 주로 평면적 측량이어서 실제 건축에는 부적합하다는 점에서도[23] 청사진이라기보다는 '환상보고문'으로 보는 게 낫다는 것이다.[24]

만약 에스겔서 40-48장이 실제 건축을 위한 청사진이 아니라면 본문은 무엇을 위한 것인가? 스티븐슨은 에스겔서 40-48장이 영토적인 수사학(territorial rhetoric)이라고 말한다. 포로기 공동체가 겪은 사회적이고 신학적인 위기들에 대한 수사적인 응답으로 쓰인 것으로 보는 것이다.[25]

오델은 현재의 환상과 미래의 실재 사이의 긴장에도 불구하고, 시간과 공간의 결합이 회복의 확실성을 강조한다고 말한다. 유다인들은 여전히 바벨론에 거주하지만, 야훼는 이미 이스라엘 땅에서 통치하기 시작하셨다는 것이다.[26]

여기서 보는 대로, 지금까지 에스겔서 40-48장에 대한 연구는 본문의 형성과정, 본문의 지향시점, 그리고 본문의 기록 목적을 밝히는 데 많은 노력을 기울였지만, 환상체험과 환상기술 자체에 대한 연구를 거의 하지 않았다. 물론 문학적 양식을 분류하고 명명하기는 하지만,

22) Allen, *Ezekiel 20–48*, 228.
23) Daniel I. Block, *The Book of Ezekiel 25–48* (Grand Rapids, Michigan: William B. Eerdmans Publishing Company, 1998), 510f.
24) Hals, *Ezekiel*, 299.
25) Stevenson, *The Vision of Transformation*, 162.
26) Margaret S. Odell, *Ezekiel*. Smyth & Helwys Bible Commentary (Macon, Georgia: Smyth & Helwys Publishing, Inc., 2005), 488.

그것들은 과거의 전통적인 분류에 의존할 뿐, 모두 철학과 예술에 대한 현재적인 논의들을 고려하지 않았다는 점에서 문제를 드러낸다.

3) 시뮬레이션

린드블롬은 환상을 회화적인 환상(pictorial visions)과 극적인 환상(dramatic visions)으로 나눈다.[27] 린드블롬에 따르면, 에스겔서에 나오는 환상들은 회화적인 환상을 기본으로 거기에 극적인 요소가 가미된 것이라고 할 수 있는데, 그러나 실제로 에스겔서는 회화적인 환상을 배경으로 삼는 극적인 환상들이다. 이 극적인 환상들은 매우 동적인데, 특별히 에스겔서 40-48장에 나타나는 동적인 양상은 다른 환상들과 구별된다.

에스겔서는 세 개의 주요한 하나님 환상들(마르오트 엘로힘), 즉 1장, 8-11장 그리고 40-48장을 중심으로 구성되었다.[28] 그런데 1장은 에스겔이 현실 공간에서 직접 대면한 것을 묘사한다. 오델은 마르아와 마르에의 용례를 비교하면서, 에스겔 1장이 다른 예언자들에게서 나타나는 환상경험과는 전적으로 다르다는 사실을 지적한다. 에스겔이 야훼를 직접적으로 만난 사건이라는 것이다.[29] 오델은 민수기 12장 6-7절을 예로 드는데, 여기서 마르아는 꿈으로 나타나는 계시를 가리키고, 마르에는 그런 불분명한 계시와는 달리 직접 얼굴을 대하는 만남을 가리킨다는 것이다.[30] 그리고 이런 경험은 모세가 호렙 산에서 하나님을 만난 것(출 3:3)과 같다고 한다. 그리고 8-11장은 에스겔이

27) Lindblom, *Prophecy in Ancient Israel*, 124.
28) Odell, *Ezekiel*, 1.
29) *Ibid.*, 15.
30) *Ibid.*, 17.

현재 예루살렘 성전으로 가서 여기저기를 둘러보는 모습을 기술한다. 에스겔서 1장과 8-11장은 이렇게 현재적이고 실재적이지만, 40-48장은 1장이나 8-11장과는 달리, 가상의 공간에서 일어난 일을 묘사한다. 40장 1-4절을 살펴보자.

> 겔 40:1-4 우리가 사로잡힌 지 스물다섯째 해, 성이 함락된 후 열넷째 해 첫째 달 열째 날에 곧 그날에 여호와의 권능이 내게 임하여 나를 데리고 이스라엘 땅으로 가시되 하나님이 이상 중에 나를 데리고 이스라엘 땅에 이르러 나를 매우 높은 산 위에 내려놓으시는데 거기에서 남으로 향하여 성읍 형상 같은 것이 있더라 나를 데리시고 거기에 이르시니 모양이 놋 같이 빛난 사람 하나가 손에 삼줄과 측량하는 장대를 가지고 문에 서 있더니 그 사람이 내게 이르되 인자야 내가 네게 보이는 그것을 눈으로 보고 귀로 들으며 네 마음으로 생각할지어다 내가 이것을 네게 보이려고 이리로 데리고 왔나니 너는 본 것을 다 이스라엘 족속에게 전할지어다 하더라

본문을 보면, 에스겔은 어떤 '가상공간'에 들어온 것으로 보인다. 에스겔이 하나님의 손에 붙잡혀서 간 곳은 이스라엘 땅이고, 이런 점에서는 8-11장과 같지만, 그곳은 실재하는 이스라엘 땅이 아니고 가상적인 공간이라는 점에서는 전혀 다르다. 그곳에 높은 산이 있고, 그 산 남쪽으로 성읍처럼 생긴 것이 보였다.

에스겔은 환상을 본다. 그런데 그는 그것을 밖에서 보는 것이 아니다. 그는 그곳에 있다. 현실적으로는 존재하지 않는 그곳, 실제적으로 있을 자리가 없는 가상공간 속에 그는 들어 있다. 그리고 자를 든 사람과 함께 이곳저곳으로 다니면서 측량한다.

에스겔은 그곳까지 가는데, 거기에 어떤 사람이 삼줄과 장대를 들고 그 도시를 측량하기 위해 서 있었다. 그 사람도 실제 공간에 실재하는

사람이 아니다. 에스겔은 그 사람이 하는 말을 듣고, 그리고 그가 가는 대로 따라다니면서 그 사람이 성전 곳곳을 측량하는 것을 지켜보고, 측량한 수치를 기록한다. 이것은 실제 공간에서 실제로 하는 행동이 아니기 때문에, 그저 '환상보고'라고 하는 것은 충분하지 않다. 본문을 '환상보고'라고 하면, 1장이나 8-11장과 구분할 수 없기 때문이다. 그래서 본문이 실제 건축을 위한 청사진인지 아닌지를 밝히는 것보다 더 우선적인 것은 환상 체험방식에 대한 것이다. 이것을 위해 40장 24-27절을 읽어 보자.

겔 40:24-27 그가 또 나를 이끌고 남으로 간즉 남쪽을 향한 문간이 있는데 그 벽과 현관을 측량하니 먼저 측량한 것과 같고 그 문간과 현관 좌우에 있는 창도 먼저 말한 창과 같더라 그 문간의 길이는 쉰 척이요 너비는 스물다섯 척이며 또 그리로 올라가는 일곱 층계가 있고 그 안에 현관이 있으며 또 이쪽저쪽 문 벽 위에 종려나무를 새겼으며 안뜰에도 남쪽을 향한 문간이 있는데 그가 남쪽을 향한 그 문간에서 맞은쪽 문간까지 측량하니 백 척이더라

안내자는 에스겔을 데리고 이곳저곳 다니면서 측량을 한다. 게임을 하는 아이들은 이것이 시뮬레이션 작업이라는 것을 금방 알아차릴 것이다. 그들은 에스겔이 경험하는 것이 특수한 장비를 착용하고 가상공간에서 현실적인 체험을 하는 것과 동일하다고 생각할 것이다. 이렇게 보면, 에스겔서는 매우 디지털적이다. 디지털 시대에서 가장 많이 사용하는 용어가 '시뮬레이션'일 것이다. 무엇보다 컴퓨터 게임이 시뮬레이션 게임이고, 컴퓨터로 하는 모의실험도 시뮬레이션이고, 모의회의나 모의투자도 시뮬레이션이다. 그리고 요즘에는 전투도 시뮬레이션으로 한다. 레비는 시뮬레이션을 이렇게 정의한다.

"시뮬레이션은 사이버 문화가 가져온 새로운 인지 방식 가운데 중심을 차지한다. 한마디로 시뮬레이션이란, 개인적 상상력을 키우고 (지적 능력의 증가) 모델이 아무리 복잡하다 하더라도 공통되는 정신 모델을 집단적으로 공유 협의하고, 세련화하는 [공동의 지적 자산(CI)의 증가를 도모하는] 모종의 지적 기술이다."[31]

시뮬레이션은 이미지 그리고 이미지를 구현해내는 가상공간은 현실과 어떤 관계를 갖는가? 가상공간을 절대화시키려거나 현실공간과 분리시키려는 것은 컴퓨터나 시뮬레이션에 익숙하지 않은 기성세대의 고집일 것이다. 물론 컴퓨터가 만들어내는 가상공간을 현실과 비교할 때 독특한 점들이 매우 현저하기 때문에도 그렇겠지만, 그렇다고 해도 그것은 결코 현실세계와 분리되지 않는다. 그리고 현실세계라는 것이 무엇인가? 그것은 어떻게 존재하는가? 현실세계는 눈에 보이지 않는 다양한 공간들을 포함하는 다중세계이다. 우리는 3차원적인 공간 속에 있으면서도 상상을 통해서 무한한 공간을 경험한다. 물리적 공간과 가상적인 공간이 결합된 것이 바로 현실세계이다. 우리는 어떤 장면을 보면서, 아니면 책을 읽으면서 현실세계와 구분할 수 있는 가상공간을 경험한다. 하임이 말하는 대로, "우리가 책을 읽거나 영화나 그림을 감상하는 것도 일종의 '다른 세계를 즐기는' 행위이다."[32] 그 공간에서 독자들은 주인공이 되기도 하고 다른 인물이 되기도 한다. 그리고 그 감동을 안고 물질세계에서 살아간다. 이처럼 물리적

---

31) Pierre Levy, *Cyberculture*, 김동윤·조준형 옮김, 《사이버문화: 유럽의회보고서-뉴테크놀로지와 문화협력 그리고 커뮤니케이션》(서울: 문화출판사, 2000), 230.

32) Michael Heim, 《가상현실의 형이상학》, Sandra K. Helsel, Judith Paris Roth, *Virtual Reality: Theory, Practice and Promise*, 노용덕 옮김, 《가상현실과 사이버스페이스》(서울: 세종대학교출판부, 1994), 56.

공간과 가상적인 공간은 결코 단절할 수 없으며, 이 둘은 언제나 서로 교류한다. 그래서 볼츠는 이렇게 말한다.

> "시뮬레이션의 테크놀러지는 실재와 상상의 차이를 근본적으로 의심한다. 시뮬레이션은 존재하지 않는 것을 긍정하는 어떤 추상적 명령문 체계의 토대 위에서, 컴퓨터에 입각한 데치너 조작의 한계치이다. 그러면 어떤 것이 연습이고 어떤 것이 실제 상황인가? 새로운 미디어적 조건 아래서는 어떤 게임 명령의 기술적 적용과 어떤 실재적 명령의 기술적 적용 사이에 아무런 차이도 없다."[33)]

홍성태는 "가상현실은 단순한 환상이 아니라 그 자체가 하나의 새로운 인지적 현실로서, 현실=가상현실+실제현실이라는 등식을 낳는다. 이 점에서 가상현실은 실제현실의 삶을 위해 대단히 유용한 도구에 그치지 않는다"라고 말한다.[34)]

이렇게 시뮬레이션은 세계인식에 대한 새로운 지평을 열어 준다. 지금은 시뮬레이션을 과학적 기술에 의해 발생시키지만, 시뮬레이션이 근본적으로는 인간의 지적 능력이라는 점에서 의미를 갖는다. 그리고 에스겔서 40-48장은 원초적인 시뮬레이션 기법을 예언에 적용함으로써 예언의 지평을 넓힌다. 이런 점에서 예언문학, 특히 환상문학의 장르 규명에 디지털적 개념인 시뮬레이션을 적용하는 것은 대단히 유용하다고 생각한다.

---

33) Norbert Bolz, *Am Ende der Guttenberg-Galaxis: Die Neuen Kommunikations-verhältnisse*, 윤종석 옮김, 《구텐베르크-은하계의 끝에서: 새로운 커뮤니케이션 상황들》(서울: 문학과지성사, 2000), 150.
34) 홍성태, 《사이버 사회의 문화와 정치》(서울: 문화과학사, 2000), 204.

4) 시뮬라크르

에스겔서 40-48장이 여타의 환상 본문들과는 달리 시뮬레이션을 이야기한다는 것을 살펴보았다. 그런데 에스겔이 본 것은 과연 무엇일까? 투엘은 고대 세계에서는 지상의 성전을 실재적이고 천상적인 성전의 재현(representation)으로 여겼으며, 이것은 이스라엘의 경우도 마찬가지라고 말한다.[35] 아이히로트도 '천상적 원형의 모사'라고 말한다.[36] 성전은 야훼가 스스로 창조하고 지상에 옮겨 세운 천상적 실재이며,[37] 그 과정에 인간은 전혀 개입하지 않는다는 것이다.[38] 클레멘츠도 모사 개념으로 풀이하는데, 설계는 하늘에서 하고 지상에는 모사될 뿐이라는 것이다.[39] 조이스는 40-42장이 포로기 동안에 에스겔 자신이 본 천상적 성전에 대한 환상에 근거한다고 주장한다.[40]

이들과 달리, 오델은 43장 10절에 나오는 '토크니트'에 주목한다. 그는 환상에서 보는 것이 '타브니트'(출 25:9; 대상 28:10-12)가 아니라는 점에 근거해서, 모세는 청사진을 받았지만 에스겔이 천상적인 성전에 대한 청사진을 본 것이 아니고, 실제 공간에 세워진 성전을 보았다고 한다.[41] 에스겔이 본 것은 지상에 모사된 천상적인 것이 아니고, 이스라엘이 드리는 제물을 받을 준비를 한 구체적이고 신적으로 제작된 것이다. 종말론적인 희망도 아니고 실현된 종말론도 아니고, 이 환상

---

35) Tuell, *Ezekiel*, 297.
36) Walther Eichrodt, *Der Prophet Hesekiel*, tr. Cosslett Quin, *Ezekiel* (London: SCM Press, 1970), 542.
37) Eichrodt, *Der Prophet Hesekiel*, 542.
38) *Ibid.*
39) Clements, *Ezekiel*, 181.
40) Joyce, *Ezekiel*, 221.
41) Odell, *Ezekiel*, 488.

은 미래적인 가능성과 현재의 실재를 예언자의 인격 속에서 결합시킨다고 말한다.[42] 할스도 성전은 그냥 거기에 있으며, 마치 어떤 모델처럼 천상적인 영역에 있는 것처럼 표현하지 않는다고 말한다.[43]

로우랜드는 에스겔이 본 환상이 미래 이스라엘 땅을 위한 천상적 계획인지는 명확하지 않다고 말한다.[44] 오히려 그는 에스겔이 그를 인도하는 사람을 따라서 성전을 둘러본다는 점에서 묵시문학적인 요소를 보인다고 말한다.[45]

여기서 보는 대로, 로우랜드는 에스겔서 40-48장이 보여주는 묵시적인 성향에 초점을 맞추기 때문에 에스겔이 본 것이 무엇인지에 대해서는 관심을 기울이지 않는다. 그리고 오델은 그것이 천상적인 것인지 현재적인 것인지에 대해서 모호하게 말한다.

대체로 학자들은 '천상적 실재'라는 개념을 선호하는데, 이것은 히브리적 사유라기보다는 헬라적 사유에서 기원한다. 플라톤은 사물의 세계를 실재(實在)와 유사 그리고 상사(相似, 판타스마타=시뮬라크르)로 나누는데,[46] "유사는 사물과 이데아의 수직적 관계이고, 시뮬라크르는 사물들끼리의 수평적 관계이다."[47] 플라톤은 《소피스테스》에서 이렇게 말한다.

---

42) Odell, *Ezekiel*, 503.

43) Hals, *Ezekiel*, 303.

44) Christopher Rowland, *The Open Heaven–A Study of Apocalyptic in Judaism and Early Christianity* (Eugene, Oregon: Wipf and Stock Publishers, 1982), 199

45) Rowland, *The Open Heaven*, 200.

46) 유사성과 상사성에 대한 현대적 연구는 푸코가 행한 마그리트의 작품해석이 대표적이다[윤성우, 《들뢰즈-재현의 문제와 다른 철학자들》(서울: 철학과 현실사, 2004), 43].

47) 박정자, 《마그리트와 시뮬라크르》(서울: 노서출판 기파랑, 2011), 8.

"그러니까 그게 닮아 보이지만 실제로 닮은 것이 아니라면, 우리는 그걸 '닮아 보이는 것'(유사영상, phantasma)으로 불러야 할까?"[48]

"그러니까 닮은 것(모사물)이 아니라 '닮아 보이는 것'(유사영상)을 만드는 기술을 우리는 의당 '그런 것을 만드는 기술'(phantastikē)로 불러야 하지 않을까?"[49]

플라톤이 관심을 기울이는 것은 이데아인데, 그것을 명확하게 하기 위해서 이데아의 복사물과 복사물의 복사물인 시뮬라크르를 구분한다. 이것을 이정우는 이렇게 정리한다.

"플라톤 사유에서 중요한 것은 감각적인 것들과 가지적인 것들을 구분하는 것이다. 그러나 플라톤주의의 핵심은 오히려 감각적인 것들 중에서 두 종류를 구분하는 데 있다. 핵심적인 것은 '복사물'(eikonês)과 '시뮬라크르들'(phantasmata)의 구분이다. 복사물들은 이데아를 흉내 내고 있으며 따라서 유사성을 담고 있다. 반면 시뮬라크르는 단지 이데아로부터 멀리 떨어져 있을 뿐만 아니라 이데아의 반대편에서 이데아 자체를 혼란에 빠트리는 존재(차라리 비-존재)이다. 플라톤의 진짜 의도는 현실 속의 다양한 존재들에 가치론적 위계를 설정하려는 것이다. 이데아의 가설은 그러한 설정을 가능케 하는 기준으로서 제시되었다."[50]

그래서 에스겔이 40-48장에서 본 것을 학자들이 천상적 실재라고 부르는 것은 플라톤적인 사물 구분에서 비롯한 것이다. 지상의 성전이

---

48) Platon, *ΣΟΦΙΣΤΗΣ*, 김태경 옮김, 《소피스테스》(서울: (주)도서출판 한길사, 2000, 2010), 132.

49) *Ibid.*, 133.

50) 이정우, 《신족과 거인족의 투쟁-이데아와 시뮬라크르》(서울: (주)도서출판 한길사, 2008), 324.

천상적 성전의 모사물이고 재현(再現, representation)이라는 것인데, 철학과 예술의 역사는 '재현'에 대한 논의의 역사라고 할 정도로 재현은 중요한 의미를 갖는다. 그러나

> "20세기에 들어와 재현은 완전히 붕괴되었다. 현대적 사유는 재현의 파산과 더불어 태어났다. 동일성은 소멸되었고, 이때까지 동일자의 재현이라는 철칙에 억눌려 있던 모든 힘들이 분출하기 시작했다. 동일성이라고 여겨졌던 모든 것이, 실은 차이와 반복이라는 보다 심층적인 유희를 속에 감추고 있는, 한갓 광학적 눈속임에 지나지 않았다는 것이 드러났다. 동일성의 우위는 재현의 세계의 특징이었다. 재현이 붕괴하자 동일성도 함께 붕괴했다. 동일성과 부정(I'identique et le négatif)이라는 헤겔류의 대립항은 오늘날 차이와 반복이라는 새로운 대립항으로 대체되고 있다는 것이 들뢰즈의 생각이다."[51]

그래서 지금은 플라톤주의를 전복하는[52] 탈재현의 시대, 즉 시뮬라크르의 시대이다.[53] 시뮬레이션은 시뮬라크르와 밀접한데, 시뮬레이션(simulation)은 시뮬라르크(simulacre)를 만들어내는 작업이다. 시뮬라크르에 대해 학자들은 다양한 정의를 하는데, 김용규는 "본질과 현상,

---

51) 박정자, 《마그리트와 시뮬라크르》, 180ff.

52) "플라톤 주의를 전복한다는 것, 그것은 모사에 대한 원본의 우위를 부인한다는 것을 말한다. 그것은 이미지에 대한 원형의 우위를 부인한다는 것이며 허상(시뮬라크르)과 반영들의 지배를 찬양한다는 것이다"[Gilles Deleuze, *Difference et Repetition*, 김상환 옮김, 《차이와 반복》(서울: (주)민음사, 2004), 162].

53) "시뮬라크르는 반플라톤주의의 요람 속에서 새로운 생명을 부여받기에 이르렀다. '생성존재론'의 사유에서는 그 무엇보다도 생성이 일차적인 존재론적인 진리이기 때문이다. 때문에 생성존재론의 시대는 또한 시뮬라크르의 시대이기도 하다"(이정우, 《신족과 거인족의 투쟁》, 19f).

현실과 모델 사이의 구분이 내파된 현실보다 더 현실적인 시뮬라크르(보드리야르), 동질적 현재의 시간을 이접 탈구시키고 과거와 미래의 질적 시간을 다시 불러오고자 하는 유령적인 시뮬라크르(데리다),[54] 재현의 논리에서 벗어나 강도와 역량과 변이를 펼치는 잠재적이고 내재적인 시뮬라크르(들뢰즈)"로 나눈다.[55] 여기서는 들뢰즈의 시뮬라크르 개념을 택하려고 한다.[56] 그래서 '생성'과 사건이 의미를 갖는다.[57] 이런 점에서 시뮬라크르는 생성과 역동성을 강조하는 히브리적

---

54) 김용규는 데리다의 유령적 시뮬라크르를 이렇게 정리한다. "데리다의 유령적 시뮬라크르의 시간은 과거와 현재 그리고 미래가 자신의 질적 시간을 주장하는, 그리고 현재의 현전적 시간에 이미 현재의 프로그램의 재현구도 내에서 사고될 수 없는 '도래할 미래'가 약속으로 등록되어 있는, 탈구적이고 이접적인 시간이다……보드리야르의 시뮬라크르가 재현으로부터 벗어나면서 그 물질성조차 박탈해 버리는 허무주의적 성격을 띠고 있는 데 반해, 데리다의 유령이 갖고 있는 감각적인 비감각적 시뮬라크르는 재현의 현전적 시간 속에 비-현전을 새겨 넣는 한편, 그 현전의 시간을 초월하여 정의와 증여를 출몰시키는 급진적 성격을 띠고 있는 것이다"[김용규, "시뮬라크르의 물질성과 탈재현의 정치학-보드리야르, 데리다, 들뢰즈," 한국영어영문학회, 〈영어영문학〉 제52권 2호(2006), 324].

55) 김용규, "시뮬라크르의 물질성과 탈재현의 정치학-보드리야르, 데리다, 들뢰즈," 310.

56) 최근 들어 들뢰즈가 결코 플라톤을 극복하지 못했으며, 이데아로부터 시뮬라크르로 넘어감으로써 오히려 실재를 폄하했다고 비판하는 학자들도 있다. "실재는 이데아와 시뮬라크르의 비실재적 요소를 걸러 주는 진리의 채이지 결코 이데아의 노예도 아니고 시뮬라크르에 의해 피의(被疑)될 수도 없다. 우리는 혹 그러한 실재를 이데아의 이름으로 폄하했고, 다시 시뮬라크르로 우롱하는 기어(綺語)의 죄를 범하고 있는 것은 아닌지 반성해 보아야만 한다"[박치완, "들뢰즈의 플라톤 비판과 시뮬라크르의 반란 또는 복수-〈플라톤과 시뮬라크르〉를 중심으로," 고려대학교철학연구소, 〈철학연구〉 제31집(2006), 248]. 노양진도 들뢰즈를 비판한다. "순수사건을 출발점으로 삼으려는 들뢰즈는 반플라톤적 이론을 구성하면서 또다시 플라톤적인 초월 대신에 선험이라는 새로운 세계로 되돌아가고 있으며, 여기서 들뢰즈의 정교하고도 세련된 의미 이야기가 멈추는 지점이다. 탈형이상학의 세기를 거쳐 온 우리에게 정작 새로운 형이상학은 더더욱 당혹스러운 것일 수밖에 없다"[노양진, "들뢰즈와 시뮬라크르의 의미론," 대한철학회, 〈철학연구〉 제110집(2009), 31]. 들뢰즈에 대한 종합적이고 체계적인 비판은, Alain Badiou, *Deleuze–La clameur de l'Etre*, 박정태 옮김, 《들뢰즈-존재의 함성》(서울 : (주)이학사, 2001, 2003)을 보라

사유와 연관성을 갖는다. 그리고 생성의 세계는 초월을 지향하는 행위를 강조한다.[58] 또 시뮬라크르는 종교적 환상과도 연관을 갖는다.[59]

에스겔이 본 도시 모습은 기원도 없고 재현도 없다는 점에서 명확한

---

57) "플라톤에게 현실세계에서 벌어지는 모든 사건들은 생성이며 따라서 이데아의 타락이다. 그러나 들뢰즈에게 세계는 사건들의 장이며, '이데아' 개념이 오늘날에도 의미를 가진다면 그것은 사건-이데아로서만, 즉 '반복되는' 사건으로서만 그렇다"(이정우, 《신족과 거인족의 투쟁》, 327f). "다양한 의미의 존재자들은 동일한 하나의 존재의 서로 다른 이름들일 뿐이지만, 이 존재는 동일성을 지닌 실체적인 것이 아니라 존재자들이 차이를 지니며 생성되는 상태, 곧 반복을 의미할 뿐이다. 따라서 다양한 서로 다른 의미의 존재자들에게 붙는 술어 '존재한다'라는 말은 결국 '모든 것은 생성 가운데 있다'라는 '단 하나의 동일한 의미'를 지닌다"[서동욱, "들뢰즈 존재론과 앙띠 오이디푸스 그리고 니체-니체와 들뢰즈," 김상환 외, 《니체가 뒤흔든 철학 100년》(서울 : (주)민음사, 2000, 2006), 293].

58) "생성의 세계는 존재하는 세계가 아니다. 이 세계는 선험적인 목적이 선재하는 세계가 아니다. 그것은 끊임없이 생성하며 영원한 자기 창조의 자기 파괴라는 디오니소스적 세계이다. 이 생성의 세계는 궁극적으로 초월이란 지향성의 원리를 지닌다. 초월이란 인간이 생명의 차원을 넘어 삶의 지평으로 들어가게 하는 원리이며, 다시 삶을 넘어 그 이상의 것으로 나아가게 하는 근본원리이기 때문이다. 이처럼 생성의 세계에 사는 인간의 '삶의 의지'는 궁극적으로 초월해 가는 힘에의 의지이다. 그러한 초월은 생명 자체가 지니는 지향성이며, 그러기에 초월적 영성을 근본 원리로 삼는다. 이러한 초월은 거듭 어떤 초월 세계를 향해 가는 것이 아니라, 초월하는 그 행위 자체에서 이해된다"[신승환, "생성과 극복의 놀이-니체와 탈근대," 김상환 외, 《니체가 뒤흔든 철학 100년》(서울: (주)민음사, 2000, 2006), 433f].

59) "시뮬라크르들은, 그들을 감각 가능한 최소치 아래에서 존재하고 운동하게 만드는 속력 때문에, '그들이 형성하는 이마주들 속에서 거짓 무한의 신기루를 생산하게 되며', 쾌락의 무한한 능력이라는 그리고 고통의 무한한 가능성이라는 이중의 환상을, 종교적인 인간에게서 특징적으로 드러나는 갈망과 고뇌, 탐욕, 유죄성 등의 뒤범벅을 낳는다. 환상과 그것이 동반하는 신화들의 전개를 목격하게 되는 것은 특히 시뮬라크르들 가운데서 가장 빠른 세 번째 종류에서이다. 신학, 에로티시즘 그리고 몽환주의의 뒤범벅 속에서, 사랑의 욕구는 그로 하여금 그가 무한히 원하는 쾌락 속으로까지 고통과 고뇌를 인식하게 만드는 시뮬라크르들만을 소유한다. 그리고 신들에 대한 우리의 믿음은 우리 앞에서 춤추는, 또 우리에게 영원한 고통을 약속하면서 목소리를 터뜨리는, 즉 한마디로 말해 무한히 표상하는 시뮬라크르들에 기반한다"(Deleuze, *Logique Du Sens*, 439f).

시뮬라크르이다.[60] 시뮬라르크는 '없음의 있음'이고, 시뮬레이션은 이 '없음의 있음'을 가능케 해주는 것이다. 현재 에스겔이 보는 것은 실제로는 존재하지 않는 것이다. 그래서 에스겔은 실제로는 존재하지 않으면서 존재하는 것, 즉 시뮬라르크를 보는 것이다. 이렇게 하는 것이 바로 시뮬레이션이다. 그리고 시뮬레이션 작업을 통해서 그가 보는 것은 시뮬라크르이다. 지시대상이 없기 때문에 현실적으로는 존재하지 않지만 그럼에도 불구하고 지시대상이 필요치 않은 가상공간에서 존재하는 이미지를 에스겔은 보는 것이다. 그런데 이런 시뮬라크르는 실재하는 그 어떤 것보다 훨씬 더 강력하게 진리를 드러내고 인식하게 한다는 점에서 중요하다.[61]

그리고 에스겔서 43장 1-5절은 하나님의 영광에 대한 환상이라는 점에서 에스겔서 1장 그리고 8-11장과 유사해 보이지만, 에스겔서 1장과 8-11장은 현실 속에서 하나님의 영광에 대한 환상적인 체험을 하는 반면, 43장에서는 환상 속에서 다시 환상을 본다는 점에서 분명히 다르다. 43장 1-5절을 읽어 보자.

겔 43:1-5 그 후에 그가 나를 데리고 문에 이르니 곧 동쪽을 향한 문이라 이스라엘 하나님의 영광이 동쪽에서부터 오는데 하나님의 음성이 많은 물소리 같고 땅은 그 영광으로 말미암아 빛나니 그 모양이 내가

60) 에스겔의 프로그램은 후대에 거의 영향을 미치지 못했다[Moshe Greenberg, "The Design and Themes of Ezekiel's Program of Restoration," ed. James Luther Mays & Paul J. Achtemeier, *Interpreting the Prophets* (Philadelphia: Fortress Press, 1987), 235]. 레벤슨도 에스겔서 40-48장의 프로그램을 현실에 적용하기에는 취약했다는 사실을 언급한다[Jon Douglas Levenson, *Theology of the Program of Restoration of Ezekiel 40-48* (Missoula, Montana: Scholars Press, 1976), 163].

61) "재현이 존재자와의 일치에 그 운명과 성공을 건다면, 진정한 작품은 존재자가 아니라 그 존재자의 존재, 존재자의 진리를 나타나게 하고, 탈은폐시키고 발견하게 한다는 것이다"(유성우, 《들뢰즈》, 27).

본 환상 곧 전에 성읍을 멸하러 올 때에 보던 환상 같고 그발 강가에서 보던 환상과도 같기로 내가 곧 얼굴을 땅에 대고 엎드렸더니 여호와의 영광이 동문을 통하여 성전으로 들어가고 영이 나를 들어 데리고 안뜰에 들어가시기로 내가 보니 여호와의 영광이 성전에 가득하더라

환상 속에서 경험하는 환상, 이것은 '시뮬라크르의 시뮬라크르'이다. 에스겔서 40-48장에서 나타나는 시뮬라크르의 시뮬라크르는 에스겔서 47장 1-12절에서도 명확하게 드러난다. 먼저 본문을 읽어 보자.

겔 47:1-12 그가 나를 데리고 성전 문에 이르시니 성전의 앞면이 동쪽을 향하였는데 그 문지방 밑에서 물이 나와 동쪽으로 흐르다가 성전 오른쪽 제단 남쪽으로 흘러내리더라 그가 또 나를 데리고 북문으로 나가서 바깥 길로 꺾여 동쪽을 향한 바깥 문에 이르시기로 본즉 물이 그 오른쪽에서 스며 나오더라 그 사람이 손에 줄을 잡고 동쪽으로 나아가며 천 척을 측량한 후에 내게 그 물을 건너게 하시니 물이 발목에 오르더니 다시 천 척을 측량하고 내게 물을 건너게 하시니 물이 무릎에 오르고 다시 천 척을 측량하고 내게 물을 건너게 하시니 물이 허리에 오르고 다시 천 척을 측량하시니 물이 내가 건너지 못할 강이 된지라 그 물이 가득하여 헤엄칠 만한 물이요 사람이 능히 건너지 못할 강이더라 그가 내게 이르시되 인자야 네가 이것을 보았느냐 하시고 나를 인도하여 강가로 돌아가게 하시기로 내가 돌아가니 강 좌우편에 나무가 심히 많더라 그가 내게 이르시되 이 물이 동쪽으로 향하여 흘러 아라바로 내려가서 바다에 이르리니 이 흘러내리는 물로 그 바다의 물이 되살아나리라 이 강물이 이르는 곳마다 번성하는 모든 생물이 살고 또 고기가 심히 많으리니 이 물이 흘러 들어가므로 바닷물이 되살아나겠고 이 강이 이르는 각처에 모든 것이 살 것이며 또 이 강가에 어부가 설 것이니 엔게디에서부터 에네글라임까지 그물 치는 곳이 될 것이라 그 고기가 각기 종류를 따라 큰 바다의 고기같이 심히 많으려니와 그 진펄과 개펄은 되살아나지 못하고 소금 땅이 될 것이며 강 좌우

가에는 각종 먹을 과실나무가 자라서 그 잎이 시들지 아니하며 열매가 끊이지 아니하고 달마다 새 열매를 맺으리니 그 물이 성소를 통하여 나옴이라 그 열매는 먹을 만하고 그 잎사귀는 약 재료가 되리라

여기서 보는 대로, 에스겔서 47장 1-12절은 두 부분(1-7절, 8-12절)으로 나뉜다. 1-7절에서 안내자는 에스겔을 성전 문으로 데려가서 문지방에 물이 흘러나와서 큰 강을 이루는 것을 보여주고, 강가로 데리고 가서 좌우편에 나무가 심히 많은 것을 보여준다. 이 부분은 앞에서 살펴본 시뮬레이션과 같다. 그런데 8-12절은 그 물이 동쪽으로 흘러가서 사해를 살리는 장면을 안내자가 에스겔에게 들려준다. 안내자가 에스겔을 직접 데리고 다니면서 보여주지 않기 때문에 시뮬레이션은 아니지만, 앞으로 일어날 장면을 묘사한다는 점에서 성전에 관한 법규를 일러 주는 것과도 다르다. 안내자는 환상 속에서 에스겔에게 미래적인 사건을 그림 언어로 들려준다. 그래서 에스겔서 47장 1-2절도 역시 시뮬라크르의 시뮬라크르이다.

5) 환상 (fantasy)

에스겔서 40-48장은 일반적으로 말하면 '환상보고'(vision report)이며 환상문학(visionary literature)이다. 현대적 용어로 말하면 시뮬레이션이고, 또 시뮬라크르이다. 그런데 에스겔서 40-48장이 지상적 모방에 대한 천상적 실재도 아니고, 또한 지상적 모방을 요구하지 않는다는 점에서, 그리고 그러한 시뮬레이션이 현실적으로는 불가능한 경험이라는 사실에서[62] 이것은 또한 다른 의미의 환상이고 환상문학이다.

62) "환상소설은 비현실적 이야기를, 즉 우리가 아는 실재 속에서는 도저히 있을 수 없는 일들에 관한 이야기를 들려준다"[복거일, 《복거일의 세계환상소설사

즉 '판타지'이다.

토도로프는 "환상이란, 자연의 법칙밖에는 모르는 사람이 분명 초자연적인 양상을 가진 사건에 직면해서 체험하는 망설임인 것이다"라고 말하는데,[63] 그는 '망설임'을 환상문학에서 매우 중요하게 여긴다.[64]

심진경은 "환상문학 속의 세계는 현실 너머에나 있음직한 비현실적이고 초월적인 세계이기보다는 오히려 현실 세계의 찢겨진 틈 혹은 현실 이면에 감추어진 세계"라고 하면서,[65] 환상문학을 지나치게 초월적이거나 비현실적이고 괴이한 것으로만 여기지 않게 한다.

환상은 서양철학과 종교가 천착해 온 '재현'과는 다른 차원이다. 흄은 환상을 '등치적 리얼리티로부터의 일탈'이라고 규정하면서, "플라톤, 아리스토텔레스 그리고 기독교의 가설에 따라 형성된 서구인의 상상력은 문학에 담긴 수많은 환상 요소를 알아보지 못했다"라고 말한다.[66] 그러나 "환상은 모방 충동만큼이나 중요한 충동이다."[67]

그래서 환상은 시뮬라크르적이다. 판타지아(phantasia)는 판타스마(phantasma), 즉 시뮬라크르와 동일한 시각적 현상을 가리킨다.[68] 잭슨

전》(서울: 김영사, 2002), 12].

63) Tzvetan Todorov, *Fréle Bonheur-Essai sur Rousseau/Introduction á la Littérature Fantastique*, 이기우 옮김, 《덧없는 행복-루소론/환상문학 서설》(서울: 한국문화사, 1996), 124].

64) "독자의 망설임이야말로 환상의 제1조건이다"(Todorov, *Fréle Bonheur*, 131).

65) 심진경, 《환상문학 소론》, 서강여성문학연구회, 《한국문학과 환상성》(서울: 예림기획, 2001), 28.

66) Kathryn Hume, *Fantasy and Mimesis-Response to Reality in Western Literature*, 한창엽 역, 《환상과 미메시스》(서울: 도서출판 푸른나무, 2000), 17. "철학과 기독교는 여러 가지 이유로 비사실적인 것을 비난하였으며, 그 결과 환상을 탐구하고 이해할 수 있는 분석적인 어휘가 전혀 개발되지 않았다"(31).

67) Hume, *Fantasy and Mimesis*, 20.

68) 오생근, "환상문학과 문학의 환상성-호프만, 발자크, 앙리 미쇼의 작품을 중

은 이렇게 말한다. "환상은 존재할 수 없는 것이 존재함을 제시하면서, 존재할 수 있는 것에 대한 문화의 제한을 드러낸다. 요컨대 환상은 문화의 인식론적이고 존재론적인 틀의 한계를 추적하는 것이다."[69]

나병철은 이데올로기적 환상과 미학적 환상을 대비하면서, "미학적 환상에 근거한 현실은 실재계로부터의 도피처가 아니라 실재계와 교류함으로써 도피처로서의 현실을 전복시키는 방향으로 나아간다"라고 말한다.[70]

이런 점에서 에스겔서 40-48장은 미학적 환상에 속한다. 에스겔서 40-48장은 현실과 환상의 경계를 허물고[71] 인간과 신의 소통을 꿈꾸며, 인식의 능력을 현실세계를 넘어선 영역으로 확장한다. 그렇게 함으로써 환상은 진리를 탈은폐한다.[72]

심으로", 〈문학 판〉 4호(2002년 가을), 61, 각주 1.

69) Rosemary Jackson, *Fantasy: The Literature of Subversion*, 서강여성문학연구회 옮김, 《환상성-전복의 문학》(서울: 문학동네, 2001), 37.

70) 나병철, 《환상과 리얼리티-소설 영화 동화 애니메이션에 나타난 환상서사》(서울: (주) 문예출판사, 2010), 29. 오생근도 비슷하게 말한다. "환상문학은 모든 종류의 대립과 구획의 경계를 허물고 자유로운 소통을 꿈꾸게 하며, 금기와 위반의 위태로운 긴장관계에서 광기와 죽음의 위험을 무릅쓴 인식능력의 확장으로 우리를 이끌어간다"(오생근, "환상문학과 문학의 환상성," 79).

71) "환상문학에서는 그 주제들을 검토해 보면 알 수 있듯이, 통상적인 범주들(삶과 죽음, 생물과 무생물, 자연적인 것과 초자연적인 것) 사이의 경계가 지어진다"[François Raymond & Daniel Compére, *Les Maîtres du Fantastique en Littérature*, 고봉만 외 옮김, 《환상문학의 거장들》(서울: (주)자음과 모음, 2001), 10].

72) "언어의 진정한 본질은 신의 말씀처럼 '없었던 것을 있게 하는' 존재수립의 기능, 혹은 아담의 이름처럼 사물의 참된 모습을 현전시키는 개시의 기능에 있다. 벤야민과 하이데거는 언어의 이 근원적 힘을 되살리려 한다. 하이데거가 그 언어의 회복을 '탈은폐'(aletheia)라 부르고, 벤야민은 그것을 '상기'(anamnesis)라 부른다"(진중권, 《진중권의 현대미학 강의》, 24).

6) 마침 글

우리는 지금까지 학자들이 에스겔서 40-48장을 '환상보고' 양식이라고 폭넓게 명명함으로써, 이 본문이 다른 환상 본문들과 비교할 때 보여주는 현격한 차이에 주목하지 않았으며, 환상체험 방식과 내용 자체를 깊이 연구하지 않았다는 사실을 살펴보았다.

그래서 에스겔서 40-48장이 보여주는 본질적이고 고유한 차이를 드러내고 그것을 보다 정확하게 명명하기 위해, 시뮬레이션과 시뮬라크르라는 개념을 본문 연구에 적용했다.

그 결과, 에스겔서 40-48장은 가상공간에서 시뮬레이션을 한다는 점에서 '하나님의 이상'(마르오트 엘로힘)을 언급하는 다른 두 본문, 즉 에스겔서 1장 그리고 8-11장과 매우 상이하며, 이 본문이 묘사하는 환상체험은 기원도 없고 재현물도 없이 발생하는 사건으로서의 순수한 시뮬라크르라는 사실이 드러났다. 그리고 본문이 환상 속의 환상, 즉 시뮬라크르의 시뮬라크르를 보인다는 점도 확인했다. 또한 에스겔서 40-48장이 갖는 이런 독특성으로 인해 본문의 환상은 환상(fantasy)이며, 그래서 본문은 다른 환상 본문들과는 구별되는 환상문학(fantasy)이라는 것도 밝혔다.

여러 가지 한계에도 불구하고, 이 연구는 에스겔서 40-48장에 대한 새로운 시도라는 점에서 의미를 갖는다. 앞으로 이 논문을 통해서, 구약성서 예언서의 환상 본문들에 대한 보다 새롭고 정교한 연구가 진행되기를 바란다.

■ 참고문헌

김용규, "시뮬라크르의 물질성과 탈재현의 정치학 - 보드리야르, 데리다, 들뢰즈", 한국영어영문학회, 〈영어영문학〉 제52권 2호(2006).

나병철, 《환상과 리얼리티 - 소설 영화 동화 애니메이션에 나타난 환상서사》, 서울: (주) 문예출판사, 2010.

노양진, "들뢰즈와 시뮬라크르의 의미론", 대한철학회, 〈철학연구〉 제110집(2009).

박정자, 《마그리트와 시뮬라크르》, 서울: 도서출판 기파랑, 2011.

박치완, "들뢰즈의 플라톤 비판과 시뮬라크르의 반란 또는 복수 - 〈플라톤과 시뮬라크르〉를 중심으로", 고려대학교철학연구소, 〈철학연구〉 제31집(2006).

복거일, 《복거일의 세계환상소설사전》, 서울: 김영사, 2002.

서동욱, "들뢰즈 존재론과 앙띠 오이디푸스 그리고 니체 - 니체와 들뢰즈", 김상환 외, 《니체가 뒤흔든 철학 100년》, 서울: (주)민음사, 2000, 2006.

신승환, "생성과 극복의 놀이 - 니체와 탈근대", 김상환 외, 《니체가 뒤흔든 철학 100년》, 서울: (주)민음사, 2000, 2006.

심진경, "환상문학 소론", 서강여성문학연구회, 《한국문학과 환상성》, 서울: 예림기획, 2001.

오생근, "환상문학과 문학의 환상성 - 호프만, 발자크, 앙리 미쇼의 작품을 중심으로", 〈문학 판〉 4호, 2002년 가을.

윤성우, 《들뢰즈 - 재현의 문제와 다른 철학자들》, 서울: 철학과 현실사, 2004.

이정우, 《신족과 거인족의 투쟁 - 이데아와 시뮬라크르》, 서울: (주)도서출판 한길사, 2008.

진중권, 《진중권의 현대미학 강의 - 숭고와 시뮬라크르의 이중주》, 서울: 아트북스, 2003, 2010.

홍성태, 《사이버사회의 문화와 정치》, 서울: 문화과학사, 2000.

Allen, L. C., *Ezekiel* 20-48, Dallas, Texas: Word Books, Publisher, 1990.

Badiou, A., *Deleuze-La clameur de l'Etre*, 박정태 옮김, 《들뢰즈 - 존재의 함성》,

서울: (주)이학사, 2001, 2003.

Block, D. I., *The Book of Ezekiel 25-48*, Grand Rapids, Michigan: William B. Eerdmans Publishing Company, 1998.

Bolz, M., *Am Ende der Guttenberg - Galaxis: Die Neuen Kommunikations-verhältnisse*, 윤종석 옮김, 《구텐베르크 - 은하계의 끝에서: 새로운 커뮤니케이션 상황들》, 서울: 문학과지성사, 2000.

Clements, R. E., *Ezekiel*. Louisville, Kentucky: Westminster John Knox Press, 1996.

Deleuze, G., *Difference et Repetition*, 김상환 옮김, 《차이와 반복》, 서울: (주)민음사, 2004.

Eichrodt, W., *Der Prophet Hesekiel*, tr. Cosslett Quin, *Ezekiel*, London: SCM Press, 1970.

Greenberg, M. *"The Design and Themes of Ezekiel's Program of Restoration,"* ed. James Luther Mays & Paul J. Achtemeier, *Interpreting the Prophets*, Philadelphia: Fortress Press, 1987.

Hals, R. M., *Ezekiel*, Grand Rapids, Michigan: Wm. B. Eerdmans Publishing Co., 1989.

Heim, M., 《가상현실의 형이상학》, Sandra K. Helsel, Judith Paris Roth, *Virtual Reality: Theory, Practice and Promise*, 노용덕 옮김, 《가상현실과 사이버 스페이스》, 서울: 세종대학교출판부, 1994.

Hume, K., *Fantasy and Mimesis-Response to Reality in Western Literature*, 한창엽 역, 《환상과 미메시스》, 서울: 도서출판 푸른나무, 2000.

Jackson, R., *Fantasy: The Literature of Subversion*, 서강여성문학연구회 옮김, 《환상성-전복의 문학》, 서울: 문학동네, 2001.

Joyce, P. M., *Ezekiel-A Commentary*, New York: T & T Clark, 2007.

Levenson, J. D., *Theology of the Program of Restoration of Ezekiel 40-48*, Missoula, Montana: Scholars Press, 1976.

Levy, P. *Cyberculture*, 김동윤·조준형 옮김, 《사이버문화: 유럽의회보고서 - 뉴테크놀로지와 문화협력 그리고 커뮤니케이션》, 서울: 문화출판사, 2000.

Lieb, M. *The Visionary Mode - Biblical Prophecy, Hermeneutics, and Cultural Change*, Ithaca: Cornell University Press, 1991.

Lindblom, J., *Prophecy in Ancient Israel*, Philadelphia: Fortress Press, 1962, 1976.

Odell, M. S., *Ezekiel*, Smyth & Helwys Bible Commentary, Macon, Georgia: Smyth & Helwys Publishing, Inc., 2005.

Platon, *ΣΟΦΙΣΤΗΣ*, 김태경 옮김, 《소피스테스》, 서울: (주)도서출판 한길사, 2000, 2010.

Raymond, F. & Daniel Compére, *Les Mâitres du Fantastique en Littérature*, 고봉만 외 옮김, 《환상문학의 거장들》, 서울: (주)자음과 모음, 2001.

Renz, T., *The Rhetorical Function of the Book of Ezekiel*, Leiden: Brill, 1999.

Rowland, C., *The Open Heaven-A Study of Apocalyptic in Judaism and Early Christianity*, Eugene, Oregon: Wipf and Stock Publishers, 1982.

Stevenson, K. R., *The Vision of Transformation - The Territorial Rhetoric of Ezekiel 40-48*, Atlanta: Scholars Press, 1996.

Stuart, D. *Ezekiel*, Dallas, Texas: Word Books, Publisher, 1989.

Todorov, T., *Fréle Bonheur-Essai sur Rousseau/Introduction á la Littérature Fantastique*, 이기우 옮김, 《덧없는 행복 - 루소론/환상문학 서설》, 서울: 한국문화사, 1996.

Tuell, S. S., *Ezekiel*, Peabody: Hendrickson Publishers, Inc., 2009.

______, *The Law of the Temple in Ezekiel 40-48*, Atlanta: Scholars Press, 1992.

Zimmerli, W., *Ezekiel 2*, tr. James D. Martin, *Ezekiel 2-A Commentary on the Book of the Prophet Ezekiel Chapters 25-48*, Philadelphia: Fortress Press, 1983.

10. 예언과 공간

"공간이 주관 안에 있는 것도, 세계도 공간 안에 있는 것도 아니다. 오히려 공간은 현존재에게 구성적인 세계-내-존재가 공간을 열어 밝힌 이상 세계 '안에' 있는 것이다. 공간이 주관 안에 위치하고 있는 것도 아니고, 주관이 세계를 '마치' 이 세계가 하나의 공간 안에 있듯이 관찰하고 있는 것도 아니고, 오히려 존재론적으로 잘 이해된 '주체', 즉 현존재가 공간적인 셈이다. 그리고 현존재가 여기에서 기술된 방식으로 공간적이기 때문에, 공간이 스스로를 선험적 토대로서 내보여주고 있는 것이다."[1)]

1) 신학의 공간화

이 글은 에스겔서를 중심으로 '사건으로서의 공간', 즉 고대 이스라엘 사람들이 공간[2)]을 탈주와 회귀의 사건으로 이해한 것을 연구하는데 목적을 둔다. 그런데 공간을 연구하는 이유는 무엇인가?

물리적인 공간은 인간들이 거주하는 곳, 즉 인간들이 삶을 영위하는

---

1) Martin Heidegger, *Zein und Zeit*, 이기상 옮김, 《존재와 시간》(서울: 까치글방, 2007), 156f.

2) 대체로 공간(space)과 장소(place)를 구분하는데, 이 논문에서는 이 둘을 구별해서 사용하지 않고, '장소' 개념을 포함하는 용어로서 '공간'을 사용하려고 한다. 공간과 장소의 구분과 관계에 대해서는 Yi-Fu Tuan, 구동회·심승희 옮김, 《공간과 장소》(서울: 도서출판 대윤, 1995, 2007)를 보라.

장(場)으로서 의미를 갖기 때문에[3] 철학적으로 종교학적으로도 중요한 연구대상이다.[4] 그런데 최근 몇 가지 이유로 인해서 우리는 공간에 더 깊은 관심을 가질 수밖에 없다.[5]

첫째, 환경문제이다. 환경문제는 지구에 거주하는 모든 생명체들에게 심각한 영향을 미치는데, 그래서 환경문제는 생명체들이 거주하는 공간의 문제이다.

둘째, 공간의 상품화이다. 미국을 중심하는 '신제국주의+신자유주의=슈퍼자본주의[6]시대'는 공간을 상품화하고 소비케 함으로써 무한정한 공간의 확보를 추구케 하고, 경계 재편을 통해서 공간을 독점하려 한다.[7]

셋째, 사이버 공간의 출현이다. 통신과 교통수단의 발달은 새로운 공간형성을 조장하는데, 혁신적인 통신수단인 디지털로 형성하는 사이버 세계는 인간들이 최근에 개척하고 구체화한 새로운 공간이다. 이 공간은 지금까지 사람들이 경험한 공간과는 매우 다르다. 디지털은 물리적인 공간을 축소함으로써 거리감을 거의 제로로 만들어 놓으면서, 동시에 공간을 무한으로 확장한다. 이런 사이버 공간은 공간에 대한 새로운 이해를 요청한다.

물리적인 공간은 생명체들, 특히 인간들이 거주함으로써 인격화한

---

3) 최병두, 《근대적 공간의 한계》(서울: (주) 도서출판 삼인, 2002, 2004), 5.

4) 강학순, 《하이데거에 있어서 실존론적 공간해석의 현대적 의의》, 하이데거연구 14집(2006), 8; 《볼노우의 인간학적 공간론에 있어서 '거주'의 의미》, 하이데거 연구 16집(2007), 6.

5) 최병두 《근대적 공간의 한계》, 6f.

6) "슈퍼자본주의"에 대해서는 Robert B. Reich, 형선호 옮김, 《슈퍼자본주의》(서울: 김영사, 2008)를 보라.

7) 최병두, "자본주의 도시공간의 정치경제학", 〈문화과학〉 5권(1994), 162f. 김용창, 《공간유물론: 자본주의 역사지리의 공간생산론을 위해》, 막스코뮤날레조직위원회 엮음, 《지구화시대의 맑스의 현재성 1》(서울: 문하과하사, 2003), 115.

다. 그래서 공간은 정치적으로, 경제적으로, 문화적으로 해석되고 경험될 수밖에 없다. 인간의 삶이란 끊임없이 공간을 생산하는 과정이라고 할 수 있다. 이런 점에서 공간이해는 바로 인간 삶에 대한 이해이고, 그렇기 때문에 공간을 철학적으로 종교적으로 연구해야 한다.

고대 이스라엘 백성들의 삶을 다양하게 기록하는 구약성서가 구체적인 삶의 자리로서 공간에 대해 언급하는 것은 당연한데, 그 가운데 에스겔서는 매우 독특한 공간이해를 보여준다. 무엇보다 에스겔은 자신의 신학을 공간화한다. 이것은 에스겔이 소명체험(1장)과 역사를 이미지화하는 것(16장, 23장)에서 명확하게 나타난다. 그리고 에스겔은 야훼의 탈주와 회귀 그리고 재탈주와 재회귀를 통해 '원격현전'과 '시뮬레이션'으로 정의할 수 있는 새롭고 독특한 공간경험을 하는데, 이것은 현대의 디지털적 공간이해와 이어진다(8-11장, 40-48장).

에스겔은 다른 사람들과 함께 바벨론으로 강제 이주당하고, 낯선 곳에 거주하면서 공간에 대한 새로운 체험을 했을 것이다. 이런 공간체험이 에스겔로 하여금 공간에 대한 깊은 성찰을 하게 했을 것이고, 이를 통해 에스겔은 매우 독특한 공간개념을 만들어냈을 것이 분명한데, 이것은 그의 소명체험에 대한 묘사에서부터 에스겔서 전체에 걸쳐 명확하게 드러난다. 그래서 구약성서의 공간론을 정립하기 위해서는 다른 어느 책보다 에스겔서를 다루어야 한다.

공간에 대한 구약학적 연구에서 제일 먼저 떠오르는 것은 '땅'이다. 여러 학자들[8], 특히 구약학자들이 '땅'에 관심을 기울이고 그것을 고

8) 일반 학자들 가운데는 물리학자인 막스 야머가 자신의 책에서 '유대 기독교의 공간개념들'을 다루는데, 필로 이후를 인급하기 때문에 구약성서의 공간이해와

고학적으로 그리고 신학적으로 규명하기 위해 애썼다. 그 가운데 브루그만이 대표적이다.[9] 그리고 하벨도 1990년대부터 땅에 관심을 기울였는데, 브루그만과 함께 땅에 관한 책을 썼다.[10] 스티븐슨[11]과 투엘[12]도 1990년대에 에스겔서 40-48장을 중심으로 영토개념을 신학적으로 규명하려고 했다. 하벨은 땅에 관한 글들을 모아서 2000년 무렵에 땅 시리즈 5권을 펴냈다.[13] 최근 하벨은 환경론적인 측면에서 성서를 해석하는 작업을 하고 있다.[14]

많은 구약학자들이 땅에 관심을 갖고 연구를 했지만 그럼에도 불구

는 약간 거리가 있다. 공간과 신의 연결, 즉 공간이 신의 속성이고 심지어 신과 같다. 즉 공간 자체가 신은 아니지만 공간에 신적인 성격을 부여한다는 주장이 주목할 만하다. 여기에 대해서는 Max Jammer, 이경직 옮김, 《공간개념-물리학에 나타난 공간론의 역사》(서울: (주)나남, 2008), 73-119. "제2장 유대 기독교의 공간관념들"을 보라.

9) W. Bruegemann, *The Land: Place As Gift, Promise, and Challenge in Biblical Faith* (Overtures to Biblical Theology) (Minneapolis: Augsburg Fortress Publishers, 1977). 그는 제2판을 2002년에 펴냈다.

10) N. C. Habel & W. Brueggemann, *The Land Is Mine: Six Biblical Land Ideologies* (Overtures to Biblical Theology) (Philadelphia: Fortress Press, 1995).

11) K. R. Stevenson, *The Vision of Transformation: The Territorial Rhetoric of Ezekiel 40-48*, SBLDS 154 (Atlanta: Scholars, 1996). 이 책은 드물게 공간을 신학적으로, 특히 성서학적으로 다룬 책이다.

12) S. S. Tuell, *The Law of the Temple in Ezekiel 40-48*, Harvard Semitic Monographs 49 (Atlanta, Georgia: Scholars Press, 1992).

13) N. C. Habel, ed. *The Earth Story in Wisdom Traditions* (The Earth Bible Series) (Cleveland, Ohio: Pilgrim Press, 2001); Habel, ed. *Readings from the Perspective of Earth* (The Earth Bible Series) (Cleveland, Ohio: Pilgrim Press, 2001); Habel & V. Balabanski, eds. *The Earth Story in the New Testament* (The Earth Bible, Volume 5) (Cleveland, Ohio: Pilgrim Press, 2002); Habel & S. Wurst, eds. *The Earth Story in Genesis* (The Earth Bible Series, 1) (Cleveland, Ohio: Pilgrim Press, 2001); Habel & Wurst, eds. *The Earth Story in Psalms and Prophets* (The Earth Bible Series 4) (Cleveland, Ohio: Pilgrim Press, 2001).

14) N. C. Habel & P. Trudinger, eds. *Exploring Ecological Hermeneutics* (Atlanta: Society of Biblical Literature, 2008).

하고 스티븐슨을 제외하고는 체계적이고 깊이 있는 연구를 찾아보기 어렵다.

공간에 대한 본격적인 성서적 연구는 2000-2005년에 AAR과 SBL이 공동으로 지원하는 "고대 공간 구성에 관한 세미나"(the Constructions of Ancient Space Seminar)에서 이루어졌는데,[15] 이 세미나가 공간에 대한 성서적 연구에서 획기적이고 중요한 것은 분명하지만, 르페브르[16]와 소자[17]의 이론을 중심으로 다루었기 때문에, 구약성서에 나타나는 공간개념을 보다 더 역동적으로 다루지 못한 아쉬움을 갖는다.

구약성서의 공간이해와 관련한 중요한 연구주제 가운데 하나가 신의 임재와 부재[18]인데, 구약성서에 나타나는 신의 임재와 부재에 대해 보디,[19] 블록,[20] 쿠스코,[21] 투엘,[22] 그리고 부르그만[23]이 연구했다.

---

15) 이 세미나의 결과물이 두 권의 책으로 출판되었다. John L. Berquist and Claudia Camp, eds. *Constructions of Space I–Theory, Geography, and Narrative*, LHBOTS 481 (New York: T & T Clark, 2007);______, eds. *Constructions of Space II–The Biblical City and Other Imagined Spaces*, LHBOTS 490 (New York: T & T Clark, 2008).

16) 앙리 르페브르의 공간론은 Henri Lefebvre, *The Production of Space*, tr. Donald Nicholson-Smith (Oxford: Blackwell Publishers, 1991, 1992)를 보라. 르페브르에 대한 연구는 노대명, "앙리 르페브르의 '공간생산이론'에 대한 고찰," 〈공간과사회〉 14호(2000), 36–62; 장세룡, "앙리 르페브르와 공간의 생성–역사이론적 '전유'의 모색," 〈역사와 경계〉 58(2006), 293–325를 보라.

17) 소자에 대해서는 Edward Soja, 이무용 외 옮김, 《공간과 비판사회이론》(서울: 도서출판 시각과 언어, 1997)을 보라.

18) 신의 '임재'(presence)와 '부재'(absence)는 철학적인 개념인데, 다분히 존재론적인 뉘앙스를 강하게 띤다. 하지만 구약성서는 신의 존재보다는 신의 역사를 부각하기 때문에, 이 용어들은 구약성서의 신 이해에는 적합하지 않다. 특히 에스겔서는 신이 부재와 임재보다는 신의 탈주(flight)와 회귀(return)를 말하는 것으로 보인다.

19) D. Bodi, *The Book of Ezekiel and the Poem of Erra*, OBD 104 (Göttingn: Vandenhoeck & Ruprecht, 1991).

20) D. I. Block, *"Divine Abandonment: Ezekiel's Adaptation of an Ancient*

그런데 이들이 한 연구는 고대 이스라엘 백성들이 경험한 신의 임재와 부재가 구체적으로 무엇이며, 그것이 공간이해에 어떤 영향을 미쳤는지에 대해서는 명확하고 체계적으로 다루지 못한 아쉬움을 갖는다. 이것은 이들이 가진 공간에 대한 이해가 명확하지 않기 때문이다.

이들 가운데 부르그만은 사무엘상 4-6장을 중심으로 하나님 영광의 떠남과 돌아옴에 대해서 비교적 상세하게 이야기하는데, 그는 에스겔서도 이와 비슷한 구조를 갖는다고 말한다.[24] 그러나 사무엘상 4-6장은 언약궤를 블레셋에 빼앗겼다가 되찾은 이야기를 하지만, 에스겔서는 하나님이 스스로 바벨론으로 이동하시는 모습을 보여주기 때문에 이 둘이 말하는 것은 전혀 다르다. 부르그만은 에스겔서가 보여주는 공간개념의 독특성, 그리고 신의 부재와 임재가 아닌 탈주와 회귀에 대해서 정확하게 이해하지 못한 것으로 보인다.

에스겔서 8-11장과 40-48장은 에스겔이 바벨론에서 예루살렘으로 이동하고 다시 돌아오는 모습을 보여주는데, 이러한 이해할 수 없는 기술(記述)로 인해 많은 구약학자들은 과연 에스겔이 언제 어느 곳에 머물렀는지를 역사적으로 규명하는 데 관심을 기울이거나 그 본문들

Near Eastern Motif," M. S. Odell and J. T. Strong, eds. *The Book of Ezekiel: Theological and Anthropological Perspectives,* SBL Symposium Series 9 (Atlanta: SBL, 2000), 15–42.

21) J. Kutsko, *Between Heaven and Earth: Divine Presence and Absene in the Book of Ezekiel* (Winona Lake, Indiana: Eisenbrauns, 2000).

22) S. S. Tuell, *"Divine Presence and Absence in Ezekiel's Prophecy",* M. S. Odell and J. T. Strong, eds. *The Book of Ezekiel: Theological and Anthropological Perspectives,* SBL Symposium Series 9 (Atlanta: SBL, 2000), 97–116.

23) W. Brueggemann, *Ichabod toward Home–The Journey of God's Glory* (Grand Rapids, Mich: William B. Eerdmans Publishing Co., 2002).

24) *Ibid.*, 70.

이 문학적으로 어떤 기능을 하는지에 초점을 맞춘다.[25] 하지만 그런 연구들은 그 본문들에 나타나는 독특한 공간개념을 밝히는 데에, 그리고 당시 상황이 어떻게 그런 공간개념 형성에 영향을 미쳤는지를 밝히는 데에 전혀 관심을 기울이지 않는다.

2) 구약성서 공간론을 위한 연구방법과 이론적 근거

이 연구는 기본적으로 '신학적인 연구'인데, 더 상세하게 말하면 '구약성서학적인 연구'이다. 그래서 에스겔에 나타나는 '공간의 신학화'를 위해 에스겔서 1장과 36장을 살펴보고, 에스겔서에 나타나는 탈주와 회귀를 연구하기 위해 8-11장과 40-48장을 살펴볼 것이다. 이를 통해서 본문이 말하는 바를 파악하고, 바벨론 제국시대에 고대 이스라엘 사람들이 가졌던 공간개념, 특히 바벨론 강제압송이 에스겔과 그 시대 사람들에게 미친 영향을 주의 깊게 살필 것이다.

구약성서의 공간론을 보다 정교하고 심도 깊게 다루기 위해 학제적인 연구를 병행할 것이다. 무엇보다 공간개념을 정립하기 위해 공간에 대한 철학적 접근을 할 것이다. 하이데거와 볼노우 그리고 들뢰즈가 말하는 공간개념을 정리하고, 그러한 공간이해가 에스겔서에 어떻게 나타나는지를 살필 것이다. 하이데거로부터는 존재사건적인 공간개념을,[26] 볼노우로부터는 인간적인 공간개념을[27] 그리고 들뢰즈로부

---

25) Paul M. Joyce, *Ezekiel: A Commentary* (New York: T & T Clark, 2007), 5-6.

26) 강학순, 《공간의 본질에 대한 하이데거의 존재사건학적 해석의 의미》, 하이데거 연구 15집(2007), 381-410.

27) 강학순, 《볼노우의 인간학적 공간론에 있어서 '거주'의 의미》, 하이데거 연구 16집(2007), 5-32. O. F. Bollnow, tr. Christian Shuttleworth, *Human Space*

터는 사건발생적 공간개념[28]을 차용할 것이다. 특히 들뢰즈가 말하는 탈주[29]와 회귀,[30] 탈영토화[31]와 재영토화[32]라는 개념을 사용해서 에스겔서에 나타나는 신의 부재와 임재를 재정의하고, 이를 통해서 사건으로서의 공간 개념을 규명할 것이다.

이 연구는 구약성서의 공간개념을 명확하게 할 뿐만 아니라, 그것이 고대 이스라엘 사람들에게 어떤 의미를 가졌는지를 규명함으로써 공간을 신이 존재하거나 역사하는 단순한 물리적 공간이 아닌, 사건으로 재정의한다는 점에서, 또한 디지털적인 개념으로 풀이한다는 점에서 의의를 갖는다.

그리고 바벨론 제국이라는 공간적 경험이 에스겔 시대에 어떤 영향을 미쳤는지, 특히 에스겔의 신학 형성에 어떤 영향을 미쳤는지를 규명한다는 점에서, 그리고 이를 통해 고대 이스라엘의 공간론 정립에 기여한다는 점에서 의의를 갖는다.

이 연구를 위해서 참조할 철학자들은 하이데거, 볼노우 그리고 들뢰

(London: Hyphen Press, 2008).

28) J. Roffe, *"Simulacrum"*, A. Parr, ed. *The Deleuze Dictionary* (New York: Colombia University Press, 2005), 250–251; 이정우, 《시뮬라크르의 시대–들뢰즈와 사건의 철학》(서울: 기획출판 거름, 1999); 이진경, "들뢰즈:'사건의 철학'과 역사유물론", 서울사회과학연구소 편, 《탈주의 공간을 위하여–들뢰즈·가타리의 정치적 사유》(서울: 도서출판 푸른숲, 1997, 2002), 15–57.

29) T. Lorraine, "Lines of Flight," A. Parr, ed. *The Deleuze Dictionary* (New York: Colombia University Press, 2005), 144–146.

30) Lee Spinks, "Eternal Return," A. Parr, ed. *The Deleuze Dictionary* (New York: Colombia University Press, 2005), 82–85.

31) P. Patton, "Deterritorialisation+Politics," A. Parr, ed. *The Deleuze Dictionary* (New York: Colombia University Press, 2005), 70–71.

32) A. Parr, "Deterritorialisation/Reterritorianlisation," A. Parr, ed. *The Deleuze Dictionary* (New York: Colombia University Press, 2005), 66–69.

즈이다. 하이데거는 전통적인 존재론적 공간개념을 버리고 실존론적인 차원에서 공간을 다룬다.[33] 그래서 그는 수학적 물리학적 공간이 아닌 역사적이고 구체적인 공간을 강조한다.[34] 하이데거는 현존재가 자신의 고유한 방식으로 공간에 놓여 있다고 보고, 이러한 고유한 방식을 '상황'이라고 부른다.[35] 이것이 '상황의 공간성'이다.[36]

볼노우는 하이데거의 공간론을 비판적으로 수용함으로써, 구체적으로 인간에 의해 체험되고 살아온 공간에 대해서 사유한다.[37] 그는 공간을 그 속에 거주하는 인간의 삶의 매개물로서 간주한다. 볼노우는 진정한 의미로서 공간이 삶의 터전이 되기 위해서는 공간이 인간화되어야 한다고 주장한다.[38]

전통적인 형이상학, 즉 존재론적 형이상학을 탈피하고, 사건적 형이상학(시뮬라크르의 형이상학)을 주창한 들뢰즈의 공간이론에서 중요한 개념들은 '영토'인데, 여기서 '영토화', '탈영토화', '재영토화', '탈주(선)' 개념들이 나온다. 인간의 삶은 삶의 다양한 영역에서 고유한 경계를 확정하려는 영토화, 그리고 거기서 탈피하려는 탈영토화, 그리고 다시 경계를 확정하려는 재영토화로 이어진다.

---

33) 강학순, 《하이데거에 있어서 실존론적 공간해석의 현대적 의의》, 하이데거 연구 14집(2006), 17.

34) 앞의 논문, 35. "하이데거의 공간에 대한 실존론적 해석은 오늘날의 탈세계적, 탈인간적, 탈역사적인 공간개념을 현상학적으로 해체하고, 공간과 세계의 친화적 관련성, 공간과 인간의 친화적인 관련성, 공간과 역사의 의미론적 관련성을 그의 현존재의 분석론을 통해 존재론적-실존론적으로 밝혀낸다"(35f).

35) 하제원, 《하이데거 기초 존재론에서의 공간개념》, 하이데거 연구 15집(2007), 667.

36) 앞의 논문, 668. 강학순은 이것을 '존재사건론적'이라고 부른다.

37) 강학순, "볼노우의 인간학적 공간론에 있어서 '거주'의 의미," 9.

38) 앞의 논문, 18.

3) 에스겔서에 나타나는 '사건으로서의 공간' 이해

(1) 바벨론 포로기의 시공간

에스겔서는 바벨론이 앗수르를 무너뜨리고 제국을 건설하는 제국주의적 시공간을 배경으로 한다. 예루살렘 함락과 유다 멸망은 유다인들의 삶의 공간이 붕괴되고 삶이 사라진 것을 의미한다. 그리고 당시 세계가 바벨론이라는 하나의 제국주의적 공간에 강제적으로 통합된 것을 의미한다. 유다 멸망과 바벨론 제국 건설이라는 사건을 통해 유다인들은 주체적 공간의 파괴와 강제적 공간의 확장을 경험했을 것이다.

이렇게 공간이 재편되는 상황에서, 에스겔과 유다인들은 주전 598년 바벨론으로 이주해야 했는데, 그들은 유다에서 바벨론까지 1,500여 킬로미터를 걸어가면서, 즉 새롭게 형성된 바벨론 제국이라는 폭력적 공간을 몸으로 체험하면서, 분명히 공간에 대한 새로운 이해를 했을 것이다. 그들은 바벨론까지 걸어가면서 그 길이와 공간을 통해서 하나님이 그들에게 내리시는 심판을 경험했고, 그들이 걸어가는 거리와 넓이만큼 하나님 역사의 확장을 경험했다.

그들은 바벨론 제국의 공간적 광대함을 경험하는 동시에 당시 세계가 바벨론이라는 하나의 제국으로 통합된 공간적 단일성을 경험했을 것이다. 이러한 단일 공간 경험이 에스겔로 하여금 바벨론에서 예루살렘으로 그리고 다시 바벨론으로 신속히 이동하는 경험을 가능하게 했을 것이다. 그들은 그발 강가에 거주했는데, 그 낯선 땅을 일구어 삶의 터전으로 삼으면서 공간에 대한 인식을 새롭게 했을 것이다.

그들은 바벨론을 삶의 터전으로 재영토화하려고 애쓰면서, 동시에 바벨론을 무덤에 비유하고 그곳에서의 탈주, 즉 새로운 엑소더스를 소망함으로써 바벨론 제국을 탈영토화하려는 의지를 보인다.[39] 그리고 그들은 고토(故土)로 회귀할 날을 기다린다.

바벨론 포로기라는 시공간을 고대 이스라엘 사람들이 어떻게 이해했는지를 더 깊게 살피기 위해서, 바벨론 포로기를 바벨론 포로공동체를 중심으로 해서 시대 구분해보는 것이 좋겠다.[40] 바벨론 포로기가 주전 598년에 시작되어서 538년에 끝났다고 하면, 대략 20년 단위로 나누어서 598년에서 581년까지를 포로기 초기(初期)로, 580년에서 562년까지를 중기(中期)로, 561년에서 538년까지를 후기(後期)로 볼 수 있는데, 각 시기마다 그들이 갖는 공간이해가 다르다.

포로기 초기[41](주전 598-581년)는 제1차 포로압송에서부터 이스마엘이 그달리야를 살해한 사건으로 인해 3차 포로압송이 일어난 시기를 포함한다. 그래서 포로기 초기는 유대가 바벨론에 완전히 복속되는 시기이다. 유다가 멸망해 가는 이 기간 동안에 바벨론에 있던 유다인들은 1차로 압송된 포로들을 중심으로 공동체를 형성해 가고 있었을 것인데, 여호야긴 왕을 중심으로 하는 유다인의 일치와 결속을 강조했을 것으로 보인다. 바벨론 유다인 공동체는 시드기야가 바벨론의 느부갓네살을 알현한 593년부터 본국과는 별개의 공동체로서 자신들

39) 이런 과정을 통해서 고대 이스라엘은 모두가 어우러져서 샬롬을 이루는 그런 삶의 공간을 이루려 했다. 이진경은 이것을 '코뮌주의'(commune-ism)라고 칭한다[이진경, "코뮌주의: 코뮌주의적 존재론과 존재론적 코뮌주의", 〈문화과학〉 47호(2006), 267.

40) 여기에 대해서는 이종록, 《용서와 회개-에스겔서에 나타나는 '용서→회개'의 신학과 문학구조에 관한 연구》(서울: 한국학술정보(주), 2007), 163ff를 보라.

41) '포로기 초기'를 '포로기 전기'나 '포로기 이전'과 혼동하지 말아야 한다. '포로기 전기(前期)' 또는 '포로기 이전(以前)'은 'pre-exile'로서, 포로기가 시작되기 전을 말한다.

의 정체성을 확립하고 바벨론에 정착해 가기 시작한 것으로 보이는데, 그해에 에스겔이 이 바벨론 유다 공동체의 예언자로 부름 받은 것은 바로 이러한 사실을 입증해 주는 것이라 하겠다.

이 시기에 유다인들은 예루살렘에서 바벨론 그발 강까지 걸어가는 육체적 경험을 통해서 세계성을 공간적으로 인식하고, 하나님의 심판과 역사에 대한 그들의 신앙을 공간적으로 풀이했을 것이다. 그리고 동시에 바벨론 제국이라는 거대한 폭력적 공간을 경험하고, 바벨론에 의해 통합된 당시 세계의 단일성도 경험했을 것이다. 그러면서 그들은 바벨론을 회개와 정결 그리고 용서의 장으로 보았을 것이다. 즉 그들은 바벨론을 자신들의 회개와 하나님의 용서가 이루어지는 곳으로 보았다는 것이다.

이것은 에스겔서 22장 1-16절에서 확인할 수 있다. 이 구절은 하나님의 심판예언인데, 15절이 우리의 관심을 끈다.

15aα 내가 너를 뭇 나라 가운데에 흩으며
15aβ 각 나라에 헤치고
15b 너의 더러운 것을 네 가운데서 멸하리라

15a는 '흩어 버리심의 양식소'로, 에스겔서의 전형적인 표현이다. 비슷한 문장이 에스겔서 36장 19절에도 나온다. 그리고 15b는 무엇을 말하는가? 짐머리는 에스겔서 36장 20절과는 달리, 본문의 문맥에 의하면 더러움을 제거하는 것이 끔찍한 심판을 말하는 것으로 본다. 이스라엘 백성이 '이방에 흩어지는 것'과 '더러움의 제거'가 동시에 일어난다. 이방에 흩어지는 하나님의 심판을 더러움의 제거의 기회로 보는 것, 즉 이방을 더러움 제거의 장소로 여기는 이러한 형태는 귀환

후의 용서와 회개를 말하는 본문에 비하면 이른 시기의 것, 즉 바벨론 포로기 초기작이라고 할 수 있을 것이다.

포로기 중기(주전 580-562년)는 지난 포로생활을 반성하면서 포로기의 신학을 정립하는 기간인데, 시간이 흐르면서 그들은 자신들이 거주하는 바벨론을 하나님의 용서와 이스라엘의 회개와 정결, 그리고 용서의 장으로 보는 포로기 초기의 시각을 교정하기 시작했을 것이다. 그들은 이제 그런 일들이 포로기 이후의 새로운 엑소더스와 귀환, 정착의 과정, 즉 바벨론에서의 탈주, 고토로의 회귀, 바벨론에 대한 탈영토화와 이스라엘에 대한 재영토화를 통해 일어날 것으로 생각했다.

포로기 후기[42](주전 561-538년)는 여호야긴의 복권으로 시작해서 고레스의 칙령으로 인한 귀환으로 끝나는 희망의 시기이다. 이러한 사건들로 인해서 바벨론의 유다인들은 인간의 행위를 뛰어넘는 하나님의 놀라운 역사하심을 체험했을 것이다. 그리고 이러한 체험이 그들로 하여금 기존의 신학과는 다른 사상을 전개케 했을 것으로 여겨진다. 그들은 이제 바벨론을 탈주해야 할 곳, 즉 탈영토화해야 할 곳으로 생각하고, 그들이 탈주했던 예루살렘을 회귀할 곳, 즉 재영토화해야 할 곳으로 생각했다. 예루살렘은 더 이상 하나님을 탈주케 하는 곳이 아니다. 그들은 회귀한 이후에 발생할 새로운 삶을 소망했다. 그러면서 그들이 회귀할 곳에서 새롭게 시작될 삶을 구체적으로 계획하기 시작했다.

지금까지 살펴본 대로 포로기에는 각 시기마다 공간인식이 다른데, 중기에 신학적 변화가 일어나고 그로 인해 공간인식도 크게 달라졌다.

---

42) '포로기 후기(後期)'와 '포로기 이후(以後)'를 혼동하지 말아야 한다. '포로기 이후'는 'post-exile'로서 포로기가 끝난 다음을 말한다.

(2) 에스겔서 1장에 나타나는 신학의 공간화

겔 1:1-5 서른째 해 넷째 달 초닷새에 내가 그발 강가 사로잡힌 자 중에 있을 때에 하늘이 열리며 하나님의 모습[43]이 내게 보이니 여호야긴 왕이 사로잡힌 지 오 년 그 달 초닷새라 갈대아 땅[44] 그발 강가에서 여호와의 말씀이 부시의 아들 제사장 나 에스겔에게 특별히 임하고 여호와의 권능[45]이 내 위에 있으니라 내가 보니 북쪽에서부터 폭풍과 큰 구름이 오는데 그 속에서 불이 번쩍번쩍하여 빛이 그 사방에 비치며 그 불 가운데 단 쇠 같은 것이 나타나 보이고 그 속에서 네 생물의 형상이 나타나는데 그들의 모양이 이러하니 그들에게 사람의 형상이 있더라

이 본문은 시공간이 어우러져 발생하는 사건, 즉 사건으로서의 공간을 명확하게 보여준다. 본문기자는 에스겔이 그발 강가에 있고, 그곳이 갈대아 땅, 즉 바벨론이라는 사실을 언급한다. 본문에서 특징적인 것은 '하늘이 열렸다'[46]는 것이다. 이것은 에스겔이 하늘을 올려다보았다는 것을 알려준다. 이 말을 통해서 본문기자는 우리로 하여금

43) '하나님의 모습'은 '마르오트 엘로힘'이다. 그리고 에스겔은 자신이 본 하나님 모습을 4절부터 상세히 묘사하기 시작한다. 그러나 에스겔서 1장은 하나님 모습을 상세히 묘사하면 할수록 그것이 무엇인지 더욱 불명료하게 만드는 아이러니를 보여준다. 여기에 대해서는 이종록, "에스겔서 1장이 보여주는 신적 환상 묘사의 낯설음과 모호함-신묘막측, 평지풍파 그리고 전광석화", 〈신학사상〉 142(2008), 33-62를 보라.

44) 1절에서는 그냥 "그발 강가"라고 하는데, 여기서는 "갈대아 땅 그발 강가"라고 에스겔이 현재 거하는 장소를 더 분명하게 언급한다.

45) "여호와의 권능"은 '주의 손'('야드 아도나이')이다. 그래서 "여호와의 권능이 내 위에 있으니라"를 직역하면 '주님의 손이 나에게 닿았다'이다. 하나님의 손이 하나님의 능력을 나타내기 때문에 '권능'으로 번역한 것으로 보인다[M. Greenberg, *Ezekiel 1-20*, AB. (Garden City, New York: Doubleday & Company, 1983), 41].

46) 이 표현은 여기서 처음 나오는데, 후대의 환상문학과 묵시문학에 많은 영향을 미쳤다[L. C. Allen, *Ezekiel 1-19*, WBC. (Dallas, Texas: Word Books, Publisher, 1994), 22].

연대기적이고 지상적인 차원에서 벗어나 하늘을 바라보게 한다. 그리고 하늘 열림은 새로운 공간의 발생과 두 공간의 연결을 의미한다. 하늘이 열렸다는 것은 그때까지 하늘이 닫혀 있었음을 의미하고, 하늘 닫힘은 '이'(this) 공간의 한정과 폐쇄를 가리킨다. 그렇기 때문에 하늘 열림은 그때까지 경험하지 못한 '저'(that) 공간이 발생했음을 의미하고, '이' 공간과 '저' 공간이 연결되고 두 공간이 융합되는 것을 가리킨다. 그리고 '하늘 열림'은 '하나님의 이상'으로 이어지면서 우리 생각을 시간적인 것에서 공간적인 것으로 전환케 한다.[47]

공간의 연결과 융합은 4절에서 드러난다. 4절은 이렇게 시작한다. "내가 보니 북쪽에서부터 폭풍과 큰 구름이 오는데." 여기서부터 폭풍 환상이 시작한다. 에스겔은 바벨론 땅 그발 강가에 서 있는데, 저 북쪽에서부터 폭풍과 큰 구름이 다가오는 것이다. 북방은 고대 이스라엘 사람들이 상상하는 하나님이 거하시는 곳을 가리키는 상징이다. 그래서 하늘이 열렸다는 것은 북방이 열렸다는 것이고, 거기서 폭풍과 큰 구름이 이곳으로 다가온다는 것은 신의 거처와 이 세상, 즉 당시에 바벨론이 만들어 놓은 바벨론 제국이 연결되고 융합되는 것을 보여준다. 그리고 이것은 단순히 장소의 연결과 융합으로 그치지 않는다. 공간발생과 연결은 사건발생으로 나타난다. 우리는 여기서 하나님이 이 세상으로, 우리 인간 삶 속으로 초월해 들어오시는 장면을 본다.[48]

47) 이종록, 《이 뼈들이 능히 살겠느냐》(서울: 한국성서학연구소, 2000), 36. 하나님이 바벨론에 거주하는 에스겔에게 나타나셨다는 것은 당시 사람들에게 매우 충격적이었을 것이다. 고대인들은 신이 어떤 특정한 장소에서만 역사한다고 생각했기 때문에, 하나님이 이스라엘을 벗어나 바벨론에 나타나셨다는 것은 당시의 신관에 반하는 사건이었다[D. I. Block, *The Book of Ezekiel Chapters 1-24*, NICOT. (Grand Rapids, Michigan: William B. Eerdmans Publishing Company, 1997), 83]. 그리고 이것은 공간개념에 대한 새로운 이해를 촉구했을 것이다.

48) Walther Eichrodt, *Ezekiel*, OTL. tr. Cosslett Quin (London: SCM Press,

하나님은 우리가 알지 못하는 어느 곳으로부터 인간세계로 침투해 들어오신다. 에스겔은 그것을 보고 있다. 삶으로 초월해 들어오시는 하나님, 에스겔은 그 놀라운 신학적 사건을 공간적으로 시각적으로 표현해낸다. 추상적인 것, 시간적인 것을 구체적으로 공간화하고 이미지화한다. 이런 점에서 에스겔은 매우 현대적인 사람이다.[49)]

(3) 에스겔서 36장에 나타나는 신학의 공간화

에스겔서는 자신의 신학, 즉 하나님이 죄 범한 이스라엘을 심판하시는 것과 그들을 용서하시는 것을 공간화하고 시각화하는데, 그것들을 흩음과 모음, 내쫓음과 이끌어내심(과 이끌어들이심)이라는 사건으로 나타낸다. 그리고 흩음은 어느 곳으로부터 다른 곳으로의 흩음이고, 모음은 어느 곳으로부터 다른 곳으로의 모음이기 때문에 흩음과 모음의 사건은 철저히 공간성에 근거한다. 이것을 에스겔서 36장 16-38절을 통해서 살펴보기로 하자.

하나님은 자신의 진노를 어떻게 표출하시는가? 하나님은 죄 범한 이스라엘을 흩으시는 것으로 그들을 심판하신다. 이것은 에스겔 36장 19절에서 잘 드러난다.

> 19a 그들을 그 행위대로 심판하여
> 19b 각국에 흩으며
> 19c 여러 나라에 헤쳤더니

이것을 '흩어 버리심의 양식소'라고 할 수 있을 것이다. 이와 비슷한

1970), 54.

49) 이종록, 《이 뼈들이 능히 살겠느냐》, 37.

문장형태는 에스겔서에 여러 번 나타나는데,[50] 동사들은 조금씩 다르지만 동의어들을 사용했고, 앞 구절에 각국(히브리어 '고임')이 나오고 뒤 구절에 여러 나라(히브리어 '아라초트')가 나오는 것은 동일하다.[51] 이것은 하나님의 심판사역이 장소성을 강하게 드러낸다는 것을 보여준다. 그리고 이러한 '흩어 버리심의 양식'은 예루살렘이 완전히 함락된 주전 586년 이후에 나타났을 것으로 보인다.

하나님의 심판이 드러내는 장소성은 19절에 나오는 흩다(히브리어 '푸츠')와 헤치다(히브리어 '자라')라는 동사에서도 나타나는데, 이 두 동사가 한 문장에서 평행으로 쓰이는 경우는 에스겔서에서만 찾아볼 수 있다.[52]

예루살렘의 멸망으로 이스라엘 백성이 열방에 흩어진 것을 가리키는 푸츠는 구약성서에서 모두 64회 쓰였는데, 에스겔서에는 19회 쓰였다.[53] 푸츠는 목적어와(장소를 가리키는) 부사를 갖고 나타난다. 자라도 마찬가지이다. 푸츠와 자라는 고임과 아라초트와 결합해서 하나님의 심판사역을 공간화하는 것, 즉 신학의 공간화에 기여한다.

땅과 관련한 어휘들은 25, 26, 27절과 31, 32절 그리고 37절에는 나타나지 않지만, 처음부터 뒷부분까지 고르게 나타나고 있으며, 특히 땅(에레츠)[54]이 일곱 번, 각국(고임)[55]이 아홉 번 쓰였다. 그리고 길(데레

---

50) 이러한 형태는 '이끌어들이심의 양식'에서도 나타난다. 대표적인 경우가 바로 에스겔서 36장 24절이다.

51) 11장 16절(+하나님이 그들에게 잠시 성소가 되어 주심), 12장 15절(+인지양식), 20장 23절(+심판이유), 22장 15절(+더러움을 제거함+인지양식), 29장 22절(목적어=애굽), 30장 23절(목적어=애굽), 26절(목적어=애굽+인지양식).

52) 에스겔서 20장 23절, 29장 12절, 30장 23절, 36장 19절. 20장 23절과 36장 19절의 목적어는 이스라엘이고, 29장 12절과 30장 23절의 목적어는 이집트이다.

53) 11장 16, 17절, 12장 15절, 20장 23, 34, 41절, 22장 15절, 28장 25절, 29장 12, 13절, 30장 23, 26절, 34장 5절(2회), 6, 12, 21절, 36장 19절, 46장 18절.

54) 에레츠는 에스겔에서 모두 198회 사용되었다.

55) 에스겔에서 모두 86회 사용되었다.

크)이라는 단어는 본문에서는 사람의 행위를 가리키는 말로 사용되고 있지만, 일차적인 의미는 '길'이기 때문에 역시 땅의 이미지를 갖는다. 이렇듯 '땅의 이미지'를 가진 어휘들이 많이 나오기 때문에 이것과 관련된 장소이동의 동사들도 많이 나오고 있다. 이러한 이동성은 땅의 어휘들이 나타나지 않는 25, 26, 27절에도 나타나는데, 이것은 주다(나탄) 동사와 전치사 민, 베, 레가 사용된 것에서 알 수 있다. 그리고 36절에는 땅의 이미지와 연관된 '심다' '건설하다'는 동사들도 사용되었다. 그래서 에스겔서 36장 16-38절은 분위기가 매우 동적이다. 이것은 에스겔서 36장 16-38절이, 이스라엘의 역사를 범죄의 역사로 규정함으로써 과거사를 일단락짓고 미래에 대한 새로운 희망을 갖기 시작하는 때, 즉 에스겔의 사상을 이어받은 사람들이 바벨론의 유다인 공동체를 장악한 다음 그때까지의 역사를 범죄의 역사로 규정하고, 자신들에 의해서 시작되는 시대를 과거와는 단절된 시대로 보고 미래의 비전을 제시하며, 과거와는 전혀 다른 새로운 시대를 향해서 나아가는 그러한 때에 만들어졌음을 보여준다.

이스라엘의 과거사를 범죄의 역사로 규정함으로써 하나님의 심판을 정당화하고, 그 심판으로 인해서 오히려 하나님의 이름이 수난을 당함으로써 그것을 회복하기 위해 하나님이 이스라엘을 구원시켜야 한다고 말하는데, 이것은 분명히 포로기 중기의 상황을 반영한다. 이러한 사실은 바벨론을 더 이상 죄 씻음과 회개의 장으로 여기지 않는다는 점에 근거한다. 이처럼 바벨론이 이스라엘 백성의 신앙훈련의 장도 아니고 회개의 장도 아니며, 오히려 바벨론에 머무는 기간이 길어질수록 하나님께 이롭지 않다는 인식은 포로기 초기가 아닌 중기에 나타난 것으로 보인다. 이러한 인식의 변화는 곧바로 유다인들의 공간인식에 변화를 초래하였다.

그리고 24a는 이끌어내심 양식소(새로운 엑소더스 양식소)[56]이고, 24b는 이끌어들이심 양식소(귀환양식소)인데, 여기서 에스겔서에 새로운 엑소더스 양식소와 기타 양식소들이 어떻게 나타나는지 살펴보기로 하자.

① 에스겔서 11장 17a ㄱ 너희를 만민 가운데에서 모으며(이끌어내심)

17b ㄴ 너희를 흩은(흩어 버리심-과거)
17c ㄷ 여러 나라 가운데에서 모아내고(이끌어내심)
17d ㄹ 이스라엘 땅을 너희에게 주리라(땅 주심)

② 에스겔서 20장 34a ㄱ 너희를 여러 나라에서 나오게 하며(이끌어내심)

34b ㄴ 너희의 흩어진(흩어 버리심-과거)
34c ㄷ 여러 지방에서 모아내고(이끌어내심)
35a ㄹ 너희를 인도하여 여러 나라 광야에 이르러(이끌어들이심)

③ 에스겔서 20장 41aβ ㄱ 내가 너희를 인도하여 여러 나라 가운데에서 나오게 하고(이끌어내심)

41aγ ㄴ 너희가 흩어진(흩어 버리심-과거)
41aδ ㄷ 여러 민족 가운데에서 모아낼 때에(이끌어내심)
41aε ㄹ 내 거룩함을 여러 나라의 목전에서 나타낼 것이며[하나님이 거룩게 됨(+인지양식소)]

여기서 보는 대로 세 구절들은 기본적인 형태가 거의 같고 '모으다'가 공통적으로 나타난다. 그리고 'ㄱ' 부분에 공통적으로 '여러 나라'

---

56) '이끌어내심'의 양식소에 대해서는 Walter Gross, *"Die Herausführungsformel–Zum Verhältnis von Formel und Syntax"*, ZAW 86 (1974), 425-453를 보라. 여기서는 '이집트에서의 이끌어내심'을 언급하는 구절들을 다루면서 9가지 형태를 찾아내는데, 새로운 엑소더스의 이끌어내심 형태는 다루지 않는다.

가 나타난다. 그리고 24절에는 없지만 '땅 주심'은 28절에서 조금 변형되어 정착양식소로 나타나고, 에스겔서 20장 41ε에 나타나는 '인지양식소' 대신 '계약양식소'가 28b에 나타난다. 그래서 이 세 본문들과 36장 24절에 나타나는 양식을 에스겔서의 독특한 문학양식이라고 할 수 있을 것이다.

이렇듯 에스겔은 심판과 구원이라는 자신의 신학적 주제를 땅을 매개 삼아 흩음과 모음, 또는 내쫓음과 이끌어내심(과 이끌어들이심)으로 공간화한다.

(4) 에스겔서 8-11장에 나타나는 탈주와 회귀

겔 8:1-4 여섯째 해 여섯째 달 초닷새에 나는 집에 앉았고 유다의 장로들은 내 앞에 앉아 있는데 주 여호와의 권능[57]이 거기에서 내게 내리기로 내가 보니 불 같은 형상[58]이 있더라 그 허리 아래의 모양은 불 같고 허리 위에는 광채가 나서 단 쇠 같은데 그가 손 같은 것을 펴서 내 머리털 한 모숨을 잡으며 주의 영이 나를 들어 천지 사이로 올리시고 하나님의 환상[59] 가운데에 나를 이끌어 예루살렘으로 가서 안뜰로 들어가는 북향한 문에 이르시니 거기에는 질투의 우상 곧 질투를 일어나게 하는 우상의 자리가 있는 곳이라 이스라엘 하나님의 영광이 거기에 있는데 내가 들에서 본 모습과 같더라

이 본문은 하나님이 바벨론 그발 강가에 있는 에스겔을 데리고 예루

57) "주 여호와의 권능"은 직역하면, '주님의 손'이다.

58) 이것은 히브리어로 '데무트 케마르에-에쉬'이다. 직역하면 '불의 모양 같은 모습'이다. 진짜 불이 아니고, 불처럼 생긴 어떤 다른 것을 가리킨다.

59) 이것은 '마르오트 엘로힘'인데, 에스겔서 1장 1절과 8장 3절 그리고 40장 2절에 나온다. 한글 개역개정판은 '마르오트 엘로힘'을 1장 1절에서는 "하나님의 모습"으로, 8장 3절에서는 "하나님의 환상"으로, 그리고 40장 2절에서는 "하나님의 이상"으로 번역했다.

살렘으로 가신 것을 보여주는데, 이 구절로 시작하는 에스겔서 8-11장은 에스겔서의 공간개념을 이해하는 데 가장 적합한 문학구조를 보여준다.[60] 에스겔서 8-11장은 다음과 같이 정교한 대칭구조를 갖는다.

a 처음 장소(8:1a)
b 이상(8:1b–2)
c 장소이동(8:3)
d 하나님의 영광(8:4)
d' 하나님의 영광(11:22–23)
c' 장소이동(11:24a)
b' 이상(11:24b)
a' 처음 장소(11:25)

본문이 말하는 신의 공간이동은 사무엘상 4-6장에서 말하는 언약궤의 이동 같은 물리적인 이동이 아니다. 바벨론은 제국을 형성하면서 점령한 나라들의 성전을 파괴하고 그곳에 있던 기물들을 바벨론으로 가져갔는데, 이것은 신을 그곳에서 강제적으로 이주시켜서, 즉 공간의 신성을 박탈하고 그 신을 바벨론 신들의 통제 아래 두려는 의도였다. 하지만 야훼는 그런 것과는 관계없이 스스로 떠나고 돌아온다. 그럼으로써 야훼는 바벨론이라는 제국주의적 공간을 헛것으로 만들어 버린다. 그런데 이러한 야훼의 떠남과 돌아옴 역시 물리적으로 나타나는 것이 아니고, 공간에 대한 인식을 통해서 드러난다는 점에서, 본문이 공간을 신적 공간, 또는 사건으로서의 공간으로 이해했음을 보여준다.

에스겔서 8-11장은 신의 탈주와 회귀 그리고 재탈주를 보여주는데, 14-21절에서는 새로운 엑소더스, 즉 출바벨론을 통해서 신이 다시 이

---

60) 이종록, 《이 뼈들이 능히 살겠느냐》, 80. D. I. Block, *The Book of Ezekiel Chapters 1–24*, NICOT. (Grand Rapids, Michigan: William B. Eerdmans Publishing Company, 1997), 272.

스라엘로 재회귀할 것을 약속한다. 여기서 두드러지는 것은 하나님의 영광이 예루살렘에 머물면서 예루살렘을 보호하지 않는다는 것이다. 하나님의 영광은 죄를 범한 예루살렘을 떠나서 바벨론에 나타나고, 예루살렘을 쳐서 멸망케 하는 심판을 행하신다.[61] 하나님은 죄로 물든 예루살렘을 벗어나신다. 즉 예루살렘에서 탈주하신다. 그리고 바벨론에 나타나시고, 에스겔을 데리고 다시 예루살렘으로 회귀하신다. 그러나 이 회귀는 예루살렘이 얼마나 죄악이 극심한 곳인지를 보여주려는 회귀이다. 그리고 하나님은 예루살렘을 다시 떠나신다. 즉 재탈주를 하신다. 그리고 에스겔을 바벨론에 데려다주신다.

하나님은 예루살렘을 떠나셔서 바벨론 그발 강가에서 나타나시고, 그리고 에스겔을 데리고 예루살렘을 가셨다가, 다시 에스겔을 데리고 그발 강가로 오신다. 그리고 다시 어디론가 떠나신다.

> 겔 11:22-25 그때에 그룹들이 날개를 드는데 바퀴도 그 곁에 있고 이스라엘 하나님의 영광[62]도 그 위에 덮였더니 여호와의 영광이 성읍 가운데에서부터 올라가 성읍 동쪽 산에 머무르고 주의 영[63]이 나를 들어 하나님의 영의 환상 중에 데리고 갈대아에 있는 사로잡힌 자 중에 이르시더니 내가 본 환상이 나를 떠나 올라간지라 내가 사로잡힌 자에게 여호와께서 내게 보이신 모든 일을 말하니라

에스겔서 1장을 보면, 그룹들은 각기 네 개의 얼굴과 네 개의 날개를 가진 네 개의 생물 형상들이고(6절), 네 생물 형상들이 각각 바퀴를

---

61) 이종록, 《이 뼈들이 능히 살겠느냐》, 76.

62) 이것은 히브리어로 '케보드 엘로헤-이스라엘'인데, 23절에서는 "주의 영광"(케보드 아도나이)이라고 한다.

63) 히브리어 원문은 그냥 '영'(루아흐)이다. 이것을 그다음 구절에서는 "하나님의 영"(루아흐 엘로힘)이라고 한다.

거느리고(15절), 이 둘이 같이 움직이는데(19절), 바퀴 안에 있는 '생물의 영'이 바퀴를 움직이게 한다(20절). 이 셋이 항상 함께 움직이는 것으로 보인다. 그리고 이 모든 것을 '마르오트 엘로힘'으로 칭한다. 그래서 장소이동하는 것, 즉 탈주하고 회귀하며, 다시 재탈주하고 재회귀[64]하는 것이 바로 '마르오트 엘로힘'이다.

(5) 에스겔서 40-48장에 나타나는 탈주와 회귀

겔 40:1-4 우리가 사로잡힌 지 스물다섯째 해, 성이 함락된 후 열넷째 해 첫째 달 열째 날에 곧 그날에 여호와의 권능[65]이 내게 임하여 나를 데리고 이스라엘 땅으로[66] 가시되 하나님의 이상[67] 중에 나를 데리고 이스라엘 땅[68]에 이르러 나를 매우 높은 산 위에 내려놓으시는데 거기에서 남으로 향하여 성읍 형상 같은 것이 있더라 나를 데리시고 거기에 이르시니 모양이 놋같이 빛난 사람 하나가 손에 삼줄과 측량하는 장대를 가지고 문에 서 있더니 그 사람이 내게 이르되 인자야 내가 네게 보이는 그것을 눈으로 보고 귀로 들으며 네 마음으로 생각할지어다 내가 이것을 네게 보이려고 이리로 데리고 왔나니 너는 본 것을 다 이스라엘 족속에게 전할지어다 하더라

---

64) 에스겔은 하나님의 재회귀를 43장 2절에서 언급한다(P. M. Joyce, *Ezekiel: A Commentary* (New York: T & T Clark, 2007), 116.

65) 여기서 "여호와의 권능"은 히브리어로 '야드 아도나이'로 '주의 손'이나. '주의 손'은 '하나님의 모습'(마르오트 엘로힘)과 함께 1장과 8-11장 그리고 40-48장의 앞부분에 나온다.

66) 히브리어 원문은 그냥 '그곳에'(샴마)이다.

67) 이것은 히브리어로 '마르오트 엘로힘'이다.

68) 이것은 히브리어로 '에레츠 이스라엘'이다. 에스겔은 대체로 '아드마트 이스라엘'을 사용하는데, 여기서는 '에레츠 이스라엘'을 사용한다. 그 까닭을 짐작하기 어렵지만, 이스라엘 땅은 바벨론에게 종속되지 않았음을 보여주려는 것인지도 모른다. D. I. Block, *The Book of Ezekiel Chapters 24-48*, NICOT. (Grand Rapids, Michigan: William B. Eerdmans Publishing Company, 1998), 514.

이 구절로 시작하는 에스겔서 40-48장은 '여호와 삼마'로 통칭할 수 있는 미래의 이스라엘을 우리에게 보여준다. 에스겔서 40-48장을 우리가 읽으면서 강하게 느끼는 것은 본문기자의 공간 창작 능력이다. 본문기자는 마치 컴퓨터를 이용해서 만들어내는 가상공간처럼 공간을 묘사한다. 본문기자가 본문을 지금부터 2600여 년 전에 기록했다고 생각하면, 그가 가진 놀라운 영적 상상력에 감탄하지 않을 수 없다. 기존의 공간, 과거의 공간을 새로운 공간, 미래의 공간으로 구성해냄으로써 가상현실을 경험케 하는 탁월한 상상력, 시간적인 미래를 공간적 현재로 표현해내는 예술적인 창작 능력, 시간적 신학을 공간적으로 사건화하는 능력, 소망을 공간적으로 시각화하고 현실화하는 능력, 우리는 본문을 읽으면서 새 시대 새 삶에 대한 소망은 바로 새로운 공간창조에서 비롯하며, '새로운 공간성'에 대한 인식이 바로 소망임을 깨닫는다.[69]

하나님은 에스겔을 데리고 이스라엘 땅으로 가신다. 40-48장을 읽어 보면, 우리는 하나님이 에스겔을 데리고 가신 곳이 예루살렘이라는 것을 알아챈다. 그런데 에스겔은 그곳을 예루살렘이라고 하지 않고, 또 새 예루살렘이라고도 하지 않고, 그냥 이스라엘 땅이라고 하고 나중에는 여호와 삼마라고 한다. 그 까닭은 에스겔이 예루살렘을 부정적으로 여기고, 예루살렘을 사라져야 할 곳으로 생각하기 때문이다. '여호와 삼마'는 새 예루살렘이 아니고, 예루살렘과는 전혀 다른 곳이다.[70] 예루살렘은 하나님이 떠나신 곳이고, 여호와 삼마는 하나님이

---

69) 이종록, 《이 뼈들이 능히 살겠느냐》, 327.

70) 알렌은 여호와 삼마가 예루살렘의 언어유희(wordplay)라고 본다[L. C. Allen, *Ezekiel 20–48*, WBC. (Dallas, Texas: Word Books, Publisher, 1990), 285]. 그러나 에스겔서는 여호와 삼마와 예루살렘을 양극에 둠으로써 언어유희를 넘어서는 강력한 대비효과를 일으킨다.

거하실 곳이다. 그렇기에 예루살렘과 여호와 삼마는 단순히 지리적 공간이 아니다. 지리적으로 이 두 곳은 동일한 장소를 가리키지만, 그럼에도 불구하고 철저히 이질적인 공간이기 때문이다. 그래서 우리는 이 두 지명을 존재론적으로 연계해서 생각하지 말고, 존재사건론적으로 또는 사건발생적으로 생각해야 한다. 이런 점에서 에스겔은 예루살렘과 여호와 삼마를 대립시키면서 신학을 공간화하고 공간을 사건화한다.

신학을 공간화하고 시각화하는 것은 에스겔이 미래의 성전을 현재에 경험하는 것에서, 그리고 땅을 지파별로 재분배하는 것에서 더 명확하게 드러난다. 에스겔은 측량하는 사람을 따라서 미래의 성전을 샅샅이 둘러본다. 하나님이 에스겔에게 성전규모와 모양을 수치로 알려 주실 수도 있는데, 에스겔서는 미래의 성전을 시뮬레이션해서 그곳을 실제로 둘러보게 하는 방법을 택하신다.

그리고 하나님은 옛 선조들에게 약속하신 대로 이스라엘에게 다시 땅을 주신다. 그런데 여기서 중요한 것이 바로 땅의 분배 원칙이다. 하나님은 이스라엘에 거하는 모든 사람들에게 적합한 면적의 땅을 주신다. 그렇게 함으로써 모든 이스라엘 사람들이 평안히 살게 하신다.[71]

겔 46:18 "군주는 백성의 기업을 빼앗아 그 산업에서 쫓아내지 못할지니 군주가 자기 아들에게 기업으로 줄 것은 자기 산업으로만 할 것임이라 백성이 각각 그 산업을 떠나 흩어지지 않게 할 것이니라

각자에게 적합한 삶의 공간을 분배하고, 그 공간을 아무도 침범하지

71) 이종록, 《이 뼈들이 능히 살겠느냐》, 349.

못하게 규정함으로써 하나님의 뜻이 이루어지게 하시겠다는 것이다. 공간의 재분배는 평등한 사회의 실현을 공간화하고 시각화하는 것이다. 이렇게 해서 하나님이 만드실 새로운 이스라엘을 '여호와 삼마'라고 부른다. '여호와 삼마'는 '주님이 거기에 (거하신다)'라는 의미를 갖는다. 그래서 '여호와 삼마'는 특정한 장소명이지만, 하나님의 회귀라는 사건을 가리킨다. 여기에 비해 예루살렘은 하나님의 떠남이라는 사건을 가리킨다. 이러한 지명의 대비를 통해 에스겔은 공간을 사건화한다.

(6) 에스겔서에 나타나는 디지털적 공간개념

에스겔서 8-11장과 40-48장은 야훼의 탈주와 회귀를 보여주는데, 이것은 고대 이스라엘 사람들이 공간을 어떻게 이해했는지를 명확하게 보여준다. 야훼는 바벨론과 예루살렘을 자유롭게 오감으로써, 당시 세계를 통치하던 바벨론 제국의 공간통제를 조롱하는 것으로 보인다. 그리고 에스겔은 바벨론에서 예루살렘으로 공간이동을 하는데, 요즘 개념으로 신체적 공간이동, 즉 '원격현전'(telepresence)[72]을 한 것이다. 에스겔은 바벨론의 자기 집에 앉아 있으면서 예루살렘에도 있는 것이다. 그는 여기 있으면서 또 그곳에 있는 것이다. 그는 동시에 두 곳에 실재한다.[73] 이것은 에스겔이 바벨론 제국이라는 물리적 공간에

72) 인간이 오감(五感)으로 느낄 수 있는 감각적인 가상환경의 형태는 공상과학소설가들이 오랫동안 즐겨 사용해 오던 소재였다. '텔레프레젠스'(Telepresence)라는 가상환경은 여러 감각 감지장치를 사용하여 자신이 먼 곳에 있는 것 같은 느낌을 주어서, 그곳에서 여러 작업을 수행할 수 있게 하는 기술이다.

73) "가상 현실을 어떠한 입장에서 보든 가상현실이 추구하는 목표는, 정도의 차이는 있겠지만 이용자로 하여금 원격현전(telepresence)을 경험하도록 하는 것이다. 원래 현전(presence)은 '어떤 환경 속에서 느끼는 실재감(sense of

매이지 않고 두 공간을 연결하고 융합하는 또 다른 공간을 새롭게 경험했음을 보여준다.

그리고 이런 체험은 당시 세계가 바벨론이라는 하나의 공간, 즉 통신과 교통수단이 신속하게 연결되는 공간임을 인식한 데서 비롯한 것으로 보인다.

40-48장을 보면, 에스겔은 8-11장과는 다른 가상공간으로 들어간 것으로 보인다. 에스겔이 하나님의 손에 붙잡혀서 간 곳은 이스라엘 땅이지만, 그곳은 현재 실재하는 이스라엘 땅이 아니라 미래에 발생할 가상적인 공간이다. 거기에는 높은 산이 있고, 그 산 남쪽으로 성읍처럼 생긴 것이 보였다. 에스겔은 그곳까지 가는데, 거기에 어떤 사람이 삼줄과 장대를 들고 그 도시를 측량하기 위해 서 있었다. 그 사람도 현실공간에 실재하는 사람이 아니다. 그렇게 때문에 본문은 가상공간에서의 시뮬레이션을 이야기하는 것이다.[74] 이것은 에스겔이 당시 공간을 우리가 디지털 기술에 의해 경험하는 것, 즉 시뮬라크르(simulacre)로 경험했으며, 이것은 에스겔이 공간을 고정적으로 존재하는 것이 아닌, 발생하는 사건으로 경험했음을 보여준다.

4) 공간의 신학화

지금까지 에스겔서를 통해서 신학의 공간화를 살펴보았다. 에스겔은 다른 예언자들에 비해 이미지를 생산하는 능력이 탁월하고, 이

---

being)'을 뜻하는데, 이런 점에서 원격현전은 '커뮤니케이션 매체에 의해 어떤 환경 속에 실재하고 있음을 경험하게 되는 것', 즉 환경에 대한 매개된 지각(mediated perception)이라 할 수 있다"[이재현, 《인터넷과 사이버사회》(서울: 커뮤니케이션북스, 2000), 118].

74) 이종록, 《디지털 에스겔-디지털 시대에 대한 신학적 접근》(서울: 한국장로교출판사, 2001), 148.

능력을 발휘해서 전위적 행위예술을 보여주고, 이것을 통해 하나님 말씀을 전했다. 에스겔은 이스라엘 역사도 이미지화(시각화) 또는 공간화하고, 하나님의 심판과 구원사역도 이미지화 또는 공간화했다. 이것을 사건의 공간화, 또는 사건으로서의 공간이라고 부를 수 있을 것이다.

에스겔은 바벨론이 제국을 건설하는 시대를 살았다. 바벨론이 제국을 건설하는 것은 바벨론이 국가별로 분할된 공간을 파괴하고 통합해서 새로운 공간을 만들어냈음을 의미한다. 이로 인해서 이스라엘은 주체적인 삶의 공간을 잃고 바벨론 제국이라는 새로운 공간, 강제적이고 폭력적인 공간에 편입되어야만 했다. 이러한 시대적 체험을 에스겔은 자신만의 독특한 상상력과 언어사용을 통해 공간적으로 풀이했다.

에스겔서 1장은 새로운 공간 탄생, 기존 공간과의 연결과 통합, 그리고 하나님의 초월적 개입을 통한 새로운 공간의 발생이라는 개념으로 신학을 공간화한다.

에스겔서 36장은 하나님의 심판과 구원이라는 신학적 주제를 흩음과 모음, 또는 쫓아냄과 이끌어내심(과 이끌어들임)이라는 역동적 공간 개념으로 시각화한다.

에스겔서 8-11장은 신학적으로 그리고 문학구조적으로 하나님의 탈주와 회귀 그리고 재탈주를 극명하게 보여주고, 이스라엘 백성들의 탈영토화와 재영토화를 보여준다.

또 에스겔서 40-48장은 미래 사건인 이스라엘의 구원을 현재 공간으로 경험케 하는 시뮬레이션을 통해서, 탈주를 끝낸 하나님의 회귀를 시각적으로 보여준다.

그리고 에스겔서 8-11장과 40-48장은 하나님의 탈주를 촉발하고 상징하는 '예루살렘'과, 하나님의 회귀를 촉발하고 상징하는 '여호와 삼마'라는 두 동일하면서 이질적인 공간의 대립을 통해서 사건을 공간화하고, 이를 통해서 공간을 사건 자체로 이해하게 한다.

에스겔은 이처럼 자신의 신학을 공간화하고 시각화하면서, 공간을 사건 자체로 이해하게 한다. 그런데 이러한 에스겔의 신학적 작업은 오늘 우리에게 그 반대의 작업, 즉 공간의 신학화를 요청한다. 서론에서 언급했듯이, 오늘날 우리가 사는 공간은 이미 자본주의에 의해 규정되고 자본에 따라 배분되었다. 한국사회는 물론이고 한국교회마저도 자본화한 공간을 소비하면서 산다. 그래서 하나님의 역사, 그 신앙적 사건을 공간 속에서 경험하거나 우리가 가진 신학을 공간화하는 것이 거의 불가능하다. 그럴 만한 공간이 없다. 그렇기에 이제 우리는 이 자본화한 공간을 다시 신학적으로 개념 정의함으로써 공간을 재설정하고, 공간을 자본이 아닌 인간적 가치에 따라서 재분배해야 한다.[75] 우리가 지금 공간의 신학화라는 사회적 과제를 떠안았음을 고지하면서, 이 글을 마친다.

75) 자본주의적 공간확장에 대항한 대안적 공간생산에 대해서는 노대명, "앙리 르페브르의 '공간생산이론'에 대한 고찰", 〈공간과 사회〉 14호(2000)를 보라. 그리고 자본주의 사회의 도시공간에 대한 비판적 연구에 대해서는 김왕배, 《도시, 공간, 생활세계-계급과 국가권력의 텍스트 해석》(서울: 도서출판 한울, 2000)을 보라.

■ 참고문헌

강학순, 《공간의 본질에 대한 하이데거의 존재사건학적 해석의 의미》, 하이데거 연구 15집, 2007.

______, 《볼노우의 인간학적 공간론에 있어서 '거주'의 의미》, 하이데거 연구 16집, 2007.

______, 《하이데거에 있어서 실존론적 공간해석의 현대적 의의》, 하이데거 연구 14집, 2006.

김왕배, 《도시, 공간, 생활세계 - 계급과 국가권력의 텍스트 해석》, 서울: 도서출판 한울, 2000.

김용창, "공간유물론: 자본주의 역사지리의 공간생산론을 위해", 막스코뮤날레조직위원회 엮음, 《지구화시대의 맑스의 현재성 1》, 서울: 문화과학사, 2003.

노대명, "앙리 르페브르의 '공간생산이론'에 대한 고찰", 〈공간과 사회〉14호, 2000.

노양미, 《들뢰즈의 탈주이론과 공간특성 - Rem Koolhaas 작품을 중심으로》, 미간행석사학위논문, 국민대학교 테크노디자인 전문대학원, 2005.

노양미 · 이찬, "질 들뢰즈의 탈주이론과 공간적 표현 특성", 《한국디자인학회 2004년 학술발표대회 논문집》, 2004.

이재현, 《인터넷과 사이버 사회》, 서울: 커뮤니케이션북스, 2000.

이정우, 《시뮬라크르의 시대 - 들뢰즈와 사건의 철학》, 서울: 기획출판 거름, 1999.

이종록, 《이 뼈들이 능히 살겠느냐》, 서울: 한국성서학연구소, 2000.

______, 《디지털 에스겔 - 디지털 시대에 대한 신학적 접근》, 서울: 한국장로교출판사, 2001.

______, "에스겔, 디지털의 원조 - 에스겔서에 나타나는 디지털 개념들," 〈종교연구〉 44, 2006.

______, 《용서와 회개 - 에스겔서에 나타나는 '용서→회개'의 신학과 문학구조에 관한 연구》, 서울: 한국학술정보(주), 2007.

이진경, 《근대적 시공간의 탄생》, 서울: (주)도서출판 푸른숲, 2002.

______, 《노마디즘1-천의 고원을 넘나드는 유쾌한 철학적 유목》, 서울: (주) 휴머니스트 퍼블리싱 컴퍼니, 2002, 2007.

______, 《노마디즘2-천의 고원을 넘나드는 유쾌한 철학적 유목》, 서울: (주) 휴머니스트 퍼블리싱 컴퍼니, 2002, 2007.

______, 《문화정치학의 영토들》, 서울: 도서출판 그린비, 2007

______, "코뮌주의: 코뮌주의적 존재론과 존재론적 코뮌주의", 〈문화과학〉 47호, 2006.

장세룡, "앙리 르페브르와 공간의 생성 - 역사이론적 '전유'의 모색", 〈역사와 경계〉 58, 2006.

최병두, 《근대적 공간의 한계》, 서울: (주)도서출판 삼인, 2002.

______, "자본주의 도시공간의 정치경제학", 〈문화과학〉 5권, 1994.

하제원, 《하이데거 기초 존재론에서의 공간개념》, 하이데거 연구 15집, 2007.

Ackerman, S., *Under Every Green Tree-Popular Religion in Sixth-Century Judah, Winona Lake*, Indiana: Eisenbrauns, 1992, 2001.

Ackroyd, P. R., *Exile and Restoration-A Study of Hebrew Thought of the Sixth Century B.C.,* Philadelphia: The Westminster Press, 1968.

Allen, L. C., *Ezekiel 1-19*, WBC., Dallas, Texas: Word Books, Publisher, 1994.

______, *Ezekiel 20-48*, WBC., Dallas, Texas: Word Books, Publisher, 1990.

Beitzel, B. J., *"Travel and Communication(OT World)"*, ABD VI, 644-648.

Berquist, J., *Judaism in Persia's Shadow-A Social and Historical Approach*, Minneapolis: Fortress Press, 1995.

Berquist, John L. and Claudia Camp., eds. *Constructions of Space I-Theory, Geography, and Narrative*, LHBOTS 481, New York: T & T Clark, 2007.

______, eds. *Constructions of Space II-The Biblical City and Other Imagined Spaces*, LHBOTS 490, New York: T & T Clark, 2008.

Block, D. I., *The Book of Ezekiel Chapters 1-24*, NICOT., Grand Rapids, Michigan: William B. Eerdmans Publishing Company, 1997.

______, *The Book of Ezekiel Chapters 25-48*, NICOT., Grand Rapids, Michigan: William B. Eerdmans Publishing Company, 1998.

_______, *"Divine Abandonment: Ezekiel's Adaptation of an Ancient Near Eastern Motif,"* M.S. Odell and J. T. Strong, eds. *The Book of Ezekiel: Theological and Anthropological Perspectives*, SBL Symposium Series 9, Atlanta: SBL, 2000, 15-42.

Bodi. D., *The Book of Ezekiel and the Poem of Erra*, OBD 104, Göttingen: Vandenhoeck & Ruprecht, 1991.

Bollnow, O. F., 최동희 역, 《실존철학입문》, 서울: 간디서원, 2006.

_______, *Human Space*, tr. Christian Shuttleworth, London: Hyphen Press, 2008.

Bonta, M. & Protevi, J., *Deleuze and Geophilosophy-A Guide and Glossary*, Edinburgh: Edinburgh University Press, 2004.

Brueggemann, W., *Ichabod toward Home-The Journey of God's Glory*, Grand Rapids, Mich.: William B. Eerdmans Publishing Co., 2002.

_______, *The Land: Place As Gift, Promise, and Challenge in Biblical Faith* (Overtures to Biblical Theology), Minneapolis: Augsburg Fortress Publishers, 1977, 2002.

Buchanan, I. & Lambert, G., eds. *Deleuze and Space*, Edinburgh: Edinburgh University Press, 2006.

Conley, T., "Space," A. Parr, ed. *The Deleuze Dictionary*, New York: Colombia University Press, 2005.

Durlesser, James Arthur, *The Metaphorical Narratives in the Book of Ezekiel*, Lewiston, N.Y.: Edwin Mellen, 2006.

Eichrodt, W., *Ezekiel*, tr. Cosslett Quin, OTL., London: SCM Press, 1970.

Galambush, J., *Jerusalem in the Book of Ezekiel-The City as Yahweh's Wife*, SBL Dissertation Series 130, Atlanta: Scholars Press, 1992.

Greenberg, M., *"The Design and Themes of Ezekiel's Program of Restoration,"* J. L. Mays & P. J. Achtemeier, eds. *Interpreting the Prophets*, Philadelphia: Fortress Press, 1987, 215-236.

_______, *Ezekiel 1-20*, AB., Garden City, New York: Doubleday & Company, 1983.

_______, *"The Vision of Jerusalem in Ezekiel 8-11: A Holistic Interpretation"*, J. L. Crenshaw & S. Sandmel, eds. *The Divine Helmsman: Studies on God's*

Control of Human Events, presented to Lou H. Silverman, New York: Ktav, 1980.

Gross, Walter, *"Die Herausführungsformel-Zum Verhältnis von Formel und Syntax,"* ZAW 86, 1974.

Habel, N. C., ed. *The Earth Story in Wisdom Traditions* (The Earth Bible Series), Cleveland, Ohio: Pilgrim Press, 2001.

______, ed. *Readings from the Perspective of Earth* (The Earth Bible Series), Cleveland, Ohio: Pilgrim Press, 2001.

______, *"The Silence of the Lands: The Ecojustice Implications of Ezekiel's Judgment Oracles"*, Steven L. Cook & Corrine L. Patton, eds. *Ezekiel's Hierachical World Wrestling with a Tiered Reality*, Leiden: Brill, 2004.

Habel, N. C. & Balabanski, V., eds. *The Earth Story in the New Testament* (The Earth Bible, Volume 5), Cleveland, Ohio: Pilgrim Press, 2002.

Habel, N. C. & Brueggemann, W., *The Land Is Mine: Six Biblical Land Ideologies* (Overtures to Biblical Theology), Philadelphia: Fortress Press, 1995.

Habel, N. C. & Trudinger, P., eds. *Exploring Ecological Hermeneutics*, Atlanta: Society of Biblical Literature, 2008.

Habel, N. C. & Wurst, S., eds. *The Earth Story in Genesis* (The Earth Bible Series, 1), Cleveland, Ohio: Pilgrim Press, 2001.

Habel, N. C. & Wurst, S., eds. *The Earth Story in Psalms and Prophets* (The Earth Bible Series, 4), Cleveland, Ohio: Pilgrim Press, 2001.

Jammer, Max, 이경직 옮김, 《공간개념 - 물리학에 나타난 공간론의 역사》, 서울: (주)나남, 2008.

Joyce, P. M., *Ezekiel: A Commentary*, New York: T & T Clark, 2007.

Kutsko, J., *Between Heaven and Earth: Divine Presence and Absene in the Book of Ezekiel*, Winona Lake, Indiana: Eisenbrauns, 2000.

Lefebvre, Henri, *The Production of Space*, tr. Donald Nicholson-Smith, Oxford: Blackwell Publishers, 1991, 1992.

Levenson, J. D., *Theology of the Program of Restoration of Ezekiel 40-48*, Missoula: Scholars Press, 1976.

Levin, K. R., *A New Heart and a New Soul: Ezekiel, the Exile and the Torah*, JSOTSup 358, London: Sheffield Academic Press, 2002.

Lipschits, O., *The Fall and Rise of Jerusalem: Judah under Babylonian Rule*, Winona Lake, Ind.: Eisenbrauns, 2005.

Lorraine, T., *"Lines of Flight"*, A. Parr, ed. *The Deleuze Dictionary*, New York: Colombia University Press, 2005.

Middlemas, J., *The Troubles of Templeless Judah*, OTM., Oxford: Oxford University Press, 2005.

Parr, A., ed. *The Deleuze Dictionary*, New York: Colombia University Press, 2005.

_______, *"Deterritorialisation/Reterritorialisation"*, A. Parr, ed. *The Deleuze Dictionary*, New York: Colombia University Press, 2005.

Patton, P., *"Deterritorialisation+Politics"*, A. Parr, ed. *The Deleuze Dictionary*, New York: Colombia University Press, 2005.

Reich, Robert B., 형선호 옮김, 《슈퍼자본주의》, 서울: 김영사, 2008.

Roffe, J., *"Simulacrum"*, A. Parr, ed. *The Deleuze Dictionary*, New York: Colombia University Press, 2005.

Rogerson, J. W., *"Frontiers and Borders in the Old Testament"*, Edward Ball, ed. *Search of True Wisdom: Essays in Old Testament Interpretation in Honour of Ronald E. Clements*, JSOTSub 300, Sheffield: Sheffield Academic, 1999.

Soja, Edward, 이무용 외 옮김, 《공간과 비판사회이론》, 서울: 도서출판 시각과 언어, 1997.

Spinks, Lee., *"Eternal Return"*, A. Parr, ed. *The Deleuze Dictionary*, New York: Colombia University Press, 2005.

Stevenson, Kalinda Rose, *The Vision of Transformation: The Territorial Rhetoric of Ezekiel 40-48*, SBLDS 154, Atlanta: Scholars, 1996.

Tuan, Yi-Fu, 구동회·심승희 옮김, 《공간과 장소》, 서울: 도서출판 대윤, 1995, 2007.

Tuell, S. S., *"Divine Presence and Absence in Ezekiel's Prophecy"*, M. S. Odell and J. T. Strong, eds. *The Book of Ezekiel: Theological and Anthropological Perspectives*, SBL Symposium Series 9, Atlanta: SBL, 2000.

______, *The Law of the Temple in Ezekiel 40-48*, Harvard Semitic Monographs 49. Atlanta, Georgia: Scholars Press, 1992.

Zimmerli, W., *Ezekiel 1-A Commentary on the Book of the Prophet Ezekiel Chapters 1-24*, tr. R. E. Clements, Hermeneia, Phialdelphia: Fortress Press, 1979.

______, *Ezekiel 2-A Commentary on the Book of the Prophet Ezekiel Chapters 25-48*, tr. J. D. Martin, Hermeneia, Phialdelphia: Fortress Press, 1983.

11. 예언과 세계

1) 시작 글

> "이처럼 우리가 일상의 공간성, 공간의 일상성으로 시선을 돌리면, '텅 빈 환경'으로서의 어떤 '객관적 공간'에 서 있는 것이 아니라 사람과 사람이 서로 만나 북적대고 부대끼는 어떤 장소, 즉 어떤 관계적 공간에 위치해 있음을 깨닫게 된다. 왜냐하면 공간은 그 자체로 사회적 관계가 구성되고 재구성되는 '사회적 공간'으로서 계층, 젠더, 섹슈얼리티, 인종, 연령, 장애와 같은 다양한 사회적 관계가 응축되어 나타나는 장이기 때문이다. 공간은 결코 중립적이지 않으며 정치적이고 이데올로기적이다."[1)]

우리는 이 글에서 에스겔이 당시 세계를 어떻게 경험하고 인식했으며 그것을 어떻게 서술했는지, 즉 에스겔의 세계인식이 그의 예언에서 어떻게 드러나는지를 살펴보려고 한다. 이 논의를 위해서 공간과 세계에 대한 하이데거의 생각을 참조하려 한다.

"하이데거는 세계의 네 가지 의미를 구별한다.

첫째는, '세계 내부에서 사물적으로 있을 수 있는 존재자의 총체'라

1) 강현수 외 8명, 《공간주권으로의 초대》(파주: 도서출판 한울, 2013), 5.

고 하는 '존재적 개념'으로서의 세계이다. 말하자면, 있을 수 있는 모든 사물들을 통틀어 하나의 전체로서 일컫는 것이다.

둘째는, 첫 번째로 말해진 그 존재자의 '존재'라고 하는 '존재론적 개념'으로 각각의 다양한 존재자를 포괄하는 영역, '가능적인 대상들의 영역'(예컨대 수학의 세계 같은 것)을 의미할 수 있는 그러한 세계이다. 철학계, 연예계, 정계, 언론계 등도 이런 의미의 세계를 지칭한다.

셋째는, 현존재가 실제로 그 안에서 살고 있는 현사실적인 세계라고 하는 '선존재론적·실존적' 개념으로, 공공적인 우리-세계라든가 우리에게 가장 친근한 (가정적) 환경세계라든가 하는 것을 가리키는 그러한 세계이다. 말하자면, 이것은 우리 현존재의 삶의 터전을 가리키는 것이다.

넷째는, '세계성'이라고 하는 존재론적 · 실존적 개념으로, 특수한 '세계들'의 그때그때의 구조 전체에로 변양될 수 있는 세계이다."[2]

"일상적인 현존재의 가장 가까운 세계는 주위세계이다."[3] "그 안에 터 있음이 실존하는 세계는 일상적 주변세계(Umbelt, 환경세계)이며, 이 세계 속에서 터 있음은 주변세계 내부적인 사물들과 교섭하며 지낸다."[4] 하이데거는 세계를 '사방 세계'로 본다.

"사방은 하늘, 땅, 신, 인간이라는 사자로 이루어진 '합일적

---

2) 이수정 · 박찬국, 《하이데거-그의 생애와 사상》(서울: 서울대학교출판부, 2004), 169f.

3) Martin Heidegger, *Zein und Zeit*, 이기상 옮김, 《존재와 시간》(서울: 까치글방, 2007), 97.

4) F. -W. von Herrmann, *Interpretationen zu "Sein und Zeit": Subjekt und Dasein*, 신상희 옮김, 《하이데거의 존재와 시간을 찾아서》(서울: 한길사, 1997), 81.

인'(einig) 것으로 되어 있다. '합일적'이란 사방을 이루는 사자가 제가끔 자기완결, 자기폐쇄적인 것이 아니라, 근본적으로 다른 삼자와 서로 관련한다는 것을 의미한다."[5)]

"인간은 존재자 전체가 밝아오는 지평 안에 존재한다. 이러한 지평이 사건으로서의 존재다. 사건으로서의 존재는 사위(四位, Geviert)라고도 명명된다. 존재자 전체를 구성하는 것은 가사자(可死者)로서의 인간과 신 그리고 하늘과 대지라는 사자(四者)인데, 사자의 공속 지평(Einfalt)을 강조할 때 하이데거는 사건으로서의 존재를 특별히 사위로서 사유한다. 사위란 존재자 전체로서의 사자가 인간에게 드러나는 사건의 지평적 성격을 강조한 표현이다."[6)]

고대 이스라엘의 예언자들은 세계를 하이데거가 이해하듯이 사방세계로 보았음이 분명하다. 신은 세계 밖에 계시지 않는다. 신 역시 하늘, 땅, 인간들과 더불어 세계를 이루시는 분이라는 생각이 예언에서 명확하게 드러난다. 그렇기 때문에 예언자들은 인간들이 벌이는 모든 일들 속에서 함께 일하시는 하나님을 발견하고, 하나님과 사람 그리고 하늘과 땅의 관계성, 즉 공간성 속에서 사건들을 이해했다.

"사위가 우리의 삶 속에 발현함으로써 우리의 삶의 공간은 비로소 인간다운 삶의 공간으로 변모한다. 그러니까 사위의 거처인 사물들이야말로 인간다운 삶의 공간이 열리는 근본적 장소가 된다."[7)]

---

5) 이수정, 《하이데거-그의 물음들을 묻는다》(서울: 생각의 나무, 2010), 508.
6) 이선일, "환경철학과 하이데거의 존재사유", 한국하이데거학회 편, 《하이데거와 자연, 환경, 생명》(서울: 철학과현실사, 2000), 129.
7) *Ibid.*, 133.

그들의 세계인식은 공간인식이었다. 이런 점에서 공간은 그들에게 칸트가 말한 것처럼 경험적인 것이 아니고 선험적인 것이었다.[8)]

> “세계는-즉 환경은-인간이 그 안에서(in), 즉 거기에서(bei) 친숙하게(익숙하게) 살고, 거주하고, 체류하는 장소다. 바로 이 삶/거주/체류의 장소인 세계 안에서 우리들 인간이 사는 것이다. 이런 뜻에서 우리는 세계-내-존재다.”[9)]

이렇게 현존재로서의 인간은 이미 세계-내적-존재이기 때문에 거기서 벗어날 수가 없다.

> “현존재는 세계-내-존재로서 운명적으로 그리고 실존적으로 세계 속에서 살아가야만 한다. 이러한 세계는 돌과 나무와 같은 존재자들의 전체적인 집합이 아니라 현존재의 실존이 구체적으로 수행되는 통일적인 현상인 것이다. 이런 점에서 세계는 현존재가 자신의 삶 속에서 드러내야 할 의미들의 지평인 것이며 삶 자체인 것이다. 현존재는 존재와 관계하는 한 결코 세계를 벗어나거나 세계로부터 격리되어서는 안 된다. 세계는 현존재가 다른 현존재 그리고 다양한 존재자들과 의사소통을 하는 곳이며 그들과의 만남을 가능하게 하는 지평인 것이다.”[10)]

이런 개념들을 통해서 에스겔서에 나타나는 세계인식, 즉 주변 국가들에 대한 에스겔의 기록들을 살피려 한다.

---

8) 이진경, 《근대적 시·공간의 탄생》(파주: ㈜도서출판 푸른숲, 2007), 183.
9) 이수정, 《하이데거-그의 물음들을 묻는다》(서울: 생각의 나무, 2010), 272.
10) 이서규, 《하이데거 철학》(서울: 도서출판 서광사, 2011), 115f.

2) 시대 상황

강대국들이 세계를 지배하기 위해 수차례 대규모 전쟁[11)]을 일으키고, 제 의지대로 아무것도 할 수 없는 약소국들은 거기에 휘말린 채 고통당하고, 급기야 조국이 망하고 모든 삶이 파괴되고 사람들이 살해당하고 포로로 끌려가는 그런 비극적인 시기를 수십여 년 겪은 에스겔은 당시 세계를 어떻게 인식했을까? 그런 시대적 상황이 에스겔의 세계인식에 영향을 미쳤을 것은 분명하다. 예언이 시대적 상황과 밀접하다는 사실을 고려하면, 에스겔서 메시지를 이해하기 위해 에스겔이 당시 세계를 어떻게 보았는지, 강대국들의 세계지배전략으로 인한 전쟁들이 에스겔에게 어떤 영향을 미쳤는지를 살피는 것이 필요하다. 이 글에서는 에스겔서에 나타나는 세계인식과 강대국들의 세계지배 야욕, 그리고 그것을 무력화시키기를 원하시는 하나님에 대해서 에스겔서 32장 17-32절을 중심으로 생각해 보려고 한다.

우리가 어떤 나라 역사를 이야기할 때 고려해야 할 것은, 먼저 주변 국가들과의 관계를 살펴야 하며, 결코 그 나라만 놓고는 이야기할 수 없다는 것이다.[12)] 다른 하나는 여러 나라와 민족들이 서로 얽혀서 살 때 빈번하게 발생하는 국가 간의 적대심 또는 민족 간의 적대심 문제인데, 이러한 문제는 강대국들이 갖는 세계 지배 의도에서 비롯하는 경우가 많다. 예나 지금이나 각 국가들은 미묘한 신경망으로 연결되어 있어서, 한곳을 건드리기만 해도 많은 나라들에게 영향을 미치는

---

11) 이 논문에서 말하고자 하는 것과는 다르지만, 고대세계, 특히 동양의 고대국가에서 전쟁이 갖는 의미에 대해서는 박대재, 《의식과 전쟁–고대국가를 바라보는 새로운 시각》(서울: 책세상, 2003)을 보라.

12) J. Maxwell Miller and John H. Hayes, *A History of Ancient Israel and Judah*, 박문재 옮김, 《고대 이스라엘 역사》(서울: 크리스챤다이제스트, 1996), 21, 28.

데, 특히 강대국의 제국주의적 세계지배전략이 당시 세계에 미치는 영향은 지대하다.[13] 고대 이스라엘은 그러한 세상 속에 내던져져 있었다.

> "처해 있음은 현존재를 그의 내던져져 있음과 그의 존재와 더불어 그때마다 이미 열어 밝혀진 세계에 의존해 있음에서 열어 밝힐 뿐만 아니라 처해 있음 자체가 실존론적인 존재양식으로서, 그 안에서 현존재는 끊임없이 '세계'에 내맡겨지며, 현존재가 자기 자신을 어떤 방식에서는 피하는 식으로 자신이 그 '세계'에 의해서 관계되도록 버려둔다. 이러한 피함의 실존론적인 구성틀은 빠져 있음의 현상에서 분명해질 것이다."[14]

이것은 고대 이스라엘을 포함하는 고대 서남아시아 지역에서도 마찬가지였을 것이다. 고대 이스라엘은 결코 홀로 살 수 없었다. 그들은 필연적으로 주변 국가들과 어떤 형태로든 관계를 맺을 수밖에 없었고, 국제정세가 어떻게 변화하느냐에 따라 국가 운명이 결정되기도 했다.

> "수리아 - 팔레스타인은 고대 제국들 간의 거의 모든 주요한 갈등들에 휘말려들었다. 결국은 허사로 끝날 군비를 마련하는 데 드는 비용, 어느 편을 들어야 할지 항상 결성해야 하는 데서 생겨나는 정신분열증, 패배의 참담함, 상실의 교훈들은 이 지역의 문학, 특히 히브리 성경에 깊이 아로새겨져 있다. 이 지역에서 발견되는 건축물, 기념비, 명문(명문) 등의 유물들은 원주민들의

---

13) Seth Schwartz, *Imperialism and Jewish Society, 200 B.C.E. to 640 C.E.* (Princeton: Princeton University Press, 2001), 1.

14) Martin Heidegger, *Zein und Zeit*, 이기상 옮김, 《존재와 시간》(서울: 까치글방, 2007), 193f.

것이 아니라 정복자들 - 히타이트족, 앗시리아인, 이집트인, 바빌로니아인, 페르시아인, 헬라인, 로마인의 손 및 언어로 되어 있는 경우가 많다."[15]

그러니 이스라엘 역사는 주변 나라들과의 관계를 고려해야만 할 것이다. 그런데 한 나라 또는 한 민족과 주변 나라들 또는 주변 민족들과의 관계는 언제나 원만한 것은 아니었다. 평화롭게 지내는 경우도 있었지만, 그보다는 갈등으로 인해서 심각한 분쟁을 빚는 경우가 더 많았는데, 그런 갈등과 분쟁들은 강대국들이 주변 국가들을 정복함으로써 세계를 지배하려는 제국주의적 야욕(野慾)에서 비롯하는 경우가 많았다. 북왕국 이스라엘 멸망과 남왕국 유다 멸망 역시 강대국들의 세계 지배야욕에서 비롯한 사건들이다.

에스겔은 바벨론이 세력을 확장하는 과정에서 남왕국 유다가 몰락하는 것을 생생하게 목격했다. 더욱이 그는 바벨론으로 끌려갔다. 모든 것을 파괴해 버리는 끔찍한 전쟁을 겪고 먼 이국, 당시 최강대국인 바벨론으로 가면서, 그곳에서 동포들과 더불어 황량한 땅을 일구면서 에스겔은 여러 가지를 생각했을 것이다. 그는 당시 세계에 대해서, 특히 전쟁을 일으킨 당사자들인 제국주의적 강대국들에 대해서 어떻게 생각했을까? 이것을 에스겔서 32장 17-32절을 중심으로 살펴보자.

15) J. Maxwell Miller and John H. Hayes, 앞의 책, 30f.

3) 본문 읽기 - 에스겔서 32장 17-32절[16)]

에스겔의 세계인식과 강대국에 대한 평가는 에스겔서 32장 마지막 부분에서 명확하게 드러난다. 본문을 읽어 보자.

겔 32:17-32 열두째 해 어느 달 열다섯 째 날에 여호와의 말씀이 내게 임하여
이르시되 인자야 애굽의 무리를 위하여 슬피 울고 그와 유명한 나라의
여자들을 구덩이에 내려가는 자와 함께 지하에 던지며 이르라
너의 아름다움이 어떤 사람들보다도 뛰어나도다
너는 내려가서 할례를 받지 아니한 자와 함께 누울지어다
그들이 죽임을 당한 자 가운데에 엎드러질 것임이여
그는 칼에 넘겨진 바 되었은즉
그와 그 모든 무리를 끌지어다
용사 가운데에 강한 자[17)]가 그를 돕는 자와 함께 스올 가운데에서

---

16) 학자들은 본문이 인칭변화, 어휘의 다양성, 동일구절의 반복으로 인해서 매우 산만하다고 판단하고, 그 까닭을 후대의 첨가 때문으로 본다. 그래서 첨가한 부분을 삭제하고 원래 본문을 밝히려고 하는데, 여기에 대해서는 다음을 보라. Walther Zimmerli, *Ezekiel 2*, tr. James D. Martin, *Ezekiel 2– A Commentary on the Book of the Prophet Ezekiel Chapters 25–48* (Philadelphia: Fortress Press, 1983), 170. 그러나 이러한 작업은 히브리 본문의 가장 중요한 요소 가운데 하나인 반복기법을 맛볼 수 없게 한다[Ronald M. Hals, *Ezekiel*, The Forms of the Old Testament Literature v. xix (Grand Rapids, Michigan: William B. Eerdmans Publishing Company, 1989), 226]. 특히 반복은 에스겔서의 특징이다. 그래서 본문의 원래 형태를 찾아내려는 노력은 헛된 것이다[Moshe Greenberg, *Ezekiel 21–37*, AB. (New York: Doubleday, 1997), 668].

17) 이들은 에스겔이 언급하는 나라/민족들과는 달리 명예스럽게 장례된 사람들로 보인다. 이들과 에스겔이 언급하는 나라들은 전적으로 다른 모습을 보인다 [Leslie C. Allen, *Ezekiel 20–48*, WBC. (Dallas, Texas: Word Books, Publisher, 1990), 138]. 이들은 27절에도 언급되는데, 학자들은 대체로 창세기 6장 1-4절에 나오는 네피림들을 지칭하는 것으로 본다. 에스겔 시대까지만 해도 사람들은 이들을 명예롭게 전사한 위대한 영웅들로 생각했는데, 후대 유대교 문헌에서는 악한 영으로 모든 것을 파괴하는 살인자들로 보았다[Walther Eichrodt, *Der Prophet Hesekiel*, tr. Cosslett Quin, *Ezekiel–A Commentary* (London:

그에게 말함이여
할례를 받지 아니한 자 곧 칼에 죽임을 당한 자들이 내려와서 가만히 누웠다 하리로다
거기에 앗수르와 그 온 무리가 있음이여 다 죽임을 당하여 칼에 엎드러진 자라
그 무덤이 그 사방에 있도다
그 무덤이 구덩이 깊은 곳에 만들어졌고
그 무리가 그 무덤 사방에 있음이여
그들은 다 죽임을 당하여 칼에 엎드러진 자
곧 생존하는 사람들의 세상에서 사람을 두렵게 하던 자로다
거기에 엘람이 있고 그 모든 무리가 그 무덤 사방에 있음이여
그들은 다 할례를 받지 못하고
죽임을 당하여 칼에 엎드러져 지하에 내려간 자로다
그들이 생존하는 사람들의 세상에서 두렵게 하였으나
이제는 구덩이에 내려가는 자와 함께 수치를 당하였도다
그와 그 모든 무리를 위하여 죽임을 당한 자 가운데에 침상을 놓았고
그 여러 무덤은 사방에 있음이여
그들은 다 할례를 받지 못하고 칼에 죽임을 당한 자로다
그들이 생존하는 사람들의 세상에서 두렵게 하였으나
이제는 구덩이에 내려가는 자와 함께 수치를 당하고
죽임을 당한 자 가운데에 뉘었도다
거기에 메섹과 두발과 그 모든 무리가 있고 그 여러 무덤은 사방에 있음이여
그들은 다 할례를 받지 못하고 칼에 죽임을 당한 자로다
그들이 생존하는 사람들의 세상에서 두렵게 하였으나
그들이 할례를 받지 못한 자 가운데에 이미 엎드러진 용사와 함께 누운 것이 마땅하지 아니하냐
이 용사들은 다 무기를 가지고 스올에 내려가서
자기의 칼을 베개로 삼았으니

SCM Press Ltd., 1970, 1980), 438f].

그 백골이 자기 죄악을 졌음이여[18)]
생존하는 사람들의 세상에서 용사의 두려움이 있던 자로다
오직 너는 할례를 받지 못한 자와 함께 패망할 것임이여 칼에 죽임을 당한 자와 함께 누우리로다
거기에 에돔 곧 그 왕들과 그 모든 고관이 있음이여 그들이 강성하였었으나 칼에 죽임을 당한 자와 함께 있겠고 할례를 받지 못하고 구덩이에 내려간 자와 함께 누우리로다 거기에 죽임을 당한 자와 함께 내려간 북쪽 모든 방백과 모든 시돈 사람이 있음이여 그들이 본래는 강성하였으므로 두렵게 하였으나 이제는 부끄러움을 품고 할례를 받지 못하고 칼에 죽임을 당한 자와 함께 누웠고 구덩이에 내려가는 자와 함께 수치를 당하였도다 바로가 그들을 보고 그 모든 무리로 말미암아 위로를 받을 것임이여 칼에 죽임을 당한 바로와 그 온 군대가 그러하리로다 주 여호와의 말씀이니라 내가 바로로 하여금 생존하는 사람들의 세상에서 사람을 두렵게 하게 하였으나 이제는 그가 그 모든 무리와 더불어 할례를 받지 못한 자 곧 칼에 죽임을 당한 자와 함께 누이리로다 주 여호와의 말씀이니라

본문을 원문 구성에 맞춰서 배열해 보았다. 본문은 애굽에 관한 예언묶음(29-32장)에 들어 있는데, 이것은 에스겔서 이방예언(25-32장)에 속한다. 그러니 본문은 이방예언을 마무리하는 부분이다. 문학유

---

18) 개역본문은 의미가 모호한데 공동번역은 이렇게 번역한다. "이들은 먼 옛날에 죽어 제 무기를 가지고 지하로 내려간 용사들, 머리에는 칼을 베고 몸은 방패로 덮은 용사들과는 한자리에 눕지 못한다." 즉 같이 음부에 있어도 앗수르, 엘람, 메섹-두발 그리고 애굽은 고대의 용맹스럽던 그 용사들과는 질적으로 다르기 때문에, 그들과 같이 있을 수 없다는 것이다. 구약학자들이 대체로 이렇게 말하는데 쿡은 그렇다고 해서, 즉 고대의 용맹스럽던 용사들이 앗수르를 비롯한 세국주의 국가와 다르게 대접을 받는다고 해서, 그 용사들이 반드시 고귀한 대접을 받는 것은 아니라고 말한다. 그들도 힘을 빼앗기고 비참하게 누워 있지만, 앗수르를 비롯한 나라들은 그보다 더한 상태에 처해 있다는 것이다[G. A. Cooke, *A Critical and Exegetical Commentary on the Book of Ezekiel*, ICC. (Edinburgh: T & T Clark, 1936, 1970), 353].

형으로는 '애가'(哀歌), 즉 장송곡(葬送曲)인데, 애굽의 멸망을 사람의 죽음과 장례에 비유한다. 그리고 본문은 애굽이 죽어서 묻힐 음부(스올)를 미리 둘러본다는 점에서 단테의 《신곡》(神曲)을 연상케 하는 '에스겔의 신곡'이라고 할 수 있을 것이다. 본문은 이미 몰락한 과거의 강대국들을 예시하면서, 애굽도 결국 그렇게 될 것임을 말한다.

본문은 하나님이 언급하는 국가들에 따라서 문단을 나눌 수 있는데, 동일하게 반복되는 구절들[19]이 있어서 각 문단이 비슷한 문학형태를 보인다.[20] 그리고 "스올", "할례를 받지 못한 자", "(칼에) 죽임을 당한 자들", "생존하는 사람들의 세상에서 두렵게[21] 하다",[22] 그리고 "누웠다"는 말들이 반복해서 나타나는데, 이 단어들은 에스겔이 당시 세계를 어떤 곳으로 보았는지를 명확하게 보여준다. 과거에 여러 사람들을 칼로 두렵게 하던 국가들[23]이 칼에 죽임당해서 이미 죽임당한 자들과 함께 무덤 속에 누워 있는데, 본문은 그들이 저지른 악한 행위에 비춰 볼 때 그러한 처벌은 지당한 것으로 보이게 한다.

본문은 연대를 12년째 되는 해, 즉 여호야긴이 바벨론에 포로로 끌려간 지 12년째인 해라고 밝히는데, 여호야긴이 포로로 끌려간 때가

19) 반복 구절들은 Daniel I. Blocke, *The Book of Ezekiel Chapters 25-48*, NICOT (Grand Rapids, Michigan: William B. Eerdmans Publishing Co., 1998), 213, 각주 4를 보라.

20) 에스겔서 32장 22-30절까지의 문학적 구성요소를 자세하게 도표로 밝힌 것에 대해서는 D. I. Blocke, 222f.를 보라. 동일한 형태를 여러 번 반복하는 것은 후대의 첨가라기보다는 오히려 에스겔의 글쓰기 특성이며, 반복을 통해서 그만큼 내용을 강조하는 것으로 나는 생각한다.

21) '두려움'을 뜻하는 이 단어는 에스겔서 32장 22-32절에서 7번 쓰였는데, 에스겔서의 특징적인 단어이다. 이 단어는 22-32절에서는 에돔에 관한 구절에서만 나타나지 않는다(D. I. Blocke, 앞의 책, 225).

22) 이 구절은 본문에서 모두 7번 나온다(Walther Zimmerli, 앞의 책, 174).

23) 에스겔이 언급하는 국가들은 침략과 정복을 일삼던 나라들이다(Walther Eichrodt, 앞의 책, 439).

주전 598년이었기 때문에 이때는 주전 586년이었을 것이다. 바벨론이 예루살렘을 함락하고 유다를 멸망시킨 다음 해이다.

에스겔서에는 연대표기가 여러 번 나오는데,[24] 이 연대표기는 여호야긴 왕이 바벨론에 포로로 끌려감으로써 바벨론에 유다인 공동체가 형성되는 주전 598년을 원년으로 한다. 이런 점에서도 에스겔서 연대표기는 바벨론이라는 강대국이 세계지배를 위해 팔레스타인의 약소국들을 점령하던 당시 상황을 전제한다. 특히 에스겔서의 이방예언이 수록된 25장에서 32장까지를 보면, 26장은 열한째 해 어느 달 초하루, 29장 1절은 열째 해 열째 달 열두째 날, 29장 17절은 스물일곱째 해 첫째 달 초하루, 30장 20절은 열한째 해 첫째 달 일곱째 날, 31장 1절은 열한째 해 셋째 달 초하루, 32장 1절은 열두째 해 열두째 달 초하루, 그리고 32장 17절은 열두째 해 어느 달 열다섯째 날이다. 29장 17절을 제외하고는 10년에서 12년 사이에 선포한 메시지다. 10년째인 해는 주전 588년으로 느부갓네살이 예루살렘을 포위하기 시작한 지 1년쯤 지난 해이다(겔 24:1; 왕하 25:1; 렘 29:1). 그리고 예루살렘 함락 소식을 전해 듣기 한 해 전이다(겔 33:21). 그렇다면 이방예언은 바벨론이 예루살렘을 함락하는 주전 587년을 전후한 시기에 선포되었다.[25]

4) 본문이 언급하는 나라들

(1) 애굽

제12년, 강제 이주한 지 열두 해가 시나는 그해에 야훼 말씀이 에스

24) 에스겔서의 연대표기에 대해서는 Ernst Kutsch, *Die chronologischen Daten des Ezechielbuches* (Göttingen: Vandenhoeck und Ruprecht, 1985)를 보라.
25) Walther Zimmerli, 앞의 책, 3.

겔에게 임했다. 에스겔서의 특징적인 구절로 본문은 시작한다. 그리고 하나님은 여전히 에스겔을 '인자야'(벤 아담)라고 부르신다. 에스겔을 부르신 하나님은 에스겔에게 '애곡하라'고 말씀하신다. 누구를 위해서? 애굽의 무리를 위해서 애곡하라고 하신다. 본문의 '하몬'은 '무리'나 '군중'을 가리키는데, 너무 많은 군중들로 인해서 소란스럽고 혼란스러우며 고통스러운 상황을 말한다.[26] 이 '하몬'이라는 말이 본문에 여러 번 나온다. 그리고 '하몬'은 여기서 그치지 않고, 에스겔서 39장 11-16절에 나오는 곡과 그의 무리들이 묻힌 매장지인 하몬 곡('곡의 무리'라는 뜻),[27] 그리고 하몬 곡이 있는 성읍인 하모나라는 단어로 이어진다(그렇기 때문에 비록 떨어져 있어도 25-32장과 38-39장은 서로 연관을 갖는다).[28] 에스겔서는 '하몬'이라는 단어를 사용함으로써, 애굽을 비롯한 여러 나라 백성들을 소란과 혼란을 일으켜서 세계를 고통스럽게 하는 부류로 간주한 것이다.

그다음 구절을 읽어 보자. 하나님은 에스겔에게 수많은 애굽 사람들을 위해서 애곡하라고 말씀하신다. 애곡(哀哭)은 장례식 때 슬피 우는 것을 말한다. 그러니 애곡은 죽음과 주검(시체)을 뜻하는 것이다. 그리고 애곡은 주검과 아울러서 매장(埋葬)을 떠올리게 한다. 그다음을 읽으면, 거기에 장례장면이 나온다. 하나님은 그(애굽)와 유명한 나라 여자들(애굽을 남자로, 주변 나라들을 여자로 묘사한다)[29]을 구덩이에 내려

---

26) 블록은 '하몬'에 군사적 뉘앙스가 담겨 있다고 본다(D. I. Blocke, 앞의 책, 217).
27) 이것을 히브리어대로 읽는다면 '애굽의 무리'도 직역하지 말고 본래 발음대로 '하몬 미츠라임'으로 읽어야 할 것이다
28) D. I. Blocke, 앞의 책, 4.
29) 언급하는 국가명들이 애굽('미츠라임'은 남성형)을 제외하고는 히브리어에서 여성형이기 때문에 본문은 그들을 여자로 지칭한다(Walther Zimmerli 앞의 책, 174).

가는 자와 함께 지하에 던지라고 말씀하신다. 죽은 자들을 매장하는데, 잘 꾸며진 무덤이 아니고 구덩이를 파고 거기에 여럿을 한꺼번에 매장하라는 것이다. 애굽을 비롯한 여러 나라들이 참으로 천한 대접을 받는다. 그런데 애굽은 국가 규모로 보나 문화적인 수준으로 보나 그렇게 천한 대접을 받을 나라가 아니다. 그런데도 하나님은 과거에는 애굽의 아름다움이 탁월했지만,[30] 이제는 죽임을 당해서 할례를 받지 않는 자들[31](이 말도 여러 번 나온다)과 함께 구덩이에 누울 수밖에 없다고 말씀하신다. 이것은 애굽에게 대단히 모욕적인 말이었을 것이다. 우리는 이러한 구절들을 통해서 에스겔이 애굽을 어떻게 평가했는지 짐작할 수 있다.

우리는 본문을 읽으면서 '구덩이에 내려가는 자(들)'[32]라는 말을 자주 본다. 이것은 애굽을 비롯한 여러 나라들이 멸망할 것을 말하는 것이다. '내려가다'라는 말은 '죽음'을 의미하고, 국가적인 멸망을 가

30) 애굽은 그 어느 나라보다 아름답다(밈미 나암타). 여기서 아름답다는 것은 국가가 강성하고 풍요함을 가리킨다. 국가적 차원의 '아름다움'은 두로에 대한 예언에서 여러 번 나타난다(같은 책, 172).

31) 이 전형적인 구절은 고대 이스라엘이 주변세계를 어떻게 인식했는지 보여준다. 에스겔이 언급하는 나라들은 할례를 행하던 나라들이기 때문에, 우리는 이 구절을 문자적으로 읽을 수 없다. 그들이 할례를 행했기 때문에 할례 받지 못한 자라는 게 무엇을 의미하는지 잘 알았을 것이다(Moshe Greenberg, 앞의 책, 661). 에스겔은 주변 국가들, 특히 세계지배야욕을 갖고 약소국들을 고통스럽게 하는 강대국들을 통틀어서 '할례 받지 못한 자들'이라고 칭한다. '할례 받지 못한 자들'이 장례식 때 당하는 수치는 이스라엘 내적인 경험에 근거한다. 이스라엘은 할례 받지 않은 사람들을 공동체에 들이지 않았으며, 할례 표징이 없는 사람은 가족 묘지에 묻힐 수 없었다. 이런 개념을 강대국들의 멸망에 적용한 것이다(Walther Zimmerli, 앞의 책, 173; Leslie C. Allen, 앞의 책, 137, Ronald M. Hals, 앞의 책, 229; Walther Eichrodt, 앞의 책, 437). 할례에 관해서는 이종록, "할례, 그 섬뜩함과 에로틱함의 절묘한 조화", 〈기독교사상〉 545호(2004년 5월호), 232-251을 보라.

32) 죽음을 의미하는 '내려가다'(야라드)는 제국주의자들에 대한 장송곡인 본문에서 핵심적인 단어이다. (D. I. Blocke, 앞의 책, 217).

리킨다. 그렇기에 '내려가라'는 말은 사형언도를 뜻한다.[33] 애굽의 멸망, 애굽에 대한 사형언도, 에스겔은 애굽을 죽어서 무덤, 즉 음부[34]에 누인 시체로 묘사한다. 주검처럼 이제는 더 이상 힘을 쓰지 못하는 애굽, 제국주의자들이 세계를 지배하기 위해서 참혹한 전쟁을 벌이는 상황에서 에스겔은 그것을 바랐을 것이다. 그동안 애굽은 강대국으로 주변 나라들을 위해서 힘을 쓰지 않고, 자국의 이익을 위해서만 힘을 사용했다. 그런 나라는 존속할 의미가 없다. 약소국을 괴롭히는 나라, 그래서 항상 팔레스타인에 국제적인 분쟁을 조장하는 나라,[35] 그 대표적인 나라가 애굽인데, 그 나라가 이제 쇠망해서 음부에 내려가 그곳에 누울 것이다. 그런데 애굽 홀로 구덩이에 내려가는 것이 아니다. 그곳은 이미 공동묘지이다.[36] 그래서 거기에는 이미 여러 나라들이 와 있다. 그러니 애굽은 그곳의 신입회원인 셈이다. 제국주의의 무덤, 그곳에 들어갈 신참 애굽, 그런데 제국주의의 무덤에 이미 가입한 국가들은 과연 어떤 나라들인가? 에스겔이 여기에 언급하는 나라들을 살펴보면, 에스겔이 당시 세계를 어떻게 인식했는지를 알 수 있다.

---

33) Walther Zimmerli, 앞의 책, 174.

34) 에스겔은 당시 우주를 하늘, 땅, 지하로 보았는데, 무덤과 음부는 가장 낮은 영역인 지하를 가리킨다. 그렇기 때문에 '내려가다'(야라드)라는 동사를 사용했다. '무덤에 내려갔다'는 것은 죽음과 멸망을 뜻하면서, 동시에 매우 불명예스러운 일을 당했다는 것을 의미한다(D. I. Blocke, 앞의 책, 231).

35) 에스겔은 이미 애굽을 '무질서의 괴물'(a chaos-monster)로 규정했다. Walther Eichrodt, 앞의 책, 440. "너를 열국에서 젊은 사자에 비하였더니 실상은 바다 가운데 큰 악어라 강에서 뛰어 일어나 발로 물을 요동하여 그 강을 더럽혔도다"(겔 32:2, 개역한글).

36) 에스겔은 애굽을 비롯한 당시 강대국들이 한 그룹으로 묻혀서 수치를 함께 겪는 것으로 묘사함으로써 그들이 동류(同類)임을 강조하는데, 여기서도 우리는 에스겔이 주변세계를 어떻게 인식했는지 엿볼 수 있다.

(2) 앗수르

애굽은 이제 음부에 내려갈 것인데, 거기에는 이미 앗수르를 비롯한 여러 나라들이 누워 있다. 앗수르는 '죽임을 당하여 칼에 엎드러진 자'인데, 앞에서 말한 대로 이 말이 본문에 여러 번 나온다. 22절과 23절에도 한 번씩 나온다. 과거에 (음부와 대조되는) 생존세계에서 사람들을 두렵게 하던 자 앗수르도 이제는 칼에 죽임을 당해서 무덤에 묻혀 있다는 것이다. 그런데 앗수르는 단순히 무덤에 누운 것이 아니고 '그 무덤이 구덩이 깊은 곳에 만들어졌다.' 이것은 앗수르가 음부에서도 가장 천한 대접을 받는 것을 의미한다.[37]

앗수르는 세상을 두려움에 떨게 하던 나라였다. 앗수르는 오랜 역사를 가진 민족인데, 이스라엘과 직접적인 관계를 갖는 것은 포악하기로 유명한 신 앗수르 제국 시대[38](주전 900-612년)다. 앗수르바니팔 2세(주전 883-859년)는 앗수르 부족들을 통합한 다음, 그 세력을 레바논과 블레셋, 이스라엘 지역까지 확장시켰으며 그들로부터 조공을 받았다. 살만에셀 3세(주전 858-824년)는 영토를 더욱 확대시켰다. 북왕국은 예후 쿠테타 이후에 국력이 급격히 약해져서 아람에게 예속되었는데, 앗수르 제국이 아람을 공격함으로써 이스라엘은 아람으로부터 벗어나게 되었으며, 요아스는 이전에 아람에게 빼앗긴 북부 변경 성읍들을 되찾을 수 있었다(왕하 13:22-25).

그 이후 1세기 가량 침체기를 거친 앗수르는 디글랏빌레셀 3세(주전

37) Moshe Greenberg, 앞의 책, 663.

38) D. I. Blocke, 앞의 책, 225. 주전 8세기에 이스라엘은 시금까지 경험했던 것과는 전혀 다른 상황에 직면했는데, 그것은 이스라엘의 국가적 지위를 결정적으로 그리고 항구적으로 변화시켰다. 그 사건은 바로 앗수르의 침공과 북왕국 이스라엘의 멸망, 남왕국 유다에 대한 지배였다[John Bright, *A History of Israel*, 3rd edition (Philadelphia: Westminster Press, 1981), 269].

744-727년) 때 다시 부강해졌는데, 그는 경제적이고 정치적인 이유로 유프라테스 너머 지역을 탐냈으며,[39] 다메섹을 함락시켜서 아람으로 하여금 다시 일어서지 못하게 했다.[40] 그 이후로 앗수르가 고대 근동을 장악했는데, 이스라엘도 그 세력에서 벗어날 수 없었다. 므나헴 왕 때는 이스라엘 부자들이 디글랏빌레셀에게 은 50세겔씩을 바쳤다(왕하 15:19-20).

그런데 그 이후에 왕위에 오른 이스라엘 왕 베가가 앗수르에 충성을 다하지 않아서 디글랏빌레셀은 이스라엘을 침공했다(왕하 15:29). 이 사건 이후에 이스라엘은 앗수르에 충성을 다짐하고 조공을 바쳤는데, 이스라엘 왕 호세아가 앗수르 제국에 매년 바치던 조공을 중단하자 살만에셀 5세(주전 726-722년)가 사마리아를 포위 공격했으며(왕하 17:3 이하), 그 뒤를 이어 즉위한 사르곤 2세(주전 721-705년)는 북왕국 이스라엘을 멸망시키고 무려 27,000명 이상을 사마리아로부터 강제 이주시켰다(왕하 17:1-6).

산헤립 때(주전 704-681년) 앗수르 제국은 남쪽으로 진군하여 애굽을 공격했으며, 유다 왕 히스기야에게 조공을 강요했다(왕하 18:14 이하). 산헤립은 예루살렘을 포위 공격했지만 갑작스럽게 퇴각했고, 귀국한 후에 두 아들에게 암살당했다(왕하 18:17-19:37). 앗수르바니팔(주전 668-627년경) 이후에 앗수르는 급격히 쇠퇴했으며, 그 틈을 타서 바벨론이 서서히 힘을 얻기 시작했다. 요시야는 이 기회를 이용해서 개혁을 통해 국가를 쇄신하려 했다. 주전 612년에 바벨론 왕 나보폴라살은

39) 유프라테스 너머 지역은 질 좋은 목재와 광석이 풍부했고, 지리적으로 이집트와 소아시아 남서부 지역 그리고 지중해로 이어지는 통로였기 때문이다. 그래서 앗수르 군대는 그 이후로 수세기 동안 서쪽으로 원정을 나갔다. 자비의 시대는 끝나고, 정복과 점령 그리고 통치의 시대가 시작되었다(*Ibid.*, 270).

40) *Ibid.*, 275

앗수르 수도인 니느웨를 함락시켰고, 609년에는 앗수르와 애굽 연합군을 물리치고 앗수르를 완전히 장악했다. 그 이후로 앗수르는 역사에서 사라지고, 주전 605년에 느부갓네살이 바벨론 왕으로 등극하면서, 고대근동은 바벨론 제국 영향하에 들어갔다.

여기서 간략하게 살펴본 대로, 앗수르는 고대근동을 석권하기 위해서 주변 국가들을 침략하고 그들에게 고통을 주었다. 그러니 이스라엘을 비롯한 주변 국가들, 특히 약소국가들이 앗수르를 좋아했을 리가 없다. 그들은 앗수르가 망하기를 기원했을 것이다. 그런데 그토록 강성하던 앗수르도 이제는 완전히 멸망해서(주전 605년) 역사에서 사라져 버린 것이다.[41] 에스겔이 예언하던 때엔 앗수르는 이미 오래전에 멸망당한 후였다.[42] 그러니 앗수르가 살육당해서 음부에 묻혀 있다는 표현이 적합하다.[43] 제국주의의 무덤에 가입한 첫 번째 나라는 앗수르였다.

(3) 엘람

이렇게 앗수르가 음부에 누워 있는 모습을 본 다음, 에스겔은 하나님이 말씀하시는 것을 따라서 앗수르 바로 곁에 누워 있는 엘람을 본다. 엘람은 어떤 나라인가?

엘람은 주전 3200년경부터 주전 331년까지 존속했던 나라인데, 이

41) 생존 세상에서 앗수르는 좋지 않은 기억(a bad memory)으로만 남아 있을 뿐이다(Leslie C. Allen, 앞의 책, 137).

42) G. A. Cooke, 앞의 책, 352.

43) 앗수르가 멸망한 지 20여 년 이상이 지났지만, 에스겔은 그 사건을 아직도 생생하게 기억하고 있었던 듯하다(D. I. Blocke, 앞의 책, 226). 물론 앗수르라는 국가는 멸망했어도 그 민족들은 바벨론 제국 내에서 살고 있었다(A. Kirk Grayson, "Mesopotamia, History of (Assyria)", *ABD IV*, 747).

나라에 대한 성서기록은 창세기 10장 22절, 이사야서 21장 2절, 예레미야서 25장 25절, 49장 34-39절,[44] 에스겔서 32장 34절, 다니엘서 8장 2절, 스가랴서 4장 9절, 사도행전 2장 9절에서 찾아볼 수 있다.[45] 엘람은 신앗수르 제국시대에는 바벨론과 힘을 합해서 앗수르에 대항하다가 앗수르에 의해 침략을 받았지만[46](스 4:9), 바벨론이 앗수르를 몰락시킨 이후에 다시 힘을 얻은 것으로 보인다(렘 49:34-39). 이 기록을 보면, 바벨론이 시드기야를 왕으로 세우는 주전 598년 무렵에 엘람이 상당히 강성해졌던 모양이다. 어쨌든 이스라엘 사람들, 특히 에스겔이 기억하는 엘람은 침략자였으며,[47] 세계를 두렵게 했던 제국주의 국가였다. 그러니 이스라엘이 엘람에 대해서 좋은 감정을 가질 리가 없다. 그래서 에스겔은 앗수르에 이어서 엘람을 언급하는 것이다. 본문은 엘람 역시 세계를 두렵게 한 죄로 인해 앗수르처럼 사형을 언도받고, 죽어서 수치스럽게 장례된 것으로 묘사한다.[48]

(4) 메섹과 두발

그다음에 에스겔이 보는 것은 메섹과 두발이다. 메섹과 두발은 이

---

44) 이 예언은 시드기야 원년에 엘람에서 일어난 반란사건이 신바빌론 제국을 몰락시키리라는 기대가 헛것임을 지적한다(Walther Zimmerli, 앞의 책, 175).

45) Fran ois Vallat, "Elam", *ABD II*, 424.

46) 엘람은 주전 650년경에 앗수르의 앗수르바니팔에 의해서 치명적인 타격을 입은 것으로 보인다(Walther Zimmerli, 앞의 책, 175; G. A. Cooke, 앞의 책, 353). 앗수르바니팔은 바벨론과 그 동맹국인 엘람을 견제하는 데 심혈을 기울였다. 바벨론이 약해지자 앗수르바니팔은 집중적으로 엘람을 공격해서 수도를 점령했다(A. Kirk Grayson, 앞의 글, 746). 에스겔은 이런 역사적인 사건들을 잘 알았으며, 당시 국제정세를 정확하게 파악했던 것으로 보인다.

47) 이스라엘 백성들은 엘람을 끊임없이 전쟁을 일으킨 포악한 국가로 기억했다(G. A. Cooke, 앞의 책, 352).

48) Walther Zimmerli, 앞의 책, 175

스라엘 북서쪽에 있었던 것으로 보이는데, 정확한 위치는 알 수 없다.[49] 창세기 10장 2절을 보면, 메섹은 야벳의 아들인데 여러 곳에서 두발과 함께 기록된 것을 볼 수 있어서, 두 나라는 매우 밀접한 관계였던 것으로 보인다.

메섹과 두발은 그 역사나 위치가 매우 불분명한데, 그럴수록 신비스러움을 더한다. 그래서인지 메섹과 두발은 종말론적인 본문에서 다시 나타난다(겔 38:1-6). 에스겔서 39장도 38장과 비슷하게 시작한다(1-5절). 여기서는 로스와 메섹, 두발을 마곡 지역으로 부르고, 이 지역을 다스리는 왕을 곡이라고 부른다. 그런데 자세한 것은 알 수 없지만, 이스라엘과 그리 멀지 않은 곳에 위치한 이 나라들이 이스라엘을 심하게 괴롭혔던 모양이다. 그래서 하나님은 그들에게 심판을 선포하신다.

시편 120편 5절에도 메섹이 나오는데, 시편기자는 메섹이 화평을 원치 않고 싸우려고만 하는 자, 남들을 살육하는 자들이라고 말한다. 이것이 일반적으로 이스라엘 사람들이 메섹(과 두발)에 대해서 갖는 생각일 것이다.[50] 그런 메섹과 두발이 이제는 살육을 당해서 음부에 누워 있다는 것이다.

(5) 에돔

그다음은 에돔이다. 에돔은 사해 밑부분에서 홍해 동북편 아카바만

49) 메섹과 두발은 별개의 나라라기보다는 '메섹-두발'로 표기할 정도로 긴밀한 관계를 가진 나라이다. 그리고 메섹-두발은 소아시아 지역을 가리킨다(같은 책, 175). 알렌은 메섹-두발이 흑해의 남동쪽에 있었다고 생각한다(Leslie C. Allen, 앞의 책, 137).

50) 이스라엘 백성들은 메섹과 두발을 전쟁을 즐기는 호전적인 민족으로 생각했는데, 메섹과 두발은 당시 앗수르를 괴롭혔던 국가였다(G. A. Cooke, 앞의 책, 353).

에 이르는 산악지대(세일 산)에 위치하는데, 주전 13세기경에 세워졌다. 다윗이 에돔을 점령해서(삼하 8:14; 왕하 3:8) 에돔은 이스라엘에 복속되었다. 그 이후 에돔은 이스라엘로부터 독립하기 위해 여러 차례 시도했다. 에돔은 바벨론에 대항하지도 않았지만, 그렇다고 바벨론을 적극적으로 돕지도 않았다. 에돔은 주전 552년에 나보니두스에 의해서 정복당했다.[51] 마카비 시대에는 에돔 사람들이 유대로 많이 들어와서 그들이 거주하는 지역을 이두메라고 불렀다.

예언자들도 에돔에 대해서 예언했는데, 대체로 에돔이 이스라엘에 복수한 것을 책망하고 심판을 선포했다(사 34:5-15, 63:1-6; 렘 49:7-12; 겔 25:12-14; 암 1:11-12; 옵).

본문을 보면, 에돔에 관한 구절들에는 "(에돔이) 세상을 두렵게 했다"는 말이 나오지 않는다. 그리고 "그 무리가 그 무덤 사방에 있음이여"란 구절도 나오지 않는다.[52] 이런 점에서 에스겔은 에돔을 앗수르나 엘람, 메섹과 두발 같은 제국주의자들과는 다르게 평가하는 것으로 보인다.[53] 에돔 같은 약소국이 제아무리 강해진다고 해도 제 스스로는 주변 세계를 두렵게 했을 리 없고, 제국주의자들과 어깨를 나란히 할 수 없었음이 분명하다. 그래서 제국주의적인 강대국들과는 다르게 평가받지만, 강대국들에게 협력해서 이스라엘을 공격했다는 죄목으로 비판받는다.[54]

51) J. R. Bartlett, "Edom," *ABD II*, 293.
52) Moshe Greenberg, 앞의 책, 666.
53) Walther Zimmerli, 앞의 책, 177.
54) 이스라엘이 에돔을 계속 지배했기 때문에, 에돔은 이스라엘에 대해서 심한 적대감을 갖고 있었으며, 민족적인 감정으로 인해서 바벨론이 예루살렘을 함락할 때 에돔은 바벨론 편에 가담해서 유대의 성읍들을 무자비하게 점령했다는 것이 일반적인 견해이다(애 4:21; 겔 35:15). 그러나 이러한 주장은 상당히 왜곡된 것으로 보이고, 실제로 에돔은 예루살렘이 함락당했을 때 유다 피난민들을 받아들였다(렘 40:11). 특히 남유다지역 사람들은 에돔이 가까웠기 때문에

(6) 시돈

그다음 에스겔이 본 것은 고대 페니키아의 도시국가 시돈이다. 시돈도 애굽과 함께 음부에 누워 있다. 해상무역국가인 시돈은 역사적으로 이스라엘과 밀접한 관계를 맺는데, 여러 가지 면에서 이스라엘보다 선진국이어서, 솔로몬이 성전을 건축할 때에 시돈 사람들을 고용했다(왕상 5:6). 그리고 시돈은 정치적으로도 이스라엘에 막대한 영향을 미쳤는데, 북왕국 이스라엘 왕 아합은 시돈 왕 엣바알의 딸인 이세벨과 결혼했다(왕상 16:31). 그 이후로 시돈은 북왕국뿐만 아니고 남왕국 유다에도 정치적으로 압력을 행사했다. 시돈은 두로와 더불어 당시 국제 정세에 깊이 관여했으며, 이스라엘과 유다의 운명에 결정적인 영향을 끼쳤다.

예언자들이 시돈과 두로에 대해서 비판적으로 예언하는 것을 보면, 이스라엘과 유다가 그들에 대해서 좋지 않은 감정을 가졌던 것으로 보인다. 이스라엘 입장에서는 두로나 시돈이 힘을 잃고 이스라엘 운명에 관여하지 않기를 바랐을 것이다. 에스겔은 시돈이 반바벨론 연합에 가담해서 유다를 압박하지만, 그것이 실패로 끝날 날이 얼마 남지 않은 상황에서 본문을 기록했을 것이다. 그는 시돈이 이미 멸망해서 스올에 누운 모습을 보았다.[55]

앗수르, 엘람, 메섹과 두발, 에돔 그리고 시돈. 에스겔은 이런 나라

그곳으로 피했을 것이다. 그렇기 때문에 주전 587년에 에돔이 공식적으로 그리고 군사적으로 바벨론을 도왔다는 것은 근거 없는 주장이다(J. R. Bartlett, 앞의 글, 292f). 그래서 구약성서, 특히 예언시가 에돔을 부정적으로 보는 근거가 무엇인지에 대해서 보다 정확한 연구가 필요하다.

55) 본문에서 시돈은 시돈뿐만 아니고 두로를 포함해서 페니키아 전 지역을 가리킨다(Walther Zimmerli, 앞의 책, 177; Leslie C. Allen, 앞의 책, 138; Philip C. Schmitz, "Sidon," *ABD VI*, 17).

들과 함께 애굽이 스올에 누울 것이라는 하나님 말씀을 듣는다. 우리는 본문을 읽으면서 시니컬한 음성을 듣는다. 31절과 32절을 뉘앙스를 살펴서 풀어 읽어 보자. "그들은 쇠망해서 스올에 누운 신세가 되었어도 결코 외롭지 않을 것이다. 제국주의의 무덤에 입회한 여러 동지들이 있으니 말이다." 그렇지만 아무리 동지들이 많다고 해도, 그래서 그들이 힘을 규합한다고 해도 그들은 더 이상 아무런 힘도 쓰지 못할 것이다. 이제 그들이 할 수 있는 일은 그냥 조용히 누워 있는 것뿐이다.

그런데 여기에 언급하는 나라들은 그 강성함에 따라서, 그리고 언급하는 본문의 양과 문학적인 구성요소들에 의해서 세 등급으로 나뉜다. 애굽과 앗수르, 엘람과 메섹, 두발 그리고 본문에는 언급하지 않았지만 바벨론은 제국주의적 세계지배 야망을 가진 강대국들이다. 두로와 시돈은 거기에 미치지 못하는 2등급 국가들이지만, 그래도 팔레스타인 지역에서는 다른 나라들에 대해 영향력을 강하게 행사한 나라들이다. 그리고 에돔은 그들에 크게 미치지 못하는 3등급 국가이다. 본문이 에돔을 3등급으로 보는 것은 본문이 에돔에 대해서 말할 때, 다른 나라들과는 달리 "세계를 두렵게 했다"는 구절을 넣지 않은 것과, 에돔의 동맹국들에 대해서 언급하지 않은 것에서 알 수 있다. 이것을 통해서 우리는 에스겔이 당시 세계를 지리적으로 또 정치적으로 어떻게 인식하고 있었는지를 알 수 있다.

"후기 하이데거는 세계라는 것을 이러한 현존재와 존재자(사물)가 존재 속에서 서로 역동적으로 관계 맺고 있는 것으로 파악하기 때문이다. 이런 점에서 세계는 더 이상 다른 존재자에 대한 현존재의 탁월성 위에서 이해되는 것이 아니라, 하이데거에 따르면 세계는 그러한 존재자와 현존재자가 존재(seyn)에 의해서 존재 역사적인 놀이(spiel)를 의미하는 것이다."[56]

5) 본문과 이방예언

(1) 이방예언

본문, 즉 에스겔서 32장 17-32절은 29장부터 나오는 애굽에 대한 예언을 마무리하는 부분이다. 그리고 29-32장은 그 앞에 나오는 26-28장, 즉 두로에 대한 예언과 연결된다. 그리고 이것들은 여러 나라들에 대해서 예언하는 25장과 연결된다. 그래서 본문은 25장에서 시작해서 32장에서 마치는 이방예언을 끝맺는 부분이다. 에스겔은 모두 일곱 나라에 대해서 예언한다.[57] 25장에서 32장까지 어떻게 구성되었는지 살펴보기로 하자.

첫 번째 이방예언(25장)–네 나라에 대한 예언
암몬에 대한 예언(1–7절)
모압과 세일에 대한 예언(8–11절)
에돔에 대한 예언(12–14절)
블레셋에 대한 예언(15–17절)
두 번째 이방예언(26–28장)–두로와 시돈에 대한 예언
세 번째 이방예언(29장–32장)–애굽에 대한 예언

---

56) 이서규, "하이데거의 세계 개념에 대한 비판적 고찰", 한국하이데거학회 편, 《하이데거와 자연, 환경, 생명》(서울: 철학과현실사, 2000), 169.

57) 에스겔이 예언하는 나라들이 모두 7개 국가인 것은 '가나안 7족속'을 떠올리게 한다. 그래서 그 나라들은 반드시 진멸당해야 한다고 생각하게 한다. 짐머리는 에스겔이 그렇게 의도한 것이라기보다는 후대의 편집자가 그렇게 했을 것으로 생각한다(Walther Zimmerli, 앞의 책, 3). 그리고 7이라는 숫자를 통해서 가나안 7족속을 떠올리게 한 것은 유다의 새로운 엑소더스를 암시하는 것으로 볼 수 있다(D. I. Blocke, 앞의 책, 5, 각주 7).

이 이방예언은 구성과 분량이 매우 정교하게 설정되어 있다.[58)]

여섯 나라에 대한 심판예언(25장 1절-28장 23절 모두 97절)
이스라엘에 대한 구원예언(28장 24-26절)
이집트에 대한 심판예언(29장 1절-32장 32절 모두 97절)[59)]

구성과 분량뿐만이 아니고 예언하는 순서도 매우 정교하다. 예언 순서를 보면, 사해 동편 위쪽인 암몬에서 시작해서 시계방향으로 돌면서, 모압과 에돔을 거쳐서 지중해변에 위치한 블레셋에까지 가는 방식을 취한다.[60)] 그런 다음 두로와 시돈으로 올라갔다가 다시 내려와서 애굽에 대해서 예언한다.

에스겔뿐만 아니고 다른 예언자들도 이방에 대해서 예언한다.[61)] 아모스서에는 이방예언이 1장과 2장에 나온다. 다메섹, 즉 아람으로 시작해서 블레셋, 두로, 에돔, 암몬, 모압, 유다, 이스라엘로 이어진다. 에스겔처럼 모두 7나라에 대해서 심판을 선포한다. 이사야서에는 13-23장에 이방예언이 나온다. 이사야서는 이방예언을 바벨론으로 시작한다(13장-14장 23절). 그리고 앗수르(14:24-27), 블레셋(14:28-32), 모압(15-16장), 다메섹(17장), 구스(18장), 애굽(19장), 애굽과 구스(20장), 바벨

58) 짐머리는 25-32장을 25-28장과 29-32장으로 나눌 수 있다고 말한다(Walther Zimmerli, 4).
59) 에스겔은 두로와 애굽을 비롯한 주변 국가들에 대해서 심판을 선언하는데, 그들에 대한 심판은 이스라엘에 대한 구원으로 이어진다. 이스라엘에 대한 구원예언은 여섯 나라에 대한 심판예언과 애굽에 대한 심판예언 중간에 위치한다. 그리고 여섯 나라에 대한 심판예언과 애굽에 대한 심판예언은 그 분량, 즉 절수가 동일하게 97절이다(D. I. Blocke, 앞의 책, 4f).
60) Moshe Greenberg, 앞의 책, 522, 527; D. I. Blocke, 앞의 책, 5.
61) Leslie C. Allen, 앞의 책, 66.

론(21:1-10), 두마(21:11-12), 아라비아(21:13-17), 예루살렘(22장), 두로와 시돈(23장)으로 이어진다. 그리고 예레미야서에는 이방예언이 46장에서 51장에 나오는데 애굽(46장), 블레셋(47장), 모압(48장), 암몬(49:1-6), 에돔(49:7-22), 다메섹(49:23-27), 아라비아(49:28-33), 엘람(49:34-39), 바벨론(50-51장)으로 이어진다. 이렇게 보면, 에스겔서가 지리적으로 가장 일정한 방향을 갖고 예언한 것을 알 수 있다. 이것은 에스겔이 당시 세계를 지리적·정치적 측면에서 명쾌하게 이해했음을 암시한다.

에스겔이 선포한 이방예언을 보면서 우리는 두 가지 의문을 갖는다. 왜 에스겔은 다른 나라들에 대해서는 간략하게 다루면서, 두로와 애굽에 대해서는 석 장 또는 넉 장이라는 많은 양을 할애하는가? 그리고 더욱 의문인 것은 이스라엘에게 더 많은 어려움을 주고 나라를 멸망시킨 바벨론에 대해서는 왜 별말이 없는가 하는 것이다.

에스겔의 이방예언에 나오는 여섯 나라들은 모두 반(反)바벨론 동맹에 가담한 나라들이다. 그래서 여러 차례 바벨론에 대항해서 독립전쟁을 일으켰다. 그러나 그때마다 바벨론에 의해서 무자비하게 진압되고 말았다. 당시 국제적인 상황으로 보아서는, 바벨론에 대항하는 것은 바로 죽음을 의미했다. 그런데도 이 나라들이 반바벨론 동맹을 결성한 이유는 무엇인가? 그것은 이집트가 계속해서 그들을 지원하고 부추겼기 때문이다.[62] 이집트는 메소포타미아에 강대국이 등장할 때마다 자기 나라의 이익과 안전을 위해서 팔레스타인의 나라들을 선동해서

62) "지리적으로 이집트에 인접해 있었기 때문에 정치적, 문화적으로 이집트는 이스라엘과 유다 역사 전체에 걸쳐 끊임없이 영향을 미쳤다"[J. Maxwell Miller and John H. Hayes, 앞의 책, 30; J. Alberto Soggin, *Storia d'Israele, dalle origini alla rivolta di Bar-Kochba, 135 d.C.*, tr. John Bowden, *A History of Ancient Israel–From the Beginnings to the Bar Kochba Revolt, A.D. 135* (Philadelphia: The Westminster Press, 1984), 250].

그들로 하여금 그 강대국에 대항하도록 했다. 앗수르가 등장했을 때에는 앗수르에 대항하게 하고, 바벨론이 등장했을 때에는 바벨론에 대항하도록 했다.[63] 그러면서 결정적인 순간에는 팔레스타인의 국가들을 도와주지 않았으며, 자기 나라에 도망온 팔레스타인의 정치지도자들을 앗수르나 바벨론에게 넘겨주기도 했다.[64] 북왕국의 멸망은 자체적인 원인도 있지만, 이러한 이집트의 선동에 말린 것도 중요한 패망 원인이다. 그리고 유다의 멸망 역시 이집트의 선동에 말려서 반바벨론 정책을 펼친 것이 패망의 원인이 되었다. 애굽은 북왕국과 남왕국 멸망에 결정적인 역할을 했다.[65] 그러니 에스겔이 이집트에 대해서 강력하게 심판예언을 선포하지 않을 수가 없었을 것이다. 그리고 두로는 팔레스타인의 국가들 가운데서 가장 영향력이 있는 나라였으며, 이집트의 지시를 받아서 유다를 비롯한 팔레스타인의 국가들에게 반바벨론 정책을 취하도록 압력을 넣었다. 에스겔은 두로와 이집트가 유다를 멸망케 한 장본인이라고 생각했던 것으로 보인다. 그래서 두로와 이집트에 대해서 집중적으로 심판을 선언한 것이다.

그리고 에스겔서의 이방예언에 바벨론에 대한 심판예언이 없는 이유는 무엇인가? 에스겔이 예레미야처럼 친바벨론주의자이기 때문인가? 예레미야나 에스겔은 유다가 절대로 바벨론에 대항해서는 안 된

63) D. I. Blocke, 130. "이집트는 반란을 선동했거나 적어도 강력하게 후원하였다. 상부 이집트를 근거지로 한 제25(에디오피아 또는 누비아) 왕조는 하부 이집트와 삼각주 지대에 권력 기반을 구축한 후였기 때문에 이제 기세를 떨칠 위치에 있었다"(J. Maxwell Miller and John H. Hayes, 앞의 책, 447). 느고(Necho)에 이어서 그의 아들 프삼메티쿠스 2세(Psammeticus II, 595-589 B.C.)가 왕위에 올랐는데, 그는 유다를 적극적으로 지원하면서 유다로 하여금 느부갓네살에게 대항하도록 했다(Anthony Spalinger, "Egypt, History of (Dyn. 21-26)," *ABD. II*, 361).

64) 그래서 이사야와 에스겔은 애굽을 (상한) 갈대에 비유한다(Moshe Greenberg, 앞의 책, 604, 608).

65) D. I. Blocke, 앞의 책, 129.

다는 것을 강력히 주장했다. 그래서 그들은 얼핏 친바벨론주의자들로 보인다. 그러나 예레미야가 바벨론을 좋아했던 것은 결코 아니다. 예레미야는 주전 593년에 시드기야가 느부갓네살을 만나러 바벨론에 갈 때, 바벨론에 대한 심판예언을 한 권의 책으로 기록해서 시드기야를 수행하는 스라야에게 주면서, 바벨론에 가면 유프라테스 강에 그 책을 던지도록 부탁한다(렘 51:59-64).

예레미야는 친바벨론주의자이기는 했지만, 그러나 그것은 당시 국제정세 속에서 유다가 살아남기 위해서 취해야 할 외교노선에 불과한 것이지, 예레미야가 진정으로 바벨론을 사랑해서 그런 것은 아니었다. 그래서 예레미야는 궁극적으로 바벨론이 멸망할 것이라는 예언을 할 수 있었다. 이러한 입장은 에스겔도 마찬가지일 것이다. 그런데 왜 에스겔서에는 바벨론에 대한 심판예언이 없는가? 그 이유는 에스겔 자신이 바벨론에 있었고, 유대인 포로들이 바벨론에서 살고 있었기 때문이다. 예레미야는 바벨론에 가지 않았다. 그러나 에스겔은 바벨론에 끌려간 유대인 포로공동체의 한 사람이었으며, 그곳에서 예언자로 부름을 받았다. 그렇기 때문에 바벨론의 유대인 공동체는 결코 바벨론에 반대하는 입장을 표명할 수가 없었을 것이다. 이런 이유로 인해서, 에스겔서의 이방예언에는 바벨론에 대한 심판예언이 들어 있지 않은 것이다. 그리고 에스겔은 바벨론이 이방예언에서 언급한 일곱 나라들을 징벌할 도구로 하나님께 쓰임 받는다고 생각했기 때문에 바벨론에 대해서 심판을 명시적으로는 선포하지 않았을 것이다.[66]

---

66) Walther Zimmerli, 앞의 책, 4. Douglas Stuart, *Ezekiel–The Communicator's Commentary* (Dallas, Texas: Word Books, Publisher, 1989), 303. 에스겔은 바벨론이 하나님이 드신 심판의 칼이며, 그렇기에 바벨론이 유다를 공격하는 것이 마땅하다고 보았기 때문에, 그것을 저지하는 것은 하나님 뜻을 거스르는 것으로 생각했다. 그래서 에스겔이 유다를 침공한 바벨론이나 다른 나라들보다 바벨론에 맞선 애굽과 두로에 대해서 강력하게 심판을 선포하는 것이다(D.

(2) 이방예언의 의미

우리는 여기서 이스라엘의 예언, 특히 지금까지 우리가 읽어 온 이방예언이 그것을 듣고 읽는 사람들에게 어떤 기능을 하는지 생각해야 한다. 우리가 에스겔서를 읽으면서, 더 자세하게는 이방예언을 읽으면서 많이 만나는 구절이 하나 있는데, 그것은 "그들이 나를 여호와인 줄 알리라"는 것이다. "(그들이) 나를 여호와인 줄 알리라"는 구절은 에스겔서에 65번 나온다. 그렇기 때문에 이 구절은 에스겔서의 특징적인 구절이라고 할 수 있을 것이다. 많은 예언들이 이 말로 끝을 맺는다. 우리는 여기서 하나님의 심중을 헤아릴 수 있다. 하나님이 하시는 일은 자신을 사람들에게 알리시는 데 목적을 둔다. "그들이 나를 여호와인 줄 알리라"는 것은 그들이 아직 여호와를 알지 못한다는 것을 전제한다. 그들이 심판받을 짓을 감행하는 것은 여호와를 알지 못하기 때문이라는 것이다. 그들이 여호와를 안다면 그런 일을 하지 않을 것이다. 그런데 그들은 지극히 교만하기 때문에 그들이 갖고 있는 것들, 그 아름다운 것들을 통해서 세계에 기여하려 하지 않고, 오히려 세계를 지배하려는 야욕으로 주변 약소국들과 그 백성들을 괴롭혔다. 그러니 그들의 교만함을 꺾어 버려야만 그제야 비로소 그들은 여호와

I. Blocke, 앞의 책, 4). 하지만 그렇다고 해서 바벨론을 신성하게 여기거나 그 제국이 영원할 것이라고 생각한 것은 결코 아니다. 명확하게 드러내서 말하지는 않지만 바벨론도 나중에는 앗수르나 애굽처럼 되리라 믿었을 것이다. 바벨론에 대한 에스겔의 암시적 비판에 대해서는 이종록, 《디지털 에스겔-디지털 시대에 대한 신학적 접근》(서울: 한국장로교출판사, 2001), 61-88("3장. 이미지, 은유와 상징-벽돌 쌓기의 괴로움")을 보라. 여기서는 에스겔서 4장의 벽돌 예언을 창세기 11장의 바벨 이야기, 그리고 출애굽기 1장, 5장과 연결시켜서 살펴보았다. 바벨 이야기가 바벨론 포로기를 전제한다[G sta W. Ahlstr m, *The History of Ancient Palestine from the Palaeolithic Period to Alexander's Conquest* (Sheffield: JSOT Press, 1993), 30]는 점에서 이러한 고찰은 의미가 있다.

가 어떤 분인지 알고, 그분이 원하시는 대로 살아갈 것이다.

겔 29:13-16 주 여호와께서 이같이 말씀하셨느니라 사십 년 끝에 내가 만민 중에 흩은 애굽 사람을 다시 모아 내되 애굽의 사로잡힌 자들을 돌이켜 바드로스 땅 곧 그 고국 땅[67]으로 돌아가게 할 것이라 그들이 거기서 미약한 나라가 되되 나라 가운데에 지극히 미약한 나라가 되어 다시는 나라들 위에 스스로 높이지 못하리니 내가 그들을 감하여 다시는 나라들을 다스리지 못하게 할 것임이라[68] 그들이 다시는 이스라엘 족속의 의지가 되지 못할 것이요 이스라엘 족속은 돌이켜 그들을 바라보지 아니하므로 그 죄악이 기억되지 아니하리니 내가 여호와인 줄을 그들이 알리라 하셨다 하라

여기서 중요한 것이 바로 "……하리니 내가 여호와인 줄을 그들이 알리라"는 것이다. 이방, 특히 제국주의적 세계지배야욕을 가진 강대국으로 하여금 하나님을 알게 하는 것, 그 힘을 약화시켜서 다른 나라와 민족을 괴롭히지 않게 하는 것, 이것이 하나님의 목적이다.

그리고 이 이방예언들을 통해서 궁극적으로 주시는 메시지는 교만

---

67) 바드로스는 애굽의 남부지역, 즉 상부 애굽을 가리키는데, 나일 삼각지(미츠라임)와 이디오피아(구스) 중간 지역이다. 델타 지역이 아닌 이곳을 고토로 지칭하는 것은 그곳이 원 애굽임을 의미한다. 일정 기간이 지나면 애굽이 회복되겠지만, 예전처럼 넓은 영토를 차지하지 않고, 원 애굽 지역에 국한될 것을 말한다. 그러면 다른 나라를 침략하고 지배하려는 엄두를 내지 않을 것이다(Walther Zimmerli, 앞의 책, 114f; Moshe Greenberg, 앞의 책, 607; Wather Eichrodt, 앞의 책, 406). 바드로스를 원 애굽으로 지칭하는 것은 나일 삼각지를 중심으로 형성된 애굽의 제국주의에 대한 반감 때문이다(D. I. Blocke, 앞의 책, 143).

68) 애굽이 남부 지역에 국한되면 영토가 과거보나 질빈 이상 줄어든다(G. A. Cooke, 앞의 책, 328). 하나님이 강력한 제국이 다시 생기는 것을 원치 않으시는 까닭은 과거에 그들이 전쟁을 일으키고 다른 나라를 압제하고 노예로 삼았기 때문이다. 하나님은 그런 제국주의적 행태가 재현되는 것을 결코 바라지 않으신다(Walther Eichrodt, 앞의 책, 406).

한 강대국들이 몰락한 이후에 유다가 구원을 받을 것이라는 확신이다.[69]

겔 28:24-26 이스라엘 족속에게는 그 사방에서 그들을 멸시하는 자 중에 찌르는 가시와 아프게 하는 가시가 다시는 없으리니 내가 주 여호와인 줄을 그들이 알리라 주 여호와께서 이같이 말씀하셨느니라 내가 여러 민족 가운데에 흩어져 있는 이스라엘 족속을 모으고 그들로 말미암아 여러 나라의 눈앞에서 내 거룩함을 나타낼 때에 그들이 고국 땅 곧 내 종 야곱에게 준 땅에 거주할지라 그들이 그 가운데에 평안히 살면서 집을 건축하며 포도원을 만들고[70] 그들의 사방에서 멸시하던 모든 자를 내가 심판할 때에 그들이 평안히 살며 내가 그 하나님 여호와인 줄을 그들이 알리라

이것은 이스라엘을 구원하고 회복시킴으로써 이스라엘을 멸시하던 자들, 즉 약소국가들을 점령하고 그들을 식민지화하려는 강대국들의 제국주의적 세계지배전략을 하나님이 무력화시키시는 것을 의미한다. 힘이 넘쳐서 온 세상을 뒤흔들며 다른 나라를 수치스럽게 하던 강대국들은 결국 음부로 사라져서 이루 말할 수 없는 수치를 당하며 죽은 채 조용히 지내겠지만, 그들에게 괴롭힘을 당하고 수치를 당해서 죽은 것과 같았던 약소국 이스라엘은 존귀하게 회복될 것이고, 평안을 누리며 생동력 넘치고 풍성한 삶을 누릴 것이다.[71] 이 얼마나 대조적인 모습인가!

69) D. I. Blocke, 앞의 책, 234.
70) 이것은 예레미야서의 전형적인 표현이다(Leslie C. Allen, 앞의 책, 99)
71) Douglas Stuart 앞이 책, 306.

6) 마침 글

> "현존재는 본질적으로 '함께 있음'(Miteinandersein)이다. 이러한 함께하는 '세계-내-존재'에 근거해서 세계가 그때마다 각기 이미 언제나, 내가 타인과 함께 나누는 그런 세계인 것이다. 그리하여 현존재의 세계는 공동 세계(Mitwelt)다. 안에 있음은 타인과 더불어 있음이다. 타자들은 우선 허공에 떠 있는 주관들로서 다른 사물과 나란히 전재적으로 있는 게 아니라, 세계 안에서의 그들의 환경 세계적 배려적 세계 내부의 도구적 존재로부터 자신을 드러낸다. 그리하여 우리는 타자를 환경 세계적으로 만난다는 것을 하이데거는 강조한다."[72)]

우리는 에스겔서 32장 17-32절을 통해서, 강대국들이 제국주의적 세계지배야욕을 갖고 충돌함으로써 당시 온 세계를 전쟁의 참화 속으로 이끌고 들어간 상황, 즉 그들이 온 세계를 두려움에 떨게 하는 상황 속에서 에스겔이 과연 강대국들을 비롯한 주변 세계를 어떻게 인식했는지를 살펴보았다. 에스겔은 강대국들의 제국주의적 야망을 거부한다. 이것은 강대국들이 결국 살육당해서 그들이 죽임을 당한 자들과 더불어서 스올, 즉 '제국주의의 무덤'이라고 지칭할 수 있는 곳에 누워 있다고 묘사하는 것에서 명확하게 드러난다. 본문이 '죽임을 당한 자들', 즉 칼에 찔려 죽은 자들이라는 구절을 반복하는 것을 보면서, "칼을 가진 사람은 칼로 망한다"는 주님의 말씀을 떠올린다.

본문이 궁극적으로 우리에게 보여주는 것은, 강대국들에게 침탈당하는 이스라엘을 구원하심으로써 그들의 제국주의적 세계지배선략을

---

72) 강학순, "하이데거의 근원적 생태론", 한국하이데거학회 편, 《하이데거와 자연, 환경, 생명》(서울: 철학과 현실사, 2000), 34.

깨뜨리시고, 각 국가들 특히 이스라엘과 같은 약소국가, 제3세계민들이 온 세계에 강대국들이 조장하는 두려움에서 벗어나 제각기 평화를 누리며 살기를 원하시는 하나님이다. 하나님은 역사를 주관하시는 분이다. 그분은 전쟁을 일으켜서 세계를 핏빛으로 물들게 하는 제국주의자들을 결코 용납하지 않으신다. 그들의 생각과는 정반대로 온 세상 사람들이 평화롭게 사는 것, 하나님은 이것을 바라신다. 그런데 그런 세상은 강대국들이 제국주의의 무덤 속에 누워 그동안 온 세상을 폭력으로 뒤흔들어 놓은 세계지배야욕에서 깨어나 하나님을 알게 될 때 이루어질 것이다. 그리고 그날은 반드시 올 것이다. 그래서 하나님은 이 시간도 이렇게 말씀하신다. 결국 "그들이 나를 알리라." 세상 모든 나라와 민족들이 하나님을 안다는 것은 그들이 세계성을 종교적으로 파악할 것을 의미하는데, 그러한 세계성 인식은 하이데거를 떠올리게 한다.

"그러므로 현존재는 더불어 있음으로서 본질적으로 타인들 때문에 '존재한다.' 이것은 실존론적인 본질발언으로서 이해되어야 한다. 비록 그때마다의 현사실적인 현존재가 타인에게 아랑곳하지 않고, 타인을 필요치 않다고 생각하거나 또는 타인 없이 지낸다고 해도, 현존재는 더불어 있음의 방식으로 '존재하고' 있는 것이다. 실존론적인 타인 때문에로서의 더불어 있음에는 이 타인이 그의 현존재에서 이미 열어 밝혀져 있다. 따라서 더불어 있음과 함께 선행적으로 구성되어 있는 이러한 타인의 열어 밝혀져 있음이 유의미성도, 다시 말해서 세계성도 함께 형성하고 있다."[73]

---

73) Martin Heidegger, *Zein und Zeit*, 이기상 옮김, 《존재와 시간》(서울: 까치글방, 2007), 172.

■ 참고문헌

강학순, "하이데거의 근원적 생태론", 한국하이데거학회 편, 《하이데거와 자연, 환경, 생명》, 서울: 철학과 현실사, 2000,

강현수 외 8명, 《공간주권으로의 초대》, 파주: 도서출판 한울, 2013.

박대재, 《의식과 전쟁 - 고대국가를 바라보는 새로운 시각》, 서울: 책세상, 2003.

이서규, 《하이데거 철학》, 서울: 도서출판 서광사, 2011.

이수정, 《하이데거 - 그의 물음들을 묻는다》, 서울: 생각의 나무, 2010.

이진경, 《근대적 시·공간의 탄생》, 파주: ㈜도서출판 푸른숲, 2007.

이종록, 《디지털 에스겔 - 디지털 시대에 대한 신학적 접근》, 서울: 한국장로교출판사, 2001.

______, "할례, 그 섬뜩함과 에로틱함의 절묘한 조화", 〈기독교사상〉 545호, 2004년 5월호.

Ahlström, Gösta W., *The History of Ancient Palestine from the Palaeolithic Period to Alexander's Conquest*, Sheffield: JSOT Press, 1993.

Allen, Leslie C., *Ezekiel 20-48*, WBC., Dallas, Texas: Word Books, Publisher, 1990.

Bartlett, J. R., "Edom", *ABD II*, 287-295.

Blocke, Daniel I., *The Book of Ezekiel Chapters 25-48*, NICOT., Grand Rapids, Michigan: William B. Eerdmans Publishing Co., 1998.

Bright, John, *A History of Israel, 3rd edition*, Philadelphia: Westminster Press, 1981.

Cooke, G. A., *A Critical and Exegetical Commentary on the Book of Ezekiel*, ICC., Edinburgh: T & T Clark, 1936, 1970.

Eichrodt, Walther, *Der Prophet Hesekiel*, tr. Cosslett Quin, *Ezekiel-A Commentary*, London: SCM Press Ltd., 1970, 1980.

Grayson, A. Kirk, "Mesopotamia, History of (Assyria)", *ABD IV*, 747.

Greenberg, Moshe, *Ezekiel 21-37*, AB., New York: Doubleday, 1997.

Hals, Ronald M., *Ezekiel*, The Forms of the Old Testament Literature v. xix, Grand

Rapids, Michigan: William B. Eerdmans Publishing Company, 1989.

Heidegger, M., *Zein und Zeit*, 이기상 옮김, 《존재와 시간》, 서울: 까치글방, 2007.

Kutsch, Ernst, *Die chronologischen Daten des Ezechielbuches*, Göttingen: Vandenhoeck und Ruprecht, 1985.

Miller J. Maxwell and Hayes, John H., *A History of Ancient Israel and Judah*, 박문재 옮김, 《고대 이스라엘 역사, 서울: 크리스챤 다이제스트》, 1996.

Schmitz, Philip C., "Sidon", *ABD VI*, 17.

Schwartz, Seth, *Imperialism and Jewish Society*, 200 B.C.E. to 640 C.E., Princeton: Princeton University Press, 2001.

Soggin, J. Alberto, *Storia d'Israele, dalle origini alla rivolta di Bar-Kochba, 135 d.C.*, tr. John Bowden, *A History of Ancient Israel-From the Beginnings to the Bar Kochba Revolt, A.D. 135*, Philadelphia: The Westminster Press, 1984.

Spalinger, Anthony, "Egypt, History of (Dyn. 21-26)", *ABD. II.*

Stuart, Douglas, *Ezekiel-The Communicator's Commentary*, Dallas, Texas: Word Books, Publisher, 1989.

Vallat, François, "Elam", *ABD II*, 424-429.

F. -W. von Herrmann, *Interpretationen zu "Sein und Zeit": Subjekt und Dasein*, 신상희 옮김, 《하이데거의 존재와 시간을 찾아서》, 서울: 한길사, 1997.

Zimmerli, Walther, *Ezekiel 2*, tr. James D. Martin, *Ezekiel 2-Commentary on the Book of the Prophet Ezekiel Chapters 25-48*, Philadelphia: Fortress Press, 1983.

12. 예언과 거주하기

1) 시작 글

"언젠가는 인류가 스스로를 파괴할지도 모른다는 두려움과 더불어, 13세기 이래 결코 없었던 새로운 도시를 만들려는 열망에 사로잡혀 있기도 하다……우리 시대가 상실한 휴먼 스케일과 개인의 권리, 도시에서 활동할 수 있는 최소한의 안전성 등의 가치를 회복하려는 노력에 모두 동감하고 있다. 이러한 가치를 추구하는 열망 뒤에는 무엇인가를 채우려는 인간생활의 변함없는 항구성이 내재되어 있다."[1]

우리는 여기서 이 세상에 존재하지 않는 새로운 도시를 만들려는 예언적 시도에 대해 살펴보려 한다. 예루살렘이 함락될 때까지 본국 유다의 멸망을 선포하던 에스겔은 하나님이 앞으로 언젠가 바벨론에 사는 유대인들을 다시 옛 이스라엘 땅으로 돌아가게 하여 새로운 이스라엘을 건설하게 하실 것이라는 구원과 회복의 메시지를 선포한다.

겔 37:24-28 내 종 다윗이 그들의 왕이 되리니 그들 모두에게 한 목자가 있을 것이라 그들이 내 규례를 준수하고 내 율례를 지켜 행하며 내가

---

1) S. Giedion, *Space, Time and Architecture–The Growth of a New Tradition*, 김경준 옮김, 《공간·시간·건축》(서울: 시공문화사, 2013), xxiii.

내 종 야곱에게 준 땅 곧 그의 조상들이 거주하던 땅에 그들이 거주하되 그들과 그들의 자자손손이 영원히 거기에 거주할 것이요 내 종 다윗이 영원히 그들의 왕이 되리라 내가 그들과 화평의 언약을 세워서 영원한 언약이 되게 하고 또 그들을 견고하고 번성하게 하며 내 성소를 그 가운데에 세워서 영원히 이르게 하리니 내 처소가 그들 가운데에 있을 것이며 나는 그들의 하나님이 되고 그들은 내 백성이 되리라 내 성소가 영원토록 그들 가운데에 있으리니 내가 이스라엘을 거룩하게 하는 여호와인 줄을 열국이 알리라 하셨다 하라

이 구절은 이스라엘의 구원과 회복이 거주하기와 건축하기임을 명확하게 보여준다. 황폐함과 거주함을 대비하는 에스겔서 36장 32-38절에서 보듯이 황폐함, 즉 거주공간의 파괴가 심판이라면, 거주함과 거주공간의 생성은 구원의 표징이다. 이스라엘의 회복은 거주하기이다. 이것은 거주를 위한 공간생성으로 이어진다. 그 실제적인 거주공간생성을 상세하게 제시하는 것이 바로 에스겔서 40-48장이다. 특히 "성막 기사나 에스겔의 성전 건축 기사는 건축을 위한 정확한 청사진은 아니다"[2]라는 점에서, 에스겔서 40-48장은 거주함의 본질적인 차원, 즉 건축하기를 앞서는 거주하기의 개념을 보여준다. 에스겔이 말하는 것은 새로운 이스라엘이다. 그것은 새로운 거주하기이다. 구원 예언은 미래에 이루어질 새로운 거주에 대한 선포이다.

이 논문은 에스겔서 40-48장을 하이데거의 거주하기와 건축하기 개념을 통해서 읽는 데 목적을 둔다. 이것을 통해서, 에스겔서 40-48장을 플라톤의 이데아론에 근거해서 읽으려는 시도, 즉 천상적인 성전과 도시를 그대로 모방해서 실제 세계에 건설하는 것으로 해석하는 것을

2) Mark K. George, *Israel's Tabernacle as Social Space* (Atlanta: Society of Biblical Literature, 2009), 103.

전적으로 거부하고, 건축하기에 앞서는 거주하기를 역동적으로 실현하는 사건으로서 해석할 것이다.

2) 하이데거 - 건축하기와 거주하기

'거주'는 인간의 삶을 관통하는 매우 중요한 개념이다.[3] 하이데거는 현존재인 인간이 공간 속에서 거주하는 것에 깊은 의미를 부여했다. 하이데거는 "건축함, 거주함, 사유함"이라는 글에서 "건축함은 그 자체가 이미 거주함이다"라고 하면서, 건축이 앞서는 것이 아니고 거주함이 앞선다고 말한다.[4] 하이데거는 '건축하다'라는 독일어가 '거주하다'라는 의미를 갖는 고대 독일어인 'buan'에서 왔으며, 이 단어는 '머물러 있음', '체류해 있음'을 뜻한다고 한다. 그래서 건축하기는 거주하기의 표현인데, "우리는 건축을 해왔기 때문에 거주하는 것이 아니라, 오히려 우리는 거주하는 한에서만, 즉 거주하는 자로서 존재하는 한에서만, 건축을 하며 또한 건축을 해왔던 것이다"라고 말하는 것이다.[5] 그리고 거주하기는 공간을 생성한다.

"공간들은 인간의 거주함 속으로 들어오게 됨으로써 스스로 연다. 죽을 자들이 '존재하고 있다'는 말은 곧 죽을 자들이 '거주하면

3) "인류의 역사를 관통하며 변치 않는 것 중 하나는 사람들의 거주행위다. 사람들은 다른 곳이 아닌 지표면 위에, 또는 땅 위에 그들의 삶을 지속시키기 위하여 각 지역의 조건에 따라, 혹은 조건을 극복하면서 물질들을 조합하고 적절히 배열하여 공간을 만들어 그 속에 거주했다. 거주한다는 것은 기본적으로 생존을 충족시키는 것만이 아니라 세계 내의 존재로서 우주의 실서까지 동시에 구축하는 것이다"[정기용, 《사람 · 건축 · 도시》(서울: 현실문화연구, 2009), 361f].

4) Martin Heidegger, *Vorträger und Aufsätze*, 이기상·신상희·박찬국 옮김, 《강연과 논문》(서울: (주)이학사, 2011), 185.

5) Martin Heidegger, 《강연과 논문》, 189.

서' 사물들과 장소들 곁에서의 자신들의 체류를 바탕으로 삼아 공간들을 이겨내고 있다는 것을 의미한다."[6]

하이데거는 "인간은 시적으로 거주한다"라는 글에서 "시 지음이란 본래적으로 거주하게 함이다. 그러나 무엇을 통해 우리는 거주함에 이르는가? 건축함[das Bauen(짓기, 지음)]을 통해서다"[7]라고 말하는데, 이런 점에서 시적 형태를 보이는 예언 역시 거주함을 지향하는 것으로 볼 수 있겠다. 예언은 말하기라는 점에서 공간 생산과 밀접한 관련을 갖는다.[8] 베를렌은 이렇게 말한다.

"마틴 하이데거는 그의 철학적 주저인 존재와 시간에서 인간 존재에 있어서 '공간'의 중요성을 크게 주목하고 있다. 그는 '공간'이 그 자체로서 존재이며 의미라고 지적한다."[9]

하이데거가 말하는 현존재, 즉 다자인은 '땅 위에 터 닦고 있음'을 의미한다. 그렇기 때문에 현존재는 그가 서 있는 터전, 즉 땅이 중요하

---

6) *Ibid.*, 202.

7) *Ibid.*, 246.

8) "하이데거는 언어를 '존재의 전당'이라고 규정한다. 인간은 언어 속에 산다. 즉 인간은 언어를 듣고 거기에 반응할 때 그가 존재하는 세계는 열리고, 확실한 존재가 가능하게 되는 것이다. 하이데거는 이것을 '시적으로 사는 것'이라고 부른다"[Christian Norberg-Schulz, *Architecture:Meaning and Place*, 이정국·진경돈 옮김, 《건축의 의미와 장소성》(서울: 시공문화사, 2000). 42]. "말하기의 모든 행위들은 하나의 근원적 사건이다. 그것은 결코 동일한 관념의 모사품이거나 복제물이 아니다. 오히려 남성과 여성 사이에 진정한 대화와 관계들은 언제나 특별한 차이를 지니는 공간을 생산한다"[Peg Rawes, *Irigaray for Architects*, 국현이·장정제·박보라 옮김, 《건축가를 위한 이리가라이》(서울: 시공문화사, 2010), 124].

9) Benno Werlen, *Sozialgeographie-Eine Einfüring*, 안영진 옮김, 《사회공간론-사회지리학 이론 발달사》(서울: 한울아카데미, 2003), 81.

다. 그래서 하이데거가 사방세계를 이야기하는 것이다. 이종관도 하이데거를 따라서 이렇게 말한다.

> "근본적으로 공간은 일어나거나 생기하는 사건이며, 이러한 공간의 생기에 결정적인 것은 사물의 출현이다. 그리고 이때 사물은 근대 과학이 주장하는 사물처럼 이미 존재하는 절대공간 안에서 위치를 점하고 그 안에서 이동하는 그러한 사물, 즉 물질이 아니다. 근대공간에 대한 극복과 함께 물질로서의 사물개념도 역시 극복되고 있는 것이다."[10)]

그래서 40-48장을 역동적인 공간형성이라는 관점, 거주하기와 건축하기라는 행위개념에서 이해해야 한다. 그리고 건축이 거주에 앞서지 않고, 거주가 건축에 앞서며, 거주는 시적이라는 점에서 예언은 언어로서 거주하는 것임을 보여준다. 건물배치를 통해서 공간은 형성된다. 거주와 건축. 미래예언은 새로운 유기적 거주공간을 형성한다는 점에서 의미를 갖는다.[11)] 성전 건축과 창조가 결합되어 나타난다.[12)] 모세

---

10) 이종관, 《공간의 현상학, 풍경 그리고 건축-과학 건축 현상학의 심층횡단을 통한 인간의 미래 거주 방향 모색》(서울: 성균관대학교 출판부, 2012), 159.

11) 그래서 거주공간을 형성하는 건축행위는 유기체를 생산한다. "건축은 모든 종류의 외부적 상황에 의해 이루어질 수도 있지만, 본질적으로 그 자체의 고유한 특성과 본연의 연속적 생명을 가진 유기체를 이룬다. 건축의 기원에 대해 설명하고자 할 때 사회학적 경제학적 용어로 그 가치를 기술할 수는 없으며, 건축의 영향도 그것의 발생 환경이 바뀌거나 사라진 이후에도 계속될 수 있다. 건축은 만들어진 시기와 발생을 야기한 사회적 계급 그리고 그것이 속해 있는 양식을 넘어설 수 있다"[S. Gideon, *Space, Time and Architecture-The Growth of a New Tradition*, 김경준 옮김, 《공간·시간·건축》(서울: 시공문화사, 2013), 19].

12) "수세기 동안의 노력 끝에 히브리의 사상가들이 도달한 것은 자연까지도 역사로 서술하는 것이었다. 그들은 우선 세계를 사람들의 거처로서(가령 사 45:18), 다음에는 창조를 이 거처의 건조로 파악했다. 세계상을 주택의 건축으로 본 데서 온 많은 표현들, 가령 기둥, 주춧돌, 대문, 창문, 문, 기초, 토대, 천막 등

나 고대 근동의 왕들과는 달리, 에스겔은 천상적인 청사진을 보는 것이 아니고 물리적인 공간에 건설된 왕궁단지를 본다.[13] 그런데 여기서는 다른 것보다 성건 건축이 중요한 의미를 갖는다.

> "하늘과 땅, 바람과 대리석이 바로 신전을 통해 바로 그것으로 현전하기 시작하고, 또 신전을 통해 신이 그곳에 임재함과 동시에, 신에게 죽음을 넘겨주어야 할 인간의 운명 또한 그 방향이 결정된다. 이렇게 존재하는 것들은 신전이 지어짐으로써 현전하게 되며, 이때 이러한 존재의 현전은 신전이 다른 곳이 아닌 바로 그곳에 지어짐으로써 가능해진 것이다."[14]

구약성서에서 공간은 시간보다 더 중요한 의미를 갖는다. 시간은 공간에 근거해서 이해되어야 한다. 역사보다 사건으로서의 공간이 더 중요하다. 공간을 주요한 해석적 원칙으로 간주할 때, 구약성서를 더 잘 이해할 수 있다. 구약성서의 주된 관심사는 야훼의 현전이다. 야훼의 현전은 공간을 통해서 이루어지기 때문에 야훼는 성전, 도시, 땅을 자신의 거처로 지시하며, 거기서 자신을 드러내시고 그곳에서 예배 받으신다.[15] 그래서 강학순은 하이데거의 공간론에 대해 이렇게

도 이에 속한다. 우리가 사제문서의 창조보도를 그렇게 읽을 수 있게 되었다면, 야훼 학파가 이미 세계창조를 큰 집의 건축으로 묘사하려고 노력한 사실도 우리는 쉽게 이해할 수 있을 것이다"[Thorleif Boman, *Das hebraische Denken im Vergleich mit dem griechischen,* 허혁 옮김, 《히브리적 사유와 그리스적 사유의 비교》(왜관: 분도출판사, 1975, 1982), 213].

13) Margaret S. Odell, *Ezekiel* (Macon, George: Smyth & Hewlys Publishing, 2005), 488.

14) 이종관, 《공간의 현상학, 풍경 그리고 건축》, 164.

15) Johan Brinkman, *The Perception of Space in the Old Testament–An Exploration of the Methodological Problems of its Investigation, Exemplified by a Study of Exodus 25 to 31* (Kampen: Kok Pharos

말한다.

"하이데거에서 완성된 새로운 공간론은 '사방론'이다. 이곳에서 함께 어울려 제의를 수행하며 노래하고 춤추는 세계가 펼쳐진다. 이런 놀이와 축제의 마당에서 비로소 존재와 인간은 만나고 소통한다. 사방은 놀이와 축제의 장소로 펼쳐진다. 하이데거의 축제와 놀이의 장소론에서 여타의 장소론과 구별되는 존재의 토폴로지의 창조적 특성이 잘 드러나고 있다."16)

3) 본문 이해 - 이상적인 미래 사회

"성막 기사를 쓴 제사장 문서 기자는 고정적이지 않고 이동이 가능한 성막을 그들 공동체 내부의 힘의 역학관계를 반영해서 기록했다. 여기에 반해 에스겔은 고정된 장소에 성전을 건립하는 이야기를 통해서, 예루살렘에 돌아가서 안정을 찾고 이스라엘 자체적인 공간과 사회적 구조를 이루려고 했던 포로민들의 심정을 반영한다."17)

바벨론에 포로로 끌려온 에스겔은 조만간 유다가 멸망하겠지만, 앞으로 언젠가는 바벨론이 멸망하고 유내인 포로공동체가 예루살렘

Publishing House, 1992), 27.

16) 강학순, 《존재와 공간-하이데거 존재의 토폴로지와 사상의 흐름》(서울: 한길사, 2011), 374

17) Mark K. George, *Israel's Tabernacle as Social Space* (Atlanta: Society of Biblical Literature, 2009), 134. 이 책은 앙리 르페브르의 《공간의 생산》에 나오는 세 가지 개념, 즉 spatial practice, Representations of Space(=conceptual space), Spaces of Representations(=symbolic space)를 통해서, 제사문서 기자가 기록한 성막의 사회적 공간성을 규명하려고 한다.

에 귀환해서 새로운 이스라엘을 만들어 갈 것이며, 하나님의 새로운 역사는 다른 사람이 아닌 바로 그들을 통해서 이루어진다고 생각했다. 에스겔은 앞으로 그들이 어떤 나라를 만들 것인지 미리 계획하면서, 구체적인 프로그램을 만들었을 것이다. 그리고 그 작업을 에스겔 제자들이 이어받아 완성시켰을 것으로 보인다. 미래 이스라엘에 대해 에스겔이 세운 구상은 본문이 속한 에스겔서 40-48장에 가장 분명하게 나타난다. 에스겔서 연구자들은 에스겔서 40-48장을 미래에 이루어질 이상적인 사회 모습을 담은 청사진으로 생각해 왔다. 그들이 생각한 것처럼 40-48장에 이스라엘의 미래 모습이 담겨 있으며, 바벨론에서 포로생활을 하던 유대인들이 생각하던 이상적인 사회모습이 묘사되어 있다.

에스겔 40-48장은 성전 탐사와 관련해서 세 부분, 즉 40-42장, 43-46장, 47-48장으로 나눌 수 있다.[18)] 에스겔은 40-42장에서 성읍과 성전의 구조와 규모를 정확하게 파악한 다음 두 번째 탐사를 시작하는데, 에스겔의 두 번째 탐사는 43장에서 시작한다. 1차 탐사를 마친 에스겔은 현재 바깥뜰에 있는데, 동문 쪽으로 간다["그 후에 그가 나를 데리고 문에 이르니 곧 동쪽을 향한 문이라"(겔 43:1)]. 그곳에서 여호와의 영광이 동문을 통해서 성소로 들어가는 것을 목격한다(겔 43:2-4). 에스겔도 성령에 이끌려 안뜰로 들어가서 여호와의 영광이 성소에 가득 찬 것을 본다(겔 43:5). 거기서 성전과 동문 사이에 있는 제단을 보고(겔 43:13-27), 바깥뜰로 나온다(겔 44:1). 그리고 북문 쪽으로 가서 북문을 통해 다시

18) 스미스는 네 부분, 즉 40:1–44:3(성/속), 44:4–31(정/부정), 45:1–8+47:13–48:35(도시/영토), 46장(원론적 지침)으로 나누는데[Jonathan Z. Smith, *To Take Place–Toward Theory in Ritual* (Chicago: The University of Chicago Press, 1987), 56], 이것은 지나치게 개념적인 구분이다. 본문 성격상 역동성, 즉 운동성에 근거해서 나누는 게 좋을 듯하다.

안뜰로 들어가고, 성전 앞으로 간다(겔 44:4). 여기서 에스겔은 여러 가지 규례들을 받는다(겔 44:5-46:18). 거기서 북문을 지나 제사장들이 거하는 북쪽 방으로 간다(겔 46:19). 그곳에서 바깥뜰로 나와 사면을 둘러보는데, 특히 네 구석에 있는 부엌을 둘러본다(겔 46:23). 여기까지가 에스겔의 두 번째 성전 탐사다. 에스겔은 이 두 번째 탐사를 통해 하나님께 어떻게 예배할 것인지를 듣는데, 두 번째 탐사는 제단을 측량하는 것으로 시작한다.

이 본문은 미래 사건이나 영원한 천상적인 형태를 묘사하는 것이 아니고, 야훼가 이스라엘 땅에서 25년에 다스리시는 것처럼 말한다.[19)]

4) 경계선으로서의 산 - 공간 인식의 기준선

겔 40:1-4 우리가 사로잡힌 지 스물다섯째 해, 성이 함락된 후 열넷째 해 첫째 달 열째 날에 곧 그날에 여호와의 권능이 내게 임하여 나를 데리고 이스라엘 땅으로 가시되 하나님의 이상 중에 나를 데리고 이스라엘 땅에 이르러 나를 매우 높은 산 위에 내려놓으시는데 거기에서 남으로 향하여 성읍 형상 같은 것이 있더라 나를 데리시고 거기에 이르시니 모양이 놋 같이 빛난 사람 하나가 손에 삼줄과 측량하는 장대를 가지고 문에 서 있더니 그 사람이 내게 이르되 인자야 내가 네게 보이는 그것을 눈으로 보고 귀로 들으며 네 마음으로 생각할지어다 내가 이것을 네게 보이려고 이리로 데리고 왔나니 너는 본 것을 다 이스라엘 족속에게 전할지어다 하더라

1절은 '우리'로 시작하는데, 얼마 지나지 않아서 1인칭 단수로 바뀐다. 그리고 에스겔을 이스라엘 땅으로 데려간 존재와 에스겔이 그곳에

---

19) Margaret S. Odell, *Ezekiel* (Macon, George: Smyth & Hewlys Publishing, 2005), 487.

서 만난 존재는 서로 다른 것 같은데, 4절에서는 그 둘이 서로 동일인 것으로 보인다. 이러한 점들이 본문을 매우 모호하게 만든다.

1절 뒷부분에서 2절 중반("여호와의 권능이 내게 임하여 나를 데리고 이스라엘 땅으로 가시되 하나님의 이상 중에 나를 데리고 이스라엘 땅에 이르러 나를 매우 높은 산 위에 내려놓으시는데")까지는 8장 3절과 비슷하다. 이런 점에서 에스겔서 40장과 8장은 비슷하지만, 에스겔 8장은 현재 예루살렘과 성전에 관한 것이고, 40장은 현재에는 없는 미래의 도시와 성전에 관한 것이라는 점이 다르다.

40장은 시간을 매우 확실하게 언급한다. 두 가지를 다 언급하는데, 에스겔서는 대체로 사로잡혀 온 것을 기준 삼아서 연대를 밝힌다. 그런데 40장은 거기에다 성, 즉 예루살렘 성이 함락된 때를 기준 삼는 연대로 언급한다. 40장은 그냥 '성'이라고 하는데, 이것이 예루살렘인 것은 분명하다. 그런데 왜 예루살렘 성이라고 하지 않고 '성'이라고 하는 것일까?

에스겔서 40-48장은 예루살렘 성에 대해서 매우 부정적이다. 예루살렘 성을 대체하는 새로운 성, 즉 야훼 삼마를 지향한다. 이런 점에서 에스겔 8장은 원격현전 방식이지만, 40장은 시뮬레이션 방식이다. 두 곳에서 여호와의 권능으로 번역한 것은 '야훼의 손'(야드-아도나이)이다.

하나님은 에스겔을 이스라엘 땅으로 데려가신다. 8장에서는 예루살렘이라고 명확하게 밝히지만, 40장에서는 그냥 이스라엘 땅이라고 한다. 하나님은 에스겔을 산 위에 내려놓으신다. 매우 높은 산(하르 가바흐 메오드)이라고 하는데, 이렇게 높은 산 위에 세우시는 것은 모세가 산 위에 서는 것, 그리고 예수가 시험당할 때 산 위에 서는 것을 연상케 한다.

본문은 미래 이스라엘의 땅을 바라본다는 점에서는 모세가 비스가 산 정상에 서서 이스라엘 사람들이 들어갈 곳을 바라보는 것과 더 가깝다. 그런데 높은 산에서 성읍들을 본다는 점에서는 사탄이 예수를 시험하는 장면이 더 가깝게 보인다.

마 4:8-11 마귀가 또 그를 데리고 지극히 높은 산으로 가서 천하 만국과 그 영광을 보여 이르되 만일 내게 엎드려 경배하면 이 모든 것을 네게 주리라 이에 예수께서 말씀하시되 사탄아 물러가라 기록되었으되 주 너의 하나님께 경배하고 다만 그를 섬기라 하였느니라 이에 마귀는 예수를 떠나고 천사들이 나아와서 수종드니라

하나님은 에스겔을 데리고 이스라엘 땅으로 가셨는데, 그 구체적인 곳은 높은 산 위이다. 높은 산 위에 서서 남쪽을 바라보았는데, 그곳에는 성읍 비슷한 것이 있었다. 그것이 구체적으로 성읍인지 아닌지는 여전히 명확하지 않다. 하나님이 에스겔을 높은 산으로 데려 가신 까닭은 넓은 지역을 바라보게 하심이지만, 산은 그런 기능적인 측면 이상의 상징적인 의미를 갖는다. 산 위에 서서 에스겔은 온 세상을 바라보는 것이 아니다. 성읍 비슷한 것을 보는 것이다. 이런 의미에서 산은 어떤 특정한 지역과 연관을 갖는다.

매우 높은 산은 상징적인 의미를 갖는다. 산은 우주관에서 중요한 의미를 갖는다. 산은 이스라엘의 지리와 종교에서 중요한 의미를 갖는다.[20] 하늘과 땅을 나누는 중요한 경계선 가운데 하나이다. 높은 산은 하늘과 땅을 중계하는 곳이다.[21] 에스겔은 중계하는 역할을 하는 사

---

20) Richard J. Clifford, *The Cosmic Mountain in Canaan and the Old Testament* (Eugene: Wipf and Stock Publishers, 1972), 180.

21) M. Eliade, *Patterns in Comparative Religion* (New York, 1958), 316. Jonathan Z. Smith, *To Take Place-Toward Theory in Ritual* (Chicago: The University of Chicago Press, 1987에서 재인용.

람이다. 이것은 4절에서 명확하게 드러나는 대로, 에스겔은 앞으로 자신이 보는 것을 이스라엘 백성들에게 전해야 한다. 에스겔 자신이 하늘과 땅을 잇는 산과 같은 역할을 하는 것이다. 경계선이다.[22)]

5) 성읍 측정 - 공간 생산

하나님은 에스겔을 그곳에 세우신다. 그리고 남쪽을 바라보게 하신다. 이것은 신체를 통해서 방향을 정위하는 것을 보여준다. 신체를 통해서 공간을 지각하는 것이다.

에스겔은 산에 서서 남쪽을 바라본다. 이것은 그가 자신의 신체를 중심으로 방향정립하는 것을 보여준다. 그가 서 있기 때문에 공간을 인식하고 공간을 규정하고 공간을 규명하는 것이다. 그렇기 때문에 이것이 천상적인 이데아로 볼 수 없는 것이다.

에스겔은 그곳에서 남쪽을 바라보는데, 남쪽에 성읍 같은 것(케미브네-이르)이 보였다. 히브리어로 '케미브네-이르'는 여기에만 나오는 용어인데, 미브네는 바나에서 파생한 명사로서, 건물이나 구조를 가리킨다. 그러니까 성읍의 건물 또는 성읍처럼 형성된 어떤 것을 보았다는 것이다. 개역성경은 "성읍 형상 같은 것"이라고 번역하는데, 새번역은 "성읍 비슷한 건축물"이라고 번역한다. 새번역이 더 나은 것 같다.

그런데 왜 성읍이라고 하지 않고 성읍 같은 것이라고 했을까? 에스겔은 1장에서 이미 신적 환상을 묘사하면서 '~같다'라는 표현을 자주 사용했다. 이것은 그런 형상이지만, 실제로 그것이 아닌 것을 가리킨다. 그러니까 성읍 형태 비슷하지만 실제로는 아니라는 것이다. 그런

22) Thorleif Boman, *Das hebraische Denken im Vergleich mit dem griechischen*, 허혁 옮김, 《히브리적 사유와 그리스적 사유의 비교》(왜관: 분도출판사, 1975, 1982), 186.

데 에스겔이 가서 보는 것은 성읍이 분명하고, 거기서 성전 건물들도 발견한다. 이런 점에서 이것을 어떻게 해석해야 할 것인지 문제이다. 그런데 이것은 다이어그램에 가깝다.[23)]

에스겔은 높은 산 위에서 그것을 바라본다. 모세가 비스가 산에서 자신은 들어갈 수 없는 가나안 땅을 바라보듯이 그렇게 남쪽을 바라본다. 거기에는 성읍 같은 것이 있다. 하나님은 에스겔을 그곳으로 데려가신다. 그곳에는 한 사람이 있었는데, 그 사람이 에스겔을 맞이한다. 그는 놋같이 빛나는 사람이다. 이것은 에스겔서 1장 26-28절을 연상케 한다.

1장은 "사람 같다"라고 했는데, 40장은 사람이라고 한다. 이런 차이점이 있지만 둘이 비슷한 것은 분명하다. 그러나 이 사람이 누구인지는 알 수가 없다. 그는 대문에 서 있었는데, 대문을 통해서 안으로 들어가려는 것을 암시한다. 화자는 그의 손에 들린 것에 주목한다. 그는 두 가지를 들고 있었다. 하나는 삼으로 꼬아 만들 줄자이고, 다른 하나는 측량하는 막대기이다. 독자들은 그 사람이 무엇인가를 측량할 것임을 짐작할 것이다.

그 사람은 에스겔을 "인자"로 부른다. 이런 점에서 이 사람은 에스겔이 본 하나님의 영광과 연관을 갖는다. 그 사람은 측량하기 전에 에스겔에게 말한다. 그 사람은 에스겔에게 어떻게 할 것을 알려 주고,

---

23) "이렇게 다이어그램은 형상을 주지만 아직 형상화된 것이 아니며, 사실의 가능성을 그려낼 뿐 회화적 사실을 그려내지는 못한다. 또한 다이어그램은 구체적인 형태도, 재현적인 형상도 아니다. 그것은 또한 의미화되지 않고 개체적이지도 않다. 추상적 기게로시의 다이어그램은 차라리 비의미화적이고 선-개체적이고 비개념적이고 비인격적이다. 그것은 잠재적 차원과 들뢰즈-시봉동(Gilbert Simondon, 1924-89)적인 의미에서 선험적 장 위에 위치한다. 그래서 흔적들 또는 얼룩들, 선들, 영역들의 작동적 전체로서 다이어그램은 특이성의 위상적 관계를 '암시하는' 기능만 갖는다"[장용순, 《현대 건축의 철학적 모험 01 위상학》(파주: 미메시스, 2011), 99].

그리고 그곳으로 데려온 까닭을 알려 준다. 에스겔을 그곳으로 데려온 까닭은 무엇인가를 보여주기 위해서이다. 그리고 에스겔은 그 본 것을 이스라엘 사람들에게 알려 주어야 한다. 그 사람은 자신이 에스겔에게 보여주는 것을 눈으로 보고 귀로 듣고 마음으로 생각하라고 지시한다. 에스겔은 산 위에서 남쪽에 있는 성읍 비슷한 건축물을 보았다. 그리고 그곳으로 가서 대문에서 어떤 사람을 만난다. 그리고 그것을 유심히 살펴서 이스라엘 사람들에게 알려 주라는 지시를 받는다.

여기에 대해서 43장을 보면, 하나님은 이스라엘로 하여금 바르게 살게 하기 위해서 성전을 측량하게 한다는 것이다. 40장 5절부터 실제로 성전을 측량하기 시작한다. 그런데 3절에서는 분명히 측량하는 사람이 삼줄과 장대를 갖고 있었다고 했는데, 5절에는 장대만을 언급한다. 그런데 그 장대의 길이를 말하는 게 특이하다. "그 길이가 팔꿈치에서 손가락에 이르고 한 손바닥 너비가 더한 자로 여섯 척이라."

장대 길이를 인체와 관련해서 이야기하는 것이다. 우리가 규빗이라고 하는 것은 히브리어로 암마인데, 이것은 팔 길이에서 비롯한다. 그러니까 측량의 기준이 신체 부위라는 것이다. 이런 점에서 신체는 공간을 방향정위하고 측량하는 데 있어서 매우 중요한 의미를 갖는다.[24] 그 사람이 삼줄과 측량 장대를 들고 성전을 측량하는 행위는 이 예언이 갖는 역동성을 부각시킨다.[25] 자를 들고 성전 건축 자리를

---

24) "이 지각공간에서 나는 나에게 지각되는 대상으로서 나의 물리적 몸을 발견하는데, 이제 이 물리적 몸이 점유하고 있는 위치를 중심으로 상하좌우를 지각하는 것이다"[이종관, 《공간의 현상학, 풍경 그리고 건축-과학 건축 현상학의 심층횡단을 통한 인간의 미래 거주 방향 모색》(서울: 성균관대학교 출판부, 2012), 116].

25) "이처럼 하이데거에게 공간 개념은 명사가 아니라 동사이다. 이런 점에서 공간의 역동성은 존재 자체의 역동적인 '비은폐성'(Unverborgenheil)과 관련을 지니고 있다"(강학순, 《존재와 공간》, 125).

측량하는 것은 구약성경에는 에스겔서와 스가랴서 2장 1-5절에만 나오지만, 고대근동문헌에는 빈번하게 나타난다.[26)]

이런 점에서 에스겔의 측량은 고대 근동의 건축기사에서 측량을 예비하는 관례와 밀접하게 대응한다. 건축계획의 유형에 따라서, 측량은 이 기사들에서 각기 다른 목적을 갖는다. 새롭게 건설된 궁전을 측량할 때는 왕의 업무의 위대함을 보여준다. 성전의 경우는 다른데, 측량은 신적 계시를 통해서 계시된 원래 토대 위에 왕이 성공적으로 건설했음을 보여준다.[27)]

실제 측량은 5절부터 시작한다. 화자는 측량하는 사람을 따라가면서 그 장소들을 상세하게 묘사한다. 그가 무엇을 측량하는지 그 수치를 상세히 기록한다. 건물들과 그 구조를 측량한다. 이것은 공간을 몸으로 직접 체험한다는 점에서 단순히 설계도를 통해서 공간을 구성하고 체험하는 것과는 전혀 다르다. 이것은 '넵스키 프로젝트'를 떠올리게 한다.

> "오늘날 두 발로 직접 걸으면서 둘러보는 넵스키 프로스펙트[28)]는 그렇게 함으로써 드러나는 현재 상태에서, 그것의 주변은 어떻게 설비되어 있는지, 러시아를 대표하는 공적 공간인 그것과 사람들이 어떻게 '교류하는지' 등을 잘 보여준다."[29)]

---

26) Victor Hurowitz, *I Have Built You an Exalted House-Temple Building in the Bible in Light of Mesopotamian and North-West Semitic Writings* (Sheffield: Sheffield Academic Press, 1992), 326.

27) Margaret S. Odell, *Ezekiel*, 489.

28) '넵스키 프로스펙트'는 '넵스키 대로'를 가리킨다.

29) Stephan Günzel, *Topologie-Zur Raumbeschreibung in den Kultur und Medienwissenschaften*, 이기홍 옮김, 《토폴로지-문화학과 매체학에서 공간 연구》(서울: 에코리브르, 2010), 45f.

성전 바깥담에 대해서 언급만 하고 동쪽 문으로 들어가는데, 42장 15절을 보면, 성전을 다 측량한 다음 동쪽 문으로 나와서 그 담을 마지막으로 측량한다. 그런데 방향이 동쪽, 북쪽, 남쪽, 서쪽 담 순서로 측량한다. 그리고 이렇게 말한다. "그 담은 거룩한 것과 속된 것을 구별하는 것이더라"(겔 42:20). 이것을 새번역은 "그 담은 거룩한 곳과 속된 곳을 갈라놓았다"로 번역하는데, 이것이 더 적합한 것으로 보인다. 담은 구분하는 것이다. 이것은 거룩한 곳의 생성을 의미한다. 이것은 45장 1-8절에서 더 명확하게 나타난다. 경계를 설정하는 것은 장소를 생성하는 데서 매우 중요한 기능을 한다. 경계는 한계(limit)를 가리키는데, 한계는 장소를 만들어내는 강력한 힘을 갖는다.[30]

6) 야훼 삼마 - 해체 그리고 미래 거주 공간의 생성

성전 측량을 마친 다음, 그러니까 서쪽 담을 측량한 다음 다시 동쪽을 향하는 문으로 온다. 여기서 에스겔은 하나님의 영광을 다시 본다. 하나님의 영광이 동문을 통해서 성전으로 들어가고, 에스겔은 영에 이끌려서 안뜰로 들어가는데, 주의 영광이 성전에 가득했다. 이것은 하나님의 거주를 표현하는 매우 상징적인 것이다. 하나님의 거주하심이 43장 6-9절에서 명확하게 나타난다.

겔 43:6-9 성전에서 내게 하는 말을 내가 듣고 있을 때에 어떤 사람이 내 곁에 서 있더라 그가 내게 이르시되 인자야 이는 내 보좌의 처소, 내 발을 두는 처소, 내가 이스라엘 족속 가운데에 영원히 있을 곳이라 이스라엘 족속 곧 그들과 그들의 왕들이 음행하며 그 죽은 왕들의

30) Edward S. Casey, *The Fate of Place–A Philosophical History* (Berleley: University of California Press, 1997), 202.

시체로 다시는 내 거룩한 이름을 더럽히지 아니하리라 그들이 그 문지방을 내 문지방 곁에 두며 그 문설주를 내 문설주 곁에 두어서 그들과 나 사이에 겨우 한 담이 막히게 하였고 또 그 행하는 가증한 일로 내 거룩한 이름을 더럽혔으므로 내가 노하여 멸망시켰거니와 이제는 그들이 그 음란과 그 왕들의 시체를 내게서 멀리 제거하여 버려야 할 것이라 그리하면 내가 그들 가운데에 영원히 살리라

에스겔서 40-48장은 전체적으로 공간을 확정하는 것, 즉 공간을 생산하는 것에 주목한다. 그들이 생산하는 공간은 삶의 공간이다. 제비를 뽑아서 땅을 나누는 것은 고대 이스라엘에서 오랜 전통이다. 그들은 제비 뽑아서 땅을 각 지파들에게 분배했다. 일종의 계획국가를 만들려는 것이다. 모든 사람들이 일정한 땅들을 받아서 그것을 기업으로 삼아 살게 했다(레위인들을 위한 땅 분배에 대해서는 민 35:1-8을 보라). 구체적인 땅 분배는 48장 8-35절에 나온다.

그런데 여기서 중요한 것은 왕에게 땅을 주어 그것으로 왕가의 기업을 삼게 하라는 것이다. 즉 왕에게도 기업을 주어야 한다는 것이다. 그렇게 해야 "나의 왕들이 내 백성을 압제하지 아니하리라"고 말한다(겔 45:8). 이것은 왕들이 백성들을 압제하고 그들의 땅, 즉 양도할 수 없는 '기업'을 빼앗은 것을 암시한다. 이것은 인간이 기본적으로 누리며 살 권리를 빼앗는 심각한 범죄이다. 그런데 왕을 비롯한 권력자들은 그런 짓들을 끊임없이 저질렀다. 그렇기 때문에 하나님은 왕이 백성들을 압제하지 않도록 조치를 취하신다.

본문에는 왕에 대한 언급이 지속적으로 나온다. 비록 부정적이기는 하지만 43장 7절과 9절에 왕을 언급하고, 44장 3절에도 언급한다. 그리고 45장 7절과 8절, 9-17절, 22절, 46장 2, 4, 8, 10, 12, 16-18절에도 언급한다. 이러한 빈번한 언급은 왕이 이스라엘 사회에서 매우 중요한

역할을 했음을 알려준다. 본문은 왕의 현실적 권위를 인정하면서, 동시에 왕이 탈법을 자행해도 무방한 무소불위의 권세를 갖는 것이 아님을 명시한다. 그들 역시 하나님 앞에서는 백성에 불과하다.

그리고 이방인에게도 땅을 분배하는데, "이방인은 비록 공간적으로는 우리들 속에 있지만 이데올로기적 · 정치적 · 윤리적으로는 다른 세계에 속하는 것으로 분류된다"[31]는 일반적인 인식을 깨뜨리는 파격이다.

이렇게 땅을 나누는 것은 사람들에게 기본적인 생활 여건을 마련해 주는 동시에, 그가 누릴 삶의 한계를 정해 주는 것이기도 하다. 그리고 그것을 결코 넘어서지 않게 한다. 모든 땅을 지파별로 가족별로 다 나누어 주었는데, 그래서 남은 땅이 없는데, 자기 영역을 넘어서 더 가지려는 것은 다른 사람 땅을 빼앗는 일이기 때문이다. 그것은 인간의 기본적인 삶을 파괴하는 범죄행위이다. 권력자들은 특히 이것을 명심해야 한다(겔 46:18도 보라).

그런데 땅 나누는 과정에서 가장 중요한 것은 거룩한 구역을 정하는 일이다. 그리고 그 거룩한 구역에 성소를 둔다. 성소는 지극히 거룩한 곳이다. 그 거룩한 구역을 중심으로 왕과 이스라엘 백성들에게 땅을 나누어 준다. 이것은 이스라엘 백성들이 무엇을 중심 삼아 살아야 하는지를 보여준다. 왕궁이 중앙에 있는 것이 아니다. 성소가 중앙에 위치한다.

그런데 여기서 말하는 것은 일종의 시뮬라크르이다. 이런 점에서 다음의 말은 의미를 갖는다.

---

31) Markus Schroer, *Räume, Orte, Grenzen–auf dem Weg zu einer Soziologie des Raums*, 정인모·배정희 옮김, 《공간, 장소, 경계–공간의 사회학 이론 정립을 위하여》(서울: 에코리브르, 2010), 333.

"보드리야르가 보기에 건축은 오히려 허구의 건축이다. 그것은 우리가 존재한다고 믿는 허구적 세계, 가상의 질서, 믿음을 구축해 주는 것이다. 그러므로 견고한 사물로서 건축은 동시에 신기루이기도 하다."[32)]

그것은 시뮬라크르이지 현실 공간에 물리적으로 존재하는 것이 아니다. 그래서 야훼 삼마는 도래할 거주함이다.

"하이데거가 쓴 대로 '공간은 공간화한' 시대 속에서, 시대에 의해 무엇이 공간화하는가? 이미 공간화된, 공간의 점들이 아니라, 언제나 도래하고 언제나 사라져 가는 시간의 '현재들' 이외에 아무것도 아닌 시간성의 점들이 공간화한다. 그 공간화(그것은 그 자체로 어떤 시간적 작용이며, 여기서 공간과 시간은 서로 얽혀 있으며, 시간 공간에 대한 철학적 모델들 중 하나를 따라서 더 이상 사유될 수 없다)는 시간의 연속적인 현재에 따라 시간을 공간화하면서 시간 자체를 공간화한다. 이는 어떤 것이 '도래한다'는 것을 말한다. 도래한다는 것은 흐른다는 것도 현전한다는 것도 아니다. 도래는 현재와 현재 사이에서, 흐름과 흐름 사이에서 도래한다."[33)]

우리가 지금까지 살펴본 것은 실재하는 것이 아니다. 현재가 아닌 미래에 일어날 일을 말하기 때문이다. 하나님은 새 이스라엘을 세우실 것이다. 그리고 그 중앙에 성전을 만들고, 동문을 통해서 성전으로 들어가실 것이다. 성전과 예루살렘을 떠나셨던 하나님이 귀가하시는

---

32) Jean Beaudrillard, Jean Nouvel, *Les Objets Singuliers-Architecture et philosophie*, 배영달 옮김, 《특이한 대상-건축과 철학》(서울: 동문선, 2003), 146.

33) Jean-Luc Nancy, *La Communaute Desoeuvree*, 박준상 옮김, 《무위의 공동체》(고양: 도서출판 인간사랑, 2010), 226.

것이다. 하나님은 자신이 귀가하신 동문을 영구히 닫게 하심으로 다시는 이스라엘을 떠나지 않으실 것을 다짐하신다. 그러면서 하나님은 이스라엘로 하여금 자신들이 저지른 죄를 부끄럽게 여기게 하고 새로운 삶을 시작하게 하실 것이다. 하나님이 원하시는 새 이스라엘은 먼저 제단을 세우고 하나님께 제사하는 공동체이며, 성전을 거룩하게 유지하기 위해 최선을 다하고, 거룩한 구역을 설정하고 그 중앙에 성전을 세우고, 모두가 '기업'을 갖고, 군주의 주관 아래 절기들을 거룩하게 지키는 공동체이다. 이스라엘은 그런 미래를 염원했다. 그들의 미래는 '하나님의 귀가'로 시작한다.

이런 점에서 야훼 삼마는 일종의 코라이다.[34] 그리고 야훼 삼마는 새 예루살렘이 아니다. 야훼 삼마는 예루살렘과는 다르다. 이런 점에서 에스겔은 예루살렘을 해체한다. 에스겔의 성전 건축은 해체적 작업이다. 예루살렘을 해체하고 야훼 삼마를 세우고, 솔로몬 성전을 해체하고 새로운 성전을 짓는 행위이다.[35]

---

34) "데리다의 설명에 의하면 코라는 일반적인 장소, 주거, 거주지, 우리가 살고 있는 곳이나 나라 등 그리스어로 여러 가지 다양한 의미의 '장소'를 뜻하는 것이자 장소가 있기 위한 시간적 공간적 간격(interval)과도 무관하지 않다. 영속적인 형상(eidos)과 그것의 감각적인 사본 외에 제3의 유(genos)가 있는데, 바로 이것이 그 위에 이 모든 것들이 각인되어 있는 장소인 코라이다. 비어 있는 듯 보이지만 비어 있는 것은 아니고 감각적인 세계라는 의미에서 일시적인 것도, 형상이라는 의미에서 영속적인 것도 아니다. 다시 말해 플라톤의 존재론에서 그것은 무어라 설명하기 힘든 이질적인 것이자 결정된 바로서의 장소(topos)와도 다르다. 모든 것들이 자리 잡을 수 있고 (또는 발생할 수 있고) 각인될 수 있는 틈새(spacing)로서, 그것은 모든 것을 받아들이고 모든 것에 장소를 주지만 이렇게 받아들여지고 새겨지는 것들을 또한 자동적으로 지워 버리고 마는, 모든 것으로부터 낯설고 외부적인 장소이다"[봉일범, "잠재성의 차원", 《건축-지어지지 않은 20세기》(서울: 시공문화사, 2009), 13f].

35) "이로써 우리는 전통적인 의미에서의 건축의 시간이 본질적으로 미래와 관련된 혹은 미래지향일 수밖에 없는 생성의 시간, 차이화의 시간, 즉 잠재성의 시간과 배치되어 있었음을 비로소 깨닫게 된다. 이 말은 우리가 잠재성의 개념을 건축에 받아들인다면 그것이 곧 건축의 잠재성이 과거가 지배하는 역사

"차연[36]은 현재의 계속되는 구조적 과정의 조건이며, 그런 과정의 요소들은 그들의 구별에 의해 그들이 재현하는 실재로부터의 이동(removes), 거리(distance), 간격(intervals)과 그들이 흔적(traces)을 생각하게 되는 재현의 이전 행위들에 의해 상호연관이 된다. 이런 상호행위들, 차이 · 지연 · 흔적들은 텍스트로부터의 모든 궁극적 불변의미들을 제거시킨다. 그럼으로써 이제 텍스트나 예술작품은 필연적 의미로부터 자유로워지고 새로운 것을 창조하게 된다."[37]

해체를 통한 차이의 발생, 차이의 거주함, 차이의 건축함. 이것이 결국 에스겔서 40-48장, 특히 야훼 삼마가 갖는 의미이다.

7) 마침 글

우리는 지금까지 하이데거가 말하는 거주하기와 건축하기의 개념을 통해서 에스겔서 40-48장을 살펴보았다. 본문은 새로운 이스라엘, 옛 이스라엘을 해체하는 차이로서의 새로운 사회를 말하며, 새로운 공간을 생성하는 역동적인 모습을 보여준다. 회복과 구원의 예언은 새로운 공간생성을 가리킨다. 하나님은 거주케 하시고 건축하시는 분이다.

의 시간 또는 역사성의 시간에 맞서는 미래의 시간과 밀접하게 관련된다는 사실을 인정하는 것이라는 뜻이다. 잠재성의 시간은 역사, 과거에 묶여 있는 시간이 아니라 기본적으로 미래의 시간이며, 그러므로 존재는 '역사에 속하지 않는' 생성들로 이루어진다"[복일범, "잠재성의 차원", 《건축-지어지지 않은 20세기》(서울: 시공문화사, 2009), 71].

36) '차연'(Différance, 差延)은 프랑스 철학자 자크 데리다가 '지연시키다'(to defer)와 '차이 짓다'(to differ)라는 두 단어를 결합해서 만든 신조어이다.

37) 김원갑 편저, 《건축과 해제》(서울: 도서출판 세진사, 2000), 22.

겔 36:33-36 주 여호와께서 이같이 말씀하셨느니라 내가 너희를 모든 죄악
에서 정결하게 하는 날에 성읍들에 사람이 거주하게 하며 황폐한 것이
건축되게 할 것인즉 전에는 지나가는 자의 눈에 황폐하게 보이던 그
황폐한 땅이 장차 경작이 될지라 사람이 이르기를 이 땅이 황폐하더니
이제는 에덴 동산같이 되었고 황량하고 적막하고 무너진 성읍들에
성벽과 주민이 있다 하리니 너희 사방에 남은 이방 사람이 나 여호와가
무너진 곳을 건축하며 황폐한 자리에 심은 줄을 알리라 나 여호와가
말하였으니 이루리라

■ 참고문헌

강학순, 《존재와 공간 - 하이데거 존재의 토폴로지와 사상의 흐름》, 서울: 한길사, 2011.

김원갑 편저, 《건축과 해제》, 서울: 도서출판 세진사, 2000.

봉일범, "잠재성의 차원", 《건축 - 지어지지 않은 20세기》, 서울: 시공문화사, 2009.

장용순, 《현대 건축의 철학적 모험 01 위상학》, 파주: 미메시스, 2011.

정기용, 《사람 · 건축 · 도시》, 서울: 현실문화연구, 2009.

Beaudrillard. J. & Jean Nouvel, *Les Objets Singuliers-Architecture et philosophie*, 배영달 옮김, 《특이한 대상 - 건축과 철학》, 서울: 동문선, 2003.

Boman, T., *Das hebraische Denken im Vergleich mit dem griechischen*, 허혁 옮김, 《히브리적 사유와 그리스적 사유의 비교》, 왜관: 분도출판사, 1982.

Brinkman, J., *The Perception of Space in the Old Testament-An Exploration of the Methodological Problems of its Investigation, Exemplified by a Study of Exodus 25 to 31*, Kampen: Kok Pharos Publishing House, 1992.

Casey, E. S., *The Fate of Place-A Philosophical History*, Berleley: University of California Press, 1997.

Clifford, R. J., *The Cosmic Mountain in Canaan and the Old Testament*, Eugene: Wipf and Stock Publishers, 1972.

George, M. K., *Israel's Tabernacle as Social Space*, Atlanta: Society of Biblical Literature, 2009.

Giedeon, S., Space, *Time and Architecture-The Growth of a New Tradition*, 김경준 옮김, 《공간 · 시간 · 건축》, 서울: 시공문화사, 2013.

Günzel, S., *Topologie-Zur Raumbeschreibung in den Kultur und Medienwissenschaften*, 이기홍 옮김, 《토폴로지 - 문화학과 매체학에서 공간 연구》, 서울: 에코리브르, 2010.

Heidegger, M., *Vorträger und Aufsätze*, 이기상 · 신상희 · 박찬국 옮김, 《강연과

논문》, 서울: (주)이학사, 2011.

Hurowitz, V., *I Have Built You an Exalted House-Temple Building in the Bible in Light of Mesopotamian and North-West Semitic Writings*, Sheffield: Sheffield Academic Press, 1992.

Nancy, ean-Luc., *La Communaute Desoeuvree*, 박준상 옮김, 《무위의 공동체》, 고양: 도서출판 인간사랑, 2010.

Norberg-Schulz, C., *Architecture: Meaning and Place*, 이정국 · 진경돈, 《건축의 의미와 장소성》, 서울: 시공문화사, 2000.

Odell, M. S., *Ezekiel*, Macon, George: Smyth & Hewlys Publishing, 2005.

Rawes, P., *Irigaray for Architects*, 국현이 · 장정제 · 박보라 옮김, 《건축가를 위한 이리가라이》, 서울: 시공문화사, 2010.

Schroer, M., *Räume, Orte, Grenzen-auf dem Weg zu einer Soziologie des Raums*, 정인모 · 배정희 옮김, 《공간, 장소, 경계 - 공간의 사회학 이론 정립을 위하여》, 서울: 에코리브르, 2010.

Smith, J. Z., *To Take Place-Toward Theory in Ritual*, Chicago: The University of Chicago Press, 1987.

Werlen, B., *Sozialgeographie-Eine Einfüring*, 안영진 옮김, 《사회공간론 - 사회지리학 이론 발달사》, 서울: 한울아카데미, 2003.

13. 예언과 미래

> "여기서 미래는 시간의 흐름 속에서 우리에게 다가오는 '아직-지금이-아님'이 아니라, 터 있음이 자기에게-다가오는 과정에서 스스로를 근원적으로 열어-밝히는 개시성이다. 따라서 미래는 곧 열어-밝히며 출현하는(피어나는) 차원인 것이다."[1)]

우리는 '먼 나라' 이야기를 하려고 한다. 그 먼 나라는 시간적으로 '먼' 곳에 있는 공간적인 '나라'이다. 사람들이 간절히 기다리고 기다리지만 이루어질 날이 멀기만 한 그런 나라를 말한다. 이루어 보기 위해서 애쓰고 또 애쓰지만, 그래서 간혹 아주 간혹은 손에 닿을 것 같은 때도 있지만 언제나 저만치에, 멀지 않은 것 같아도 실제로는 까마득한 거리에 있는 나라. 그래서 '없는 나라'(유토피아)[2)]라고 부르는 그 '먼 나라'에 대해서 이야기하려고 한다.[3)] 그 나라는 시공간적으로

---

1) F. -W. von Herrmann, *Interpretationen zu "Sein und Zeit": Subjekt und Dasein*, 신상희 옮김, 《하이데거의 존재와 시간을 찾아서》(서울: 한길사, 1997), 124f.

2) '유토피아'에 대해서는 자세하게 설명하지 않았는데, 나는 유토피아를 '역경의 시대에서 고난당하는 사람들이 염원하는 세상'으로 단순하게 정의하려고 한다.

3) '유토피아'를 '역경의 시대에서 고난당하는 사람들이 염원하는 세상'이라고 규정했을 때, 이것은 고난당하는 현실 속에서 좌절하지 않고 미래에 대해서 갖는 기대와 희망, 즉 미래대망사상으로 정의되는 넓은 의미의 '종말론'과 연결된다. 종말론에 대해서 내가 쓴 글들이 있다. 대한예수교장로회총회교육부 편, 《21세기와 예수 그리스도》(서울: 한국장로교출판사, 1995), 107-128쪽에 실린 '묵시사상에 비춰 본 21세기'[이 글은 이종록, 《새로운 엑소더스를 향하여》(서울: 한국장로교출판사, 1997), 568-590쪽에 '묵시'라는 제목으로 실려 있다]와 대한

먼 곳에 있지만 결국 시공간적으로 우리에게, 이 세계 속으로 들어와서 자신을 열어 보여줄 것이다.

> "공간이 주관 안에 있는 것도, 세계도 공간 안에 있는 것도 아니다. 오히려 공간은 현존재에게 구성적인 세계-내-존재가 공간을 열어 밝힌 이상, 세계 '안에' 있는 것이다. 공간이 주관 안에 위치하고 있는 것도 아니고, 주관이 세계를 '마치' 이 세계가 하나의 공간 안에 있듯이 관찰하고 있는 것도 아니고, 오히려 존재론적으로 잘 이해된 '주체', 즉 현존재가 공간적인 셈이다. 그리고 현존재가 여기에서 기술된 방식으로 공간적이기 때문에, 공간이 스스로를 선험적 토대로서 내보여주고 있는 것이다."[4]

그런데 "엑소더스와 유토피아"라는 제목으로 구약성경에 나타난 유토피아 사상을 이야기하면서 먼저 꼭 하고 싶은 말이 있다. 여기서 말하는 것들은 내가 바라는 세상, 즉 내 자신이 바라는 유토피아가 아니라는 것이다. 나는 나 자신의 유토피아를 말할 자격이 없다고 생각한다. 왜냐하면 나는 지금보다 더 좋은 세상을 바랄 만큼 그렇게 절망적인 상황에 놓여 있지 않다. 지금 내 주변에는, 가까운 주변이 아니라고 해도 우리가 사는 이 세상에는 정말 새로운 세상이 와야만 목숨이나마 유지할 수 있는 사람들이 많다. 인류 역사를 보아도, 그렇게 험하게 살았던 사람들이 있었다. 그들과 비교해 보면, 나는 그렇게 험악한 세상을 살아오지도 않았고, 지금 그렇게 살고 있지도 않다. 이 험난하다는 경제난국 상황에서도 나는 어느 정도 삶을 유지하고

예수교장로회총회교육부 편, 《끝날까지 함께하시는 그리스도》(서울: 한국장로교출판사, 1997), 191-224쪽에 실린 '끝날에 관한 묵시문학적 이해'.

4) Martin Heidegger, *Zein und Zeit*, 이기상 옮김, 《존재와 시간》(서울: 까치글방, 2007), 156f.

있다. 물론 그렇다고 해서 내가 이상적인 세상을 사는 것은 결코 아니다. 나에게도 바라는 것들도 있다. 내가 바라고 꿈꾸는 세상이 있다.

그럼에도 불구하고 나는 나 자신의 유토피아를 말할 자격이 없다. 내가 나 자신의 유토피아를 말한다는 것은 진정 유토피아를 갈구하는 사람들의 입장에서 보면, '당신들의 천국'쯤 되는 것이다. 그래서 유토피아를 말한다면, 나는 나 자신의 유토피아가 아니라 다른 사람들의 유토피아를 말해야 한다. 그들의 유토피아, 언제일지 모르는 먼 미래의 유토피아를 말해야 하는 현재 그들의 고통을 이야기해야 한다. 유토피아를 논하는 사람들은 유토피아를 이야기하기 전에 이런 질문을 해보아야 한다고 나는 생각한다. 과연 유토피아란 무엇일까? 누가 유토피아를 말하는가? 왜 유토피아를 말하는가? 나에게 유토피아는 무엇인가? 수많은 사람들이 다치고 죽는 그 참혹한 전쟁의 시대를 살던 사람들에게는 다른 것은 고사하고라도 총소리만 안 나도 천국이었을 것이다. 굶주리는 사람들은 하루 세 끼를 다 배불리 못 먹어도 끼니를 거르지 않는 것만 해도 그것이 천국이었을 것이다. 예수 믿는다고 잡혀서 갖은 고문을 당하고 부모와 자식, 형제, 친척들이 죽어가는 것을 지켜보다 결국 자신도 죽어야만 했던 사람들에게는, 십자가가 즐비하고 아무런 제약 없이 예수 믿는 이 세상이 바로 천국이었을 것이다. 어찌 보면 그들이 원하는 것은 매우 소박했다.

유토피아는 어느 정도 살 만한 사람들이, 아니 정말 잘사는 사람들이 지금보다 더 갖기를 원하고 더 잘살기를 원하는 그런 탐욕의 세상이 아니다. 이 세상에는 우리 정도만 살아도 그것이 유토피아라고 생각하는 사람들이 있다. 그런데 최소한 나는 굶지도 않고, 죽을 위험에 처해 있지도 않고, 예수 믿는다고 잡혀 죽을 지경에 있지도 않다.

그러니 나는 나 자신의 유토피아를 말할 자격이 없다. 그렇기 때문에 유토피아를 이야기해야 한다면 '그들의 유토피아'를 말할 수 있을 뿐이다. 그러면서 내가 너무 쉽게 유토피아를 말하는 것은 아닌지 염려스럽고, 내 글이 현실적인 실천의 삶이 결여된 채 허공만을 울리는 학자의 허튼소리일지도 모른다는 생각에, 진정 유토피아를 갈망했던 사람들, 지금도 갈망하는 사람들에게 죄스러움을 금치 못한다. 이런 심정으로 이 글을 쓴다.

사람들마다 바라는 것이 같을 때도 있으나 다를 때도 있듯이, '먼 나라'에 대한 생각도 그럴 것이다. 여기서는 다른 사람들이 아닌 고대 이스라엘 사람들이 살아 보기를 원했던 나라, 다시 말하면 구약성경에 나타나는 유토피아 사상을 이야기하려고 한다. 고대 이스라엘 사람들은 어떤 세상에 살기를 원했을까? 그들이 바랐던 이상적인 나라는 어떤 나라였을까? 그들은 왜 그런 나라를 소망했을까?

다른 주제들도 마찬가진데, 고대 이스라엘 사람들은 자신들의 유토피아 사상을 체계적으로 정리해 놓지 않았기 때문에, 구약성경의 유토피아 사상을 말하려면 구약성경 전체에서 유토피아 사상을 담은 본문들을 찾아내고, 그것들을 체계적으로 정리해야만 한다. 그런데 부분적으로 묘사해 놓은 것들을 하나로 모은다고 해서, 그것이 고대 이스라엘 사람들이 바라던 나라 모습이 되는 것은 아니라는 사실을 알아야 한다. 구약성경에는 하나의 통일된 이상 국가 모습이 묘사되어 있지 않다. 그러니 결국 우리는 구약성경의 유토피아 사상에 대해서 단편적인 것들만을 알 수밖에 없다. 그렇기 때문에 그 단편적인 것들을 모아서 하나로 어설프게 묶어내느니, 차라리 그 가운데서 핵심적인 것 한 가지를 택해서 그것을 중심으로 하고, 필요하면 다른 것들을 곁가지로 덧붙여서 이야기하는 방식이 좋을 듯하다.

그러면 우리 이야기의 핵심을 무엇으로 정하는 것이 좋을까? 내가 보기에, 구약성경에서 중요한 주제 가운데 하나가 '엑소더스'('엑소더스' 하면 대다수는 출애굽을 떠올리겠지만, 이스라엘 백성들의 장소이동, 특히 약속의 땅으로의 장소이동으로서의 엑소더스는 출우르, 출하란, 출애굽, 출모압, 출앗수르, 출바벨론으로 나타난다)다. 그런데 이 엑소더스가 몇 가지 요소와 결합되어서 유토피아 사상을 나타내는 본문들이 몇 군데 있다. 여기서는 이 본문들을 읽으면서, 제한적이기는 하지만, 구약성경의 유토피아 사상을 살펴보려고 한다. 먼저, 암울한 바벨론 포로기를 살아야만 했던 이스라엘 사람의 글을 읽어 보자(겔 36:16-38, 개역개정판).

16-17 여호와의 말씀이 또 내게 임하여 이르시되 인자야 이스라엘 족속이 그들의 고국 땅에 거주할 때에 그들의 행위로 그 땅을 더럽혔나니 나 보기에 그 행위가 월경 중에 있는 여인의 부정함과 같았느니라
18-21 그들이 땅 위에 피를 쏟았으며 그 우상들로 말미암아 자신들을 더럽혔으므로 내가 분노를 그들 위에 쏟아 그들을 그 행위대로 심판하여 각국에 흩으며 여러 나라에 헤쳤더니 그들이 이른바 그 여러 나라에서 내 거룩한 이름이 그들로 말미암아 더러워졌나니 곧 사람들이 그들을 가리켜 이르기를 이들은 여호와의 백성이라도 여호와의 땅에서 떠난 자라 하였음이라 그러나 이스라엘 족속이 들어간 그 여러 나라에서 더럽힌 내 거룩한 이름을 내가 아꼈노라
22-23 그러므로 너는 이스라엘 족속에게 이르기를 주 여호와께서 이같이 말씀하시기를 이스라엘 족속아 내가 이렇게 행함은 너희를 위함이 아니요 너희가 들어간 그 여러 나라에서 더럽힌 나의 거룩한 이름을 위함이라 여러 나라 가운데에서 더럽혀진 이름 곧 너희가 그들 가운데에서 더럽힌 나의 큰 이름을 내가 거룩하게 할지라 내가 그들의 눈앞에서 너희로 말미암아 나의 거룩함을 나타내리니 내가 여호와인 줄을 여러 나라 사람이 알리라 주 여호와의 말씀이니라
24-28 내가 너희를 여러 나라 가운데에서 인도하여 내고 여러 민족 가운데에서 모아 데리고 고국 땅에 들어가서 맑은 물을 너희에게 뿌려서

너희로 정결하게 하되 곧 너희 모든 더러운 것에서와 모든 우상숭배
에서 너희를 정결하게 할 것이며 또 새 영을 너희 속에 두고 새 마음
을 너희에게 주되 너희 육신에서 굳은 마음을 제거하고 부드러운 마
음을 줄 것이며 또 내 영을 너희 속에 두어 너희로 내 율례를 행하게
하리니 너희가 내 규례를 지켜 행할지라 내가 너희 조상들에게 준 땅
에서 너희가 거주하면서 내 백성이 되고 나는 너희 하나님이 되리라
29–32 내가 너희를 모든 더러운 데에서 구원하고 곡식이 풍성하게 하여
기근이 너희에게 닥치지 아니하게 할 것이며 또 나무의 열매와 밭의
소산을 풍성하게 하여 너희가 다시는 기근의 욕을 여러 나라에게 당
하지 아니하게 하리니 그때에 너희가 너희 악한 길과 너희 좋지 못한
행위를 기억하고 너희 모든 죄악과 가증한 일로 말미암아 스스로 밉
게 보리라 주 여호와의 말씀이니라 내가 이렇게 행함은 너희를 위함
이 아닌 줄을 너희가 알리라 이스라엘 족속아 너희 행위로 말미암아
부끄러워하고 한탄할지어다
33–36 주 여호와께서 이같이 말씀하셨느니라 내가 너희를 모든 죄악에
서 정결하게 하는 날에 성읍들에 사람이 거주하게 하며 황폐한 것이
건축되게 할 것인즉 전에는 지나가는 자의 눈에 황폐하게 보이던 그
황폐한 땅이 장차 경작이 될지라 사람이 이르기를 이 땅이 황폐하더
니 이제는 에덴 동산같이 되었고 황량하고 적막하고 무너진 성읍들에
성벽과 주민이 있다 하리니 너희 사방에 남은 이방 사람이 나 여호와
가 무너진 곳을 건축하며 황폐한 자리에 심은 줄을 알리라 나 여호와
가 말하였으니 이루리라
37–38 주 여호와께서 이같이 말씀하셨느니라 그래도 이스라엘 족속이
이같이 자기들에게 이루어 주기를 내게 구하여야 할지라 내가 그들의
수효를 양 떼같이 많아지게 하되 제사 드릴 양 떼 곧 예루살렘이 정한
절기의 양 무리같이 황폐한 성읍을 사람의 떼로 채우리라 그리한즉
그들이 나를 여호와인 줄 알리라 하셨느니라[5]

5) 이 본문에 대한 자세한 연구는, 이종록, 《용서와 회개–에스겔서에 나타나는 '용서→회개'의 신학과 문학구조에 관한 연구》(서울: 한국학술정보(주), 2007)를 보라.

이 본문에서 우리가 읽어내는 것은 미래다. 희망이다. 그리고 비전이다. 범죄와 심판과 황무함의 시대를 넘어서, 회개와 구원과 풍요의 시대로 나아가려고 몸부림치는 사람들의 이야기다. 미래에 대한 희망으로 현재의 절망을 이겨내려는 이야기다. 미래에 대한 비전으로 현재의 암담함을 벗어내려는 이야기다. 아니 인간들이 그렇게 하는 것이 아니고, 하나님께서 그렇게 해주시겠다는 약속이다.

본문을 보면, 21절과 22절에서 구분되는 것을 알 수 있다. 16절은 전체 도입구이고, 17절부터 21절까지는 이스라엘 백성들이 과거 범죄로 인해서 이방 땅에서 포로생활을 하는 것을 말한다. 그리고 22절부터는 하나님이 이스라엘 백성을 구원하시겠다는 내용이다.

이스라엘 백성들은 현재 바벨론에서 포로생활을 하고 있다. 국가가 멸망당하고 사람들이 죽고 성전이 파괴되고 그들이 이처럼 포로로 끌려온 비참한 일이 벌어진 것은 그들이 범한 죄 때문이라고 말한다. 그들이 지은 죄로 인해서 하나님이 그들을 심판하셨는데, 그 결과 하나님의 이름이 수난을 당하는 예기치 않은 결과가 나타났다. 하나님은 더럽혀진 자신의 이름을 지키기 위해서 이스라엘을 포로상태에서 구원하기로, 즉 출바벨론(엑소더스)시키기로 결심하신다. 그러니 이스라엘이 구원받는 것은 그들의 공로와는 전혀 관계가 없다. 이스라엘의 구원은 오직 하나님의 주권적인 사역일 뿐이다(이것이 현실에서 구체적으로 어떻게 나타나는지는 우리가 성경본문을 읽으면서 더 살펴보아야 하지만, 이스라엘은 모든 것이 하나님의 주권적인 사역이라고 고백한다).

본문을 더 읽어 보면, 이스라엘을 엑소더스 시키신 하나님은 그들을 출바벨론 시킨 다음에 그들로 하여금 새로운 사회를 건설하게 하겠다고 말씀하신다. 이렇듯 하나님은 출바벨론이라는 새로운 엑소더스를 말씀하실 뿐만 아니라, 출바벨론 후에 이스라엘을 어떻게 회복시켜 주실 것인지도 말씀하신다. 그렇기 때문에 비록 정밀한 프로그램은 아니지만, 본문에는 출바벨론 후에 이루어질 새 나라, 다시 말해서, 하나님이 이루어 주실 새로운 나라의 모습이 나타난다. 그것은 하나님이 원하시는 것이고, 또 이스라엘 백성들이 바라는 것이다.

이스라엘이 엑소더스 후에 이루어질 것으로 염원하는, 즉 하나님이 이루어 주실 새로운 나라의 모습을 본문에 나타난 대로 정리하면 다음과 같다.

· 사람들의 마음이 변화되어서 하나님의 법도를 온전히 지키는 나라.
· 곡식이 풍성해서 기근이 없는 나라.
· 모든 것이 재건되어서 마치 에덴 동산과 같은 나라.
· 백성들이 양 떼처럼 많은 나라.

하나님은 이런 나라를 만들어 주시겠다고 약속하셨고, 또 바벨론에서 포로생활하던 사람들도 이런 나라를 원했다. 하나님이 이런 나라를 만들어 주시겠다고 약속하시고, 또 그들이 이런 나라를 원했다는 것은 그들이 이것과는 정반대되는 상황에 있었기 때문이다. 그들은 하나님의 법도를 제대로 지키지 못했고, 항상 기근으로 인해서 어려움을 당했고, 반복되는 전쟁으로 인해서 나라가 온통 파괴되었다. 또한 강대국에 비해서 워낙 수가 적은데다가 많은 사람들이 전쟁 통에 죽고, 소수의 사람들이 바벨론에 포로로 끌려와서 황무한 땅을 개간하면서 살아야 했으니 그 심정이 오죽했겠는가? 그들의 소원은 이제는 하나님의 뜻대로 살면서, 곡식이 풍성하고, 모든 것이 다 갖춰져서 에덴 동산처럼 아름답고, 백성들이 초장에 가득한 양 떼처럼 많은 그런 나라를 이루는 것이다. 이러한 나라는 지금 우리가 보기에는 그다지 이상적인 나라로 보이지 않지만, 전혀 그렇지 못한 상황에 있던 이스라엘 백성들에게는 이 정도만 해도 이상적인 국가, 즉 유토피아였다고 할 수 있을 것이다.

이스라엘이 바라는 이상적인 사회, 즉 유토피아가 이사야서 65장에 잘 묘사되어 있다.

사 65:17-25 보라 내가 새 하늘과 새 땅을 창조하나니 이전 것은 기억되거나 마음에 생각나지 아니할 것이라 너희는 내가 창조하는 것으로 말미암아 영원히 기뻐하며 즐거워할지니라 보라 내가 예루살렘을 즐거운 성으로 창조하며 그 백성을 기쁨으로 삼고 내가 예루살렘을 즐거워하며 나의 백성을 기뻐하리니 우는 소리와 부르짖는 소리가 그 가운데에서 다시는 들리지 아니할 것이며 거기는 날수가 많지 못하여 죽는 어린이와 수한이 차지 못한 노인이 다시는 없을 것이라 곧 백 세에 죽는 자를 젊은이라 하겠고 백 세가 못 되어 죽는 자는 저주 받은 자이리라 그들이 가옥을 건축하고 그 안에 살겠고 포도나무를 심고 열매를 먹을 것이며 그들이 건축한 데에 타인이 살지 아니할 것이며 그들이 심은 것을 타인이 먹지 아니하리니 이는 내 백성의 수한이 나무의 수한과 같겠고 내가 택한 자가 그 손으로 일한 것을 길이 누릴 것이며 그들의 수고가 헛되지 않겠고 그들이 생산한 것이 재난을 당하지 아니하리니 그들은 여호와의 복된 자의 자손이요 그들의 후손도 그들과 같을 것임이라 그들이 부르기 전에 내가 응답하겠고 그들이 말을 마치기 전에 내가 들을 것이며 이리와 어린 양이 함께 먹을 것이며 사자가 소처럼 짚을 먹을 것이며 뱀은 흙을 양식으로 삼을 것이니 나의 성산에서는 해함도 없겠고 상함도 없으리라 여호와께서 말씀하시니라(개역개정판)

이것이 바로 이스라엘 백성들이 원하던 세상이었다. 제3이사야가 기록한 이 본문은 기록 연대가 다른 본문들보다 비교적 후대이기 때문에, 구약성경의 다른 구절들에 비해 유토피아를 묘사하는 여러 가지 요소들이 상당히 잘 종합된 느낌을 준다. 특히 25절은 이사야서 11장 6-9절을 요약한 것으로 보인다. 당시 이스라엘 사람들은 본문에 언급된 것들이 아직 이루어지지 않은 상황에서 그것이 조만간 이루어질 것이라는 소망을 갖고 살고 있었던 것으로 보인다. 아니, 본문에 묘사된 것들과는 전혀 다른 상황에서 사는 사람들에게 미래에 대한 소망을 부어 주기 위해서 하나님이 예언자를 통해서 그렇게 말씀하신 모양이다. 이스라엘이 원하는 세상, 하나님이 이루어 주시려는 세상을 하나님은 '새 하늘과 새 땅'으로 표현한다. '새 하늘과 새 땅'이 바로 이스라엘의 유토피아였던 것이다.

그런데 이러한 세상은 미륵경에 나오는 '용화세계' 모습과 크게 다르지 않다. 미륵불이 이 세상에 내려와서 용화세계(龍華世界)를 이룰 것을 말하는 미륵하생경(彌勒下生經)에는 '염부제'(閻浮提)라는 이상향이 나온다.

> "그때에 이 '염부제'의 국토는 평탄하고 쪽 고르며 거울처럼 말쑥하고 깨끗하며 곡식이 풍족하고 인민이 번성하며 온갖 보내가 흔하고 모든 부락이 잇달아서 닭의 소리가 들리느니라. 그때에는 좋지 못한 과일 나무는 다 말라 없어지고 냄새나고 더러운 물건도 다 소멸되며 달고 향기로운 과일나무가 땅에 나타나느니라. 그때에는 기후가 고르고 四시가 조화되며 사람의 몸에는 백 팔 종류의 질병이 없고 욕심, 성냄, 어리석음이 엷어지고 사나운 마음이 없으며 인심이 골라서 다 한뜻과 같으며, 서로 보면 기뻐하고 좋은 말을 주고받으며, 그 말이 통일되어 차별이 없는 것이 마치 '울단월

세계'와 같으니라. 그때에는 이 세상의 인민이 다 고루 잘살아서 차별이 없으며 대소변을 하려 하면 땅이 저절로 열리고 일 마친 뒤에는 다시 합치느니라. 그때에 이 땅 위에 자연생의 벼곡식이 껍질도 없으며 매우 향기롭고 달며, 먹으면 모든 병고가 없느니라. 그리고 금이니 은이니 진주 호박이니 하는 보물이 땅 위에 흩어져 있어도 사람들이 그것을 구경하거나 집어가지 않느니라. 그때의 인민들은 손에 이런 보배를 들고 서로 말하기를 '옛사람들은 이따위 물질로 말미암아 서로 빼앗고 도둑질하다가 옥에 잡혀 가두키어 고통을 받았다는데, 이제는 자갈돌과 같이 여기어 사람들이 따로 지키고 보호하지 않는도다'라고 하느니라."[6)]

비록 종교는 다르지만, 사람들이 원하는 이상적인 세상의 모습은 별 차이가 없다는 것을 알 수 있다. 그만큼 사람들이 바라는 것은 동서고금을 막론하고 비슷하다.

그런데 우리가 앞에서 읽은 에스겔서 36장 16-38절을 보면, 여기서 가장 많이 반복되는 어구는 '하나님을 알게 될 것'[인지(認知) 양식소]이라는 말이다. 그러니까 이스라엘이 원하는 이상적인 나라, 유토피아는 궁극적으로 모든 백성들, 모든 사람들이 하나님을 아는 나라이다. 앞으로 우리가 살펴볼 이사야서 11장 6절에서 9절도 이렇게 끝난다.

"나의 거룩한 산 모든 곳에서 해됨도 없고 상함도 없을 것이니 이는 물이 바다를 덮음같이 여호와를 아는 지식이 세상에 충만할 것임이니라."

본문에서는 이런 일들, 즉 유토피아 건설이 '출바벨론'이라는 엑소더스 후에 이루어진다고 말한다("내가 너희를 여러 나라 가운데에서 인도하여 내고 여러 민족 가운데에서 모아 데리고 고국 땅에 들어가서"-24절). 그러니

6) 황패강, 《신라불교설화연구》(서울: 일지사, 1975), 259-260.

까 본문에서는 유토피아 사상이 엑소더스(출바벨론)와 결합되는 것이다. 여기서 우리는 새로운 엑소더스 이후에 약속의 땅에서 새로운 국가건설을 꿈꾸었던 사람들을 만난다. 그들에게 출바벨론이라는 새로운 엑소더스는 그들이 그토록 염원하던 새로운 국가건설이 시작되는 신호였다. 그러니 그들에게는 엑소더스와 유토피아는 결코 분리될 수 없는 것이었다. 그런데 이렇듯 유토피아가 엑소더스와 밀접하게 결합되어서 나타나는 것은 이 본문에서만 그런 것이 아니다. 에스겔서 36장 16-38절 이외에도, 엑소더스와 유토피아가 결합되어서 나타나는 본문들이 몇 있다.

지금부터 그 본문들을 살펴보려고 하는데(개역개정판), 이야기를 효과적으로 하기 위해서, 이 본문들 가운데서 '엑소더스+유토피아'의 가장 전형적인 형태를 갖는 본문을 먼저 찾아보기로 하자. 엑소더스, 즉 출바벨론과 관련된 본문들은 여러 가지 형태를 보이는데, 이 가운데서 가장 전형적인 형태는 에스겔서 36장 24-28절이다.

> 24 내가 너희를 여러 나라 가운데에서 인도하여 내고 여러 민족 가운데에서 모아 데리고 고국 땅에 들어가서
> 25–27 맑은 물을 너희에게 뿌려서 너희로 정결하게 하되 곧 너희 모든 더러운 것에서와 모든 우상숭배에서 너희를 정결하게 할 것이며 또 새 영을 너희 속에 두고 새 마음을 너희에게 주되 너희 육신에서 굳은 마음을 제거하고 부드러운 마음을 줄 것이며 또 내 영을 너희 속에 두어 너희로 내 율례를 행하게 하리니 너희가 내 규례를 지켜 행할지라
> 28 내가 너희 조상들에게 준 땅에서 너희가 거주하면서 내 백성이 되고 나는 너희 하나님이 되리라

이 구절은 '엑소더스(24절)+새 마음(25-27절)+[정착(28절상)]+계약양식소(28절하)'의 구조를 갖는다. 하나님은 이스라엘 백성을 출바벨론시

키신 다음에, 그들에게 새 마음을 주신다. 그래서 이스라엘 백성이 하나님의 규례를 제대로 지킬 수 있게 해주신다. 그렇게 되면 이스라엘 백성은 약속의 땅에 거하면서 하나님의 참된 백성이 되고, 하나님은 이스라엘의 하나님이 되실 것이다. 즉 하나님과 이스라엘의 깨어진 관계가 회복될 것이다. 이스라엘이 국가멸망의 상황에 처한 것을 이스라엘의 범죄에 대한 하나님의 심판이라고 규정하면, 그것을 다른 말로 하면, 하나님과 이스라엘이 맺은 계약관계가 깨뜨려진 것이라고 할 수 있기 때문에, 하나님과 이스라엘의 깨어진 관계가 회복되는 세상이 바로 이스라엘이 원하는 유토피아이다. 그래서 "내가 너희 조상들에게 준 땅에서 너희가 거주하면서 내 백성이 되고 나는 너희 하나님이 되리라"는 것은 이스라엘이 염원하는 유토피아가 이루어질 것임을 말하는 것이다. 그렇기에 엑소더스의 목적은 다름 아닌 유토피아의 실현이다.

'엑소더스+새 마음+계약양식소'는 구약성경에서 독특하게 나타나는 '유토피아 양식'이라고 할 수 있을 것이다. 이 유토피아 양식에는 이스라엘 백성과의 관계를 회복하고 그들에게 새로운 세상을 만들어 주시려는 하나님의 굳은 의지와 더불어, 새로운 엑소더스를 하면, 그것을 새 국가 건설의 신호로 삼고, 이전과는 전혀 다른 새로운 마음으로 하나님의 계명을 철저히 준수해서, 하나님과의 관계를 바로 세우는 세상, 사람들이 사람답게 사는 그런 세상을 이루고야 말겠다고 결심하는 사람들의 모습이 담겨 있다.

이러한 유토피아 양식의 기본형태는 예레미야서 24장 4-7절에도 나타난다[엑소더스(6절)+새 마음(7절상)+계약양식소(7절하)].

4-5 여호와의 말씀이 또 내게 임하니라 이르시되 이스라엘의 하나님 여

호와께서 이와 같이 말씀하시니라
내가 이곳에서 옮겨 갈대아인의 땅에 이르게 한 유다 포로를 이 좋은 무화과같이 잘 돌볼 것이라
6 내가 그들을 돌아보아 좋게 하여 다시 이 땅으로 인도하고 세우고 헐지 아니하며 심고 뽑지 아니하겠고
7 내가 여호와인 줄 아는 마음을 그들에게 주어서 그들이 전심으로 내게 돌아오게 하리니 그들은 내 백성이 되겠고 나는 그들의 하나님이 되리라

비슷한 형태가 예레미야서 32장에 나타나는데, 여기서는 '엑소더스(37절)+계약양식소(38절)+새 마음(39절)' 순서로 되어 있고, '새 마음' 부분이 확장되어 있다.

36 그러나 이스라엘의 하나님 여호와께서 너희가 말하는 바 칼과 기근과 전염병으로 말미암아 바벨론 왕의 손에 넘긴 바 되었다 하는 이 성에 대하여 이와 같이 말씀하시니라
37 보라 내가 노여움과 분함과 큰 분노로 그들을 쫓아 보내었던 모든 지방에서 그들을 모아들여 이곳으로 돌아오게 하여 안전히 살게 할 것이라
38 그들은 내 백성이 되겠고 나는 그들의 하나님이 될 것이며
39–41 내가 그들에게 한 마음과 한 길을 주어 자기들과 자기 후손의 복을 위하여 항상 나를 경외하게 하고 내가 그들에게 복을 주기 위하여 그들을 떠나지 아니하리라 하는 영원한 언약을 그들에게 세우고 나를 경외함을 그들의 마음에 두어 나를 떠나지 않게 하고 내가 기쁨으로 그들에게 복을 주되 정녕히 나의 마음과 정성을 다하여 그들을 이 땅에 심으리라

이 본문보다 더 확장된 형태가 에스겔서 11장에 나온다.

14–15 여호와의 말씀이 내게 임하여 이르시되 인자야 예루살렘 주민이 네 형제 곧 네 형제와 친척과 온 이스라엘 족속을 향하여 이르기를

너희는 여호와에게서 멀리 떠나라 이 땅은 우리에게 주어 기업이 되게 하신 것이라 하였나니

16-17 그런즉 너는 말하기를 주 여호와의 말씀에 내가 비록 그들을 멀리 이방인 가운데로 쫓아내어 여러 나라에 흩었으나 그들이 도달한 나라들에서 내가 잠깐 그들에게 성소가 되리라 하셨다 하고 너는 또 말하기를 주 여호와의 말씀에 내가 너희를 만민 가운데에서 모으며 너희를 흩은 여러 나라 가운데에서 모아내고 이스라엘 땅을 너희에게 주리라 하셨다 하라

18 그들이 그리로 가서 그 가운데의 모든 미운 물건과 모든 가증한 것을 제거하여 버릴지라

19-20 내가 그들에게 한 마음을 주고 그 속에 새 영을 주며 그 몸에서 돌 같은 마음을 제거하고 살처럼 부드러운 마음을 주어 내 율례를 따르며 내 규례를 지켜 행하게 하리니 그들은 내 백성이 되고 나는 그들의 하나님이 되리라

21 그러나 미운 것과 가증한 것을 마음으로 따르는 자는 내가 그 행위대로 그 머리에 갚으리라 나 주 여호와의 말이니라

여기서 보는 대로, '엑소더스(17절)+새 마음(19절-20절상)+계약양식소(20절하)'라는 기본 틀의 내용이 확장되었고, 이 기본 틀에 회개(18절)와 심판(21절)이 첨가되었다.

에스겔서 39장을 보면 형태가 조금 달라지는데, 여기에는 엑소더스(25절하, 27절, 28절상)와 회개양식소(26절)가 나타나고, 계약양식소 대신에 에스겔서 특유의 인지양식소(28절하)가 나타난다. 하나님이 어떤 분인지를 절실하게 안다는 내용의 인지양식소는 구원상황에서는 이스라엘이 하나님을 자기들의 하나님으로 다시 인정하고 관계를 회복하는 것이기 때문에, 계약양식소와 동일한 의미로 사용될 수 있다. 그리고 기본요소인 '영을 부으심'(29절), 즉 새로운 마음을 주심이 나타난다.

25 그러므로 주 여호와께서 이같이 말씀하셨느니라
25하–27 내가 이제 내 거룩한 이름을 위하여 열심을 내어 야곱의 사로잡
힌 자를 돌아오게 하며 이스라엘 온 족속에게 사랑을 베풀지라 그들
이 그 땅에 평안히 거주하고 두렵게 할 자가 없게 될 때에 부끄러움
을 품고 내게 범한 죄를 뉘우치리니 내가 그들을 만민 중에서 돌아오
게 하고 적국 중에서 모아내어 많은 민족이 보는 데에서 그들로 말미
암아 나의 거룩함을 나타낼 때라
28 전에는 내가 그들이 사로잡혀 여러 나라에 이르게 하였거니와 후에는
내가 그들을 모아 고국 땅으로 돌아오게 하고 그 한 사람도 이방에 남
기지 아니하리니 그들이 나를 여호와 자기들의 하나님인 줄을 알리라
29 내가 다시는 내 얼굴을 그들에게 가리지 아니하리니 이는 내가 내 영
을 이스라엘 족속에게 쏟았음이라 주 여호와의 말씀이니라

지금까지 우리는 유토피아 양식의 가장 기본적인 형태를 살펴보았는데, 이 기본 형태를 갖는 본문들은 이스라엘 백성들이 염원하는 유토피아가 앞으로 조만간 이루어질 것이라는 원론적인 이야기만 한다. 그런데 이러한 기본양식에서 더 발전해서, 유토피아를 이루기 위한 좀 더 구체적인 프로그램을 제시하는 본문들이 있다. 그 가운데서 우선 예레미야서 23장 1-8절을 보자.

1–3 여호와의 말씀이니라 내 목장의 양 떼를 멸하며 흩어지게 하는 목자에게 화 있으리라 그러므로 이스라엘의 하나님 여호와께서 내 백성을 기르는 목자에게 이와 같이 말씀하시니라 너희가 내 양 떼를 흩으며 그것을 몰아내고 돌보지 아니하였도다 보라 내가 너희의 악행 때문에 너희에게 보응하리라 여호와의 말씀이니라 내가 내 양 떼의 남은 것을 그 몰려 갔던 모든 지방에서 모아 다시 그 우리로 돌아오게 하리니 그들의 생육이 번성할 것이며

4 내가 그들을 기르는 목자들을 그들 위에 세우리니 그들이 다시는 두려워하거나 놀라거나 잃어버리지 아니하리라 여호와의 말씀이니라
5–6 여호와의 말씀이니라 보라 때가 이르리니 내가 다윗에게 한 의로운 가지를 일으킬 것이라 그가 왕이 되어 지혜롭게 다스리며 세상에서 정의와 공의를 행할 것이며 그의 날에 유다는 구원을 받겠고 이스라엘은 평안히 살 것이며 그의 이름은 여호와 우리의 공의라 일컬음을 받으리라
7–8 그러므로 여호와의 말씀이니라 보라 날이 이르리니 그들이 다시는 이스라엘 자손을 애굽 땅에서 인도하여 내신 여호와의 사심으로 맹세하지 아니하고 이스라엘 집 자손을 북쪽 땅, 그 모든 쫓겨났던 나라에서 인도하여 내신 여호와의 사심으로 맹세할 것이며 그들이 자기 땅에 살리라 하시니라

여기서는 엑소더스 이후에 이상적인 왕이 다스리는 복된 나라를 이야기하는데, 기본적인 엑소더스 주제에 이상적인 왕, 즉 메시아 대망 사상이 첨가된다. 이러한 '발전된 유토피아 양식'의 형태는 에스겔서 37장에서도 찾아볼 수 있다.

15–17 여호와의 말씀이 또 내게 임하여 이르시되 인자야 너는 막대기 하나를 가져다가 그 위에 유다와 그 짝 이스라엘 자손이라 쓰고 또 다른 막대기 하나를 가지고 그 위에 에브라임의 막대기 곧 요셉과 그 짝 이스라엘 온 족속이라 쓰고 그 막대기들을 서로 합하여 하나가 되게 하라 네 손에서 둘이 하나가 되리라
18–19 네 민족이 네게 말하여 이르기를 이것이 무슨 뜻인지 우리에게 말하지 아니하겠느냐 하거든 너는 곧 이르기를 주 여호와께서 이같이 말씀하시기를 내가 에브라임의 손에 있는 바 요셉과 그 짝 이스라엘 지파들의 막대기를 가져다가 유다의 막대기에 붙여서 한 막대기가 되게 한즉 내 손에서 하나가 되리라 하셨다 하고
20–21 너는 그 글 쓴 막대기들을 무리의 눈앞에서 손에 잡고 그들에게 이르기를 주 여호와께서 이같이 말씀하시기를 내가 이스라엘 자손을

잡혀 간 여러 나라에서 인도하며 그 사방에서 모아서 그 고국 땅으로 돌아가게 하고

22 그 땅 이스라엘 모든 산에서 그들이 한 나라를 이루어서 한 임금이 모두 다스리게 하리니 그들이 다시는 두 민족이 되지 아니하며 두 나라로 나누이지 아니할지라

23 그들이 그 우상들과 가증한 물건과 그 모든 죄악으로 더 이상 자신들을 더럽히지 아니하리라 내가 그들을 그 범죄한 모든 처소에서 구원하여 정결하게 한즉

23하-25 그들은 내 백성이 되고 나는 그들의 하나님이 되리라 내 종 다윗이 그들의 왕이 되리니 그들 모두에게 한 목자가 있을 것이라 그들이 내 규례를 준수하고 내 율례를 지켜 행하며 내가 내 종 야곱에게 준 땅 곧 그의 조상들이 거주하던 땅에 그들이 거주하되 그들과 그들의 자자 손손이 영원히 거기에 거주할 것이요 내 종 다윗이 영원히 그들의 왕이 되리라

26-28 내가 그들과 화평의 언약을 세워서 영원한 언약이 되게 하고 또 그들을 견고하고 번성하게 하며 내 성소를 그 가운데에 세워서 영원히 이르게 하리니 내 처소가 그들 가운데에 있을 것이며 나는 그들의 하나님이 되고 그들은 내 백성이 되리라 내 성소가 영원토록 그들 가운데에 있으리니 내가 이스라엘을 거룩하게 하는 여호와인 줄을 열국이 알리라 하셨다 하라

여기서 보는 대로, 에스겔서 37장은 엑소더스(20-21절)와 계약양식소(23절하, 27절하)에 이상적인 왕(22절, 24-25절) 요소가 덧붙여져서, 기본틀은 예레미야서 23장과 유사한데, 예레미야서 23장보다 내용이 더 확장되고 발전된 형태를 보인다. 또 인지양식소도 나타난다(28절하). 그리고 '성소를 세운다'는 말이 26절에서 28절까지에 나와서, 예레미야서와는 달리 에스겔서 특유의 제사장 계열의 성향을 강하게 반영한다. 그래서 에스겔서 37장 15-28절은 다른 본문들보다 다양하고 복잡한 양상을 보인다.

그런데 여러 본문들 가운데서 가장 복잡하고 발전된 형태가 에스겔서 36장 16-38절이다. 여기에는 여러 가지 요소들이 복합적으로 나타난다. 무엇보다 구체적인 회복 프로그램이 제시된다는 것이 중요하다. 특히 33절부터 38절까지에는 인구증가가 언급된다. 엑소더스가 이방 땅에서 나와서 약속받은 땅을 차지하는 것이라면, 인구증가는 후손이 많아지는 것이다. 그러니 하나님이 족장들에게 하신 약속, 즉 땅과 후손의 약속이 모두 이루어지는 것이다. 족장들에게 하신 하나님의 약속이 이루어지는 때, 그것이 바로 이스라엘 백성들이 원하는 유토피아일 것이다. 구약성경을 보면, 인구증가는 유토피아를 이루는 데 있어서 매우 중요한 요소인데, 본문에서는 엑소더스 이후에 인구증가가 되지만, 출애굽기에서는 인구가 증가해서 엑소더스를 한다. "이스라엘 자손은 생육하고 불어나 번성하고 매우 강하여 온 땅에 가득하게 되었더라"(출 1:7).

여기서 이제 우리가 더 논의해야 할 것은, 이러한 유토피아는 이스라엘 내적으로만 이루어지는 것이 아니라는 사실이다. 유토피아의 범위는 세계적으로 넓혀져서, 국제적인 차원에서도 유토피아가 이루어지는 것으로 묘사된다. 지금까지 살펴본 예레미야서와 에스겔서 본문들은 엑소더스 이후에 국내적으로 이루어질 유토피아를 이야기하는데, 국제적으로 이루어질 유토피아를 이야기하는 성경구절들도 있다. 이사야서 14장을 보면, 여기에도 엑소더스와 관련된 구절들이 있다. 이 구절들은 지금까지 우리가 살펴본 예레미야서와 에스겔서 본문들과는 다른 형태를 보인다.

1 여호와께서 야곱을 긍휼히 여기시며 이스라엘을 다시 택하여 그들의 땅
  에 두시리니

1하-2 나그네 된 자가 야곱 족속과 연합하여 그들에게 예속될 것이며 민족들이 그들을 데리고 그들의 본토에 돌아오리니 이스라엘 족속이 여호와의 땅에서 그들을 얻어 노비로 삼겠고 전에 자기를 사로잡던 자를 사로잡고 자기를 압제하던 자를 주관하리라

이 구절은 엑소더스 이후에 이스라엘이 국제적으로 과거와는 전혀 다른 위치에 서게 될 것임을 말한다. 과거에는 이스라엘이 압제를 당했지만, 이제는 입장이 바뀌어서 이스라엘이 상대방을 압제하게 된다는 것이다. 이러한 이야기는 구약성경 여러 곳에서 찾아볼 수 있는데, 특히 제2이사야서, 그중에서도 43장에서 찾을 수 있다. 이사야서 43장을 3절과 4절에 유의하면서 읽어 보라.

I

사 43:1-7 야곱아 너를 창조하신 여호와께서 지금 말씀하시느니라 이스라엘아 너를 지으신 이가 말씀하시느니라 너는 두려워하지 말라 내가 너를 구속하였고 내가 너를 지명하여 불렀나니 너는 내 것이라 네가 물 가운데로 지날 때에 내가 너와 함께할 것이라 강을 건널 때에 물이 너를 침몰하지 못할 것이며 네가 불 가운데로 지날 때에 타지도 아니할 것이요 불꽃이 너를 사르지도 못하리니 대저 나는 여호와 네 하나님이요 이스라엘의 거룩한 이요 네 구원자임이라 내가 애굽을 너의 속량물로, 구스와 스바를 너를 대신하여 주었노라 네가 내 눈에 보배롭고 존귀하며 내가 너를 사랑하였은즉 내가 네 대신 사람들을 내어주며 백성들이 네 생명을 대신하리니 (5) 두려워하지 말라 내가 너와 함께하여 네 자손을 동쪽에서부터 오게 하며 서쪽에서부터 너를 모을 것이며 내가 북쪽에게 이르기를 내놓으라 남쪽에게 이르기를 가두어 두지 말라 내 아들들을 먼 곳에서 이끌며 내 딸들을 땅 끝에서 오게 하며 내 이름으로 불려지는 모든 자 곧 내가 내 영광을 위하여 창조한 자를 오게 하라 그를 내가 지었고 그를 내가 만들었느니라

II

사 43:8-21 눈이 있어도 보지 못하고 귀가 있어도 듣지 못하는 백성을 이끌어 내라 열방은 모였으며 민족들이 회집하였는데 그들 중에 누가 이 일을 알려 주며 이전 일들을 우리에게 들려주겠느냐 그들이 그들의 증인을 세워서 자기들의 옳음을 나타내고 듣는 자들이 옳다고 말하게 하여 보라 나 여호와가 말하노라 너희는 나의 증인, 나의 종으로 택함을 입었나니 이는 너희가 나를 알고 믿으며 내가 그인 줄 깨닫게 하려 함이라 나의 전에 지음을 받은 신이 없었느니라 나의 후에도 없으리라 나 곧 나는 여호와라 나 외에 구원자가 없느니라 내가 알려 주었으며 구원하였으며 보였고 너희 중에 다른 신이 없었나니 그러므로 너희는 나의 증인이요 나는 하나님이니라 여호와의 말씀이니라 과연 태초로부터 나는 그이니 내 손에서 건질 자가 없도다 내가 행하리니 누가 막으리요 (14) 너희의 구속자요 이스라엘의 거룩한 이 여호와가 말하노라 너희를 위하여 내가 바벨론에 사람을 보내어 모든 갈대아 사람에게 자기들이 연락하던 배를 타고 도망하여 내려가게 하리라 나는 여호와 너희의 거룩한 이요 이스라엘의 창조자요 너희의 왕이니라 나 여호와가 이같이 말하노라 바다 가운데에 길을, 큰 물 가운데에 지름길을 내고 병거와 말과 군대의 용사를 이끌어 내어 그들이 일시에 엎드러져 일어나지 못하고 소멸하기를 꺼져 가는 등불 같게 하였느니라 너희는 이전 일을 기억하지 말며 옛날 일을 생각하지 말라 보라 내가 새 일을 행하리니 이제 나타낼 것이라 너희가 그것을 알지 못하겠느냐 반드시 내가 광야에 길을 사막에 강을 내리니 장차 들짐승 곧 승냥이와 타조도 나를 존경할 것은 내가 광야에 물을, 사막에 강들을 내어 내 백성, 내가 택한 자에게 마시게 할 것임이라 이 백성은 내가 나를 위하여 지었나니 나를 찬송하게 하려 함이니라

여기서 보는 것처럼, 본문은 두 부분으로 나눌 수 있는데, 두 부분이 거의 비슷한 이야기를 한다. 본문에 언급된 하나님은 창조주이시면서 동시에 구속주이시다. 본문은 비슷하게 시작하고 비슷하게 끝난다.

그런데 여기서 공통적으로 나타나는 중요한 주제가 바로 엑소더스이다. 첫 부분에서는 5절에서 7절 앞부분까지에 엑소더스를 언급하고, 그리고 두 번째 부분에서는 14절에서 20절까지에 옛 엑소더스와 새로운 엑소더스를 이야기한다. 엑소더스는 하나님이 이스라엘을 위해서 하시는 새로운 일이다. 이 엑소더스를 통해서 이스라엘은 지금까지의 상황에서 벗어나서 새로운 시대로 접어든다.

이 과정에서 과거 이스라엘을 압제하고 괴롭혔던 나라들이 하나님에 의해서 철저하게 보복당할 것임을 예고하는 본문들도 있다(예언서의 이방예언들).

그런데 이사야서를 비롯해서 구약성경이 궁극적으로 관심을 갖는 것은 이스라엘을 중심으로 모든 나라들이 하나님의 말씀을 사모하며, 그 말씀에 따라서 서로 평화롭게 살아가는 세상(유토피아)을 만드는 것이다. 그 평화로운 모습이 우리가 잘 아는 이사야서 11장 6절에서 9절에 묘사되는데, 이 구절 앞, 즉 1절에서 5절까지는 이상적인 왕을 언급하고, 11절에서 16절까지에는 엑소더스가 언급된다. 그래서 이사야서 11장은 '이상적인 왕(1-5절)+이상적인 세계(6-10절)+엑소더스(11-16절)' 순서로 구성되어 있다.

> 1–5 이새의 줄기에서 한 싹이 나며 그 뿌리에서 한 가지가 나서 결실할 것이요 그의 위에 여호와의 영 곧 지혜와 총명의 영이요 모략과 재능의 영이요 지식과 여호와를 경외하는 영이 강림하시리니 그가 여호와를 경외함으로 즐거움을 삼을 것이며 그의 눈에 보이는 대로 심판하지 아니하며 그의 귀에 들리는 대로 판단하지 아니하며 공의로 가난한 자를 심판하며 정직으로 세상의 겸손한 자를 판단할 것이며 그의 입의 막대기로 세상을 치며 그의 입술의 기운으로 악인을 죽일 것이며 공의로 그의 허리띠를 삼으며 성실로 그의 몸의 띠를 삼으리라

6–10 그때에 이리가 어린 양과 함께 살며 표범이 어린 염소와 함께 누우며 송아지와 어린 사자와 살진 짐승이 함께 있어 어린아이에게 끌리며 암소와 곰이 함께 먹으며 그것들의 새끼가 함께 엎드리며 사자가 소처럼 풀을 먹을 것이며 젖 먹는 아이가 독사의 구멍에서 장난하며 젖 뗀 어린아이가 독사의 굴에 손을 넣을 것이라 내 거룩한 산 모든 곳에서 해 됨도 없고 상함도 없을 것이니 이는 물이 바다를 덮음같이 여호와를 아는 지식이 세상에 충만할 것임이니라 그날에 이새의 뿌리에서 한 싹이 나서 만민의 기치로 설 것이요 열방이 그에게로 돌아오리니 그가 거한 곳이 영화로우리라

11–16 그날에 주께서 다시 그의 손을 펴사 그의 남은 백성을 앗수르와 애굽과 바드로스와 구스와 엘람과 시날과 하맛과 바다 섬들에서 돌아오게 하실 것이라 여호와께서 열방을 향하여 기치를 세우시고 이스라엘의 쫓긴 자들을 모으시며 땅 사방에서 유다의 흩어진 자들을 모으시리니 에브라임의 질투는 없어지고 유다를 괴롭게 하던 자들은 끊어지며 에브라임은 유다를 질투하지 아니하며 유다는 에브라임을 괴롭게 하지 아니할 것이요 그들이 서쪽으로 블레셋 사람들의 어깨에 날아 앉고 함께 동방 백성을 노략하며 에돔과 모압에 손을 대며 암몬 자손을 자기에게 복종시키리라 여호와께서 애굽 해만을 말리시고 그의 손을 유브라데 하수 위에 흔들어 뜨거운 바람을 일으켜 그 하수를 쳐 일곱 갈래로 나누어 신을 신고 건너가게 하실 것이라 그의 남아 있는 백성 곧 앗수르에서 남은 자들을 위하여 큰 길이 있게 하시되 이스라엘이 애굽 땅에서 나오던 날과 같게 하시리라

그리고 이러한 이스라엘의 엑소더스는 궁극적으로 온 세상 사람들이 이스라엘로 몰려드는 상황, 즉 전 세계적인 엑소더스로 나아간다. 그러한 모습이 이사야서 2장에 나온다.

사 2:1–4 아모스의 아들 이사야가 받은 바 유다와 예루살렘에 관한 말씀이라 말일에 여호와의 전의 산이 모든 산꼭대기에 굳게 설 것이요 모든

작은 산 위에 뛰어나리니 만방이 그리로 모여들 것이라 많은 백성이 가며 이르기를 오라 우리가 여호와의 산에 오르며 야곱의 하나님의 전에 이르자 그가 그의 길을 우리에게 가르치실 것이라 우리가 그 길로 행하리라 하리니 이는 율법이 시온에서부터 나올 것이요 여호와의 말씀이 예루살렘에서부터 나올 것임이니라 그가 열방 사이에 판단하시며 많은 백성을 판결하시리니 무리가 그들의 칼을 쳐서 보습을 만들고 그들의 창을 쳐서 낫을 만들 것이며 이 나라와 저 나라가 다시는 칼을 들고 서로 치지 아니하며 다시는 전쟁을 연습하지 아니하리라

이것이야말로 전 세계의 엑소더스이며, 또 이스라엘이 원하는 전 세계적인 차원의 유토피아의 모습일 것이다.

지금까지 살펴본 것처럼, 국내적인 유토피아든지 국제적인 유토피아든지, 이스라엘의 유토피아 사상에는 엑소더스가 중요한 주제로 나타난다. 엑소더스, 특히 출바벨론 이후에 이스라엘이 이상적인 시대를 맞게 될 것이라는 희망이 있었는데, 이처럼 유토피아가 엑소더스와 결합된 배경은 무엇인가? 이것은 예레미야의 예언에 힘입은 바 크다.

렘 25:11-12 이 모든 땅이 폐허가 되어 놀랄 일이 될 것이며 이 민족들은 칠십 년 동안 바벨론의 왕을 섬기리라 여호와의 말씀이니라 칠십 년이 끝나면 내가 바벨론의 왕과 그의 나라와 갈대아인의 땅을 그 죄악으로 말미암아 벌하여 영원히 폐허가 되게 하되

대하 36:21-23 이에 토지가 황폐하여 땅이 안식년을 누림같이 안식하여 칠십 년을 지냈으니 여호와께서 예레미야의 입으로 하신 말씀이 이루어졌더라 바사의 고레스 왕 원년에 여호와께서 예레미야의 입으로 하신 말씀을 이루시려고 여호와께서 바사의 고레스 왕의 마음을 감동시키시매 그가 온 나라에 공포도 하고 조서도 내려 이르되 바사 왕 고레스가 이같이 말하노니 하늘의 신 여호와께서 세상 만국을 내게 주셨고 나에게 명령하여 유다 예루살렘에 성전을 건축하라 하셨나니 너희

중에 그의 백성 된 자는 다 올라갈지어다 너희 하나님 여호와께서 함께하시기를 원하노라 하였더라

바벨론에 의해서 국가가 멸망당하는 비극적인 장면을 지켜보았던 사람들에게는 70년 동안 나라가 황폐하리라는 예레미야의 예언이 그때부터는 오히려 희망으로 들렸을 것이다. 70년만 지나면 나라가 회복된다. 70년만 지나면! 그래서 그들은 바벨론이 멸망당하고 이스라엘이 다시 회복될 날을 간절히 기다렸을 것이다. 그때가 되면 하나님이 새로운 나라를 세워주실 것이니 유토피아에 대한 희망은 엑소더스, 즉 출바벨론에 대한 희망과 결부될 수밖에 없었다.

그런데 에스겔서 36장 16절에서 38절에서 발견하는 또 한 가지 사실은 엑소더스를 선조들에 대한 하나님의 약속과 연관시킨다는 것이다. 이것은 "내가 너희 조상들에게 준 땅"(28절상)이라는 구절에서 알 수 있다. 이 구절 이외에 엑소더스와 선조들에 대한 하나님의 약속, 즉 족장전승이 결합되어서 나타나는 본문들이 있다.

먼저 에스겔서 16장이다. 여기서는 "내가 너의 어렸을 때에 너와 세운 언약을 기억하고"(겔 16:60)라는 구절이 중요하다. "너의 어렸을 때"는 이스라엘의 초기시대를 말하는데, 구체적으로 어느 때를 가리키는지는 불분명하다. 그러나 다른 구절들을 읽어 보면, 국가 건설 초기보다는 오히려 족장시대로 보는 것이 옳을 듯하다.

겔 16:59-63 나 주 여호와가 이같이 말하노라 네가 맹세를 멸시하여 언약을 배반하였은즉 내가 네 행한 대로 네게 행하리라 그러나 내가 너의 어렸을 때에 너와 세운 언약을 기억하고 너와 영원한 언약을 세우리라 네가 네 형과 아우를 접대할 때에 네 행위를 기억하고 부끄러워할 것이라 내가 그들을 네게 딸로 주려니와 네 언약으로 말미암음이 아니니라

내가 네게 내 언약을 세워 내가 여호와인 줄 네가 알게 하리니 이는 내가 네 모든 행한 일을 용서한 후에 네가 기억하고 놀라고 부끄러워서 다시는 입을 열지 못하게 하려 함이니라 주 여호와의 말씀이니라

보는 대로, 엑소더스와 족장에 대한 땅 약속 전승이 결합되어 나타난다. 족장에 대한 땅 약속 전승이 에스겔서 20장에서는 이것이 "내가 너희 조상들에게 주기로 맹세한 땅"(겔 20:42)으로 좀 더 구체화된다.

겔 20:40-44 주 여호와의 말씀이니라 이스라엘 온 족속이 그 땅에 있어서 내 거룩한 산 곧 이스라엘의 높은 산에서 다 나를 섬기리니 거기에서 내가 그들을 기쁘게 받을지라 거기에서 너희 예물과 너희가 드리는 첫 열매와 너희 모든 성물을 요구하리라 내가 너희를 인도하여 여러 나라 가운데에서 나오게 하고 너희가 흩어진 여러 민족 가운데에서 모아낼 때에 내가 너희를 향기로 받고 내가 또 너희로 말미암아 내 거룩함을 여러 나라의 목전에서 나타낼 것이며 내가 내 손을 들어 너희 조상들에게 주기로 맹세한 땅 곧 이스라엘 땅으로 너희를 인도하여 들일 때에 너희는 내가 여호와인 줄 알고 거기에서 너희의 길과 스스로 더럽힌 모든 행위를 기억하고 이미 행한 모든 악으로 말미암아 스스로 미워하리라 이스라엘 족속아 내가 너희의 악한 길과 더러운 행위대로 하지 아니하고 내 이름을 위하여 행한 후에야 내가 여호와인 줄 너희가 알리라 주 여호와의 말씀이니라

이 본문은 '엑소더스+회개(회개는 '새 마음 주심'을 내포한다)+인지양식소'의 구조를 보인다. 족장에 대한 땅 약속 전승은 에스겔서 28장에도 나타나는데, 여기서는 더욱 구체적으로 "내 종 야곱에게 준 땅"(겔 28:25)으로 표현한다.

겔 28:25-26 주 여호와께서 이같이 말씀하셨느니라 내가 여러 민족 가운데에

흩어져 있는 이스라엘 족속을 모으고 그들로 말미암아 여러 나라의 눈앞에서 내 거룩함을 나타낼 때에 그들이 고국 땅 곧 내 종 야곱에게 준 땅에 거주할지라 그들이 그 가운데에 평안히 살면서 집을 건축하며 포도원을 만들고 그들의 사방에서 멸시하던 모든 자를 내가 심판할 때에 그들이 평안히 살며 내가 그 하나님 여호와인 줄을 그들이 알리라

우리도 마찬가지지만, 예전에도 사람들은 이 구절을 읽으면서 이스라엘의 족장들을 생각했을 것이다. 창세기 12장에서 50장까지는 '족장 이야기'[내용이나 형태가 족장들에 대한 역사기록이 아니기 때문에 '족장사'(族長史)보다는 '족장 이야기'라고 하는 것이 더 낫겠다]인데, 이 족장 이야기는 여러 개별 이야기들이 모아져서 된 것이다. 그런데 그 각각의 이야기들을 하나로 묶어 주는 어떤 틀이 있다. 그것이 바로 엑소더스이다.

창세기 12장 10절에서 20절까지는 아브람과 사래의 출애굽 이야기인데, 이것은 장차 일어날 이스라엘 백성의 출애굽 사건의 전형적인 예표이다. 그리고 "아브람이 여호와를 믿으니 여호와께서 이를 그의 의로 여기셨다"는 유명한 구절이 나오는 창세기 15장을 보면, 12절에서 21절까지가 출애굽에 대한 예고이다. 39장에서 50장까지는 요셉 이야기인데, 요셉 이야기는 이스라엘 백성들의 출애굽에 대한 배경역사로 제시된다. 그리고 47장 27절에서 31절 그리고 49장 29절에서 33절에서 야곱은 자기가 죽거든 자기를 애굽 땅이 아닌 가나안 땅 막벨라 굴에 선조들과 함께 장사지내라고 유언한다. 그래서 요셉과 그 형제들은 야곱을 막벨라 굴에 장사한다(창 50:1-14). 야곱이 그러한 유언을 한 까닭은 무엇일까? 이스라엘이 반드시 출애굽할 것이라고 믿었기 때문이다. 본문기자는 이것을 보여주고자 한다. 앞으로 이스라엘은 반드시 출애굽할 것이라는 복선을 놓는 것이다. 그리고 창세기는 요셉의 유언과 죽음으로 끝나는데, 요셉은 이렇게 유언한다.

창 50:24-25 요셉이 그의 형제들에게 이르되 나는 죽을 것이나 하나님이 당신들을 돌보시고 당신들을 이 땅에서 인도하여 내사 아브라함과 이삭과 야곱에게 맹세하신 땅에 이르게 하시리라 하고 요셉이 또 이스라엘 자손에게 맹세시켜 이르기를 하나님이 반드시 당신들을 돌보시리니 당신들은 여기서 내 해골을 메고 올라가겠다 하라 하였더라

여기서 중요한 것은 출애굽이라는 엑소더스가 반드시 일어날 것이라는 확신과 출애굽 이후에 이스라엘 백성이 어떤 땅을 얻게 될 것인데, 그곳은 다른 곳이 아니고 아브라함과 이삭과 야곱에게 주기로 하나님이 맹세하신 땅이라는 것이다. 그래서 족장 이야기는 이렇게 출애굽에 대한 예고와 복선으로 짜여 있다. 그러니 족장전승과 출애굽, 즉 엑소더스는 뗄 수 없는 관계가 있다.

그리고 에스겔서 36장 29-30절에서는 기근을 없애고 곡식을 풍성하게 해주겠다는 것을 반복해서 말한다.

a 곡식이 풍성하게 하여
b 기근이 너희에게 닥치지 아니하게 할 것이며
a' 또 나무의 열매와 밭의 소산을 풍성하게 하여
b' 너희가 다시는 기근의 욕을 여러 나라에게 당하지 아니하게 하리니

기근도 족장전승 그리고 엑소더스와 밀접한 연관이 있다. 아브람이 애굽으로 내려간 것(창 12:10)도 기근 때문이고, 야곱 일가가 애굽으로 내려간 것도 기근 때문이다. 기근 때문에 입애굽했으니, 그 반대로 출애굽하는 것은 탈기근하는 것이다.

이렇듯이 족장전승과 엑소더스는 밀접한 관계가 있다. 족장들에게 하신 하나님의 약속, 즉 땅과 후손의 약속은 에스겔 시대에 부각되었고, 에스겔에 의해서 엑소더스와 족장전승이 결합되었다.

그런데 이러한 작업을 하는 까닭은 출애굽을 출바벨론의 모델로 삼으려고 했기 때문일 것이다. 출애굽의 신학적인 근거, 출애굽 과정과 가나안 정착과정을 정확하게 살펴서, 그것을 근거로 출바벨론을 이야기하고, 출바벨론 이후에 국가건설을 해나가려고 했을 것이다. 제2이사야서의 출애굽 모티프, 시편의 출애굽을 소재로 한 시들은 이러한 생각을 반영한 것으로 보이고, 앞으로 살펴볼 에스겔서 40-48장에서도 출바벨론 기사가 출애굽을 모델로 삼았음을 알 수 있다.

에스겔을 중심으로 한 바벨론의 유대인 공동체는 새로운 엑소더스를 대망하면서, 자신들이 출바벨론 이후에 새로운 나라를 건설하는 주축이 되려고 마음먹었다. 그들은 본국의 예언자들과 지도자들이 본국과의 연대를 그렇게 강조했음에도 불구하고, 본국 유다가 완전히 멸망하기 이전에도 독자적인 연호를 사용하면서 본국과는 별개의 공동체, 즉 여호야긴을 수장으로 하는 독립적인 공동체를 결성하고 본국 멸망 후의 일, 미래에 대한 준비를 했으며, 예레미야도 그들을 좋은 과실로 묘사하면서 적극적으로 지원했다. 특히 70년이라는 상징적인 햇수가 지난 다음에 새로운 이스라엘은 이들에 의해서 이루어질 것임을 강하게 시사했다.

그러면 그들이 구체적으로 이루려고 했던 나라는 어떤 나라인가? 에스겔서 40장에서 48장까지에 그들이 생각했던 미래 국가건설 프로그램이 기록되어 있다. 그것을 살펴보기로 하자. 에스겔서 40장에서 48장은 40-43장, 44장-47장 12절, 47장 13절-48장 35절로 세 부분으로 나뉜다. 40-43장에는 새로운 성전 건축에 관한 자세한 사항들이 기록되어 있다. 그러니 그들이 이루려는 나라는 무엇보다도 성전을 중심으로 해서 모든 것을 꾸려 나가는 나라이다. 성전과 제의가 강조되고, 제사장들의 역할이 강조되는 나라, 그것은 정치공동체적인 성격보다는 제의공동체적인 성격이 더 강하게 나타나는 나라이다.

그리고 44장에서 47장 12절까지는 성전과 관련된 여러 가지 규정들, 이방인에 대한 규정, 제사장 규정, 땅 분배 규정, 통치자 규정, 절기에 관한 규정들을 언급한다. 그중에서 중요한 것은 영토 소유 제한인데, "군주는 백성의 기업을 빼앗아 그 산업에서 쫓아내지 못할지니 군주가 자기 아들에게 기업으로 줄 것은 자기 산업으로만 할 것임이라 백성이 각각 그 산업을 떠나 흩어지지 않게 할 것이니라"(겔 46:18)에 민본주의라는 근본정신이 나타난다. 통치자들에 대한 규정이 45장 9-17절에 나오는데, 근본적으로는 왕이 권한을 남용할 수 없도록 제도적인 장치를 한다.

이러한 제도적인 장치를 통해서 그들이 원하는 세상은 47장에 상징적으로 묘사된다.

겔 47:1-12 그가 나를 데리고 성전 문에 이르시니 성전의 앞면이 동쪽을 향하였는데 그 문지방 밑에서 물이 나와 동쪽으로 흐르다가 성전 오른쪽 제단 남쪽으로 흘러내리더라 그가 또 나를 데리고 북문으로 나가서 바깥 길로 꺾여 동쪽을 향한 바깥 문에 이르시기로 본즉 물이 그 오른쪽에서 스며 나오더라 그 사람이 손에 줄을 잡고 동쪽으로 나아가며 천 척을 측량한 후에 내게 그 물을 건너게 하시니 물이 발목에 오르더니 다시 천 척을 측량하고 내게 물을 건너게 하시니 물이 무릎에 오르고 다시 천 척을 측량하고 내게 물을 건너게 하시니 물이 허리에 오르고 다시 천 척을 측량하시니 물이 내가 건너지 못할 강이 된지라 그 물이 가득하여 헤엄칠 만한 물이요 사람이 능히 건너지 못할 강이더라 그가 내게 이르시되 인자야 네가 이것을 보았느냐 하시고 나를 인도하여 강가로 돌아가게 하시기로 내가 돌아가니 강 좌우편에 나무가 심히 많더라 그가 내게 이르시되 이 물이 동쪽으로 향하여 흘러 아라바로 내려가서 바다에 이르리니 이 흘러내리는 물로 그 바다의 물이 되살아나리라 이 강물이 이르는 곳마다 번성하는 모든 생물이 살고 또 고기가 심히 많으리니 이 물이 흘러 들어가므로 바닷물이 되살아나겠고 이 강이 이르는 각처에 모든 것이 살 것이며 또 이 강가에 어부가 설 것이니 엔게디에서부터 에네글라임까지 그물 치는 곳이 될 것이라 그 고기가 각기 종류를 따라 큰 바다의 고기같이 심히 많으려니와 그 진펄과 개펄은 되살아나지 못하고 소금 땅이 될 것이며 강 좌우 가에는 각종 먹을 과실나무가 자라서 그 잎이 시들지 아니하며 열매가 끊이지 아니하고 달마다 새 열매를 맺으리니 그 물이 성소를 통하여 나옴이라 그 열매는 먹을 만하고 그 잎사귀는 약 재료가 되리라

이 강과 강물의 이미지는 창세기 2장의 에덴 동산을 연상케 하며, 이 공동체가 이루려는 나라가 '새로운 에덴'임을 보여준다. '에덴'은 구약성경에 14회 나오는데, 고르게 쓰이지 않고 특정 본문에 집중적으로 쓰였다. 창세기 2장과 3장에 6회, 에스겔서에 6회(28:13, 31:9, 16, 18,, 36:35), 이사야서 51장 3절, 요엘서 2장 3절에 각각 1회씩 나온다. 그러니 이 단어는 창세기와 에스겔서에서, 그것도 특정 장에서 주로 사용되었음을 알 수 있다. 그런데 에스겔서에서는 36장 35절을 제외하고는 모두 부정적인 측면에서 사용되었다.

에스겔서 36장 35절은 문맥으로 보아서 이사야서 51장과 유사하다.

사 51:1-3 의를 따르며 여호와를 찾아 구하는 너희는 내게 들을지어다 너희를 떠낸 반석과 너희를 파낸 우묵한 구덩이를 생각하여 보라 너희의 조상 아브라함과 너희를 낳은 사라를 생각하여 보라 아브라함이 혼자 있을 때에 내가 그를 부르고 그에게 복을 주어 창성하게 하였느니라 나 여호와가 시온의 모든 황폐한 곳들을 위로하여 그 사막을 '에덴' 같게, 그 광야를 여호와의 동산 같게 하였나니 그 가운데에 기뻐함과 즐거워함과 감사함과 창화하는 소리가 있으리라

여기서는 에덴 전승(3절)이 족장전승(1, 2절)과 연결되는데, 그다음 구절들을 보면 이것은 결국 출애굽전승, 즉 엑소더스와 연결된다.

사 51:9-11 여호와의 팔이여 깨소서 깨소서 능력을 베푸소서 옛날 옛 시대에 깨신 것같이 하소서 라합을 저미시고 용을 찌르신 이가 어찌 주가 아니시며 바다를, 넓고 깊은 물을 말리시고 바다 깊은 곳에 길을 내어 구속 받은 자들을 건너게 하신 이가 어찌 주가 아니시니이까 여호와께 구속 받은 자들이 돌아와 노래하며 시온으로 돌아오니 영원한 기쁨이 그들의 머리 위에 있고 슬픔과 탄식이 달아나리이다

이 구절에서 9절과 10절은 예전에 이루어진 출애굽을 가리키고, 11절은 새로운 엑소더스를 말한다. 이렇듯 이사야서 51장은 에스겔서 36장 16-38절과 그 외의 본문들처럼 족장전승과 엑소더스를 긴밀하게 연관시킨다.

그리고 47장 13절부터 마지막까지에는 각 지파에게 땅 분배하는 내용과 성읍 출입구들을 각 지파별로 공정하게 배정하는 내용이 언급된다. 이러한 것들도 출애굽 이후의 땅 분배를 연상케 한다. 결국 출바벨론은 출애굽을 모델로 삼은 것이라고 할 수 있다.

에스겔서 40장에서 48장의 성격에 대해서는 여러 가지 이야기들이 많지만, 에스겔을 중심으로 한 에스겔 학파의 미래계획, 즉 새로운 이스라엘 건설계획이라고 할 수 있다. 본문의 연대는 40장 1절("우리가 사로잡힌 지 스물다섯째 해, 성이 함락된 후 열넷째 해 첫째 달 열째 날에 곧 그날에 여호와의 권능이 내게 임하여 나를 데리고 이스라엘 땅으로 가시되")에 나타난 것을 보면, 에스겔이 포로로 붙잡혀서 바벨론에 끌려온 때가 주전 598년이기 때문에, 포로 25년이면 주전 573년경이 된다. 그래서 본문은 에스겔이 직접 쓴 것 같은 인상을 주지만, 여러 가지 상황으로

보아 본문의 완성연대는 그보다 후대인 것으로 보인다.

에스겔로부터 시작된 이 계획은 주전 562/1년에 일어난 여호야긴의 석방 사건 이후에 보다 구체화되었을 것이다. 여호야긴의 석방사건은 열왕기 마지막에 기록되어 있는데, 열왕기 기자가 자신의 역사이야기를 여호야긴의 석방으로 끝내는 이유가 있을 것이다. 무엇보다 바벨론에서 포로생활하는 이스라엘 사람들에게 그들이 얼마 지나지 않아 포로상태에서 풀려날 것임을 알려 주기 위해서일 것이다. 에스겔서 36장 16절에서 38절도 이 무렵에 완성되었을 것으로 보인다. 성소를 중심으로 하는 이상적인 나라를 세우려는 이 계획은 포로기 말기(주전 562/1년 - 539/8년)에 에스겔 학파에 의해서 준비되었으며, 이 생각을 추종하는 사람들이 고레스 칙령에 따라 귀환했을 것이고, 이들에 의해서 그 사상이 '약속의 땅'에서 구체적으로 실천되기 시작했을 것이다. 그리고 주전 520년경의 성전 재건작업을 통해서 비로소 현실화되었을 것이다. 이 계획은 성전 재건 이후에 침체상태에 빠졌다가, 느헤미야와 에스라에 의해서 다시 현실화되었을 것이다.

우리는 지금까지 바벨론 포로 기간 동안과 그 이후 시대에, 엑소더스와 족장전승, 에덴전승이 밀접하게 결합되어서 유토피아 양식을 이루었다는 사실을 살펴보았고, 이 유토피아 양식이 갖는 사상들은 그 이후에 제사전승과 밀접한 관계를 갖고 전개되고 또 실천되었을 것이라는 데까지 생각해 보았다.

■ 참고문헌

이종록, "끝날에 관한 묵시문학적 이해", 대한예수교장로회총회교육부 편, 《끝 날까지 함께하시는 그리스도》, 서울: 한국장로교출판사, 1997.

———, "묵시사상에 비춰 본 21세기", 대한예수교장로회총회교육부 편, 《21세기와 예수 그리스도》, 서울: 한국장로교출판사, 1995.

———, 《용서와 회개 - 에스겔서에 나타나는 '용서→회개'의 신학과 문학구조에 관한 연구》, 서울: 한국학술정보(주), 2007.

황패강, 《신라불교설화연구》, 서울: 일지사, 1975.

Heidegger, M., *Zein und Zeit*, 이기상 옮김, 《존재와 시간》, 서울: 까치글방, 2007.

von Herrmann, F. -W., *Interpretationen zu "Sein und Zeit": Subjekt und Dasein*, 신상희 옮김, 《하이데거의 존재와 시간을 찾아서》, 서울: 한길사, 1997.

14. 예언과 소망

"장소에 대한 우리의 감각은 우리가 보고 느끼고 냄새 맡고 듣는 것, 즉 우리의 모든 감각을 거쳐 만들어진다. 우리가 그 장소를 한 번 경험하고 다시 경험할 때마다 우리의 기억 속에서 만들어지고, 다시 만들어진다."[1)]

인간은 신체로 공간 속에 존재하기 때문에, 인간이 사유하고 경험하는 것들은 신체를 통한 공간적 표현과 인식으로 나타난다.[2)] 이 글은 소망이 공간적으로 표현되고 인식되는 것을 에스겔서 47장 1-12절을 중심으로 살펴보려 한다(개역개정판).

1) 소망의 문을 향하여

'소망'(所望)은 '바라는 바. 기대하는 바'를 뜻한다. 그런데 바람과 기대에는 주체와 대상이 있어야 한다. 그래서 우리는 '소망'을 말하면서 소망하는 주체인 '나'는 누구인가, 소망하는 '나'는 무엇을 소망하

1) Esther M. Sternberg, *Healing Spaces: The Science of Place and Well-being*, 시영조 옮김, 《공간이 마음을 살린다-행복한 공간을 위한 심리학》(서울: ㈜도서출판 길벗, 2013), 26.
2) "인격은 시간과 공간 속에서 재형성되며, 존재의 특정한 공간성을 통해 한 개인으로 규정된다"[ed. Mike Crang, Niget Thrift, *Thinking Space*, 최병두 옮김, 《공간적 사유》(서울: 에코리브르, 2013), 25].

는가를 생각해야 한다. 그러면서 우리네 삶을 들여다보아야 한다. 소망은 시간적으로 지금 이 순간까지 이루어지지 않은 일들이 앞으로 꼭 이루어지기를 바라는 것이다. 그래서 부족한 것이 많을수록 소망은 강해진다. 그리고 소망(素望)이라는 말도 있다. 이것은 '본디부터의 희망, 평소(平素)에 늘 바라는 일'을 뜻한다. 그렇다. 우리 삶은 본디 무엇인가를 소망하는 삶이다. 인간이라면 누구나 소망하면서 산다. 그러니 소망 없는 삶은 없을 것이다. 소망은 모든 사람이 갖는 공통 언어다. 우리가 읽는 구약성경도 소망을 담은 책이라고 할 수 있을 것이다. 구약성경은 소망의 언어로 쓰인 책이다. 그 가운데서 한 구절을 읽어 보자.

호 2:14-23 그러므로 보라 내가 그를 타일러 거친 들로 데리고 가서 말로 위로하고 거기서 비로소 그의 포도원을 그에게 주고 아골 골짜기로 소망의 문을 삼아 주리니 그가 거기서 응대하기를 어렸을 때와 애굽 땅에서 올라오던 날과 같이 하리라 여호와께서 이르시되 그날에 네가 나를 내 남편이라 일컫고 다시는 내 바알이라 일컫지 아니하리라 내가 바알들의 이름을 그의 입에서 제거하여 다시는 그의 이름을 기억하여 부르는 일이 없게 하리라 그날에는 내가 그들을 위하여 들짐승과 공중의 새와 땅의 곤충과 더불어 언약을 맺으며 또 이 땅에서 활과 칼을 꺾어 전쟁을 없이하고 그들로 평안히 눕게 하리라 내가 네게 장가들어 영원히 살되 공의와 정의와 은총과 긍휼히 여김으로 네게 장가들며 진실함으로 네게 장가들리니 네가 여호와를 알리라 여호와께서 이르시되 그날에 내가 응답하리라 나는 하늘에 응답하고 하늘은 땅에 응답하고 땅은 곡식과 포도주와 기름에 응답하고 또 이것들은 이스르엘에 응답하리라 내가 나를 위하여 그를 이 땅에 심고 긍휼히 여김을 받지 못하였던 자를 긍휼히 여기며 내 백성 아니었던 자에게 향하여 이르기를 너는 내 백성이라 하리니 그들은 이르기를 주는 내 하나님이시라 하리라 하시니라

"아골 골짜기로 소망의 문을 삼아 주리니." 얼마나 아름다운 말인가! 얼마나 시적인가! 호세아는 이 말에 얼마나 감동했을까! 아골 골짜기가 소망의 문으로 바뀌는 사건을 꿈꾸었다. 고통이 시작되는 입구가 희망이 시작되는 입구로 바뀌는 것이다. 소망(히브리어로 '티크와')은 미래를 기다리면서 현재를 참고 견디는 것이다. 티크와[3]는 '카와' 동사의 명사형('미크웨'도 카와의 명사형인데, 예언서에는 한 번도 나타나지 않는다)인데, 이 동사의 동의어들은 '야할'(명사형은 '토헬레트'로, 성문서에만 6번 쓰이고, 예언서에서는 발견할 수 없다), 하카(모두 12번 쓰였는데, 예언서에서는 7번, 특히 이사야서에서 4번 쓰였다), 사바르(명사형 '세베르'는 시편에서만 2번 쓰였다)이다. 이 동사들 가운데서 예언서에서는 '티크와'와 '하카' 두 단어만 발견할 수 있다.

그런데 이 동사들은 모두 '참고 기다리다'라는 의미를 갖는다. 그래서 '소망'은 고통 가운데서도 참고 기다리는 것이다. 그러면서 아름다운 세상, 다시 하나님과 함께 사랑을 나누며 사는 삶, 모든 것이 형통해서 풍족한 삶을 누리는 새로운 공간으로 들어가는 '소망의 문'(페타흐 티크와)을 꿈꾸며 산다. '소망의 문'이라는 표현은 소망을 공간화시킨다. 그러니 소망은 공간화의 꿈을 꾸는 것이다.

"나는 소망한다"는 "나는 꿈꾼다"이다. 꿈, 꿈꿀 수 있다는 것, 현재 없는 것, 현재 이루어지지 않은 것들을 꿈꿀 수 있다는 것, 현재를 살면서 미래 공간을 구성해냄으로써 없는 것을 미리 체험할 수 있다는 것, 아직 이루어지지 않은 것을 미리 체험하면서 사는 시뮬라시옹의 삶, 그것은 어떻게 가능한가? 그렇게 할 수 있는 힘은 바로 상상력이

---

3) 티크와는 모두 32번 쓰이는데, 그중에 예언서에 6번 쓰인다. 호세아서에서 1번, 예레미야서에서 2번(29:11, 31:16), 에스겔서에서 2번(19:5, 37:11) 그리고 스가랴서에서 1번(9:12) 쓰였다.

다. 인간이 상상력을 통해서 미래 삶을 펼칠 공간을 꿈꿀 수 있다는 것이 얼마나 귀한 일인가? 꿈이 없다면, 상상력이 없어서 현재 없는 것을 꿈꿀 수 없다면, 새로운 가상공간을 만들어낼 수 없다면, 그래서 미래를 미리 살 수 없다면, 인간의 삶은 얼마나 끔찍할까? 그러니 소망, 미래를 꿈꾸는 것, 그것은 바로 하나님이 주시는 놀라운 은사이며, 영적인 상상력에 근거한 '삶의 해석학'이다. 그리고 그 꿈을 꾸던 그 순간, 그것은 하나의 사건, 들뢰즈가 말하는 '시뮬라크르'이다.

서론적인 이야기는 이만큼 하고, 이제는 우리가 연구할 본문을 읽어 보자.

겔 47:1-12 그가 나를 데리고 성전 문에 이르시니 성전의 앞면이 동쪽을 향하였는데 그 문지방 밑에서 물이 나와 동쪽으로 흐르다가 성전 오른쪽 제단 남쪽으로 흘러내리더라 그가 또 나를 데리고 북문으로 나가서 바깥 길로 꺾여 동쪽을 향한 바깥 문에 이르시기로 본즉 물이 그 오른쪽에서 스며 나오더라 그 사람이 손에 줄을 잡고 동쪽으로 나아가며 천 척을 측량한 후에 내게 그 물을 건너게 하시니 물이 발목에 오르더니 다시 천 척을 측량하고 내게 물을 건너게 하시니 물이 무릎에 오르고 다시 천 척을 측량하고 내게 물을 건너게 하시니 물이 허리에 오르고 다시 천 척을 측량하시니 물이 내가 건너지 못할 강이 된지라 그 물이 가득하여 헤엄칠 만한 물이요 사람이 능히 건너지 못할 강이더라 그가 내게 이르시되 인자야 네가 이것을 보았느냐 하시고 나를 인도하여 강가로 돌아가게 하시기로 내가 돌아가니 강 좌우편에 나무가 심히 많더라 그가 내게 이르시되 이 물이 동쪽으로 향하여 흘러 아라바로 내려가서 바다에 이르리니 이 흘러내리는 물로 그 바다의 물이 되살아나리라 이 강물이 이르는 곳마다 번성하는 모든 생물이 살고 또 고기가 심히 많으리니 이 물이 흘러 들어가므로 바닷물이 되살아나겠고 이 강이 이르는 각처에 모든 것이 살 것이며 또 이 강가에 어부가 설 것이니 엔게디에서부터 에네글라임까지 그물 치는 곳이 될 것이라 그 고기가 각기 종류를 따라 큰 바다의 고기같이 심히 많으려니와 그 진펄과 개펄은 되살아나지 못하고 소금 땅이 될 것이며 강 좌우 가에는 각종 먹을 과실나무가 자라서 그 잎이 시들지 아니하며 열매가 끊이지 아니하고 달마다 새 열매를 맺으리니 그 물이 성소를 통하여 나옴이라 그 열매는 먹을 만하고 그 잎사귀는 약 재료가 되리라

본문을 읽으면서 느끼는 것은 삶의 공간을 마치 컴퓨터를 이용해서 만들어내는 가상공간처럼 묘사해내는 본문기자가 가진 놀라운 영적 상상력이다. 공간을 전혀 새롭게 구성해냄으로써 가상현실을 경험케 하는 탁월한 상상력. 이 상상력에서 소망은 시작한다. 그렇기에 상상력이 없다면 소망도 없다. 얼마나 놀라운가! 시간적인 미래를 공간적으로 표현해내는 예술적인 창작 능력, 가상의 공간을 꿈꾸는 사람들, 우리는 본문을 읽으면서 소망은 바로 '새로운 공간성'에 대한 인식임을 깨닫는다.

> "우리는 모두 이 세상의 일부다. 우리를 둘러싼 공간에서 우리는 그 공간을 형성할 뿐만 아니라 우리 자신을 형성하기도 한다. 우리는 환경을 집어삼키고 파괴하며, 결과적으로 우리 스스로를 파괴하는 장소들을 만들어낼 수 있다. 그 정반대도 가능하다. 환경과 조화를 이루며 살게 하고 건강을 지키는 데 도움을 주는 장소들을 만들어낼 수 있다."[4]

공간성에 대한 새로운 인식이 중요하다. 인간은 몸을 지니고, 그래서 인간은 당연히 공간을 요구한다. 몸과 공간, 그러니 인간이 시간보다 먼저 확보해내는 것이 공간성이다. 우리는 이것을 본문에서도 확인

---

4) Sternberg, *Healing Spaces*, 27.

한다. 본문은 1절에서 7절까지는 직접 보는 환상이고, 8절에서 12절까지는 듣는 환상이다. 봄과 들음을 통한 환상이다. 그런데 그것들은 철저히 공간형성을 근간으로 하고, 거기에 시간이 결합된 형국을 한 환상이다. 그래서 한 공간 속에 현재와 미래가 결합된 환상이다.

그 공간성(이것은 줄자로 치수나 거리를 재는 행동을 통해서 더 분명해진다)을 보다 명확하게 보기 위해서, 이제는 본문구성을 살펴보자. 본문은 1-7절과 8-12절 두 부분으로 나뉜다. 이 두 부분은 어휘수도 비슷하다. 1-7절이 100단어, 8-12절이 102단어로 이루어져 있다.

I. 1–7절 보여줌
1–5절 성전에서 흘러나오는 물(a)
6a 물음(b)
6b–7절 강 좌우편 나무(c)

II. 8–12절 들려줌
8–10절 성전에서 흘러나온 물(a')
11절 소금(b')
12절 강 좌우편 나무(c')

두 부분은 구성도 같아서 서로 대칭구조(a-b-c : a'-b'-c')를 이룬다. 그리고 첫 번째 부분이 두 번째 부분에서 부연 설명되는 식이다. 그러니 본문은 의미가 강화되는 구조를 갖는다. 그리고 첫 번째 부분은 보여줌의 방식으로, 두 번째 부분은 들려줌의 방식으로 전개한다. 이러한 전개방식을 통해서 본문기자는 우리를 더 깊은 환상의 세계로 이끌고 간다. 첫 번째 부분도 환상이다. 그런데 두 번째 부분은 그 환상 속의 환상이다. 첫 번째 환상이 공간적이라면, 두 번째 환상은 여전히 공간적이면서도 그 공간을 초월해서 또 다른 공간으로 넘어간다. 다층적인 공간성 확보, 이것이 본문이 갖는 묘미다.

이러한 다층적인 공간성 확보는 새로운 이스라엘 건설을 꿈꾸는 조감도라는 공간구성으로 나아간다. 이러한 공간구성에 에스겔이 참여한다. 바벨론에 포로로 끌려간 에스겔은 바벨론이라는 공간에 유대인 포로들이 새로운 공동체를 형성하는 데에 지대한 역할을 했을 것이며, 그 공동체가 앞으로 나아갈 방향을 설정하는 데도 중요한 역할을 했을 것임이 분명하다. 앞으로 유다가 멸망하고, 바벨론의 유대인 포로공동체가 나중에 귀환해서 새로운 이스라엘을 만들어 가게 될 것이며, 하나님의 새로운 역사는 자신들을 통해서 이루어진다고 에스겔이 생각했다면, 에스겔은 앞으로 과연 그들이 어떤 나라를 만들 것인지를 미리 계획하면서 구체적인 프로그램을 만들었을 것이다. 그리고 그 작업을 에스겔을 따르는 제자들이 이어받아서 완성시켰을 것이다.

미래 이스라엘 모습에 대해서 에스겔이 세운 구상은 본문이 속한 에스겔서 40-48장에 가장 분명하게 나타난다. 에스겔서 40-48장은 미래에 이루어질 이상적인 사회 모습을 담은 청사진으로 생각해 왔다. 그래서 40-48장에 미래적인 측면이 반영되어 있으며, 바벨론에서 포로생활을 하던 유대인들이 생각하던 이상적인 사회 모습이 묘사되어 있다.[5] 그러면 본문을 이야기하기 전에 에스겔서 40-48장을 살펴보기로 하자.

에스겔서 40장 1절에 "사로잡힌 지 스물다섯째 해"라고 연대가 기록

5) 그들이 새로운 이스라엘을 "사회정의와 윤리를 실행하는 대안적인 삶의 정치가 배태되는 장"으로 설정했기 때문에, 새로운 이스라엘 형성에 대한 논의를 "공간주권" 개념으로 접근할 수 있을 것으로 보인다. "공간주권(space sovereignty)은 주권자인 시민이 각자의 차이로 차별을 겪지 않고 행복을 추구할 수 있는 자유의 공간, 열린 공간을 만들며, 그에 동등하게 접근하고 활용하는 것을 의미한다."(강현수 외 8명, 《공간주권으로의 초대》(파주 : 도서출판 한울, 2013), 19.)

되어 있는데, 연대는 주전 573년경이다. 이때는 예루살렘이 함락된 지도 14년이 지났고, 바벨론에 포로공동체가 세워진 지도 25년이나 되었기 때문에, 바벨론의 유대인 공동체가 이미 확고히 자리를 잡고, 귀환 이후의 미래를 대비하는 계획을 세우기 시작하던 때로 볼 수 있을 것이다. 이때 하나님이 에스겔을 어디론가 데려가신 것이다.

겔 40:1-2 우리가 사로잡힌 지 스물다섯째 해, 성이 함락된 후 열넷째 해 첫째 달 열째 날에 곧 그날에 여호와의 권능이 내게 임하여 나를 데리고 이스라엘 땅으로 가시되 하나님의 이상 중에 나를 데리고 이스라엘 땅에 이르러 나를 매우 높은 산 위에 내려놓으시는데 거기에서 남으로 향하여 성읍 형상 같은 것이 있더라

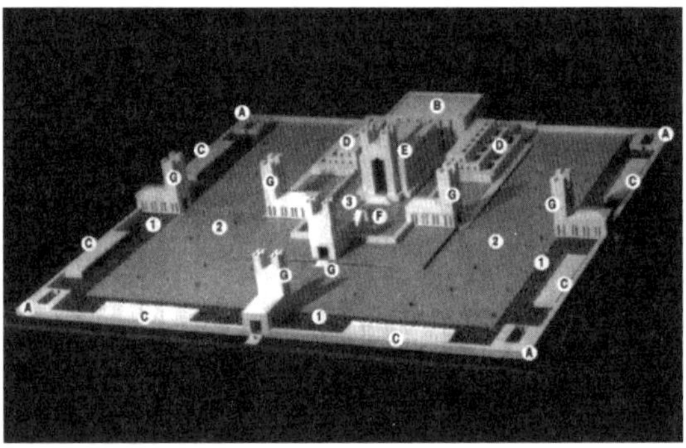

에스겔이 높은 곳에서 사방을 둘러보는데, 남쪽에 성읍이 보였다. 에스겔서 40-48장은 이 성읍에 대한 이야기다. 에스겔은 이 성읍을 세 번이나 탐사한다. 아니, 하나님이 에스겔로 하여금 그곳을 세 번이나 답사하게 하신다. 그러하기에 에스겔의 열성보다 하나님의 열성이 더 두드러진다. 세 번에 걸친 치밀한 탐사. 왜 하나님은 에스겔로 하여금 세 번이나 그 성읍을 탐사하게 하셨을까?

겔 40:4 그 사람이 내게 이르되 인자야 내가 네게 보이는 그것을 눈으로 보고 귀로 들으며 네 마음으로 생각할지어다 내가 이것을 네게 보이려고 이리로 데리고 왔나니 너는 본 것을 다 이스라엘 족속에게 전할지어다 하더라

하나님은 에스겔에게 하나님이 보여주는 것을 보고, 듣고, 생각하라고 말씀하신다. 그리고 그 본 것들을 이스라엘 족속에게 알리라고 명령하신다.

에스겔은 자신을 인도하는 사람을 따라서 그 성읍으로 다가간다. 바깥으로 담이 둘러쳐져 있는데(겔 40:5), 동쪽 문으로 가서 그 문을 통해서 안으로 들어간다(겔 40:17). 그들이 들어간 곳은 바깥뜰이었다. 그곳에서 북문 쪽으로 가고(겔 40:20), 다시 남문 쪽으로 간다(겔 40:24). 그 남문을 통해서 그 사람과 에스겔은 안뜰로 들어간다(겔 40:28). 그 남문에서 동문으로 가고(겔 40:32), 거기서 북문으로 간다(겔 40:35). 그리고 거기서 성소로 간다(겔 41:1). 성전 주변을 다 살핀 다음, 동쪽 문을 통해서 바깥뜰로 나가서 사면 담을 측량한다(겔 42:15). 여기까지가 1차 탐사다. 1차 탐사를 하면서 인도자가 한 일은 곳곳을 측량하는 일이었는데, 그 수치들이 상세하게 밝혀져 있다. 그래서 이 1차 탐사를 통해 시 에스겔은 성읍을 외형적으로 파악하면서, 성읍의 구조와 규모를 정확하게 파악한다.

에스겔은 성읍의 구조와 규모를 정확하게 파악한 다음 두 번째 탐사를 시작하는데, 에스겔의 두 번째 탐사는 43장에서 시작한다. 1차 탐사를 마친 에스겔은 현재 바깥뜰에 있는데 동문 쪽으로 간다(겔 43:1). 그곳에서 여호와의 영광이 동문을 통해서 성소로 들어가는 것을 목격한다(겔 43:2-4). 에스겔도 성령에 이끌려 안뜰로 들어가서 여호와의 영광이 성소에 가득 찬 것을 본다(겔 43:5). 거기서 성전과 동문

사이에 있는 제단을 보고(겔 43:13-27), 거기서 동문을 통해서 바깥뜰로 나온다(겔 44:1). 그리고 북문 쪽으로 가서 북문을 통해서 다시 안뜰로 들어가고, 성전 앞으로 간다(겔 44:4). 여기서 에스겔은 여러 가지 규례들을 받는다(겔 44:5-46:18). 거기서 북문을 지나서 제사장들이 거하는 북쪽 방으로 간다(겔 46:19). 거기서 바깥뜰로 나와서 사면을 둘러보는데, 특히 네 구석에 있는 부엌을 둘러본다(겔 46:23). 여기까지가 에스겔의 두 번째 탐사다. 에스겔은 두 번째 탐사를 통해서 하나님께 어떻게 예배할 것인지를 듣는다. 그래서 두 번째 탐사는 제단을 측량하는 것으로 시작한다. 이제는 세 번째 탐사를 시작할 차례다.

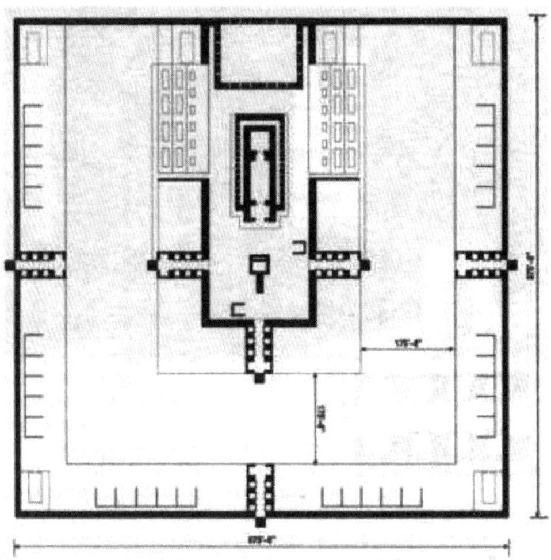

1 그가 나를 데리고 성전 문에 이르시니 성전의 앞면이 동쪽을 향하였는데 그 문지방 밑에서 물이 나와 동쪽으로 흐르다가

에스겔의 세 번째 탐사가 47장에서 시작한다. 현재 에스겔은 바깥

뜰에 있다. 그런데 인도하는 자가 에스겔을 성전 문 쪽으로 데려간다(겔 47:1). 그러기 위해서는 안뜰로 들어가야 하는데, 동문을 통해서 안뜰로 들어간 것으로 보인다.

인도자는 에스겔을 성전 문(페타흐) 앞에 다시 데리고 왔는데, 여기서는 '페타흐'라는 용어를 쓴다. 이것은 문보다는 입구를 말하는 것으로 보인다. 구체적인 문은 샤아르라는 단어를 사용한다. 성전으로 들어가는 입구 앞에 선 에스겔은 거기서 뜻밖의 것을 발견한다. 첫 번째 탐사와 두 번째 탐사에서 발견할 수 없었던 것이었다. 그것은 무엇이었을까? "힌네-마임" 바로 물이었다. 히브리어로 '힌네-마임'은 "아니, 웬 물이 여기에 있지?"라는 말이다. 성전 입구에 물이 있다는 것은 신기한 일이었다. 우리도 그렇겠지만 에스겔도 이 물이 어디서 흘러나왔나 궁금했을 것이다. 그래서 자세히 살펴보았더니, 그 물은 성전 문지방 밑에서 흘러나오고 있었다. 본문기자는 동사의 분사형을 사용한다. 그래서 에스겔이 살펴보는 동안에도 그 물이 계속해서 문지방 밑에서 흘러나오고 있다는 것을 알려 준다. 문지방은 하나님이 계시는 성전을 다른 곳과 구분하는 표지다. 하나님 계신 곳에서 물이 흘러나오는 것이다. 그런데 이 문지방이 예전에는 심판이 시작되는 장소였다.

겔 9:3-7 그룹에 머물러 있던 이스라엘 하나님의 영광이 성전 문지방에 이르더니 여호와께서 그 가는 베옷을 입고 서기관의 먹그릇을 찬 사람을 불러 여호와께서 이르시되 너는 예루살렘 성읍 중에 순행하여 그 가운데에서 행하는 모든 가증한 일로 말미암아 탄식하며 우는 자의 이마에 표를 그리라 하시고 그들에 대하여 내 귀에 이르시되 너희는 그를 따라 성읍 중에 다니며 불쌍히 여기지 말며 긍휼을 베풀지 말고 쳐서 늙은 자와 젊은 자와 처녀와 어린이와 여자를 다 죽이되 이마에 표 있는 자에게는 가까이하지 말라 내 성소에서 시작할지니라 하시매 그들이 성전 앞에 있는 늙은 자들로부터 시작하더라 그가 또 그들에게 이르시되 너희는 성전을 더럽혀 시체로 모든 뜰에 채우라 너희는 나가라 하시매 그들이 나가서 성읍 중에서 치더라

이렇듯 참혹한 심판이 시작되던 그곳에서 이제는 물이 흘러나온다. 이 얼마나 놀라운 일인가! 이 구절은 우리에게 흐르는 물과 관련된 여러 성경구절들을 떠올리게 한다(개역개정판).

창 2:8-14 여호와 하나님이 동방의 에덴에 동산을 창설하시고 그 지으신 사람을 거기 두시니라 여호와 하나님이 그 땅에서 보기에 아름답고 먹기에 좋은 나무가 나게 하시니 동산 가운데에는 생명나무와 선악을 알게 하는 나무도 있더라 강이 에덴에서 흘러나와 동산을 적시고 거기서부터 갈라져 네 근원이 되었으니 첫째의 이름은 비손이라 금이 있는 하윌라 온 땅을 둘렀으며 그 땅의 금은 순금이요 그곳에는 베델리엄과 호마노도 있으며 둘째 강의 이름은 기혼이라 구스 온 땅을 둘렀고 셋째 강의 이름은 힛데겔이라 앗수르 동쪽으로 흘렀으며 넷째 강은 유브라데더라

시 46:4-7 한 시내가 있어 나뉘어 흘러 하나님의 성 곧 지존하신 이의 성소를 기쁘게 하도다 하나님이 그 성 중에 계시매 성이 흔들리지 아니할 것이라 새벽에 하나님이 도우시리로다 뭇 나라가 떠들며 왕국이 흔들렸더니 그가 소리를 내시매 땅이 녹았도다 만군의 여호와께서 우리와 함께하시니 야곱의 하나님은 우리의 피난처시로다 (셀라)

욜 3:16-21 여호와께서 시온에서 부르짖고 예루살렘에서 목소리를 내시리니 하늘과 땅이 진동하리로다 그러나 여호와께서 그의 백성의 피난처, 이스라엘 자손의 산성이 되시리로다 그런즉 너희가 나는 내 성산 시온에 사는 너희 하나님 여호와인 줄 알 것이라 예루살렘이 거룩하리니 다시는 이방 사람이 그 가운데로 통행하지 못하리로다 그날에 산들이

단 포도주를 떨어뜨릴 것이며 작은 산들이 젖을 흘릴 것이며 유다 모든 시내가 물을 흘릴 것이며 여호와의 성전에서 샘이 흘러나와서 싯딤 골짜기에 대리라 그러나 애굽은 황무지가 되겠고 에돔은 황무한 들이 되리니 이는 그들이 유다 자손에게 포악을 행하여 무죄한 피를 그 땅에서 흘렸음이니라 유다는 영원히 있겠고 예루살렘은 대대로 있으리라 내가 전에는 그들의 피흘림 당한 것을 갚아 주지 아니하였거니와 이제는 갚아 주리니 이는 여호와께서 시온에 거하심이니라

슥 14:8-11 그날에 생수가 예루살렘에서 솟아나서 절반은 동해로, 절반은 서해로 흐를 것이라 여름에도 겨울에도 그러하리라 여호와께서 천하의 왕이 되시리니 그날에는 여호와께서 홀로 한 분이실 것이요 그의 이름이 홀로 하나이실 것이라 온 땅이 아라바같이 되되 게바에서 예루살렘 남쪽 림몬까지 이를 것이며 예루살렘이 높이 들려 그 본처에 있으리니 베냐민 문에서부터 첫 문 자리와 성 모퉁이 문까지 또 하나넬 망대에서부터 왕의 포도주 짜는 곳까지라 사람이 그 가운데에 살며 다시는 저주가 있지 아니하리니 예루살렘이 평안히 서리로다

요 7:37-39 명절 끝날 곧 큰 날에 예수께서 서서 외쳐 이르시되 누구든지 목마르거든 내게로 와서 마시라 나를 믿는 자는 성경에 이름과 같이 그 배에서 생수의 강이 흘러나오리라 하시니 이는 그를 믿는 자들이 받을 성령을 가리켜 말씀하신 것이라 (예수께서 아직 영광을 받지 않으셨으므로 성령이 아직 그들에게 계시지 아니하시더라)

계 22:1-5 또 그가 수정같이 맑은 생명수의 강을 내게 보이니 하나님과 및 어린양의 보좌로부터 나와서 길 가운데로 흐르더라 강 좌우에 생명나무가 있어 열두 가지 열매를 맺되 달마다 그 열매를 맺고 그 나무 잎사귀들은 만국을 치료하기 위하여 있더라 다시 저주가 없으며 하나님과 그 어린 양의 보좌가 그 가운데에 있으리니 그의 종들이 그를 섬기며 그의 얼굴을 볼 터이요 그의 이름도 그들의 이마에 있으리라 다시 밤이 없겠고 등불과 햇빛이 쓸데없으니 이는 주 하나님이 그들에

게 비치심이라 그들이 세세토록 왕 노릇하리로다

여기서 보는 것처럼, 물이 여호와 앞에서 흘러나온다는 이야기는 창세기부터 시작해서 요한계시록에 이르기까지 줄곧 이어진다. 특히 스가랴서와 요한계시록은 내용과 구성이 상당히 유사해서 영향을 주고받았음을 알 수 있다. 이 두 본문에는 생수와 하나님이 함께하심 그리고 저주 없음이라는 요소가 동일하게 나타난다. 이런 여러 가지 점으로 우리는 하나님 보좌 앞에서 흘러나오는 '생수에 관한 전승'이 성경 전체를 관통하는 것을 알 수 있다.

1b 성전 오른쪽 제단 남쪽으로 흘러내리더라

물이 어디서 흘러나오는지를 살펴본 다음에 에스겔은 그 물이 어디로 흘러가는지를 보았다. 그 물은 동쪽으로 흘러가고 있었다. 여기서 본문기자는 독자들을 이해시키기 위해서 성전 전면이 동쪽을 향하고 있다는 것을 밝힌다. 그러니 성전 문지방 밑에서 흘러나온 물은 동쪽으로 흘러갈 수밖에 없는 것이다.

성전에서 계속 흘러나오는 물은 계속 동쪽으로 흘러간다. 이제 인도자와 에스겔은 흘러가는 그 물을 따라서 움직인다. 그 물은 성전 문지방에서 아래로 계속 흘러가는데, 성전 조감도를 보면 알겠지만, 성전 전면과 동문 사이에 제단이 있다. 그래서 그 물이 동쪽으로 흐르다 보면 제단을 거쳐 갈 수밖에 없는데, 그 물이 제단을 통과하기 위해서는 제단 아래나 위로 흘러갈 수는 없어서 제단 옆으로 방향을 조금 틀 수밖에 없다. 그런데 에스겔이 보니 그 물이 남쪽으로 약간 방향을 틀어서 에스겔이 보기에 제단 오른쪽을 타고 흘러서 동문 쪽으로 흘러갔다.

그런데 이렇게 물이 흘러가는 전 문 앞 현관과 제단 사이 공간이 예전에는 범죄의 현장이었음을 독자들은 기억할 것이다.

겔 8:16-18 그가 또 나를 데리고 여호와의 성전 안뜰에 들어가시니라 보라 여호와의 성전 문 곧 현관과 제단 사이에서 약 스물다섯 명이 여호와의 성전을 등지고 낯을 동쪽으로 향하여 동쪽 태양에게 예배하더라 또 내게 이르시되 인자야 네가 보았느냐 유다 족속이 여기에서 행한 가증한 일을 적다 하겠느냐 그들이 그 땅을 폭행으로 채우고 또다시 내 노여움을 일으키며 심지어 나뭇가지를 그 코에 두었느니라 그러므로 나도 분노로 갚아 불쌍히 여기지 아니하며 긍휼을 베풀지도 아니하리니 그들이 큰 소리로 내 귀에 부르짖을지라도 내가 듣지 아니하리라

겔 11:1-4 그때에 주의 영이 나를 들어올려서 여호와의 전 동문 곧 동향한 문에 이르시기로 보니 그 문에 사람이 스물다섯 명이 있는데 내가 그중에서 앗술의 아들 야아사냐와 브나야의 아들 블라댜를 보았으니 그들은 백성의 고관이라 그가 내게 이르시되 인자야 이 사람들은 불의를 품고 이 성중에서 악한 꾀를 꾸미는 자니라 그들의 말이 집 건축할 때가 가깝지 아니한즉 이 성읍은 가마가 되고 우리는 고기가 된다 하나니 그러므로 인자야 너는 그들을 쳐서 예언하고 예언할지니라

2 그가 또 나를 데리고 북문으로 나가서 바깥 길로 꺾여 동쪽을 향한 바깥문에 이르시기로 본즉 물이 그 오른쪽에서 스며 나오더라

그런 범죄와 심판의 공간을 말끔하게 지워 버리면서, 그 물은 계속 동쪽으로 흘러간다. 인도자와 에스겔은 그 물을 따라서 간다. 인도자와 에스겔이 움직이는 이동경로에 대한 정보를 알려주는 2절은 본문 구성이 매우 복잡하고 중복된 느낌을 받는다. 그래도 성전 조감도를 보면서 이동경로를 추정해 보면 그들이 어떻게 움직였는지 알 수 있

다. 인도자는 에스겔을 북쪽으로 난 문 쪽으로 데리고 가서 거기서 바깥뜰로 나간다. 바깥쪽으로 나간 인도자와 에스겔은 방향을 바깥문 쪽으로 바꾸고 동쪽으로 간다. 성소에서 흘러나온 물은 제단을 지나서 계속 동쪽으로 흐르기 때문에 안뜰과 바깥뜰을 이어 주는 동문으로 흘러서 그 문을 통과할 것이다. 그래서 그 물이 흘러가는 것을 따라가려면 제단을 지나서 동문을 통과해야 하는데, 인도자와 에스겔은 거기서 북문 쪽으로 가서 북문을 통해서 바깥뜰로 나온 다음, 거기서 다시 동문으로 간다. 왜 그랬을까? 정확한 이유야 알 길이 없지만, 아마도 성스런 물을 밟지 않으려고 했는지도 모른다. 아니면 물이 흐르는 것보다 더 빨리 가서 물이 동문에서 어떻게 흘러나오는지 보려고 했는지도 모른다.

그들은 동문 앞에 서서 물이 흘러나오기를 기다리고 있었을 것이다. 그런데 보라. 다시 "힌네-마임." "야! 물이다." 그곳에서 그들은 물을 다시 발견했다. 그 물은 문지방 오른쪽에서 졸졸 흘러나오고 있었다.

> 3-5 그 사람이 손에 줄을 잡고 동쪽으로 나아가며 천 척을 측량한 후에 내게 그 물을 건너게 하시니 물이 발목에 오르더니 다시 천 척을 측량하고 내게 물을 건너게 하시니 물이 무릎에 오르고 다시 천 척을 측량하고 내게 물을 건너게 하시니 물이 허리에 오르고 다시 천 척을 측량하시니 물이 내가 건너지 못할 강이 된지라 그 물이 가득하여 헤엄칠 만한 물이요 사람이 능히 건너지 못할 강이더라

동문 문지방 밑으로 계속 흘러나오는 그 물은 계속 동쪽으로 흘러갔다. 에스겔을 인도하는 사람, 여기서는 '그 사람'이라고 하는데, 그는 거기서 발걸음을 옮겨서 물을 따라서 동쪽으로 나아간다. 그런데 그 사람은 손에 줄자를 들고 있었다. 이 사람은 이때 비로소 줄자를 든

것이 아니고 처음부터 자를 들고 있었다. "나를 데리시고 거기에 이르시니 모양이 놋같이 빛난 사람 하나가 손에 삼줄과 측량하는 장대를 가지고 문에 서 있더니"(겔 40:3)라고 하였다. 이것은 요한계시록에도 나타난다. "내게 말하는 자가 그 성과 그 문들과 성곽을 측량하려고 금갈대 자를 가졌더라"(계 21:15).

여기서도 에스겔서와 요한계시록의 연관성을 볼 수 있다. 그 사람은 손에 줄자를 들고 일천 척을 재나갔다. 여기서 '척'(尺)으로 번역한 것은 히브리어로 '암마'인데, 암마는 규빗이라고도 한다. 1규빗은 대략 45센티미터니까 천 규빗은 450미터다. 그러니까 물이 450미터를 흘러간 것이다. 그것을 따라서 인도자는 거리를 잰다. 그런 다음 에스겔에게 그 물에 들어가 보게 한다. 그래서 에스겔은 그 물을 건너보는데 물이 발목에 찼다. 인도자는 종으로 이동하면서 거리를 재고, 에스겔은 횡으로 이동하면서 물깊이를 재는 것이다. 그렇게 하면서 공간성을 강조한다.

물은 거기서 그치지 않고 계속 흘러간다. 인도자는 다시 일천 척을 잰다. 그리고 에스겔에게 그 물을 건너 보게 하는데, 그 물이 무릎에 찼다. 450미터를 지나면서 물이 많이 깊어진 것이다. 물이 깊어졌다는 것은 물의 양이 많아졌다는 것이다. 인도자는 거기서부터 다시 일천 척을 잰다. 그런 다음 에스겔에게 그 물을 또 건너 보게 하는데, 이번에는 물이 허리까지 찼다. 물이 아주 깊어진 것이다. 물이 허리까지 찼기 때문에 에스겔은 물을 건너기에 힘들었을 것이다. 인도자는 거기서부터 다시 일천 척을 잰다. 그리고 에스겔을 건너 보게 하는데, 이번에는 물이 너무 깊어져서 건널 수가 없었다. 물이 창일했는데, 여기서 창일이라는 말은 물이 거세게 흐르는 것을 뜻한다. 물이 도도히 흘러가서 도저히 건널 수가 없었다. 에스겔은 건너 보려고 몇 번이나 노력했을 것이다. 그러나 결국 포기하고 만다. 이것은 '건널 수 없었다'는 말이 두 번이나 반복되는 것에서 알 수 있다. 건널 수 없는 강, 그것은 원래 강이 아니었다. 그냥 졸졸 흐르는 물(마임)이었다. 그 물이 이제는 강(나할)이 된 것이다.

6a 그가 내게 이르시되 인자야 네가 이것을 보았느냐 하시고

성소에서 흘러나와서 동쪽으로 흘러가는 물을 계속 따라온 에스겔은 그 물이 이제는 도저히 건널 수 없을 정도로 도도하게 흐르는 강이 된 것을 보면서 무엇을 느꼈을까? 아니 그것을 통해서 무엇을 보았을까? 이러한 우리의 생각을 짐작하는 듯이 인도자는 에스겔에게 묻는다. "너는 보았느냐? 사람 아들아." 이것은 대답을 기다리는 질문이 아니다. '너도 봤지? 분명하게 보았지? 성전에서 흘러나온 그 물줄기가 엄청난 강물이 된 것을 너도 봤지? 너도 건널 수 없는 큰 강이 된 것을 너도 봤지? 그렇지?' 에스겔은 고개만 끄떡거렸을 것이다.

에스겔이 느낀 것은 신비로움, 즉 도무지 이해할 수 없는 미스테리움(mysterium)이었을 것이다. 그런 신비로움은 겨자씨 비유에서도 드러난다.

마 13:31-33 또 비유를 들어 이르시되 천국은 마치 사람이 자기 밭에 갖다 심은 겨자씨 한 알 같으니 이는 모든 씨보다 작은 것이로되 자란 후에는 풀보다 커서 나무가 되매 공중의 새들이 와서 그 가지에 깃들이느니라 또 비유로 말씀하시되 천국은 마치 여자가 가루 서 말 속에 갖다 넣어 전부 부풀게 한 누룩과 같으니라

6b-7 나를 인도하여 강가로 돌아가게 하시기로 내가 돌아가니 강 좌우편

에 나무가 심히 많더라

신비로움에 놀라움을 금치 못했을 에스겔을 데리고 인도자는 강가를 돌아갔다. 아마도 어느 곳에선가 안동 하회마을처럼 물이 굽어져서 흘렀던 모양이다. 강굽이를 막 돌아가는데, 거기서 에스겔은 또 놀라운 것을 보았다. 에스겔의 놀라움은 "힌네"라는 말에서 나타난다. "야, 뭔가 있다." 정말 강가에 뭔가가 있었다. 그것이 무엇일까? 본문기자는 우리를 긴장시키기 위해서 '힌네'와 목적어 사이를 띄어 놓는 기교를 부린다. 거기에는 무엇이 있었을까? 우리 호기심을 잔뜩 불러일으켜 놓은 다음, 본문기자는 그곳에 나무들이 있다고 말하는데, 엄청나게 많은 나무들이 있다고 알려 준다. 그러니까 에스겔은 강굽이를 돌아가는 순간 나무를 보았고, 주위를 둘러보면서 그 나무들이 엄청나게 많다는 사실을 알았다. 그런데 그것만이 아니다. 에스겔은 좀 더 상세한 사실을 알아낸다. 나무들이 그 강 이쪽에도 있고 저쪽에도 있다는 것이다. 그러니까 한가운데 거대한 강물이 흐르고 그 양 주위에 나무들, 그것도 아름드리 나무들이 줄지어 서서 숲을 이루고 있었던 모양이다. 알프스 지역을 연상케 하는 장면이다. 강물과 푸르른 숲 그리고 파란 잔디가 깔려 있었을 것이고, 강물에서는 고기들이 뛰놀고, 숲에서는 새들이 지저귀며 날았을 것이다. 푸른 하늘에는 하얀 구름이 흘러가고, 맑은 햇살이 숲과 강물에 어른거렸을 것이다. 이 아름다운 장면을 상상할 수 있는가?

8 그가 내게 이르시되 이 물이 동쪽으로 향하여 흘러 아라바로 내려가서 바다에 이르리니 이 흘러내리는 물로 그 바다의 물이 되살아나리라

인도자는 에스겔에게 여기까지 보여준다. 에스겔은 그 이상을 보지 못한다. 지금까지 에스겔에게 보여주기만 했던 인도자는 이제 보여주는 대신 말을 한다. 보여줌에서 들려줌으로 변환한 것이다. "이 물은 동쪽 지역으로 계속 흘러 나아가서 아라바로 흘러내려갈 것이다." 아라바는 사해에 이르기 전의 지역을 말한다. "이렇게 동쪽으로 흘러간 물은 마침내 바다에 다다를 텐데, 그 물은 그 바다에 흘러들어가서 그 물을 고쳐 놓을 것이다." 여기서 바다는 '사해'를 가리키는 것으로 보인다. 그 물이 사해까지, 흘러갈 것이라는 것이다. 사해가 목적지이다. 성전에서 사해까지. 그 물은 사해에 흘러들어가서 사해를 살려 놓을 것이다. 그래서 사해(死海)가 활해(活海)가 될 것이다. 그러면 어떤 일이 일어날 것인가? 먼저 모든 생물들이 생겨날 것이다. '모든 생물들, 콜-네페쉬 하이야.' 사해, 그 죽음의 바다에 물이 흘러들어가자 죽었던 것들이 살아난다. 이것은 하나님이 진흙으로 사람을 만든 다음 코에 생기를 불어넣자 생령(네페쉬 하이야)이 된 것처럼(창 2:7), 또는 마른 뼈들이 다시 연결되고 거기에 살이 붙어서 다시 사람이 되었으나 움직이지 못하다가, 생기를 불어넣었더니 살아서 일어나는 장면을 생각하게 한다(겔 37:7-10).

> 9–10 이 강물이 이르는 곳마다 번성하는 모든 생물이 살고 또 고기가 심히 많으리니 이 물이 흘러 들어가므로 바닷물이 되살아나겠고 이 강이 이르는 각처에 모든 것이 살 것이며 또 이 강가에 어부가 설 것이니 엔게디에서부터 에네글라임까지 그물 치는 곳이 될 것이라 그 고기가 각기 종류를 따라 큰 바다의 고기같이 심히 많으려니와

그 생명체들이 무수한 떼를 이루는데, 그 강물이 흘러 들어가는 모든 곳에서 그런 일들이 일어난다. 물이 흘러가면서 그 물이 닿는

곳마다 죽었던 것들이 살아나는 장면을 생각해 보라. 죽음의 색깔이 벗겨지고 삶의 화사한 색채가 수채화처럼 번져 나가는 듯하다. 놀라운 살림의 역사가 일어나는 것이다. 죽음을 몰아내고 삶으로, 이 얼마나 감동적인 장면인가! 에스겔처럼 감성이 풍부한 사람이 이 말을 들으면서 얼마나 흥분했을까?

그런 삶의 역사는 물고기들이 뛰노는 모습으로 나타난다. 아! 고기들, 많은 고기들, 엄청나게 많은 고기들, 물을 튕기면서 뛰노는 저 무수한 물고기 떼, 그 싱싱한 생명체들, 인도자는 이런 삶의 역사가 일어난 것을 이 물, 즉성소에서 졸졸 흘러나와서 이제는 강물이 된 이 물이 그곳에 흘러 들어가서 고치고 살려냈기 때문이라고 말한다. 강이 흘러가는 곳마다 모든 것들이 살아날 것이다. 그래서 그 물은 단순한 물이 아니고 '생수' 즉 생명수이다. 여기서 소성이라는 말은 다시 살아난다는 것인데, 히브리어로는 '라파'다. 라파는 주로 병을 고친다는 뜻으로 쓰이고 여기서처럼 '물을 고친다, 즉 수질을 바꾼다'는 의미로도 쓰인다.

성소에서 사해까지 이어지는 물줄기, 생수가 흘러가서 물고기들이 힘차게 뛰노는 바다, 그곳은 더 이상 사해가 아니다. 그리고 어떤 장면이 이어지는가? 사해 주변에 사람들이 서 있는 것을 본다. 그들은 어부들이다. 어부들이 서 있다. 그런데 자세히 보니 '엔 게디'에서부터 '엔 에글라임'까지 어부들이 헤아릴 수도 없이 늘어서서 그물을 던지며 고기를 잡는다. 그런 일이 반드시 일어날 것이다.

그런데 왜 하필이면 엔 게디와 엔 에글라임(개역성경은 에네글라임으로 음역하지만, 원문대로 읽으면 엔 에글라임이고, 또 이렇게 읽어야 엔 게디와 대응한다)인가? 이것은 우선 '엔'으로 시작하는 지명으로 통일하기 위해서인 것으로 보인다. '엔'은 샘 또는 분천을 말하기 때문에, 엔 게디와 엔 에글라임은 사해 주변에 있는 오아시스였을 것이다. 사해 서편 중앙에 있는 엔 게디는 '염소의 샘'이라는 뜻인데, 물이 있어서 사람들이 염소에게 물을 먹이던 곳으로 보인다. 그리고 엔 게디를 하사손다말(대하 20:2; 창 14:7)이라고도 하는데, 이곳은 예전부터 요새였고 군사 요충지였던 모양이다. 그리고 모압인과 암몬인이 이곳에 와서 여호사밧을 치려다가 오히려 전멸당한 곳이기도 하다(대하 20장). 그런데 엔 게디는 다윗과 관계가 깊다.

삼상 24:1–3 사울이 블레셋 사람을 쫓다가 돌아오매 어떤 사람이 그에게 말하여 이르되 보소서 다윗이 엔 게디 광야에 있더이다 하니 사울이 온 이스라엘에서 택한 사람 삼천 명을 거느리고 다윗과 그의 사람들을 찾으러 들염소 바위로 갈새 길가 양의 우리에 이른즉 굴이 있는지라 사울이 뒤를 보러 들어가니라 다윗과 그의 사람들이 그 굴 깊은 곳에 있더니

이 구절은 엔 게디 지역을 상당히 세밀하게 묘사하는데, 이것을 통해서 보면, 엔 게디는 성읍들로부터 멀리 떨어진 곳이고, 높은 곳은 바위와 굴로 이루어진 천연요새였던 것으로 보인다. 다윗은 이곳을 잠시 본거지로 삼았다.

이러한 곳에 나중에는 포도원이 만들어졌던 것으로 보인다. 주위에 종려나무와 포도원의 고벨화가 유명하다(아 1:14). 시적인 상징으로 사용될 정도였으니 매우 유명했던 모양이다.

군사요충지요 요새여서 군인들이 드나들던 엔 게디에 이제는 어부들의 발걸음이 이어진다. 완전히 삶이 달라진 것이다. 엔 게디는 염소들에게 물을 먹이던 곳에서 수많은 사람들을 먹여 살리는 황금어장으로 변한 것이다.

엔 게디는 이런 곳인데, 그에 상응하는 '두 마리 송아지의 샘'이라는 뜻을 가진 '엔 에글라임'은 위치를 알 길이 없다. 단지 본문에 강 이쪽 저쪽이라는 말이 두 번이나 나와서, 엔 에글라임은 엔 게디 맞은편, 즉 사해 동편 중간쯤에 위치했던 것으로 추정할 따름이다. 어쨌든 "엔 게디에서부터 엔 에글라임까지"라는 문구는 당시에 여러 사람들에게 익숙한 관용구였을 것이고, 사해 전체를 가리키는 말이었을 것이다. 그러니까 사해를 둘러서서 어부들이 그물로 고기를 잡는 모습을 생각하면 된다.

그 바다에서는 물고기들이 잡히는데, 각종 물고기들이 다 잡힌다. 어종이 다양하다는 것이다. 그리고 큰 바다, 즉 지중해에 물고기들이 엄청나게 많은 것처럼, 사해에도 물고기들이 엄청나게 많아질 것이다. 다시 말하면, 사해가 지중해처럼 될 것이라는 말이다. 사해를 지중해와 비교할 수 없지만, 그래도 그렇게 생각했다. 사해가 지중해처럼 될 것이다. 지중해처럼 황금어장이 될 것이다. 수산물의 보고가 될 것이다. 여기서 우리는 이스라엘 사람들이 지중해를 얼마나 부러워했는지 알 수 있다. 사해가 지중해처럼 된다는 것은 천지개벽하는 것만큼이나 어려운 일이겠지만, 그런 꿈을 꾸어 보는 것이다.

11 그 진필과 개필은 되살아나지 못하고 소금 띵이 될 것이며

이렇게 사해가 변화할 것이다. 물이 바뀌어서 사해에 물고기들이 풍족해질 것이다. 그런데 사해의 늪지와 습지, 그곳은 변하지 않을 것이고 물도 바뀌지 않을 것이다. 그곳에서는 계속 소금이 생산될 것이다. 하나님이 그곳에 소금을 내리실 것이다. 개역한글성경은 이 구절을 "'그 진펄과 개펄은 소성되지 못하고 소금 땅이 될 것이며"로

번역해서 긍정적인 느낌보다는 부정적인 느낌을 준다. 습지와 늪지가 그대로 남아서 사람들은 거기서 소금을 생산해낼 것이다. 이것은 긍정적인 말이다. 소금은 지금도 매우 중요한 자원이지만, 예전에는 더했다. 물론 물이 온통 소금뿐이라면 문제지만, 소금이 아예 없는 것도 문제다. 그래서 사람들이 필요로 하는 소금을 생산할 수 있도록 하나님이 배려하시는 것이다. 소금은 반드시 있어야 한다는 것을 강조하는 것이다.

> 12 강 좌우 가에는 각종 먹을 과실나무가 자라서 그 잎이 시들지 아니하며 열매가 끊이지 아니하고 달마다 새 열매를 맺으리니 그 물이 성소를 통하여 나옴이라 그 열매는 먹을 만하고 그 잎사귀는 약 재료가 되리라

이렇게 사해를 묘사한 다음, 본문기자는 강 주위에 있는 나무들에게 다시 시선을 돌린다. 그래서 우리도 그곳으로 눈길을 돌린다. "강 좌우 가에." 그 강 좌우에는 무엇이 있는가? 그 강변에 뭔가가 생겨나는데, 이쪽저쪽 강 양쪽에서 생겨난다. 과연 무엇이 생겨나는가? 그것은 나무들이다. 그런데 그 나무들은 모두 식량으로 쓰이는 과일나무다. 그 나무들은 잎사귀가 결코 마르지 않는다. 그리고 과일이 열리지 않는 경우가 없다. 나무들이 달마다 정확히 과일을 맺는다. 그런데 그것은 성전에서부터 계속 흘러나오는 물 때문이다. 우리는 여기서 성전에서 흘러나오는 물이 한 번 흐르고 마는 것이 아니고 계속 사해까지 흘러 들어가는 것을 알 수 있다. 그 물로 인해서 그 나무들이 맺는 과일들은 식량(마아칼)이 되고, 그 잎사귀들은 치료제(테루파)가 된다. 우리는 여기서 요한계시록을 다시 생각한다.

계 22:1-2 또 그가 수정같이 맑은 생명수의 강을 내게 보이니 하나님과 및 어린양의 보좌로부터 나와서 길 가운데로 흐르더라 강 좌우에 생명나무가 있어 열두 가지 열매를 맺되 달마다 그 열매를 맺고 그 나무 잎사귀들은 만국을 치료하기 위하여 있더라

문장이 너무도 비슷해서 요한은 에스겔서를 읽었음이 분명한데, 그는 그 잎사귀들이 만국을 소성하기 위한 것이라고 하면서 에스겔보다 한걸음 더 나아간다. 이러한 확장은 앞에서 본 것처럼, 성전에서 졸졸 흐르던 물줄기가 나중에는 사람이 도저히 건널 수 없는 큰 강이 되어 흐르고, 그것이 사해에까지 흘러 들어가는 모습에서 드러난다. 에스겔은 성읍을 세 번 탐사하는데, 첫 번째와 두 번째 탐사는 성읍 내에서 이루어진다. 그러나 세 번째 탐사는 성전 앞에서 시작해서 사해까지 확장된다. 이런 확장은 본문이 창세기로 시작해서 요한계시록까지 이어지는 유구한 전승흐름을 매개하는 중간에 위치한다는 점에서도 드러난다.

2) 야훼 삼마를 향하여

이처럼 유구한 전승이 갖는 것은 소망이다. 바람이다. 그 바람은 새로운 엑소더스 이후에 행하는 땅 분배에서도 나타난다. 땅 분배는 본문 바로 다음부터 나온다. 그런데 그 땅 규모를 보면, 예전 이스라엘 영토로 국한된다. 결코 이스라엘 영토를 넘어서지 않는다.

겔 47:15-20 이 땅 경계선은 이러하니라 북쪽은 대해에서 헤들론 길을 거쳐 스닷 어귀까지니 곧 하맛과 브로다며 다메섹 경계선과 하맛 경계선 사이에 있는 시브라임과 하우란 경계선 곁에 있는 하셀핫디곤이라

그 경계선이 바닷가에서부터 다메섹 경계선에 있는 하살에논까지요 그 경계선이 또 북쪽 끝에 있는 하맛 경계선에 이르렀나니 이는 그 북쪽이요 동쪽은 하우란과 다메섹과 및 길르앗과 이스라엘 땅 사이에 있는 요단 강이니 북쪽 경계선에서부터 동쪽 바다까지 측량하라 이는 그 동쪽이요 남쪽은 다말에서부터 므리봇 가데스 물에 이르고 애굽 시내를 따라 대해에 이르나니 이는 그 남쪽이요 서쪽은 대해라 남쪽 경계선에서부터 맞은쪽 하맛 어귀까지 이르나니 이는 그 서쪽이니라

이것은 하나님이 세워 주실 새로운 이스라엘이 결코 주변 나라들을 침탈하지 않고 예전 영토만을 재확보할 것임을 분명히 보여준다. 하나님이 먼 옛날 선조들에게 약속하신 바로 그 영토를 다시 확보하려고 할 따름이다.

겔 47:13-14 주 여호와께서 이같이 말씀하셨느니라 너희는 이 경계선대로 이스라엘 열두 지파에게 이 땅을 나누어 기업이 되게 하되 요셉에게는 두 몫이니라 내가 옛적에 내 손을 들어 맹세하여 이 땅을 너희 조상들에게 주겠다고 하였나니 너희는 공평하게 나누어 기업을 삼으라 이 땅이 너희의 기업이 되리라

땅을 분배하는 데 분배원칙이 중요하다. 에스겔서 45장 1-8절을 보면, 하나님은 이스라엘의 제사장, 레위인, 모든 이스라엘 사람들, 왕의 영토를 따로 설정해 주신다. 하나님은 이렇게 땅을 분배함으로써 모든 이스라엘 사람들이 평안히 살 수 있도록 해주신다. 왕의 영토에 대한 규정은 에스겔서 46장 16-18절에도 기록되어 있는데, 이렇게 영토를 나누고 확정하는 이유를 이렇게 말한다.

겔 46:18 군주는 백성의 기업을 빼앗아 그 산업에서 쫓아내지 못할지니 군주가

자기 아들에게 기업으로 줄 것은 자기 산업으로만 할 것임이라 백성이 각각 그 산업을 떠나 흩어지지 않게 할 것이니라

그리고 '이스라엘의 통치자들에 대한 규정'이 45장 9-17절에 나오는데, 그들은 모든 악을 그치고 공평과 공의를 실행해야 하며(9절), 특히 정확한 도량형을 사용해야 한다. 그리고 왕은 모든 절기에 제물을 공급할 책임을 져야 한다(17절). 이렇게 사회의 지도층이 거할 곳과 그들이 해야 할 역할을 분담함으로써, 권력이 한곳에 집중되지 않도록 제도적인 장치를 했다. 그런데 땅 분배에서 상당히 중요한 원칙이 한 가지 더 있다.

겔 47:21-23 그런즉 너희가 이스라엘 모든 지파대로 이 땅을 나누어 차지하라 너희는 이 땅을 나누되 제비 뽑아 너희와 너희 가운데에 머물러 사는 타국인 곧 너희 가운데에서 자녀를 낳은 자의 기업이 되게 할지니 너희는 그 타국인을 본토에서 난 이스라엘 족속같이 여기고 그들도 이스라엘 지파 중에서 너희와 함께 기업을 얻게 하되 타국인이 머물러 사는 그 지파에서 그 기업을 줄지니라 주 여호와의 말씀이니라

이방인도 이스라엘 사람들과 똑같이 대하라는 것이다. 이것은 정말 혁명적인 선포라고 할 수 있을 것이다. 이런 원칙을 세운 다음 땅을 분배하는데, 정확하게 공평하게 분배할 것을 명령한다.

겔 48:30-35 그 성읍의 출입구는 이러하니라 북쪽의 너비가 사천오백 척이라 그 성읍의 문들은 이스라엘 지파들의 이름을 따를 것인데 북쪽으로 문이 셋이라 하나는 르우벤 문이요 하나는 유다 문이요 하나는 레위 문이며 동쪽의 너비는 사천오백 척이니 또한 문이 셋이라 하나는 요셉 문이요 하나는 베냐민 문이요 하나는 단 문이며 남쪽의 너비는 사천오

백 척이니 또한 문이 셋이라 하나는 시므온 문이요 하나는 잇사갈 문이요 하나는 스불론 문이며 서쪽도 사천오백 척이니 또한 문이 셋이라 하나는 갓 문이요 하나는 아셀 문이요 하나는 납달리 문이며 그 사방의 합계는 만 팔천 척이라 그날 후로는 그 성읍의 이름을 여호와삼마라 하리라

에스겔이 본 성읍은 여호와 삼마다. '여호와께서 계시는 곳'이다. 여호와께서 계시는 이 성읍은 모든 것이 공평하고 정확하게 이루어진다. 그런데 에스겔서를 읽으면서 발견하는 특징은 에스겔이 예루살렘을 매우 부정적인 곳으로 묘사한다는 것이고, 40-48장에는 예루살렘을 전혀 언급하지 않는다는 것이다. 에스겔은 예루살렘을 범죄가 횡행하는 곳으로 규정하고 가망 없는 곳으로 보았던 모양이다. 예루살렘은 범죄로 인해서 멸망당할 곳이었다.

겔 5:5-17 주 여호와께서 이와 같이 이르시되 이것이 곧 예루살렘이라 내가 그를 이방인 가운데에 두어 나라들이 둘러 있게 하였거늘 그가 내 규례를 거슬러서 이방인보다 악을 더 행하며 내 율례도 그리함이 그를 둘러 있는 나라들보다 더하니 이는 그들이 내 규례를 버리고 내 율례를 행하지 아니하였음이니라 그러므로 나 주 여호와가 말하노라 너희 요란함이 너희를 둘러싸고 있는 이방인들보다 더하여 내 율례를 행하지 아니하며 내 규례를 지키지 아니하고 너희를 둘러 있는 이방인들의 규례대로도 행하지 아니하였느니라 그러므로 나 주 여호와가 말하노라 나 곧 내가 너를 치며 이방인의 목전에서 너에게 벌을 내리되 네 모든 가증한 일로 말미암아 내가 전무후무하게 네게 내릴지라 그리한즉 네 가운데에서 아버지가 아들을 잡아먹고 아들이 그 아버지를 잡아먹으리라 내가 벌을 네게 내리고 너희 중에 남은 자를 다 사방에 흩으리라 그러므로 나 주 여호와가 말하노라 내가 나의 삶을 두고 맹세하노니 네가 모든 미운 물건과 모든 가증한 일로 내 성소를 더럽혔은즉

> 나도 너를 아끼지 아니하며 긍휼을 베풀지 아니하고 미약하게 하리니 너희 가운데에서 삼분의 일은 전염병으로 죽으며 기근으로 멸망할 것이요 삼분의 일은 너의 사방에서 칼에 엎드러질 것이며 삼분의 일은 내가 사방에 흩어 버리고 또 그 뒤를 따라가며 칼을 빼리라 이와 같이 내 노가 다한즉 그들을 향한 분이 풀려서 내 마음이 가라앉으리라 내 분이 그들에게 다한즉 나 여호와가 열심으로 말한 줄을 그들이 알리라 내가 이르되 또 너를 황무하게 하고 너를 둘러싸고 있는 이방인들 중에서 모든 지나가는 자의 목전에 모욕거리가 되게 하리니 내 노와 분과 중한 책망으로 네게 벌을 내린즉 너를 둘러싸고 있는 이방인들에게 네가 수치와 조롱거리가 되고 두려움과 경고가 되리라 나 여호와의 말이니라 내가 멸망하게 하는 기근의 독한 화살을 너희에게 보내되 기근을 더하여 너희가 의뢰하는 양식을 끊을 것이라 내가 기근과 사나운 짐승을 너희에게 보내 외롭게 하고 너희 가운데에 전염병과 살육이 일어나게 하고 또 칼이 너희에게 임하게 하리라 나 여호와의 말이니라

이렇듯 예루살렘이 저주받은 곳이 되어서 멸망당했기 때문에, 에스겔은 예루살렘을 대체하는 여호와 삼마를 말하는 것이다. 예루살렘은 '이가봇'의 장소요, 여호와 삼마와는 정반대되는 곳이다. 에스겔은 예루살렘을 대체하는 새로운 도시를 소원했던 모양이다. 아니 본문을 보면, 에스겔도 그렇게 소원했겠지만 에스겔은 아무런 말도 하지 않고 묵묵히 인도자를 따라 다니는 것으로 보아, 인도자의 모습을 통해서 드러나는 여호와 하나님이 새로운 도시를 원하셨던 것을 알 수 있다. 그러니 "나는 소망한다"에서 "나"는 다른 누구보다 야훼 하나님이다. 에스겔은 예루살렘이라는 용어를 거부하지만, 성경기자들은 야훼 삼마와 같은 새로운 도시를 일반적으로 '새 예루살렘'이라고 부른다.

사 65:17-25 보라 내가 새 하늘과 새 땅을 창조하나니 이전 것은 기억되거나

마음에 생각나지 아니할 것이라 너희는 나의 창조하는 것을 인하여 영원히 기뻐하며 즐거워할지니라 보라 내가 예루살렘으로 즐거움을 창조하며 그 백성으로 기쁨을 삼고 내가 예루살렘을 즐거워하며 나의 백성을 기뻐하리니 우는 소리와 부르짖는 소리가 그 가운데서 다시는 들리지 아니할 것이며 거기는 날 수가 많지 못하여 죽는 유아와 수한이 차지 못한 노인이 다시는 없을 것이라 곧 백 세에 죽는 자가 아이겠고 백 세가 못 되어 죽는 자는 저주받은 것이리라 그들이 가옥을 건축하고 그것에 거하겠고 포도원을 재배하고 열매를 먹을 것이며 그들의 건축한 데 타인이 거하지 아니할 것이며 그들의 재배한 것을 타인이 먹지 아니하리니 이는 내 백성의 수한이 나무의 수한과 같겠고 나의 택한 자가 그 손으로 일한 것을 길이 누릴 것임이며 그들의 수고가 헛되지 않겠고 그들의 생산한 것이 재난에 걸리지 아니하리니 그들은 여호와의 복된 자의 자손이요 그 소생도 그들과 함께 될 것임이라 그들이 부르기 전에 내가 응답하겠고 그들이 말을 마치기 전에 내가 들을 것이며 이리와 어린 양이 함께 먹을 것이며 사자가 소처럼 짚을 먹을 것이며 뱀은 흙으로 식물을 삼을 것이니 나의 성산에서는 해함도 없겠고 상함도 없으리라 여호와의 말이니라(개역한글판)

이사야가 소망하는 것은 새로운 예루살렘이다. 하나님이 기뻐하시는 예루살렘, 그리고 그 안에서 이루어지는 아름다운 삶, 하나님은 이것을 소망하신다. 그리고 이러한 소망은 요한계시록까지 이어진다.

I

계 21:1–8 또 내가 새 하늘과 새 땅을 보니 처음 하늘과 처음 땅이 없어졌고 바다도 다시 있지 않더라 또 내가 보매 거룩한 성 새 예루살렘이 하나님께로부터 하늘에서 내려오니 그 준비한 것이 신부가 남편을 위하여 단장한 것 같더라 내가 들으니 보좌에서 큰 음성이 나서 이르되 보라 하나님의 장막이 사람들과 함께 있으매 하나님이 그들과 함께 계시리니 그들은 하나님의 백성이 되고 하나님은 친히 그들과 함께 계셔서 모든 눈물을 그 눈에서 닦아 주시니 다시는 사망이 없고 애통하는 것이나 곡하는 것이나 아픈 것이 다시 있지 아니하리니 처음 것들이 다 지나갔음이러라 보좌에 앉으신 이가 이르시되 보라 내가 만물을 새롭게 하노라 하시고 또 이르시되 이 말은 신실하고 참되니 기록하라 하시고 또 내게 말씀하시되 이루었도다 나는 알파와 오메가요 처음과 마지막이라 내가 생명수 샘물로 목마른 자에게 값없이 주리니 이기는 자는 이것들을 상속으로 받으리라 나는 그의 하나님이 되고 그는 내 아들이 되리라 그러나 두려워하는 자들과 믿지 아니하는 자들과 흉악한 자들과 살인자들과 음행하는 자들과 점술가들과 우상숭배자들과 거짓말하는 모든 자들은 불과 유황으로 타는 못에 던져지리니 이것이 둘째 사망이라

II

계 21:9–21 일곱 대접을 가지고 마지막 일곱 재앙을 담은 일곱 천사 중 하나가 나아와서 내게 말하여 이르되 이리 오라 내가 신부 곧 어린양의 아내를 네게 보이리라 하고 성령으로 나를 데리고 크고 높은 산으로 올라가 하나님께로부터 하늘에서 내려오는 거룩한 성 예루살렘을 보이니 하나님의 영광이 있어 그 성의 빛이 지극히 귀한 보석 같고 벽옥과 수정 같이 맑더라 크고 높은 성곽이 있고 열두 문이 있는데 문에 열두 천사가 있고 그 문들 위에 이름을 썼으니 이스라엘 자손 열두 지파의 이름들이라 동쪽에 세 문, 북쪽에 세 문, 남쪽에 세 문, 서쪽에 세 문이니 그 성의 성곽에는 열두 기초석이 있고 그 위에는 어린양의 열두 사도의 열두 이름이 있더라 내게 말하는 자가 그 성과 그 문들과 성곽을 측량하려고 금갈대 자를 가졌더라 그 성은 네모가 반듯하여 길이와 너비가 같은지라 그 갈대 자로 그 성을 측량하니 만 이천 스다디온이요 길이와 너비와 높이가 같더라 그 성곽을 측량하매 백사십사 규빗이니 사람의 측량 곧 천사의 측량이라 그 성곽은 벽옥으로 쌓였고 그 성은 정금인데 맑은 유리 같더라 그 성의 성곽의 기초석은 각색 보석으로 꾸몄는데 첫째 기초석은 벽옥이요 둘째는 남보석이요 셋째는 옥수요 넷째는 녹보석이요 다섯째는 홍마노요 여섯째는 홍보석이요 일곱째는 황옥이

요 여덟째는 녹옥이요 아홉째는 담황옥이요 열째는 비취옥이요 열한째는 청옥이요 열두째는 자수정이라 그 열두 문은 열두 진주니 각 문마다 한 개의 진주로 되어 있고 성의 길은 맑은 유리 같은 정금이더라

III

계 21:22-27 성 안에서 내가 성전을 보지 못하였으니 이는 주 하나님 곧 전능하신 이와 및 어린 양이 그 성전이심이라 그 성은 해나 달의 비침이 쓸데없으니 이는 하나님의 영광이 비치고 어린 양이 그 등불이 되심이라 만국이 그 빛 가운데로 다니고 땅의 왕들이 자기 영광을 가지고 그리로 들어가리라 낮에 성문들을 도무지 닫지 아니하리니 거기에는 밤이 없음이라 사람들이 만국의 영광과 존귀를 가지고 그리로 들어가겠고 무엇이든지 속된 것이나 가증한 일 또는 거짓말하는 자는 결코 그리로 들어가지 못하되 오직 어린 양의 생명책에 기록된 자들만 들어가리라

요한계시록 21장을 읽어 보면 에스겔서와 얼마나 비슷한가를 알 수 있다. 특히 12절과 13절에 나오는 열두 문에 관한 것은 에스겔서 48장 30-34절에 나온다. 그 배치는 매우 전통적이다. 우리는 이러한 배치구조의 원형을 조금 다르긴 해도 민수기 2장에서 발견한다. 세 지파씩 네 방향에 진을 치고, 한가운데에 회막이 위치하는 것은 동일하다. 그리고 18절에서 21절까지에 나열하는 열두 보석도 역시 고전적인 것으로서, 대제사장이 가슴에 차는 흉패에 달린 열두 보석을 생각하게 한다. 그러니 민수기에서 에스겔 그리고 요한계시록으로 이어지는 전승, 오랫동안 이어져 내려온 소망, 성전을 중심으로 하는 새로운 도시에 대한 소망은 이토록 강한 것이다.

계 21:1-3 또 내가 새 하늘과 새 땅을 보니 처음 하늘과 처음 땅이 없어졌고 바다도 다시 있지 않더라 또 내가 보매 거룩한 성 새 예루살렘이 하나님께로부터 하늘에서 내려오니 그 준비한 것이 신부가 남편을 위하여 단장한 것 같더라 내가 들으니 보좌에서 큰 음성이 나서 이르되 보라 하나님의 장막이 사람들과 함께 있으매 하나님이 그들과 함께 계시리니 그들은 하나님의 백성이 되고 하나님은 친히 그들과 함께 계셔서

새 예루살렘은 하늘에서부터 이 땅으로 내려온다. 하나님이 계신 그곳에서 이 세상으로 들어오는 것이다. 이것은 초월이다. 새 예루살렘은 이 세상으로 초월해 들어오는 것이다. 그리고 하나님 장막이 사람들과 함께 있다. 하나님이 사람 속으로 침투해 들어오시는 것이다. 하나님이 인간 삶 속으로 초월하시는 것이다. 하나님은 사람들과 함께 거하신다. 하나님이 사람들과 함께 계신다. 요한은 이것을 반복해서 말한다. 그만큼 이 사실을 강조하고, 또 그렇게 되기를 원하는 것이다. 그리고 여기에는 요한의 마음뿐만 아니라 하나님의 마음도 들어 있다. 하나님은 사람들과 함께 계시기를 원하신다. 그것을 간절히 원하신다. 그래서 하나님이 만드셔서 이 세상으로 침투케 하시는 거룩한 성 새 예루살렘은 범죄로 얼룩진 옛 예루살렘을 대체하는 새로운 예루살렘을 만드시려는 하나님의 열성의 결과이다.

우리 가운데 계시는 하나님과 그의 어린 양, 우리 가운데 계셔서 스스로 성전이 되어 주시는 우리의 소망이신 예수 그리스도, 그렇게 하심으로 새로운 삶의 공간을 만들어 주시려는 하나님, 그렇기에 하나님과 우리 모두는 이렇게 외친다.

"나는 소망한다, 새로운 공간, 새로운 삶이 펼쳐질 야훼 삼마를!"

■ 참고문헌

강현수 외 8명, 《공간주권으로의 초대》, 파주: 도서출판 한울, 2013.

Crang, M. & Thrift, N., eds. *Thinking Space*, 최병두 옮김, 《공간적 사유》, 서울: 에코리브르, 2013.

Sternberg, E. M., *Healing Spaces: The Science of Place and Well-being*, 서영조 옮김, 《공간이 마음을 살린다-행복한 공간을 위한 심리학》, 서울: ㈜도서출판 길벗, 2013.

판권
소유

예술·신체·공간

2014년 7월 25일 인쇄
2014년 7월 30일 발행

지은이 | 이종록
발행인 | 이형규
발행처 | 쿰란출판사

주소 | 서울특별시 종로구 이화동 184-3
TEL | 02-745-1007, 745-1301, 747-1212, 743-1300
영업부 | 02-747-1004, FAX / 02-745-8490
본사평생전화번호 | 0502-756-1004
홈페이지 | http://www.qumran.co.kr
E-mail | qrbooks@daum.net
qrbooks@gmail.com
한글인터넷주소 | 쿰란, 쿰란출판사

등록 | 제1-670호(1988.2.27)

책임교열 | 신영미 · 박은아

값 15,000원

ISBN 978-89-6562-629-9 93230